Lehr- und Handbücher der Statistik

Herausgegeben von
Universitätsprofessor Dr. Rainer Schlittgen

Bisher erschienene Werke:

Böhning, Allgemeine Epidemiologie

Caspary · Wichmann, Lineare Modelle

Chatterjee · Price (Übers. Lorenzen), Praxis der Regressionsanalyse, 2. Auflage

Degen · Lorscheid, Statistik-Lehrbuch, 2. Auflage

Degen · Lorscheid, Statistik-Aufgabensammlung, 4. Auflage

Hartung, Modellkatalog Varianzanalyse

Harvey (Übers. Untiedt), Ökonometrische Analyse von Zeitreihen, 2. Auflage

Harvey (Übers. Untiedt), Zeitreihenmodelle, 2. Auflage

Heiler · Michels, Deskriptive und Explorative Datenanalyse

Kockelkorn, Lineare statistische Methoden

Miller (Übers. Schlittgen), Grundlagen der Angewandten Statistik

Naeve, Stochastik für Informatik

Oerthel · Tuschl, Statistische Datenanalyse mit dem Programmpaket SAS

Pflaumer · Heine · Hartung, Statistik für Wirtschaft- und Sozialwissenschaften: Deskriptive Statistik, 2. Auflage

Pflaumer · Heine · Hartung, Statistik für Wirtschafts- und Sozialwissenschaften: Induktive Statistik

Pokropp, Lineare Regression und Varianzanalyse

Rasch · Herrendörfer u. a., Verfahrensbibliothek, Band I und Band 2

Riedwyl · Ambühl, Statistische Auswertungen mit Regressionsprogrammen

Rinne, Wirtschafts- und Bevölkerungsstatistik, 2. Auflage

Rinne, Statistische Analyse multivariater Daten – Einführung

Rüger, Induktive Statistik, 3. Auflage

Rüger, Test- und Schätztheorie, Band I

Rüger, Test- und Schätztheorie, Band II: Statistische Tests

Schendera, Datenmanagement und Datenanalyse mit dem SAS-System

Schlittgen, Statistik, 10. Auflage

Schlittgen, Statistik-Trainer

Schlittgen, Statistische Inferenz

Schlittgen, GAUSS für statistische Berechnungen

Schlittgen, Angewandte Zeitreihenanalyse

Schlittgen, Statistische Auswertungen mit R

Schlittgen · Streitberg, Zeitreihenanalyse, 9. Auflage

Schürger, Wahrscheinlichkeitstheorie

Tutz, Die Analyse kategorialer Daten

Fachgebiet Biometrie
Herausgegeben von Dr. Rolf Lorenz

Bisher erschienene Werke:

Bock, Bestimmung des Stichprobenumfangs

Brunner · Langer, Nichtparametrische Analyse longitudinaler Daten

Statistische Auswertungen

Standardmethoden und Alternativen
mit ihrer Durchführung in R

Von
Universitätsprofessor
Dr. Rainer Schlittgen

R. Oldenbourg Verlag München Wien

Bibliografische Information Der Deutschen Bibliothek

Die Deutsche Bibliothek verzeichnet diese Publikation in der Deutschen
Nationalbibliografie; detaillierte bibliografische Daten sind im Internet
über <http://dnb.ddb.de> abrufbar.

© 2004 Oldenbourg Wissenschaftsverlag GmbH
Rosenheimer Straße 145, D-81671 München
Telefon: (089) 45051-0
www.oldenbourg-verlag.de

Gedruckt auf säure- und chlorfreiem Papier
Gesamtherstellung: Druckhaus „Thomas Müntzer" GmbH, Bad Langensalza

ISBN 3-486-57616-X

Vorbemerkung

Es gibt zahlreiche Bücher, die sich mit statistischen Auswertungsmethoden, speziell der Varianz- und der Regressionsanalyse beschäftigen. Die Bücher unterstellen unterschiedlich viel Vorwissen und haben jeweils eigene Ausrichtungen. Das gilt auch für den vorliegenden Text. Die ersten beiden Kapitel geben eine recht knappe Einführung in die wesentlichen Aspekte der Datenanalyse und statistischen Schlussweisen. In den folgenden Kapiteln wird sukzessive von einfacheren Fragestellungen zu komplexeren fortgeschritten; Gliederungsmerkmal sind die Anzahlen von Stichproben: eine, zwei, mehrere Stichproben und dann komplizierter strukturierte Stichproben. Im Laufe dieses Fortschreitens werden die Methoden vorgestellt. Daher reichen die beiden ersten Kapitel als Einstieg sicherlich aus. Allerdings wäre es ideal, wenn die Nutzerin bzw. der Nutzer bereits über Vorkenntnisse in Statistik verfügen würde. Dann könnte sie/er das erste Kapitel als Wiederholung lesen und das Hauptgewicht auf die anwendungsorientierten Aspekte legen.

Gerade bei der Varianz- und der Regressionsanalyse bildet die Normalverteilungsannahme den Standardzugang zu statistischen Auswertungen. Das kommt in dem "geflügelten Wort", dessen Ursprung nicht mehr ganz klar ist, zum Ausdruck:

> Die Mathematiker glauben an die Normalverteilung, weil sie sie für ein Naturgesetz halten.
> Die Naturwissenschaftler glauben an die Normalverteilung, weil sie sie für eine mathematisch bewiesene Tatsache halten.

Die Bedeutung der Normalverteilungstheorie beruht sicher auch darauf, dass für die Normalverteilung die ausgereifteste Theorie vorliegt, vor allem bei Problemen, die komplizierter strukturiert sind. Zudem sind Lösungsansätze für Probleme mit nichtnormalverteilten Stichproben vielfach aus Übertragungen der Normalverteilungstheorie entwickelt worden. Dabei ist die Unterstellung der Normalverteilung erst einmal der 'normale' Zugang. Wenn die Randbedingungen es zulassen, wird man ihn wählen. Ob er adäquat ist, sollte bei jeder konkreten Anwendung überprüft werden. Im Bedarfsfall sind auf schwächeren Voraussetzungen beruhende Methoden zu wählen. Gerade in jüngster Zeit sind hier im Bereich der nichtparametrischen Datenanalyse Fortschritte zu verzeichnen, die für die Varianzanalyse einen geschlossenen Auswertungs- und Interpretationsrahmen eröffnet.

Diese Vorstellung hat zu folgender Strukturierung der Kapitel geführt:

> Methoden, die auf der Normalverteilung basieren;
> Konsequenzen von Verletzungen der Annahmen;
> Alternativen.

Ein weiteres Bestimmungskriterium für diesen Text ist nicht zuletzt die Erkenntnis, dass nur das aktive Arbeiten dazu befähigt, Statistik zu lernen. Dies wird auch unterstützt durch die lernpsychologische Forschung, nach der Untersuchungen[1] gezeigt haben, dass der Mensch

---

[1] IZHD (1998,1999), zitiert nach: PD Dr. Nicole J. Saam: Einführung in die Statistik.

- 10 % von dem behält, was er nur liest,

- 20 % von dem, was er nur hört,

- 30 % von dem, was er nur beobachtet,

- 50 % von dem, was er hört und sieht,

- 70 % von dem, was er selber sagt,

- 90 % von dem, was er selber tut.

Die zahlreichen, auf realen Daten basierenden Beispiele können dementsprechend zwar als Muster dienen, sie können eigenständige Durchführung von Auswertungen nicht ersetzen. Da hierfür ein statistisches Auswertungspaket unerlässlich ist, wurde in der Vorstellung und Diskussion der Methoden auch ihre Umsetzung in die Statistik-Umgebung R integriert. R ist eine Umgebung, die über zahlreiche Funktionen zur statistischen Auswertung und zur grafischen Darstellung verfügt. Sie kann kostenfrei aus dem Internet heruntergeladen werden. Zugleich ist R selbst eine Programmiersprache. Der Standardset an Funktionen kann daher selbst weiterentwickelt werden. Es gibt eine große Anwendergemeinde, aus deren Reihe zahlreiche Ergänzungen geliefert werden. Das macht R zusätzlich attraktiv. Zudem ist R ein Dialekt der Programmiersprache S, dessen kommerzielle Variante S-Plus ebenfalls weit verbreitet ist. Zu S-Plus gibt es eine umfangreiche Literatur, die auch für R weitgehend ohne Änderungen verwendet werden kann.

Auf der anderen Seite ist R nicht ganz einfach zu erlernen. Dagegen gibt es zweierlei Therapien. Die eine, hier gewählte, verfolgt das Verabreichen in kleinen Dosen. Dazu werden im Text kleinere Auswertungen beispielhaft präsentiert. Eine Liste der Auswertungsprogramme findet sich am Ende des Buches. Im letzten Kapitel wird zudem eine Einführung in R gegeben. Nach dem Durcharbeiten des ganzen Buches sollte dann also der Einstieg geschafft sein. Um das eigene Arbeiten zu unterstützen sind die Datensätze sowie die Auswertungsprogramme auf meiner Homepage abgelegt. Der Link dahin ist:

http://www.rrz.uni-hamburg.de/IfStOek/indexSta.htm .

Um den zweiten Therapieansatz wenigstens zu benennen: Er besteht in der Schaffung einer Oberfläche, die es erlaubt, einfacher mit R umzugehen. Dies wurde im Rahmen des durch das BMBF geförderten Projektes 'Neue Statistik' realisiert. Zu dem Ergebnis, dem Statistik-Labor, gelangt man über die URL

http://www.statistiklabor.de .

Viel verdankt dieser Text dem Buch von Miller (1996). Dass er überhaupt geschrieben wurde, hängt damit zusammen, dass Millers Buch 1986 abgeschlossen wurde und schon daher viele neue Entwicklungen nicht mehr enthält. Zudem gibt es dort keine oder nur geringe Hintergrundinformationen zu den Methoden. Diese werden hier in hoffentlich adäquatem Umfang berücksichtigt. Denn ohne eine gute Basis kann kaum eine vernünftige Anwendung erreicht werden.

VII

Wie üblich haben im Hintergrund zahlreiche Heinzelpersonen das Ihre zum Entstehen dieses Buches beigetragen. Ihnen allen möchte ich Dank sagen. Zuerst den Studierenden, die in mehreren Kursen die Erprobung des Textes aushalten mussten. Über den Einsatz in der Lehre ist speziell die endgültige Struktur gefunden worden. Dann haben Jesco Helde und Patrick Paulat gründlich Korrektur gelesen und Verbesserungsvorschläge gemacht. Ein ganz herzlicher Dank geht an Jörg Kaufmann. Er hat mir sein Manuskript 'Multiple Vergleiche bei ungleichen Stichprobenumfängen' zur Verfügung gestellt. Der Text hat davon wesentlich profitiert.

Weiterhin wäre das Buch nicht möglich gewesen ohne die Arbeit des LaTeX- und des R-Teams. Beide Teams arbeiten ehrenamtlich; ihre Arbeit kann nicht hoch genug eingeschätzt werden. Ihnen gilt mein besonderer Dank.

Rainer Schlittgen

Inhaltsverzeichnis

1 Empirische und theoretische Verteilungen   **1**

  1   Explorative Datenanalyse 1

      1.1   Daten 1

      1.2   Darstellung der Daten 4

      1.3   Maßzahlen der Lage und Streuung 9

      1.4   Bivariate Daten 11

  2   Zufallsvariablen und Verteilungen 15

      2.1   Wahrscheinlichkeitsverteilungen 15

      2.2   Gestaltparameter von Verteilungen 19

      2.3   Zufallsvektoren 26

      2.4   Der zentrale Grenzwertsatz 27

      2.5   Signal & Rauschen-Modelle 28

      2.6   Die multivariate Normalverteilung 29

  3   Aufgaben 35

2 Inferenzprobleme   **39**

  1   Ein Modell einer Zufallsstichprobe 39

  2   Parameterschätzung 41

      2.1   Punktschätzung 41

      2.2   Intervallschätzung 50

  3   Tests 52

  4   Aufgaben 60

3 Eine Stichprobe   **63**

   1   Normalverteilungstheorie 63

   2   Abweichungen von den Annahmen 73

       2.1   Abweichungen von der Normalverteilung 73

       2.2   Abhängigkeit 78

       2.3   Transformationen 80

   3   Nichtparametrische und robuste Verfahren 83

       3.1   Nichtparametrische Tests 83

       3.2   Nichtparametrische Konfidenzintervalle 88

       3.3   Bootstrap-Verfahren 91

       3.4   Robuste Verfahren 97

   4   Aufgaben 102

4 Zwei Stichproben   **105**

   1   Parallelisierte und unabhängige Stichproben 105

   2   Normalverteilungstheorie 107

   3   Abweichungen von den Annahmen 109

       3.1   Ungleiche Varianzen 109

       3.2   Effekte von Nichtnormalverteilungen 117

   4   Nichtparametrische Zweistichprobentests 118

       4.1   Relative Effekte 118

       4.2   Rangtests 120

       4.3   Permutationstests 129

   5   Aufgaben 132

5 Einweg-Varianzanalyse   **135**

   1   Normalverteilungstheorie 136

       1.1   Modellformulierung 136

       1.2   Parameterschätzungen 139

       1.3   Der F-Test 143

   2   Abweichungen von den Annahmen 146

       2.1   Effekte von Nichtnormalverteilungen 146

       2.2   Ungleiche Varianzen 147

   3   Multiple Vergleiche 149

	3.1	Grundlagen	150
	3.2	Simultane Konfidenzintervalle	152
	3.3	Multiple Tests	162
4		Monotone Alternativen	164
5		Theoretische Ergänzungen	166
	5.1	Quadratische Formen	166
	5.2	Das restringierte Zellenmittelmodell	168
	5.3	Zu den Scheffé-Intervallen	171
6		Nichtparametrische Verfahren	173
7		Zufällige Effekte	177
8		Aufgaben	181

6 Zweiweg-Varianzanalyse   **185**

1		Grundlegendes	185
2		ANOVA bei Normalverteilung	196
	2.1	Balancierte Versuche	196
	2.2	Unbalancierte Versuche	204
	2.3	Modellbildung	208
	2.4	Multiple Vergleiche	210
3		Abweichungen von den Annahmen	211
	3.1	Effekt und Erkennung von Nichtnormalverteilung	211
	3.2	Alternativen	212
4		Nichtparametrische Verfahren	212
5		Gemischte Effekte	215
6		Aufgaben	220

7 Lineare Regression   **225**

1		Normalverteilungstheorie	225
	1.1	Schätzung der Koeffizienten	226
	1.2	Konfidenzintervalle und Tests	232
	1.3	Variablenselektion	241
2		Abweichungen von den Annahmen	247
	2.1	Die Residuen	248
	2.2	Nichtlinearität	252

    2.3   Ungleiche Varianzen 255

    2.4   Nichtnormalverteilung und extreme Beobachtungen 258

    2.5   Abhängigkeit 263

  3   Kollinearität 265

    3.1   Das Kollinearitätsproblem 265

    3.2   Varianzinflationsfaktor 266

    3.3   Ridge-Regression 269

  4   Aufgaben 271

8 Kovarianzanalyse   275

  1   Allgemeine Achsenabschnitte 277

  2   Multiple Vergleiche 283

  3   Horizontale Abstände 285

  4   Nichtparametrische Verfahren 288

  5   Aufgaben 289

9 Einführung in R   291

  1   Erste Schritte 291

  2   Datentypen und Objekte 294

  3   Operatoren und Funktionen 299

  4   Bibliotheken und Programmierung 307

  5   Einlesen und Exportieren von Daten 310

  6   Grafik 312

  7   Statistische Modelle in R 319

  8   Tabellen wichtiger Funktionen 320

R-Code im Text   329

Literatur   333

Sachindex   341

Kapitel 1

Empirische und theoretische Verteilungen

1 Explorative Datenanalyse

1.1 Daten

Ein Datensatz besteht aus den Angaben zu einer oder mehreren Merkmalen oder (statistischen) Variablen, die durch wiederholte Beobachtung gewonnen wurden. Bei univariaten Daten, d. h. wenn nur eine einzelne Variable beobachtet wird, reicht es, die beobachteten Werte hintereinander aufzuführen.

Beispiel 1.1 (Displayangebot)
Ein Supermarkt untersucht die Auswirkung eines Displayangebotes auf den Umsatz von Produkten, siehe Büning u. a. (1981). Für $n = 80$ Produkte wurde während eines festen Angebotszeitraumes jeweils der Quotient

$$y_v = \frac{\text{Umsatz im Displayangebot}}{\text{Umsatz im regulären Regalangebot}} \quad (v = 1, \dots, 80)$$

betrachtet. Die Daten sind:

1.20	0.89	0.88	0.80	1.36	0.99	1.05	0.83	1.38	1.10	1.08	0.88
1.40	1.14	1.15	1.00	1.41	1.25	1.20	1.05	1.46	1.33	1.28	1.07
1.55	1.36	1.36	1.09	1.86	1.39	1.43	1.15	1.89	1.61	1.50	1.22
1.99	1.65	1.55	1.32	2.24	1.80	1.63	1.34	2.33	1.80	1.75	1.34
2.40	1.80	1.77	1.35	2.55	1.89	1.78	1.36	5.06	1.90	1.94	1.39
7.87	2.06	2.10	1.40	10.48	2.23	2.19	1.46	2.37	5.32	1.46	3.65
1.53	1.54	1.60	1.63	1.70	1.80	4.50	6.18				

∎

Besteht jede Beobachtung aus mehreren Werten, so werden die Daten als Datenmatrix $\mathbf{Y}$ organisiert. Deren Spalten sind durch die Variablen $Y_1, \dots, Y_p$ gegeben, und

die Zeilen durch die Beobachtungswiederholungen, Objekte bzw. Subjekte $o_1, \ldots, o_n$.
Die Beobachtungen zu einer Variablen werden also stets untereinander geschrieben.

$$
\begin{array}{c}
\begin{array}{cccccc}
Y_1 & Y_2 & \ldots & Y_j & \ldots & Y_p
\end{array} \\
\begin{array}{c}
o_1 \\
o_2 \\
\vdots \\
o_v \\
\vdots \\
o_n
\end{array}
\left(
\begin{array}{cccccc}
y_{11} & y_{12} & \cdots & y_{1j} & \cdots & y_{1p} \\
y_{21} & y_{22} & \cdots & y_{2j} & \cdots & y_{2p} \\
\vdots & \vdots & & \vdots & & \vdots \\
y_{v1} & y_{v2} & \cdots & y_{vj} & \cdots & y_{vp} \\
\vdots & \vdots & & \vdots & & \vdots \\
y_{n1} & y_{n2} & \cdots & y_{nj} & \cdots & y_{np}
\end{array}
\right)
\end{array}
$$

Von einem Datensatz wird gesprochen, wenn zusätzlich zu den Werten der Variablen noch die Angaben zu den Variablen vorliegen und u.U. auch Bezeichnungen der Beobachtungen. Letztere werden oft als *Labels* bezeichnet.

Beispiel 1.2 (Firmenbewertung)

Im November 2001 veröffentlichte die Zeitschrift 'DMEuro' folgende Ergebnisse aus einer europäischen Studie, in der Firmen nach verschiedenen Kennziffern bewertet wurden. Hier stellen die Firmen die Beobachtungswiederholungen dar und die Kennziffern die Variablen bzw. Merkmale; als Labels wären die Firmennamen selbst vorstellbar.

Land   : Hauptsitz der Firma
Inter   : Internationalität (gemessen als außereuropäischer Umsatzanteil in Prozent)
Finanz : Finanzkraft (gemessen in Eigenkapitalquote in Prozent)
Inno   : Innovationsfähigkeit (gemessen in durchschnittlichen Patenten der vergangenen Jahre)
Marke : Markenstärke (Kennzahl gemäß Fortune-Ranking)
Gesamt : Gesamtbewertung in der Studie

In der folgenden Form sind die Daten als Datei im ASCII-Format abgelegt:

Land	Inter	Finanz	Inno	Marke	Gesamt
D	45	30.2	3678	6.23	100
GB	64	51.0	90	7.63	96
NL	55	55.4	1048	5.85	95
CH	67	44.1	121	7.64	93
GB	54	49.2	228	7.70	91
D	65	20.4	1239	6.48	83
D	44	33.8	926	6.96	80
F	36	36.5	563	6.94	72
F	46	34.6	37	6.50	72
NL	58	14.6	320	6.82	69
D	40	24.5	182	5.72	61
E	35	29.6	9	5.74	60
D	31	13.5	750	6.40	58
D	42	13.1	540	5.62	57
I	23	36.7	55	5.45	57

```
F    33   18.8   234   5.23    52
D    22   14.8    11   5.66    44
I    27   13.5   122   4.35    41
F     9   21.6   197   4.97    40
D    25   26.4   280   0.00    31
```

R-Code 1.1 (Eingeben und -lesen, Anzeigen und Speichern von Daten)

```
y<-c(1.20, 0.89,0.88,0.80,1.36,0.99,1.05,0.83,1.38,1.10,1.08,0.88,
1.40,1.14,1.15,1.00,1.41,1.25,1.20,1.05,1.46,1.33,1.28,1.07,1.55,
1.36,1.36,1.09,1.86,1.39,1.43,1.15,1.89,1.61,1.50,1.22,1.99,1.65,
1.55,1.32,2.24,1.80,1.63,1.34,2.33,1.80,1.75,1.34,2.40,1.80,1.77,
1.35,2.55,1.89,1.78,1.36,5.06,1.90,1.94,1.39,7.87,2.06,2.10,1.40,
10.48,2.23,2.19,1.46,2.37,5.32,1.46,3.65,1.53,1.54,1.60,1.63,1.70,
1.80,4.50,6.18)
y <- scan("c:\\daten\\display.txt")
save(y,file="c:/daten/display.RData")
load("c:/daten/display.RData")
firmen <- read.table("c:/daten/firmen2001.dat",header=TRUE)
```

Bei den ersten Zeilen des Codes geht es um einen univariaten Datensatz. In der ersten Zeile werden die Daten mittels der Funktion c direkt eingegeben.

Dann wird unterstellt, dass die Displaydaten in der ASCII-Datei 'display.txt' gespeichert sind. Die einzelnen Werte sind durch Leerzeichen bzw. Zeilenumbrüche voneinander getrennt. Durch scan werden sie hintereinander eingelesen. Zu beachten ist, dass der Backslash (\) innerhalb der Anführungsstriche doppelt vorkommen muss. Stattdessen kann bei der Pfadangabe auch ein einzelner Schrägstrich (/) eingegeben werden. (Dies hat seinen Hintergrund im UNIX-Betriebssystem; es funktioniert aber auch unter Windows.)

Der eingelesene Datenvektor wird mit <- (zusammengesetzt aus < und -) der Variablen y zugewiesen. Der Inhalt von y wird durch Aufruf des Namens bzw. durch print(y) angefordert. angegeben. Wie viele der Daten bei der Ausgabe jeweils auf eine Zeile geschrieben werden, ist dynamisch und hängt von der Breite des R-Konsolenfensters ab.

Die Daten können mit der Variablenbezeichnung als R-Datensatz gespeichert werden. Die Dateierweiterung RData ist obligatorisch; wird kein absoluter Pfad angegeben, so wird die Datei im aktuellen Arbeitsverzeichnis angelegt.

In einer späteren Sitzung erhält man dann die Variable y mit den darin gespeicherten Werten durch den load-Befehl zurück.

Mit den letzten beiden Zeilen wird ein Datensatz eingelesen und angezeigt. Die Daten sind in einer ASCII-Datei gespeichert. Die Werte sind spaltenweise angeordnet und durch Leerzeichen voneinander getrennt. Das Einlesen erfolgt durch den Aufruf von read.table. Es wird header=TRUE gesetzt, weil in der ersten Zeile der Datei die Variablennamen angegeben sind. Andernfalls müsste header=FALSE angegeben werden. Die Anzeige, die auch einfach mit dem Aufruf firmen erfolgen kann, hat dann die in Tabelle des Beispiels 1.2 angegebene Gestalt, nur dass vorne eine Spalte mit fortlaufender Nummerierung hinzugefügt wird.

1.2 Darstellung der Daten

Bei der Datenaufbereitung erlauben Grafiken, einen ersten Gesamtüberblick über die Daten zu erhalten.

Die einfachste Darstellungsweise für univariate Daten bilden *Stabdiagramme*. Hier wird über jedem beobachteten Wert ein senkrechte Linie gezeichnet, deren Höhe die Häufigkeit repräsentiert, mit der dieser Wert im Datensatz auftritt. Meist werden Stabdiagramme für diskrete Variablen gezeichnet, d.h. wenn es nur wenige unterschiedliche Beobachtungswerte gibt. Aber auch bei so genannten stetigen Variablen, bei denen im Prinzip jeder Wert aus einem Intervall möglich ist, ist diese Darstellungsform sinnvoll.

Bei stetigen Variablen können die als Dezimalzahlen vorliegenden Beobachtungen zunächst halbgrafisch in Form eines *Stem-and-Leaf-Diagramms* dargestellt werden. Dazu wird die jeweils führende Ziffer eines Beobachtungswertes (der Stamm) links von einem senkrechten Strich aufgetragen und die nachfolgende zweite rechts davon (ein Blatt). Weitere Ziffern werden vernachlässigt. Die 'Blätter' werden zeilenweise aufsteigend geordnet. Nicht vorhandene nachfolgende Ziffern dürfen nicht zu einer Verkürzung des Stammes führen; ggf. entsteht rechts einfach eine Lücke.

Modifikationen sind leicht möglich. Eine davon ist die Aufteilung der führenden Ziffer auf zwei bzw. fünf oder zehn Zeilen. Diese möglichen Aufteilungen ergeben sich daraus, dass für jede Zeile stets die gleiche Anzahl von zweiten Ziffern möglich sein muss, um eine systematische Verzerrung der Darstellung auszuschließen.

Untersuchungen aus dem Bereich der Wahrnehmungspsychologie haben zu der folgenden Empfehlung für die Anzahl der Zeilen geführt. Dabei ist zu berücksichtigen, dass eine eventuell nicht besetzte Zeile nicht einfach weggelassen werden darf:

$$\text{Anzahl der Zeilen im Stem-and-Leaf-Diagramm} \approx 10 \cdot \log_{10}(n). \qquad (1.1)$$

Beispiel 1.3 (Displayangebot - Fortsetzung)
Die Displaydaten des Beispiels 1.1 führen zu dem in der Abbildung 1.1 wiedergegebenen, mit dem Programm R erzeugten Stem-and-Leaf-Diagramm.
Das dargestellte Stem-and-Leaf-Diagramm hat 11 Zeilen; die Faustregel empfiehlt $10 \cdot \ln(80) \approx 19$ Zeilen. So wäre es günstiger, die Zeilen jeweils noch einmal aufzuteilen, so dass die zweiten Ziffern 0 bis 4 in der ersten und die Ziffern 5 bis 9 in der zweiten der beiden zu einer gemeinsamen ersten Ziffer gehörenden Zeilen zu stehen kämen. ∎

Bei stetigen Variablen sind *Histogramme* die Standardform der Darstellung. Das Histogramm geht von einer vorgegebenen Klasseneinteilung $y_0^* < y_1^* < \ldots < y_m^*$ aus und ist so definiert, dass der Flächeninhalt über einer Klasse proportional zur relativen Häufigkeit der Beobachtungen in dieser Klasse ist. Es nimmt für eine Stichprobe $y_1, \ldots, y_n$ die folgende Form an:

The decimal point is at the |

```
 0 | 88999
 1 | 001111111112223333334444444444445555556666666678888888899999
 2 | 01122233445
 3 | 6
 4 | 5
 5 | 13
 6 |
 7 | 9
 8 |
 9 |
10 | 5
```

Abbildung 1.1: Stem-and-Leaf-Diagramm

$$\tilde{p}(y) = \begin{cases} \dfrac{1}{n}\sum_{i=1}^{n} I_{(y_{k-1}^*, y_k^*]}(y_i)\dfrac{1}{y_k^* - y_{k-1}^*} & \text{für } y_{k-1}^* < y \le y_k^* \\ 0 & \text{sonst}. \end{cases} \quad (1.2)$$

Dabei erfaßt die Indikatorfunktion $I_{(y_{k-1}^*, y_k^*]}(y_i)$, ob y_i im Intervall $(y_{k-1}^*, y_k^*]$ liegt. Sie ist eins, wenn dies gilt und null sonst. Allgemein:

$$I_A(y) = \begin{cases} 1 & y \in A \\ 0 & \text{sonst} \end{cases} \quad (1.3)$$

Die Klassen werden oft gleich breit gewählt. Dann gilt für die Anzahl der Klassen die Richtlinie für die Anzahl der Zeilen eines Stem-and-Leaf-Diagramms entsprechend:

$$\text{Anzahl der Klassen} \approx 10 \cdot \log_{10}(n). \quad (1.4)$$

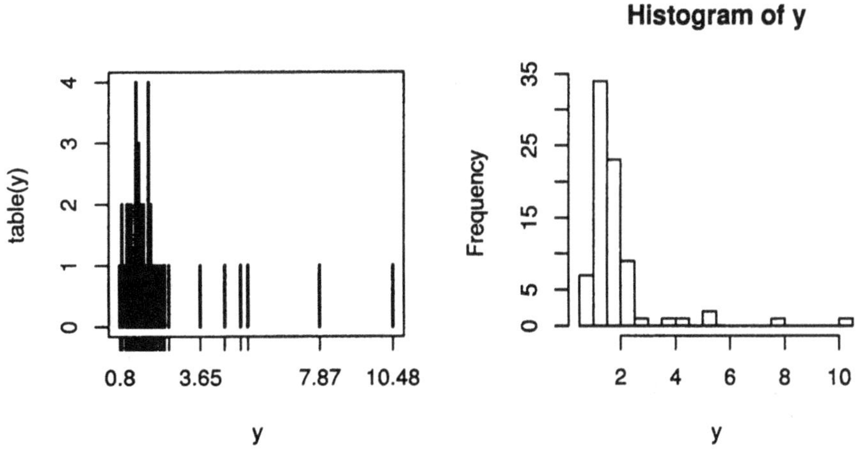

Abbildung 1.2: Displayangebot

Beispiel 1.4 (Displayangebot - Fortsetzung)
Für die Displayangebots-Daten, siehe das Beispiel 1.1, ergeben sich die in der Abbildung 1.2 dargestellten Diagramme. Das Stabdiagramm macht zumindest deutlich, dass die Beobachtungen im unteren Bereich stark konzentriert sind. Es gibt zudem nicht viele gleiche Werte. Größere Werte kommen nur vereinzelt vor.   ∎

R-Code 1.2 (Einfache Diagramme für univariate Daten)

```
stem(y)                # Stem-and-Leaf-Diagramm
par(mfrow=c(1,2))      # Halbieren des Grafik-Fensters
plot(table(y))         # Stabdiagramm
hist(y,breaks=19)      # Histogramm
```

Stem-and-Leaf-Diagramm, Stabdiagramm und Histogramm lassen sich in R sehr leicht erstellen. Die Displaydaten sind dabei in der Variablen y gespeichert. stem zählt nicht zu den eigentlichen Grafikfunktionen; die Ausgabe erfolgt auch im Konsolen- und nicht im Grafikfenster.
Für das Stabdiagramm wird mit dem dritten Aufruf zunächst mit table(y) eine Häufigkeitstabelle erstellt. Die grafi-sche Darstellung mittels plot ergibt das Gewünschte. Beim Histogramm wird über breaks=19 die Anzahl der Klassen festgelegt. Auch die explizite Angabe der Klassengrenzen wäre möglich. Die Grafik ist in der Abbildung 1.2 wiedergegeben.
Das # dient als Kommentarzeichen; alles, was auf einer Zeile hinter dem #-Zeichen steht, wird ignoriert.

Das Histogramm ist unstetig und hängt sehr stark von der Wahl der Klassengrenzen ab. Als naheliegende Verbesserung bietet sich daher an, die Klassen über den Bereich der Beobachtungen 'gleiten' zu lassen. Das führt bei einer festen Klassenbreite h zu

$$\tilde{p}(y) = \frac{1}{h \cdot n} \sum_{i=1}^{n} I_{(y-h/2, y+h/2]}(y_i) = \frac{1}{h \cdot n} \sum_{i=1}^{n} I_{(-1/2, 1/2]}\left(\frac{y - y_i}{h}\right).$$

Das Resultat ist i.d.R. von sehr unruhiger Gestalt. Eine Verbesserung im Sinne eines glatteren Funktionsverlaufes erhält man durch die Ersetzung der Indikatorfunktion durch eine stetige Funktion, einen sogenannten *Kern* $K(u)$:

$$\hat{p}(y) = \frac{1}{h \cdot n} \sum_{i=1}^{n} K\left(\frac{y - y_i}{h}\right). \tag{1.5}$$

Dabei muss $K(u)$ die gleichen Eigenschaften wie $I_{(-1/2, 1/2]}(u)$ haben, nämlich $K(u) \geq 0$ und $\int_{-\infty}^{\infty} K(u)\, dy = 1$. Diese beiden Eigenschaften zeichnen gerade Dichtefunktionen aus. Für $K(u)$ wird daher oft die Dichte der Standardnormalverteilung genommen. Eine andere Möglichkeit ist der Epanechnikov-Kern. Das Resultat wird als *Kerndichteschätzung* bezeichnet. Die Wahl der Bandbreite h ist ein ähnlich kritischer Punkt wie die Klassenbreite beim Histogramm. Hier gibt Silverman (1986, S.43ff) eine gute Diskussion.

Beispiel 1.5 (Displayangebot - Fortsetzung)

In der Abbildung 1.3 ist der Normalverteilungskern mit der Kerndichteschätzung der Displaydaten aus dem Beispiel 1.1 dargestellt. Die Bandbreite wurde automatisch bestimmt. ∎

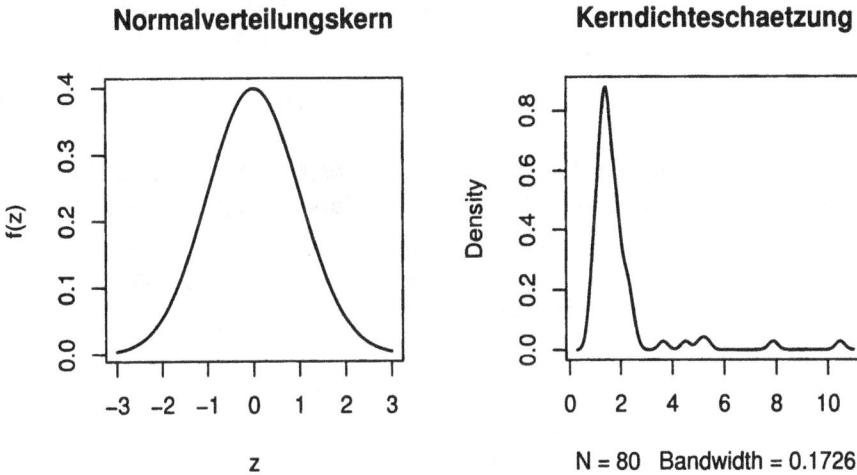

Abbildung 1.3: Displayangebot

R-Code 1.3 (Kerndichteschätzung)

```
d<-density(y,kernel="gaussian")
z<-seq(-3,3,.1)
f<-dnorm(z,mean=0,sd=1)
par(mfrow=c(1,2))
plot(z,f,type="l",lwd=1.5,ylab="f(z)",main="Normalverteilungskern")
plot(d,lwd=1.5,main="Kerndichteschaetzung")
```

Die Displaydaten sind in der Variablen y gespeichert. In der ersten Zeile wird die Kerndichteschätzung durchgeführt. Die Bandbreite wird nach einem geeigneten Kriterium automatisch bestimmt. Für die Darstellung werden die Punkte auf der Abszisse in der zweiten Zeile erzeugt und der Variablen z zugewiesen. Die Funktion dnorm bestimmt dann die zugehörigen Werte der Normalverteilungsdichte mit Erwartungswert 0 und Standardabweichung 1. Der Parameter type="l" verlangt Verbindungslinien, main legt die Überschrift fest. Die Anführungszeichen machen den Text als String oder Zeichenkette kenntlich. Das Resultat ist die Abbildung 1.3.

Bedeutsam ist weiterhin die grafische Darstellung der *empirischen Verteilungsfunktion* $\hat{F}(y)$. Sie gibt die relative Häufigkeit der Beobachtungen, die kleiner oder gleich

y sind, als Funktion von y an:

$$\hat{F}(y) = h(Y \leq y) = \frac{1}{n}\sum_{v=1}^{n} I_{(-\infty,y]}(y_v). \tag{1.6}$$

$\hat{F}(y)$ hat Sprungstellen bei den beobachteten Werten $y_1, \ldots, y_n$. Die geordneten Werte $y_{1:n} \leq y_{2:n} \leq \cdots \leq y_{n:n}$ sind gerade gleich den empirischen p-*Quantilen* für $p = 1/n, 2/n, \ldots, n/n$. Allgemein sind p-Quantile definiert durch:

$$y_p = \hat{F}^{-1}(p) = \inf\{y | \hat{F}(y) \geq p\}. \tag{1.7}$$

Die bis jetzt betrachteten Grafik-Typen stellen jeweils den kompletten Datensatz dar. *Box-and-Whisker-Plots*, auch kurz als Box-Plots bezeichnet, reduzieren diese Information, vermitteln dabei aber noch einen guten Eindruck von der Struktur der Beobachtungen. Sie basieren auf den extremsten Werten $y_{1:n}, y_{n:n}$, den Quantilen $y_{0.25}, y_{0.75}$ (auch unteres und oberes *Quartil* genannt) sowie dem *Median*[1]

$$\tilde{y} = \frac{1}{2}\left(y_{\lfloor(n+1)/2\rfloor:n} + y_{\lfloor(n+2)/2\rfloor:n}\right). \tag{1.8}$$

Beispiel 1.6 (Displayangebot - Fortsetzung)
Für die Displaydaten aus dem Beispiel 1.1 sind empirische Verteilungsfunktion und Box-and-Whisker-Plot in der Abbildung 1.4 zusammengefasst. Beim Box-Plot werden die extremsten Werte als einzelne Punkte dargestellt.

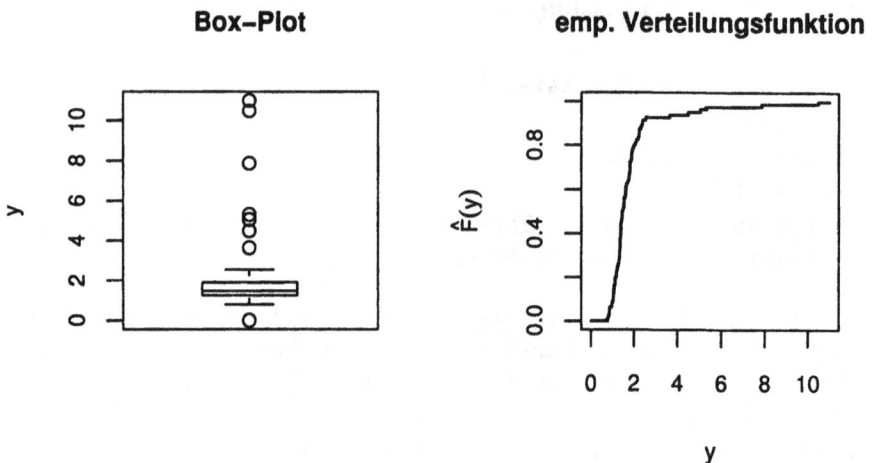

Abbildung 1.4: Displayangebot

---

[1]Hierbei bezeichnet $\lfloor y \rfloor$ die *Gaußsche Klammer*, d.h. die größte ganze Zahl $\leq y$.

R-Code 1.4 (Box-Plot und empirische Verteilungsfunktion)

```
par(mfrow=c(1,2))
boxplot(y,ylab="y",main="Box-Plot")
y<-sort(y)
y<-c(0,y,11)
F<-c(1:80)/80
F<-c(0,F,1)
plot(y,F,type="s",lwd=1.6,ylab=expression(hat(F)(y)),
main="emp. Verteilungsfunktion")
```

Für die Erstellung der empirischen Verteilungsfunktion werden die Daten erst einmal sortiert. Dann werden sie mittels y<-c(0,y,11) um etwas extremere Werte als das Minimum und das Maximum ergänzt, damit die Darstellung der Treppenfunktion an den Rändern nicht beim Minimum und Maximum endet. Natürlich muss auch F entsprechend ergänzt werden. Der Hauptpunkt beim Zeichnen der Treppenfunktion ist dann die Option type="s" in der plot-Funktion. Wenn übrigens eine Zeile nicht mit einer vollständigen Anweisung abgeschickt wird, so erscheint auf der Folgezeile ein Pluszeichen. Dann kann der Befehl vervollständigt werden.

1.3   Maßzahlen der Lage und Streuung

Neben der grafischen Darstellung interessiert man sich für eine summarische Beschreibung eines Datensatzes. Hier sind die wichtigsten Charakteristika das Niveau und die Ausbreitung. Die üblichen Maßzahlen zur Beschreibung von Lage und Streuung der Werte einer Variablen Y sind das *arithmetische Mittel* $\bar{y}$ und die *Varianz* $s^2(y)$ bzw. die *Standardabweichung* $s(y)$:

$$\bar{y} = \frac{1}{n}\sum_{v=1}^{n} y_v, \qquad s^2(y) = \frac{1}{n-1}\sum_{v=1}^{n}(y_v - \bar{y})^2, \qquad s(y) = \sqrt{s^2(y)}. \tag{1.9}$$

Bei Datenanalysen möchte man oft mit Maßzahlen der Lage und Streuung arbeiten, die speziell von einzelnen extremen Werten, sogenannten *Ausreißern*, nicht zu stark beeinflusst werden. Maßzahlen, bei denen auch extreme Beobachtungen nur einen geringen Einfluss besitzen, werden als resistent (oder robust) bezeichnet. Zu solchen *resistenten Maßzahlen* gehören der Median $\tilde{y}$, das *getrimmte Mittel* $\bar{y}_\alpha$, der *Quartilsabstand* s_Q und der *MAD*, der *Median der absoluten Abweichungen vom Median*. Die drei letztgenannten Maßzahlen sind:

$$\bar{y}_\alpha = \frac{1}{n - 2[\alpha n]} \sum_{v=[\alpha n]}^{[(1-\alpha)n]} y_{v:n} \tag{1.10}$$

$$s_Q = y_{0.75} - y_{0.25} \tag{1.11}$$

$$\text{MAD} = \text{Median}\{|y_v - \tilde{y}| : v = 1, \ldots, n\} \tag{1.12}$$

Der Median und der MAD haben beide einen hohen *Bruchpunkt*; d.h. sie können einen großen Anteil von extremen Werten vertragen, bevor die Schätzungen vollkommen unbrauchbar werden. Dies wird in der Definition 2.10 genauer gefasst.

Zusätzlich wurde als sehr resistente Maßzahl für die Streuung noch die *kürzeste Länge des α-Teils* $s_{s(\alpha)}$ (s im Subskript steht für 'shortest') vorgeschlagen und als zugehörige Maßzahl für die Lage der Mittelpunkt $m_{s(\alpha)}$ der beiden geordneten Werte, welche den kürzesten α-Teil festlegen. Die Bezeichnung dieser Maßzahl entspricht gerade ihrer Definition:

$$s_{s(\alpha)} = \min\{y_{(v+w):n} - y_{v:n} | 1 \le v \le v + w \le n, (w + 1)/n \ge \alpha\} \tag{1.13a}$$

und für die dadurch bestimmten Indizes v und $v + w$:

$$m_{s(\alpha)} = \frac{1}{2}(y_{u:n} + y_{(u+w):n}). \tag{1.13b}$$

$s_{s(0.5)}$ wird auch als *kürzeste Hälfte* bezeichnet. Geeignete multivariate Verallgemeinerungen haben eine große Bedeutung bei der explorativen Datenanalyse erlangt.

R-Code 1.5 (Univariate Maßzahlen)

```
mean(y)                          # arithmetisches Mittel
var(y)                           # Varianz
sd(y)                            # Standardabweichung
median(y)                        # Median
mean(y,trim=0.1)                 # 10% getrimmtes Mittel
quantile(y,0.75)-quantile(y,0.25)  # Quartilsabstand
mad(y)                           # MAD
y<-sort(y); n<-length(y); d<-matrix(y,n/2,2)
d1<-d[,2]-d[,1]
i<-c(1:(n/2)); i<-min(i[d1==min(d1)])
msh<-(d[i,1]+d[i,2])/2           # Mitte der kürzesten Hälfte
ssh<-(1+15/(n-1))*(d[i,2]-d[i,1])  # kürzeste Hälfte mit Faktor
```

Zu beachten ist bei der in R implementierten Quantilsfunktion, dass generell linear interpoliert wird.

Für die mit der kürzesten Hälfte zusammenhängenden Maßzahlen ist ein etwas größerer Aufwand nötig. Zuerst werden die Beobachtungen aufsteigend sortiert, mit length(y)

wird die Anzahl der Beobachtungen angefordert. R-Befehle werden durch einen Zeilenwechsel oder wie hier durch ein Semikolon getrennt. Der Befehl matrix erstellt aus dem Vektor y eine $(n/2, 2)$-Matrix. Da die Matrix spaltenweise aufgebaut wird, stehen in der ersten Spalte die Beobachtungen 1 bis 40 und in der zweiten die Beobachtungen 41 bis 80 des geordneten Datensatzes. So sind jeweils zwei Werte nebeneinander angeordnet, die gerade $n/2$ Beobachtungen voneinander entfernt sind. Die Zeile mit der kleinsten Differenz wird in der dritten Zeile bestimmt. Durch i[d1==min(d1)] werden die Komponenten des Zeilenindex i ausgewählt, die den kleinsten Abstand vonein-

ander haben. Da dies mehrere sein können, wird noch einmal ein eindeutiger Index durch den zweiten min-Befehl angefordert. Die Maßzahlen ergeben sich dann in den beiden folgenden Zeilen vier und fünf. Das Gitter-Symbol # dient zum Einfügen von Kommentaren; ab diesem Zeichen bis zum Zeilenende wird bei der Ausführung von R alles ignoriert.

Diese wird oft mit dem Faktor $f = (1 + \frac{15}{n-1})$ versehen, um $s'_{s(0.5)} = f \cdot s_{s(0.5)}$ im Fall der Normalverteilung mit der Standardabweichung vergleichbar zu machen, siehe Grübel (1988).

Beispiel 1.7 (Display-Angebot - Fortsetzung)

Bei den bereits mehrfach betrachteten Display-Daten erhält man die folgenden Werte für die angesprochenen Maßzahlen:

$\bar{y}$	$\tilde{y}$	$\bar{y}_{0.1}$	$m_{s(0.5)}$	$s^2(y)$	$s(y)$	s_Q	MAD	$s'_{s(0.5)}$
1.87	1.48	1.57	1.34	2.07	1.44	0.617	0.474	0.69

Die Maßzahlen der Lage unterscheiden sich nicht unwesentlich. Alle robusten Lagemaße sind kleiner als das arithmetische Mittel. Das resultiert aus den einzelnen großen Werten. Die Maßzahlen der Streuung sind prinzipiell untereinander nicht vergleichbar, da sie auf unterschiedlichen Konzepten beruhen. ∎

In der Praxis werden oft einfach das arithmetische Mittel und der Median berechnet. Unterscheiden sich die beiden nicht sehr, so ist man zufrieden und arbeitet mit dem arithmetischen Mittel weiter.

1.4 Bivariate Daten

Die grafische Darstellung bivariater Daten erfolgt in der Regel mittels *Streudiagrammen*, bei denen die Wertepaare als Punkte in einem Koordinatensystem dargestellt werden. Selten findet man grafische Darstellungen von zweidimensionalen Histogrammen oder bivariaten Kerndichteschätzungen.

Als eine Verallgemeinerung der Box-Plots können *konvexe Hüllen* angesehen werden. Eine konvexe Hülle ist ein geschlossener Streckenzug, der sich aus linearen Verbindungen von Randpunkten des Streudiagramms ergibt. Die Randpunkte werden dabei so bestimmt, dass alle Punkte des Streudiagramms sowie ihre paar weisen linearen Verbindungen in diesem Streckenzug liegen. Die äußere Hülle entspricht den Endpunkten der Whiskers beim Box- und Whiskers-Plot. Nun lässt man die auf ihr liegenden Punkte weg und konstruiert für die restlichen Daten erneut eine konvexe Hülle. Dieses Vorgehen wird fortgesetzt, bis gerade noch (i.d.R. etwas mehr als) 50%

der Daten übrig bleiben; die zugehörige konvexe Hülle ist dann ein Analogon zur Box.

Beispiel 1.8 (Gebrauchtwagen)
Die Angebote an gebrauchten 5erBMW's einer Ausgabe der Zeitung 'Zweite Hand', siehe Thadewald (1998), enthalten u.a. den Kilometerstand sowie die Preisvorstellung des Anbieters. In dem Streudiagramm 1.5 sind die Preise (in 1000 DM) gegen die km (in 1000) eingezeichnet. Die konvexen Hüllen machen deutlich, dass es einige 'extreme Angebote' gibt.

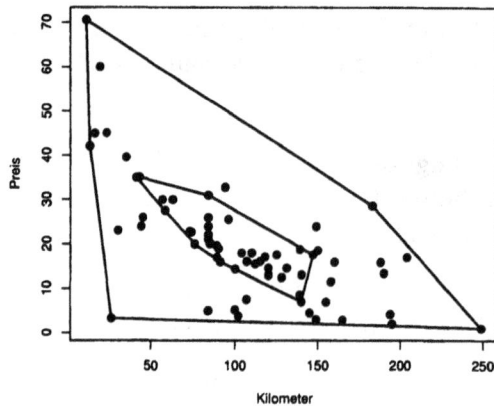

Abbildung 1.5: Streudiagramm mit konvexen Hüllen

R-Code 1.6 (Streudiagramm mit konvexen Hüllen)

```
y<-read.table("c:/daten/bmw5.txt")
plot(y,type="p",xlab="Kilometer",ylab="Preis",pch=16,cex=1.2)
n<-nrow(y)
c1<-chull(y)
lines(rbind(y[c1,],y[c1[1],]),lwd=2)
while (nrow(y) > n/2) {
c1<-chull(y) ;
if ((nrow(y)-length(c1))<n/2){break}
y <- y[-c1,] }
c1<-chull(y)
lines(rbind(y[c1,],y[c1[1],]),lwd=2)
```

Der Code zur Erstellung eines Streudiagrammes ist einfach. Zunächst also der einfache Teil. Zunächst werden die 67 Datenpaare in einen Datensatz gelesen. Beim Plot-Befehl gibt pch=16 an, dass ausgefüllte Punkte geplottet werden. cex macht sie etwas größer, als es die Standardeinstellung vorsieht.

Für die Bestimmung der Punkte, die die Eckpunkte der konvexen Hüllen ausmachen, wird mit nrow zuerst die Anzahl der Zeilen des Datensatzes bestimmt. Der Befehl chull(y) ergibt die Indizes der Zeilen des Datensatzes, wo die zugehörigen Datenpunkte die Ecken der konvexen Hülle darstellen. Diese äußere konvexe Hülle wird dann dargestellt. lines fügt die Linien dem bereits erstellten Plot hinzu. Damit ein geschlossener Linienzug entsteht, muss der erste Punkt noch einmal unten angehängt werden. Dies geschieht mit rbind.
Das Ansprechen der Zeilen ist ein Zugriff auf den ersten Index eines zweidimensionalen Gebildes. Das wird durch die Angabe vor dem Komma in der eckigen Klammer ausgedrückt. Die erste Spalte würde entsprechend mit y[,1] ausgewählt. Das negative Vorzeichen der Indizes führt dazu, dass die entsprechenden Zeilen entfernt werden. Über eine Schleife, siehe S. 308, werden nun so lange die äußeren Datenpunkte entfernt, dass die restlichen immer noch mindestens die Hälfte der Beobachtungen ausmachen. Damit dies nicht unterschritten wird, wird die Schleife im letzten Durchgang mit break verlassen. Abschließend wird die innere konvexe Hülle dargestellt.

Die klassischen Maßzahlen zur Beschreibung der Lage bivariater Daten (x_v, y_v), $v = 1, \ldots, n$, ist einfach der *Schwerpunkt*, d.h. der Vektor $(\bar{x}, \bar{y})$ der beiden arithmetischen Mittel. Der Vektor der beiden Mediane, $(\tilde{x}, \tilde{y})$, ist der sogenannte *Medianpunkt*. Er ist ein resistentes Lagemaß.

Zur Erfassung der Streuung bivariater Daten nimmt man zunächst wieder die univariaten Maßzahlen. Diese berücksichtigen aber nicht das gemeinsame Streuungsverhalten. Die Maßzahl dafür ist die *Kovarianz* $s(x, y)$ bzw. die standardisierte Version, der *Korrelationskoeffizient* $r(x, y)$:

$$s(x, y) = \frac{1}{n-1} \sum_{v=1}^{n} (x_v - \bar{x})(y_v - \bar{y}), \tag{1.14a}$$

$$r(x, y) = \frac{s(x, y)}{\sqrt{s^2(x) s^2(y)}}. \tag{1.14b}$$

Natürlich gilt $s(x, y) = s(y, x)$. Für $s^2(x)$ schreibt man wegen $s^2(x) = \frac{1}{n-1} \sum_{v=1}^{n} (x_v - \bar{x})(x_v - \bar{x})$ auch $s(x, x)$.
Varianzen und Kovarianz werden in der *Kovarianzmatrix* zusammengefasst:

$$\mathbf{S} = \begin{pmatrix} s(x, x) & s(x, y) \\ s(x, y) & s(y, y) \end{pmatrix}. \tag{1.15}$$

Analog ist die Korrelationsmatrix definiert.

Der Korrelationskoeffizient erfüllt die Ungleichung

$$-1 \leq r(x, y) \leq 1, \tag{1.16}$$

wobei das Gleichheitszeichen genau dann gilt, wenn alle Punkte auf einer Geraden liegen. Die Korrelation erfasst also den linearen Zusammenhang.

Als Faustregel für die Interpretation des Korrelationskoeffizienten verwendet man häufig die folgende Einteilung:

$|r(x,y)|$		Interpretation
0	:	keine Korrelation
0-0.5	:	schwache oder niedrige Korrelation
0.5-0.8	:	mittlere Korrelation
0.8-1	:	starke oder hohe Korrelation
1	:	perfekte Korrelation

Beispiel 1.9 (Gebrauchtwagen - Fortsetzung)
Für die Kilometerzahlen der gebrauchten 5erBMW ergibt sich ein Durchschnitt von 105.13; der durchschnittlich geforderte Preis beträgt 19.82. Weiter erhält man:

	Kovarianzmatrix			Korrelationsmatrix	
	Km	DM		Km	DM
Km	2727.40	-465.38	Km	1.00	-0.68
DM	-465.38	173.18	DM	-0.68	1.00

Preis (DM) und gefahrene Kilometer (Km) sind negativ korreliert; mehr gefahrene Kilometer bedeuten einen niedrigeren Verkaufswert. Allerdings ist die Korrelation nur als mittelstark einzustufen. Es gibt ja auch andere Bestimmungsfaktoren für den Wiederverkaufswert; dazu zählt etwa die Ausstattung. ∎

Wie die anderen klassischen Maßzahlen zur Lage und Streuung sind auch $s(x,y)$ und $r(x,y)$ sehr empfindlich in Bezug auf Ausreißer. Daher verwendet man in der Praxis oft den *Rangkorrelationskoeffizienten* r_{Spear} von Spearman, um die Stärke des Zusammenhanges zu erfassen. Er ist der übliche Korrelationskoeffizient, berechnet für die Rangwerte der Beobachtungen. *Rangwerte* sind dabei die "Platznummern" der aktuellen Beobachtungen. Sofern gleiche Beobachtungswerte vorliegen, wird über die Rangwerte gemittelt.

Aufgrund der Rangtransformation ist der Wert von $r_{Spear}(x,y)$ nicht mehr als Stärke des linearen Zusammenhanges interpretierbar. Der Rangkorrelationskoeffizient misst vielmehr die Stärke eines monotonen Zusammenhanges.

Beispiel 1.10
In der Tabelle sind fünf Beobachtungspaare angegeben.

Y_1	Y_2	$R(Y_1)$	$R(Y_2)$
3.0	1.5	2	1
4.4	5.0	3.5	3
2.8	9.3	1	5
5.1	5.0	5	3
4.4	5.0	3.5	3

In der Spalte $R(Y_1)$ sind die Rangwerte der Beobachtungen von Y_1 gelistet. Da der Wert 4.4 zweimal vorkommt, erhalten beide den Mittelwert der fortgezählten Rangzahlen zugeordnet. Bei drei gleichen, wie in der zweiten Spalte, bekommen alle drei den zugehörigen mittleren Rang zugewiesen. Aus den Werten der dritten und vierten Spalte werden nun Paare gebildet, für die der Korrelationskoeffizient berechnet wird. Man erhält $r_{Spear} = -0.23$. Der Korrelationskoeffizient der ursprünglichen Werte ist $r = -0.15$. ∎

R-Code 1.7 (Bivariate Maßzahlen)

```
mean(y)                         # Vektor der Mittelwerte
var(y)                          # Kovarianzmatrix
cor(y)                          # Korrelationsmatrix
apply(y,2,median)               # Vektor der Mediane
cor(rank(y[,1]),rank(y[,2]))    # Rangkorrelationsmatrix
cor(apply(y,2,rank))            # Rangkorrelationsmatrix
```

Die Funktion median(y) ist nur für univariate Daten implementiert. Daher muss mit dem Befehl apply gearbeitet werden. Er dient zur Anwendung einer Funktion auf einzelne Spalten oder Zeilen, je nachdem ob das zweite Argument eine 2 oder eine 1 ist. Die Befehle auf den beiden letzten Zeilen sind gleichwertig; sie ergeben beide den Rangkorrelationskoeffizienten.

2 Zufallsvariablen und Verteilungen

2.1 Wahrscheinlichkeitsverteilungen

Der Anteil der Elemente der Grundgesamtheit, bei denen ein Merkmal Y einen bestimmten Wert y hat, ist die Wahrscheinlichkeit dafür, dass bei einer einfachen zufälligen Auswahl eines Elementes aus der Grundgesamtheit eines gezogen wird, bei dem Y gerade diesen Wert hat. Das führt auf die *Wahrscheinlichkeitsfunktion* $f(y) = \mathrm{P}(Y = y)$; diese ist nur für $y_1 \leq y_2 \leq \ldots \leq y_k$ von null verschieden, wenn die y_i die unterschiedlichen Realisationsmöglichkeiten von Y sind.

Entsprechend gibt die empirische Verteilungsfunktion $\hat{F}(y)$ des Merkmals Y in der Grundgesamtheit an der Stelle y die Wahrscheinlichkeit an, dass bei einer einfachen Zufallsauswahl ein Element aus der Grundgesamtheit mit $y_i \leq y$ gezogen wird. Folglich wird diese spezielle empirische Verteilungsfunktion hier zur *theoretischen Verteilungsfunktion*:

$$F(y) = \mathrm{P}(Y \leq y).$$

Die Verteilungsfunktionen stellen die Informationen dar, welche der statistischen Betrachtung zugänglich sind. Die Verbindung der Werte von Y mit den konkreten 'Merkmalsträgern' oder Personen in einer Grundgesamtheit wird bei der statistischen Betrachtung außer acht gelassen. Nunmehr wird die Verteilungsfunktion $F(y)$ als 'Grundgesamtheit' angesehen.

Mit dieser Idealisierung können für $F(y)$ insbesondere auch stetige Funktionen verwendet werden. Dies ist etwa für Messungen aller Art sinnvoll. Hier unterstellt man gerne, dass die Messgenauigkeit im Prinzip beliebig hoch sei, um stetige Verteilungen zu rechtfertigen. Hier wird dies pragmatischer gesehen; als Modelle brauchen Verteilungfunktionen nur gute Approximationen der Realität darzustellen.

Stetige Verteilungsfunktionen lassen sich mittels Integralen angeben:

$$F(y) = \int_{-\infty}^{y} f(u)du. \tag{1.17}$$

Die zu integrierende Funktion wird als *Dichtefunktion* oder kurz *Dichte* bezeichnet. Die Angabe von $f(y)$ und $F(y)$ ist gleichwertig.

Im Idealfall ergeben sich Verteilungen aus einfachen Modellannahmen.

Beispiel 1.11 (Pareto-Verteilung)

Die *Pareto-Verteilung* ist ein Beispiel für eine stetige Verteilung, die aus einfachen Annahmen ableitbar ist. Paretos Einkommensgesetz, das er aus empirischen Untersuchungen gewonnen hat, besagt, dass die Verteilung des Einkommens von Personen mit einem Mindesteinkommen y beschrieben werden kann durch

$$N_y = Ay^{-\alpha}.$$

Hier ist N_y die Anzahl der Personen, deren Einkommen $\geq y$ ist, und A, α sind populationsspezifische Konstanten. Nun wird eine Einkommensgrenze k festgehalten und der Anteil der Einkommensbezieher mit einem Einkommen $\geq y$ an denen, die ein Einkommen von mindestens k haben, betrachtet:

$$\frac{N_y}{N_k} = \left(\frac{k}{y}\right)^{\alpha}.$$

Somit ist die zugehörige Verteilung durch die Verteilungsfunktion gegeben:

$$F(y) = \begin{cases} 0 & \text{für } y < k \\ 1 - \left(\dfrac{k}{y}\right)^{\alpha} & \text{für } y \geq k. \end{cases}$$

Die Dichte erhält man daraus als Ableitung von $F(y)$:

$$f(y) = F'(y) = \begin{cases} 0 & \text{für } y < k \\ \alpha \dfrac{k^{\alpha}}{y^{\alpha+1}} & \text{für } y \geq k. \end{cases}$$

∎

Da der Zugang zu Verteilungsmodellen über einfache Modellannahmen eher selten gelingt, und nicht für jedes empirische Phänomen eine eigene Verteilung ermittelt werden kann, greift man auf idealtypische Verteilungsfunktionen zurück. Das sind dann solche, die häufig empirische Phänomene hinreichend gut erfassen. Bevorzugt sind dabei Verteilungen, die von wenigen Parametern abhängen, so dass mit der Adjustierung der Parameter schon durch einen Verteilungstyp viele empirische Phänomene erfasst werden können. In der statistischen Praxis stellt sich dann die Aufgabe, eine der bekannten Verteilungen auszuwählen, die mit den Daten hinreichend gut übereinstimmt. Diese Verteilungen werden häufig nicht durch die Verteilungsfunktion $F(y)$ angegeben, sondern durch dazu äquivalente Beschreibungen, vor allem durch Wahrscheinlichkeitsfunktionen bzw. Dichtefunktionen.

Beispiel 1.12 (Normalverteilung)
Ein oft verwendeter Verteilungstyp ist die *Normalverteilung* mit der Dichte

$$f(y; \mu, \sigma^2) = \frac{1}{\sqrt{2\pi\sigma^2}} \exp\left(-\frac{1}{2} \frac{(y - \mu)^2}{\sigma^2}\right). \tag{1.18}$$

Wenn ausgedrückt werden soll, dass Y eine Normalverteilung mit den Parametern μ und σ^2 besitzt, wird $Y \sim \mathcal{N}(\mu, \sigma^2)$ geschrieben. ∎

R-Code 1.8 (Normalverteilung)

```
pnorm(y,0,1) # Verteilungsfunktion
dnorm(y,0,1) # Dichtefunktion
qnorm(p,0,1) # Quantile
rnorm(n,0,1) # Zufallszahlen
```

R verfügt über eine beträchtliche Anzahl von Verteilungen, siehe Seite 323. Es können jeweils die Dichte und die Verteilungsfunktion für einen Vektor vorgegebener Werte, Quantile für einen Vektor von Anteilen aufgerufen sowie Zufallszahlen generiert werden. Für jeden Verteilungstyp unterscheiden sich die einzelnen Funktionen nur durch den typischen ersten Buchstaben. y ist jeweils ein Vektor von möglichen Werten, d.h. hier von reellen Zahlen. Die Werte 0 und 1 sind Voreinstellungen für die Parameter μ und σ (nicht von σ^2!). Sie können geändert werden; dann sind Werte für beide anzugeben. Die Komponenten des Vektors p müssen die Bedingung $0 < p < 1$ erfüllen. n ist schließlich eine positive ganze Zahl, die die Anzahl der zu erzeugenden Zufallszahlen angibt.

Das Gitter-Symbol # dient zum Einfügen von Kommentaren; ab diesem Zeichen bis zum Zeilenende wird bei der Ausführung von R alles ignoriert.

Dass die Normalverteilung eine so große Rolle in der Anwendung spielt, hängt u.a. damit zusammen, dass über die Parameter μ und σ^2 die Verteilung verschoben und gestaucht bzw. gestreckt werden kann. Dies ergibt sich allgemein auf folgende Weise.

Y habe die Verteilung mit der Verteilungsfunktion $F(y)$ und der Dichte $f(y)$. Dann gilt für die linear transformierte Zufallsvariable $V = a + bY$, $b > 0$:

$$F_V(v) = \mathrm{P}(V \le v) = \mathrm{P}(a + bY \le v) = \mathrm{P}\left(Y \le \frac{v-a}{b}\right)$$
$$= F\left(\frac{v-a}{b}\right). \tag{1.19}$$

Damit ist die Dichte

$$f_V(v) = F'_V(v) = F'\left(\frac{v-a}{b}\right) = f\left(\frac{v-a}{b}\right)\frac{1}{b}. \tag{1.20}$$

Beispiel 1.13 (Lineartransformation bei Normalverteilung)
Startet man mit einer $\mathcal{N}(0,1)$-Verteilung,

$$f(z;0,1) = \phi(z) = \frac{1}{\sqrt{2\pi}}\exp\left(-\frac{1}{2}z^2\right),$$

so führt die Lineartransformation $Y = \mu + \sigma Z$ zu der in (1.18) angegebenen allgemeinen Form der Dichtefunktion. Alle Normalverteilungen lassen sich also aus der *Standardnormalverteilung* $\mathcal{N}(0,1)$ durch Lineartransformation gewinnen. Die Verteilungsfunktion der $\mathcal{N}(0,1)$-Verteilung wird wie üblich mit $\Phi(z)$ bezeichnet und die zugehörige Dichte mit $\phi(z)$.   ∎

In dem R-Code 1.8 ist auch der Befehl zur Erzeugung von normalverteilten *Zufallszahlen* angegeben. Solche Zufallszahlen sind u.a. wichtig, um statistische Verfahren zu untersuchen. Damit können nämlich die Randbedingungen für die Verfahren vorgegeben werden.

Gleichverteilte Zufallszahlen werden zwar mittels mathematischer Algorithmen erzeugt, verhalten sich aber regellos und jede Ziffer kommt etwa gleich häufig vor. Sie sind natürlich nicht genau zufällig; nach einer langen Periode wiederholen sie sich. Man spricht deshalb auch von Pseudozufallszahlen. Eine allgemeine Methode zur Erzeugung von nicht gleichverteilten Zufallszahlen basiert auf dem folgenden Satz.

Satz 1.14 (Wahrscheinlichkeitsintegraltransformation)
Sei Y eine Zufallsvariable mit einer stetigen Verteilungsfunktion $F(y)$, die für $0 < F(y) < 1$ streng monoton wachsend ist. Dann ist die Zufallsvariable $U = F(Y)$ gleichverteilt über dem Intervall $[0,1] : U \sim \mathcal{R}(0,1)$.
Umgekehrt hat $Y = F^{-1}(U)$ die Verteilungsfunktion $F(y)$ falls U über dem Intervall $(0,1)$ gleichverteilt ist.

Beweis: Es ist

$$\mathrm{P}(U \le u) = \mathrm{P}(F(Y) \le u) = \mathrm{P}(Y \le F^{-1}(u)) = F(F^{-1}(u)) = u.$$

Damit ist der erste Teil gezeigt. Der zweite folgt analog.   ∎

Beispiel 1.15 (Pareto–Verteilung)
Bei der Pareto-Verteilung ergibt sich für $0 < p < 1$:

$$p = F(y_p) = 1 - \left(\frac{k}{y_p}\right)^\alpha \implies y_p = \frac{k}{(1-p)^{1/\alpha}}.$$

Daher sind Pareto-verteilte Zufallszahlen bei vorgegebenen Parametern k und α dadurch zu erhalten, dass $\mathcal{R}(0,1)$-Zufallszahlen u erzeugt und gemäß $k/(1-u)^{1/\alpha}$ transformiert werden.　∎

2.2　Gestaltparameter von Verteilungen

In der überwiegenden Zahl der Fälle ist man nicht an der gesamten Verteilung interessiert, sondern nur an Form- oder Gestaltparametern von Verteilungen. Dies sind allgemeine Maßzahlen, welche die Gestalt einer Verteilung charakterisieren, wie speziell die Lage, die Ausbreitung und die Schiefe. Diese Maßzahlen hängen i.d.R. mit den Verteilungsparametern zusammen. Auch darüber lassen sich die einzelne Vertreter aus den 'Familien' von Wahrscheinlichkeitsverteilungen festlegen. Sie werden daher oft etwas nachlässig ebenfalls als Parameter bezeichnet. Die gebräuchlichsten dieser Formparameter lassen sich über die *Momente von Verteilungen* definieren.

Allgemein werden die *Momente* definiert durch:

$$\mu_r = \begin{cases} \sum\limits_{y_i} y_i^r f(y_i) & \text{falls } Y \text{ diskret} \\ \int\limits_{-\infty}^{\infty} y^r f(y) dy & \text{falls } Y \text{ stetig .} \end{cases} \tag{1.21}$$

Das erste Moment ist der *Erwartungswert*: $E(Y) = \mu_1$. Dafür wird einfach μ geschrieben.

Der Erwartungswert ist der am meisten verwendete theoretische Lageparameter.

Beispiel 1.16 (Erwartungswert der Poisson-Verteilung)
Y sei Poisson-verteilt, habe also die Wahrscheinlichkeitsfunktion

$$f(y) = e^{-\lambda} \cdot \frac{\lambda^y}{y!} \qquad (y = 0, 1, 2, \ldots).$$

Den Erwartungswert von Y erhält man leicht unter Ausnutzen der Eigenschaft einer Wahrscheinlichkeitsfunktion, dass die Summe über alle Realisationsmöglichkeiten eins ergibt:

$$\begin{aligned} E(Y) &= \sum_{y=0}^{\infty} y \cdot e^{-\lambda}\frac{\lambda^y}{y!} = \lambda \sum_{y=1}^{\infty} e^{-\lambda}\frac{\lambda^{y-1}}{(y-1)!} = \lambda \sum_{z=0}^{\infty} e^{-\lambda}\frac{\lambda^z}{z!} \\ &= \lambda \cdot 1 = \lambda. \end{aligned}$$

　∎

Der *Erwartungswert einer Funktion g(Y)* einer Zufallsvariablen ist

$$
E(g(Y)) = \begin{cases} \sum_{y_i} g(y_i) f(y_i) & \text{falls } Y \text{ diskret} \\ \int_{-\infty}^{\infty} g(y) f(y) dy & \text{falls } Y \text{ stetig} . \end{cases} \tag{1.22}
$$

Damit sind die Momente Erwartungswerte spezieller Funktionen der Zufallsvariablen.

Für eine wichtige, im Folgenden oft verwendete Eigenschaft des Erwartungswertes werden mehrdimensionale Dichten bzw. Wahrscheinlichkeitsfunktionen benötigt. Im zweidimensionalen Fall lassen sich diese noch anschaulich vorstellen. Bei der bivariaten Dichte $f_{\mathbf{y}}(y_1, y_2)$ des Zufallsvektors $\mathbf{y} = (Y_1, Y_2)'$ ist das durch $f_{\mathbf{y}}(y_1, y_2)$ begrenzte Volumen über einem Rechteck auf der (y_1, y_2)-Ebene gleich der Wahrscheinlichkeit, dass der Zufallsvektor einen Wert aus diesem Rechteck annimmt:

$$
P(a < Y_1 \le b, c < Y_2 \le c) = \int_a^b \int_c^d f_{\mathbf{y}}(y_1, y_2) dy_1 dy_2 .
$$

Die *Randverteilungen* sind gegeben durch

$$
f_{Y_1}(y_1) = \int_{-\infty}^{\infty} f_{\mathbf{y}}(y_1, y_2) \, dy_2 , \quad f_{Y_2}(y_2) = \int_{-\infty}^{\infty} f_{\mathbf{y}}(y_1, y_2) \, dy_1 .
$$

Y_1 und Y_2 sind unabhängig, wenn $f_{\mathbf{y}}(y_1, y_2) = f_{Y_1}(y_1) f_{Y_2}(y_2)$.

Die Erweiterung auf höhere Dimensionen ist - zumindest formal - nicht schwierig. Allgemein werden die Zufallsvariablen $Y_1, \ldots, Y_p$ als Komponenten eines *Zufallsvektors* betrachtet. Dafür wird geschrieben

$$
\mathbf{y} = \begin{pmatrix} Y_1 \\ \vdots \\ Y_p \end{pmatrix}, \quad \text{bzw.} \quad \mathbf{y} = (Y_1, \ldots, Y_p)'.
$$

Wie üblich wird dann notationell nicht mehr zwischen dem Zufallsvektor $\mathbf{y} = (Y_1, \ldots, Y_p)'$ und dem Vektor der Realisationen $\mathbf{y} = (y_1, \ldots, y_p)'$ unterschieden. Worum es sich jeweils handelt, muss aus dem Kontext erschlossen werden.

Eine multivariate Dichte oder Wahrscheinlichkeitsfunktion $f_{\mathbf{y}}(\mathbf{y})$ eines Zufallsvektors ist eine p-dimensionale, reellwertige Funktion. Integrale bzw. Summen über geeignete Bereiche ergeben Wahrscheinlichkeiten. Die einzelnen Komponenten sind unabhängig, wenn die gemeinsame Dichte bzw. Wahrscheinlichkeitsfunktion das Produkt der univariaten Randdichten bzw. Wahrscheinlichkeitsfunktionen ist:

$$
f_{\mathbf{y}}(\mathbf{y}) = f_{\mathbf{y}}(y_1, \ldots, y_p) = f_{Y_1}(y_1) \cdots f_{Y_p}(y_p). \tag{1.23}
$$

Satz 1.17 (Erwartungswert einer Linearkombination)
Der Erwartungswert einer Linearkombination von Zufallsvariablen ist gleich der Linearkombination der Erwartungswerte:

$$E\left(\sum_{i=1}^{k} a_i Y_i\right) = \sum_{i=1}^{k} a_i E(Y_i). \tag{1.24}$$

Beweis: Es wird nur der Fall zweier Zufallsvariablen betrachtet. Seien also X und Y zwei stetige Zufallsvariablen mit der gemeinsamen Dichte $f(x, y)$ und den Erwartungswerten $E(X)$ und $E(Y)$. Dann gilt für $Z = aX + bY$:

$$\begin{aligned}
E(aX + bY) &= \int_{-\infty}^{\infty}\int_{-\infty}^{\infty} (ax + by) f(x, y) \, dx dy \\
&= a\int_{-\infty}^{\infty}\int_{-\infty}^{\infty} x \cdot f(x, y) \, dx dy + b\int_{-\infty}^{\infty}\int_{-\infty}^{\infty} y \cdot f(x, y) \, dx dy \\
&= a\int_{-\infty}^{\infty} x \int_{-\infty}^{\infty} f(x, y) \, dx dy + b\int_{-\infty}^{\infty} y \int_{-\infty}^{\infty} f(x, y) \, dx dy \\
&= a\int_{-\infty}^{\infty} x \cdot f_X(x) \, dx + b\int_{-\infty}^{\infty} y \cdot f_Y(y) \, dy \\
&= a \cdot E(X) + b \cdot E(Y).
\end{aligned}$$
∎

Die Erwartungswerte $E((Y - \mu)^r)$ werden als *r-te zentrale Momente* bezeichnet. Dafür wird auch geschrieben:

$$\mu'_r = E((Y - \mu)^r). \tag{1.25}$$

Das zweite zentrale Moment ist die *Varianz* $\mathrm{Var}(Y) = E((Y-\mu)^2)$. Damit, oder noch besser mit der *Standardabweichung* $\sqrt{\mathrm{Var}(Y)}$, wird die Streuung oder Ausbreitung einer Verteilung charakterisiert. In der Regel wird für die Varianz das Symbol σ^2 verwendet.

Beispiel 1.18 (Varianz einer $\mathcal{R}(0, 1)$-Verteilung)
Für eine über dem Intervall $(0, 1)$ gleichverteilte Zufallvariable Y ist $E(Y) = 1/2$ und

$$\mathrm{Var}(Y) = \int_0^1 \left(y - \frac{1}{2}\right)^2 dy = \frac{1}{3}\left(y - \frac{1}{2}\right)^3\Bigg|_0^1 = 2 \cdot \frac{1}{3} \cdot \frac{1}{8} = \frac{1}{12}.$$
∎

Beispiel 1.19 (Erwartungswert und Varianz der Normalverteilung)
Die Zufallsvariable Y sei $\mathcal{N}(\mu, \sigma^2)$-verteilt. Dann ist der Parameter μ gleich dem Erwartungswert

$$\mathrm{E}(Y) = \int_{-\infty}^{\infty} y f(y; \mu, \sigma^2)\, dy = \mu,$$

und σ^2 ist gleich der Varianz

$$\mathrm{Var}(Y) = \int_{-\infty}^{\infty} (y - \mu)^2 f(y; \mu, \sigma^2)\, dy = \sigma^2.$$

∎

Dass die Varianz eine Maßzahl für die Ausbreitung oder die "Streuung" einer Verteilung ist, wird durch die *Ungleichung von Tschebyscheff* fundiert:

Satz 1.20 (Tschebyscheff-Ungleichung)
Sei Y eine Zufallsvariable mit Erwartungswert μ und Varianz σ^2. Dann gilt

$$P(|Y - \mu| > \epsilon) \leq \frac{\mathrm{Var}(Y)}{\epsilon^2} \qquad (1.26a)$$

bzw.

$$P(|Y - \mu| \leq \epsilon) \geq 1 - \frac{\mathrm{Var}(Y)}{\epsilon^2}. \qquad (1.26b)$$

Beweis: X habe die Dichte $f(x)$. Dann erhält man die Abschätzungen

$$
\begin{aligned}
\mathrm{Var}(Y) &= \int_{-\infty}^{\infty} (y - \mu)^2 f(y) dy \geq \int_{(y-\mu)^2 > \epsilon^2} (y - \mu)^2 f(y) dy \\
&\geq \int_{(y-\mu)^2 > \epsilon^2} \epsilon^2 f(y) dy = \epsilon^2 \int_{|y-\mu| > \epsilon} f(y) dy \\
&= \epsilon^2 \cdot P(|Y - \mu| > \epsilon).
\end{aligned}
$$

Damit ergibt sich die Behauptung.   ∎

Die Interpretation der Tschebyscheff-Ungleichung ist klar: Die untere Schranke für die Wahrscheinlichkeit, dass Y einen Wert annimmt, der sich von $\mu = \mathrm{E}(Y)$ um nicht mehr als ϵ unterscheidet, hängt von der Varianz ab. Je größer die Varianz ist, desto größer muss ϵ gewählt werden, damit die Schranke gleich bleibt.

Die wichtigsten Eigenschaften der Varianz sind im folgenden Satz festgehalten.

Satz 1.21 (Eigenschaften der Varianz)
Für die Varianz einer Zufallsvariablen Y gilt:

$$\mathrm{Var}(Y) = \mathrm{E}(Y^2) - \mathrm{E}(Y)^2; \qquad (1.27a)$$

$$\text{Var}(a + bY) = b^2\text{Var}(Y); \tag{1.27b}$$

$$\text{Var}(X + Y) = \text{Var}(X) + \text{Var}(Y) + 2E((X - \mu_X)(Y - \mu_Y)). \tag{1.27c}$$

Bei der letzten Beziehung ist X eine weitere Zufallsvariable und μ_X, μ_Y sind die zugehörigen Erwartungswerte.

Beweis: Die erste Beziehung ergibt sich aus:

$$\text{Var}(Y) = E(Y - \mu)^2 = E(Y^2 - 2\mu Y + \mu^2) = E(Y^2) - 2\mu^2 + \mu^2 = E(Y^2) - \mu^2.$$

Die zweite ergibt sich ebenso unmittelbar:

$$\text{Var}(a + bY) = E(a + bY - (a + b\mu))^2 = E(b^2(Y^2 - \mu)^2) = b^2 E(Y - \mu)^2 = b^2\text{Var}(Y).$$

Die letzte ist lediglich etwas aufwändiger:

$$
\begin{aligned}
\text{Var}(X + Y) &= E(X + Y - (\mu_X + \mu_Y))^2 = E((X - \mu_X) + (Y - \mu_Y))^2 \\
&= E((X - \mu_X)^2 + 2(X - \mu_X)(Y - \mu_Y) + (Y - \mu_Y)^2) \\
&= E(X - \mu_X)^2 + E(Y - \mu_Y)^2 + 2E((X - \mu_X)(Y - \mu_Y)).
\end{aligned}
$$

∎

Die Zerlegung (1.27a) ist oft für die Bestimmung der Varianz vorteilhaft.

Beispiel 1.22 (Varianz der Poisson-Verteilung)
Ist Y Poisson-verteilt, so ist

$$
\begin{aligned}
E(Y^2) &= \sum_{y=0}^{\infty} y^2 \cdot e^{-\lambda} \cdot \frac{\lambda^y}{y!} = \sum_{y=1}^{\infty} y \cdot e^{-\lambda} \cdot \frac{\lambda^y}{(y-1)!} \\
&= \sum_{y=1}^{\infty} (y-1) \cdot e^{-\lambda} \cdot \frac{\lambda^y}{(y-1)!} + \sum_{y=1}^{\infty} e^{-\lambda} \cdot \frac{\lambda^y}{(y-1)!} \\
&= \lambda^2 \sum_{z=0}^{\infty} e^{-\lambda} \cdot \frac{\lambda^z}{z!} + \lambda \\
&= \lambda^2 + \lambda.
\end{aligned}
$$

Damit folgt $\text{Var}(Y) = E(Y^2) - E(Y)^2 = \lambda$. ∎

Mit dem dritten und vierten zentralen Moment, $E((Y - \mu)^3)$ und $E((Y - \mu)^4)$, werden zwei weitere Gestaltparameter der Verteilung definiert, die *Schiefe* und die *Wölbung*,

$$\frac{E(Y - \mu)^3}{\sigma^3} \quad \text{und} \quad \frac{E(Y - \mu)^4}{\sigma^4}. \tag{1.28}$$

Für *symmetrische Verteilungen* wie die Normalverteilung ist $E(Y - \mu)^3/\sigma^3 = 0$. Bei einer Verteilung, deren rechte Flanke größere Wahrscheinlichkeitsmasse als die linke aufweist, ist die Maßzahl positiv. Solche Verteilungen heißen *rechtsschief*. Umgekehrt ist die Maßzahl der Schiefe negativ für *linksschiefe Verteilungen*, bei denen die linke Flanke größere Wahrscheinlichkeitsmasse als die rechte aufweist.

Beispiel 1.23 (Schiefe der Pareto-Verteilung)
Bei der Pareto-Verteilung mit einem Parameter $\alpha > r$ erhält man:

$$E(Y^r) = \int_k^\infty y^r \alpha \frac{k^\alpha}{y^{\alpha+1}}\, dy.$$

Für $\alpha + 1 - r > 1$ folgt:

$$E(Y^r) = \alpha k^\alpha \frac{-1}{\alpha - r} \frac{1}{y^{\alpha-r}}\Big|_k^\infty$$
$$= \frac{\alpha}{\alpha - r} k^r = k^r \left(1 - \frac{r}{\alpha}\right)^{-1}.$$

Dies ergibt speziell:

$$E(Y) = \frac{\alpha}{\alpha - 1} k,$$

$$\mathrm{Var}(Y) = E(Y^2) - E(Y)^2 = \frac{\alpha}{\alpha - 2} k^2 - \left(\frac{\alpha}{\alpha - 1} k\right)^2 = \frac{\alpha k^2}{(\alpha - 2)(\alpha - 1)^2}$$

und

$$E((Y - \mu)^3) = E(Y^3 - 3\mu Y^2 + \mu Y - \mu^3) = E(Y^3) - 3\mu E(Y^2) + 3\mu^2 E(Y) - \mu^3,$$

was zu der Schiefe führt:

$$\gamma_1(Y) = 2\frac{\alpha + 1}{\alpha - 3}\sqrt{\frac{\alpha - 2}{\alpha}}.$$

Die Schiefe nimmt mit wachsendem α ab. So gilt beispielsweise:

α	3.5	4	5	7.5	10	15
$\gamma_1(Y)$	11.784	7.071	4.648	3.235	2.811	2.483

Die Wölbung ist ein eher vages Konzept. (Dies gilt allerdings auch für die Lage und Streuung, vgl. Mosteller & Tukey 1977). Mit $E(Y - \mu)^4/\sigma^4$ wird eine von Lage und Streuung unabhängige Verteilung der Wahrscheinlichkeitsmasse von den Schultern der Verteilung in die Flanken und das Zentrum bzw. in die umgekehrte Richtung beschrieben, vgl. Balanda & MacGillivray (1988). Als Vergleichsbasis dient die Normalverteilung, für die $E(Y - \mu)^4/\sigma^4 = 3$ gilt. Daher nimmt man an Stelle der Wölbung als Maßzahl oft den *Exzess*, die um den Wert 3 verringerte Wölbung. Der Exzess wird i.a. nur bei symmetrischen Verteilungen betrachtet. Zur Abkürzung werden die folgenden Bezeichnungen eingeführt:

$$\gamma_1 = \gamma_1(Y) = \frac{E(Y - \mu)^3}{\sigma^3}, \quad \gamma_2 = \gamma_2(Y) = \frac{E(Y - \mu)^4}{\sigma^4} - 3. \tag{1.29}$$

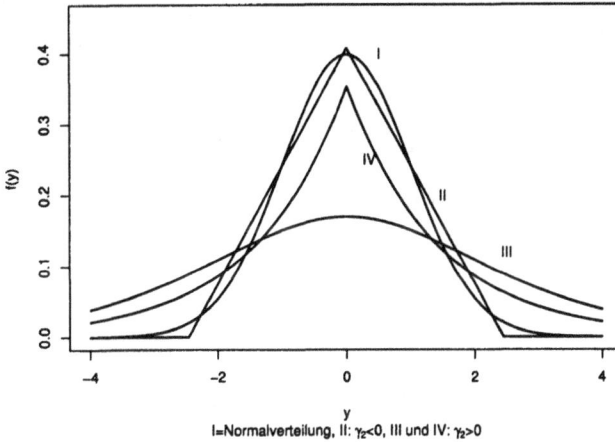

l=Normalverteilung, II: γ_2<0, III und IV: γ_2>0

Abbildung 1.6: Symmetrische Dichtefunktionen mit verschiedenen Wölbungen bzw. Exzessen

Die in der Varianz einer Summe zweier Zufallsvariablen auftauchende Größe $\mathrm{E}((X - \mu_X)(Y - \mu_Y))$ heißt die *Kovarianz* der beiden Zufallsvariablen. Dafür wird geschrieben

$$\sigma(X, Y) = \mathrm{Cov}(X, Y) = \mathrm{E}((X - \mu_X)(Y - \mu_Y)). \tag{1.30}$$

Die Kovarianz der *standardisierten* Zufallsvariablen $(X - \mu_X)/\sigma_X$ und $(Y - \mu_Y)/\sigma_Y$ ist der *Korrelationskoeffizient* von X und Y. Es ist gleichwertig, die Zufallsvariablen zuerst zu standardisieren und dann die Kovarianz der standardisierten Zufallsvariablen zu bestimmen oder die folgende Form zu nehmen:

$$\rho(X, Y) = \mathrm{Cor}(X, Y) = \frac{\mathrm{Cov}(X, Y)}{\sqrt{\mathrm{Var}(X)}\sqrt{\mathrm{Var}(Y)}}. \tag{1.31}$$

Wie für sein empirisches Gegenstück gilt für den Korrelationskoeffizienten stets $|\rho(X, Y)| \leq 1$. $\rho(X, Y)$ misst die Stärke des linearen Zusammenhanges von X und Y. Die beiden Zufallsvariablen heißen unkorreliert, wenn $|\rho(X, Y)| = 0$. Unabhängige Zufallsvariablen sind unkorreliert; unkorrelierte Zufallsvariablen sind aber nicht unbedingt unabhängig!

Als Konsequenz ergibt sich, dass bei Unabhängigkeit von X und Y gilt

$$\mathrm{Var}(X + Y) = \mathrm{Var}(X) + \mathrm{Var}(Y).$$

Diese Aussage gilt natürlich auch bei mehr als zwei unabhängigen Zufallsvariablen. Allgemeiner ist bei unabhängigen Zufallsvariablen, wenn b_i reelle Konstanten sind:

$$\mathrm{Var}\left(\sum_{i=1}^{n} b_i Y_i\right) = \sum_{i=1}^{n} b_i^2 \mathrm{Var}(Y_i). \tag{1.32}$$

2.3 Zufallsvektoren

Es mögen p Zufallsvariablen $Y_1, \ldots, Y_p$ vorliegen. Diese werden zu einem Vektor zusammengefasst:

$$\mathbf{y} = \begin{pmatrix} Y_1 \\ \vdots \\ Y_p \end{pmatrix}.$$

Der Erwartungswert von $\mathbf{y}$ wird als Vektor der Erwartungswerte vereinbart:

$$\boldsymbol{\mu} = \mathrm{E}(\mathbf{y}) = \mathrm{E}\left(\begin{pmatrix} Y_1 \\ \vdots \\ Y_p \end{pmatrix}\right) = \begin{pmatrix} \mathrm{E}(Y_1) \\ \vdots \\ \mathrm{E}(Y_p) \end{pmatrix} = \begin{pmatrix} \mu_1 \\ \vdots \\ \mu_p \end{pmatrix}.$$

Die Matrix $\boldsymbol{\Sigma}$ der Varianzen und Kovarianzen der Komponenten des Zufallsvektors $\mathbf{y} = (Y_1, \ldots, Y_p)'$ ist die *Kovarianzmatrix* des Zufallsvektors:

$$
\begin{aligned}
\mathrm{Var}(\mathbf{y}) &= \begin{pmatrix} \mathrm{Var}(Y_1) & \mathrm{Cov}(Y_1, Y_2) & \ldots & \mathrm{Cov}(Y_1, Y_p) \\ \mathrm{Cov}(Y_2, Y_1) & \mathrm{Var}(Y_2) & \ldots & \mathrm{Cov}(Y_2, Y_p) \\ \vdots & \vdots & & \vdots \\ \mathrm{Cov}(Y_p, Y_1) & \mathrm{Cov}(Y_p, Y_2) & \ldots & \mathrm{Var}(Y_p) \end{pmatrix} \\
&= \begin{pmatrix} \mathrm{E}((Y_1-\mu_1)(Y_1-\mu_1)) & \ldots & \mathrm{E}((Y_1-\mu_1)(Y_p-\mu_p)) \\ \mathrm{E}((Y_2-\mu_2)(Y_1-\mu_1)) & \ldots & \mathrm{E}((Y_2-\mu_1)(Y_p-\mu_p)) \\ \vdots & & \vdots \\ \mathrm{E}((Y_p-\mu_p)(Y_1-\mu_1)) & \ldots & \mathrm{E}((Y_p-\mu_p)(Y_p-\mu_p)) \end{pmatrix}.
\end{aligned}
$$

Wegen $\mathrm{Cov}(Y_i, Y_j) = \mathrm{Cov}(Y_j, Y_i)$ ist die Kovarianzmatrix natürlich symmetrisch. Aus Übersichtlichkeitsgründen wird im Folgenden oft σ_{ij} für $\mathrm{Cov}(Y_i, Y_j)$ geschrieben. Speziell ist also $\sigma_{ii} = \sigma_i^2$.

Wird ein Zufallsvektor $\mathbf{y}$ mit Erwartungswert $\boldsymbol{\mu}$ und Kovarianzmatrix $\boldsymbol{\Sigma}$ transformiert, $\mathbf{z} = \mathbf{a} + \mathbf{B}\mathbf{y}$, so wirkt sich das folgendermaßen auf Erwartungswert und Kovarianzmatrix aus:

$$\mathrm{E}(\mathbf{z}) = \mathbf{a} + \mathbf{B}\mathrm{E}(\mathbf{y}) \tag{1.33}$$

$$\mathrm{Var}(\mathbf{z}) = \mathbf{B}\boldsymbol{\Sigma}\mathbf{B}'. \tag{1.34}$$

Letzteres soll anhand eines kleinen Beispiels nachvollzogen werden.

Beispiel 1.24 (Kovarianzmatrix einer Lineartransformation)
Gegeben sei ein dreidimensionaler normalverteilter Zufallsvektor $\mathbf{y}$,

$$\mathbf{y} = \begin{pmatrix} Y_1 \\ Y_2 \\ Y_3 \end{pmatrix} \sim \mathcal{N}_3\left(\begin{pmatrix} 0 \\ 0 \\ 0 \end{pmatrix}, \begin{pmatrix} \sigma_{11} & \sigma_{12} & \sigma_{13} \\ \sigma_{12} & \sigma_{22} & \sigma_{23} \\ \sigma_{13} & \sigma_{23} & \sigma_{33} \end{pmatrix}\right),$$

und eine Transformationsmatrix $\mathbf{B} = (b_{ij})$. Dann gilt:

$$\mathrm{Var}(\mathbf{By}) = \mathrm{Var}\left(\begin{pmatrix} b_{11}Y_1 + b_{12}Y_2 + b_{13}Y_3 \\ b_{21}Y_1 + b_{22}Y_2 + b_{23}Y_3 \\ b_{31}Y_1 + b_{32}Y_2 + b_{33}Y_3 \end{pmatrix}\right) = \mathrm{Var}\left(\begin{pmatrix} \sum b_{1j}Y_j \\ \sum b_{2j}Y_j \\ \sum b_{3j}Y_j \end{pmatrix}\right).$$

Da der Erwartungswertvektor der Nullvektor ist, folgt:

$\mathrm{Var}(\mathbf{By})$

$$= \begin{pmatrix} E((\sum b_{1j}Y_j)(\sum b_{1k}Y_k)) & E((\sum b_{1j}Y_j)(\sum b_{2k}Y_k)) & E((\sum b_{1j}Y_j)(\sum b_{3k}Y_k)) \\ E((\sum b_{2j}Y_j)(\sum b_{1k}Y_k)) & E((\sum b_{2j}Y_j)(\sum b_{2k}Y_k)) & E((\sum b_{2j}Y_j)(\sum b_{3k}Y_k)) \\ E((\sum b_{3j}Y_j)(\sum b_{1k}Y_k)) & E((\sum b_{3j}Y_j)(\sum b_{2k}Y_k)) & E((\sum b_{3j}Y_j)(\sum b_{3k}Y_k)) \end{pmatrix}$$

$$= \begin{pmatrix} E(\sum\sum b_{1j}Y_jY_kb_{1k}) & E(\sum\sum b_{1j}Y_jY_kb_{2k}) & E(\sum\sum b_{1j}Y_jY_kb_{3k}) \\ E(\sum\sum b_{2j}Y_jY_kb_{1k}) & E(\sum\sum b_{2j}Y_jY_kb_{2k}) & E(\sum\sum b_{2j}Y_jY_kb_{3k}) \\ E(\sum\sum b_{3j}Y_jY_kb_{1k}) & E(\sum\sum b_{3j}Y_jY_kb_{2k}) & E(\sum\sum b_{3j}Y_jY_kb_{3k}) \end{pmatrix}$$

$$= \begin{pmatrix} \sum\sum b_{1j}\sigma_{jk}b_{1k} & \sum\sum b_{1j}\sigma_{jk}b_{2k} & \sum\sum b_{1j}\sigma_{jk}b_{3k} \\ \sum\sum b_{2j}\sigma_{jk}b_{1k} & \sum\sum b_{2j}\sigma_{jk}b_{2k} & \sum\sum b_{2j}\sigma_{jk}b_{3k} \\ \sum\sum b_{3j}\sigma_{jk}b_{1k} & \sum\sum b_{3j}\sigma_{jk}b_{2k} & \sum\sum b_{3j}\sigma_{jk}b_{3k} \end{pmatrix}$$

$$= \begin{pmatrix} \sum b_{1j}\sigma_{j1} & \sum b_{1j}\sigma_{j2} & \sum b_{1j}\sigma_{j3} \\ \sum b_{2j}\sigma_{j1} & \sum b_{2j}\sigma_{j2} & \sum b_{2j}\sigma_{j3} \\ \sum b_{3j}\sigma_{j1} & \sum b_{3j}\sigma_{j2} & \sum b_{3j}\sigma_{j3} \end{pmatrix} \begin{pmatrix} b_{11} & b_{21} & b_{31} \\ b_{12} & b_{22} & b_{32} \\ b_{13} & b_{23} & b_{33} \end{pmatrix}$$

$$= \begin{pmatrix} b_{11} & b_{12} & b_{13} \\ b_{21} & b_{22} & b_{23} \\ b_{31} & b_{23} & b_{33} \end{pmatrix} \begin{pmatrix} \sigma_{11} & \sigma_{12} & \sigma_{13} \\ \sigma_{21} & \sigma_{22} & \sigma_{23} \\ \sigma_{31} & \sigma_{32} & \sigma_{33} \end{pmatrix} \begin{pmatrix} b_{11} & b_{21} & b_{31} \\ b_{12} & b_{22} & b_{32} \\ b_{13} & b_{23} & b_{33} \end{pmatrix}.$$

In kompakter Schreibweise ist dies gerade $\mathrm{Var}(\mathbf{By}) = \mathbf{B\Sigma B'}$. ∎

2.4 Der zentrale Grenzwertsatz

Von herausragender Bedeutung für die Statistik ist vielfach die Kenntnis der Verteilungen von Summen von Zufallsvariablen. Hier spielt die Normalverteilung eine zentrale Rolle. Denn bei großen Anzahlen von Summanden lassen sich die Verteilungen von Summen vielfach durch eine Normalverteilung approximieren.

Definition 1.25 (Zentraler Grenzwertsatz, ZGWS)
Sei Y_n, $n = 1, 2, 3, \ldots$, eine Folge von unabhängigen Zufallsvariablen mit Erwartungswerten μ_n und Varianzen σ_n^2, $0 < \sigma_n^2 < \infty$. Für die Folge gilt *der zentrale Grenzwertsatz*, wenn die Verteilungen der Folge der standardisierten Summen

$$S_n := \frac{\sum_{v=1}^{n}(Y_v - \mu_v)}{\sqrt{\sum_{v=1}^{n}\sigma_v^2}} \qquad (n = 1, 2, \ldots)$$

gegen die Standardnormalverteilung konvergiert:

$$\lim_{n\to\infty} P(S_n \le z) = \int_{-\infty}^{z} \frac{1}{\sqrt{2\pi}} \exp\left[\frac{-y^2}{2}\right] dy.$$

Dafür wird auch $P(S_n \leq z) \doteq \Phi(z)$ sowie $S_n \overset{d}{\to} \Phi(z)$ geschrieben. Dies ist die *Konvergenz in Verteilung* Das Symbol $\overset{d}{\to}$ bedeutet also, dass die Verteilungsfunktion der links stehenden Folge von Zufallsvariablen gegen die der rechts angegebenen Verteilung konvergiert.   ∎

In dem hier betrachteten Rahmen ist die folgende Situation die wichtigste.

Satz 1.26 (ZGWS für iid Zufallsvariablen)
Sei $Y_1, Y_2, \ldots, Y_n, \ldots$ eine Folge von identisch verteilten, unabhängigen (iid = independent identically distributed) Zufallsvariablen mit Erwartungswert μ und Varianz σ^2.
Dann gilt für diese Folge der zentrale Grenzwertsatz.   ∎

Der Satz wird in der Weise ausgenutzt, dass bei genügend großer Anzahl von Summanden die Verteilung der Summe durch die Normalverteilung approximiert wird. Die Frage, wann die Anzahl der Summanden 'genügend groß' ist, läßt sich nicht allgemein beantworten. An verschiedenen Stellen wird die Frage aber wieder aufgegriffen.

Beispiel 1.27 (Normalapproximation der Binomialverteilung)
Die Binomialverteilung kann für große n durch die Normalverteilung approximiert werden. Dies ist so zu sehen:
Sind die Y_i unabhängig $B(1, p)$-verteilt, so gilt:

$$S_n = (Y_1 + \ldots + Y_n) \text{ ist } \mathcal{B}(n, p)\text{-verteilt}$$

und es ist

$$\lim_{n \to \infty} P\left(-\frac{S_n - np}{\sqrt{np(1-p)}} \leq y\right) = \Phi(y).$$

Sofern also n genügend groß ist, kann die Differenz

$$\left| P\left(\frac{S_n - np}{\sqrt{np(1-p)}} \leq x\right) - \Phi(x) \right|$$

vernachlässigt werden. Wie groß muss nun n sein? Das hängt auch ganz wesentlich von p ab. Eine allgemeine Faustregel sagt, dass $n \cdot p > 9$ und auch $n \cdot (1-p) > 9$ gelten sollte. In dieser Faustregel sind die beiden Parameter jedenfalls verknüpft. Wenn p sehr klein ist, muss n größer sein, damit die Approximation verwendet werden darf.

                                                                                        ∎

2.5   Signal & Rauschen-Modelle

In Modellen der angewandten Wissenschaften werden interessierende Größen häufig durch einen 'systematischen Teil' und einen 'zufälligen Teil' dargestellt. Der 'systematische Teil' ist Teil der Substanzwissenschaft, den 'zufälligen Teil' fasst man üblicherweise als zufällige, fehlerhafte Abweichung von dem systematischen Teil auf. Stellt die Zufallsvariable Y eine Messung dar, so wird für Y gern eine Normalverteilung unterstellt; dann kann Y auch in der Form

$$Y = \mu + \varepsilon \quad \text{mit } \varepsilon \sim \mathcal{N}(0, \sigma^2)$$

ausgedrückt werden. Diese Darstellung hat den Vorzug, das Wesentliche zu betonen: μ stellt den "wahren Wert" dar; die Messungen ergeben i.d.R. nicht diesen wahren Wert, sondern streuen um ihn. Das wird durch die Störung ε ausgedrückt, für die $E(\varepsilon) = 0$ und $\text{Var}(\varepsilon) = \sigma^2$ gilt.

Dieses Messmodell ist eine einfache Version der sogenannten *'Signal & Rauschen-Modelle'*. In lockerer Schreibweise gilt für das S&R-Modell:

Variable = systematische Komponente + Zufallskomponente.

Die systematische Komponente kann ganz unterschiedlich strukturiert sein. Ist sie konstant, so spricht man von einem Einstichprobenproblem. Das Ziel ist dann i.d.R. eine Aussage über den Wert des Parameters. Kann man die Stichproben unterteilen in zwei Gruppen, so dass die eine einen Wert μ_1 und die andere einen davon möglicherweise unterschiedlichen Wert μ_2 hat, so spricht man von einem Zweistichprobenproblem. Es gibt dann noch weitere Strukturen für die systematische Komponente. Diese führen auf die Varianz- und die Regressionsanalyse. Beide sind Spezialfälle des allgemeinen linearen Modells, mit dem man gerade solche S&R-Modelle bzgl. der systematischen Komponente zu erfassen versucht.

2.6 Die multivariate Normalverteilung

Wie oben angesprochen, wird für die Fehler in Signal & Rauschen-Modellen üblicherweise die Normalverteilung unterstellt. Um Modelle mit komplizierter strukturierten Erwartungswerten behandeln zu können, wird die multivariate Normalverteilung benötigt.

Es mögen p Zufallsvariablen $Y_1, \ldots, Y_p$ vorliegen mit

$$Y_i \sim \mathcal{N}(\mu_i, \sigma^2) \qquad (i = 1, \ldots, p).$$

Die gemeinsame Dichte ist bei Unabhängigkeit der Y_i

$$f(y_1, \ldots, y_p) = \left(\frac{1}{\sqrt{2\pi\sigma^2}} \right)^p \exp\left[-\frac{1}{2\sigma^2} \sum_{i=1}^{p} (y_i - \mu_i)^2 \right].$$

Für die Verallgemeinerung werden nun zuerst einmal unterschiedliche Varianzen zugelassen. Dann gilt:

$$f(y_1, \ldots, y_p) = \left(\frac{1}{\sqrt{2\pi}} \right)^p \cdot \frac{1}{\sqrt{\sigma_1^2 \cdots \sigma_p^2}} \cdot \exp\left[-\frac{1}{2} \sum_{i=1}^{p} \frac{(y_i - \mu_i)^2}{\sigma_i^2} \right].$$

Für den Exponenten kann mit $\boldsymbol{\mu} = (\mu_1, \ldots, \mu_p)'$ und $\boldsymbol{y} = (y_1, \ldots, y_p)'$ auch

$$-\frac{1}{2}(\boldsymbol{y} - \boldsymbol{\mu})' \begin{pmatrix} 1/\sigma_1^2 & & \\ & \ddots & \\ & & 1/\sigma_p^2 \end{pmatrix} (\boldsymbol{y} - \boldsymbol{\mu}) = -\frac{1}{2}(\boldsymbol{y} - \boldsymbol{\mu})'\Sigma^{-1}(\boldsymbol{y} - \boldsymbol{\mu}) \qquad (1.35)$$

geschrieben werden. Die Matrix Σ in (1.35) ist die Kovarianzmatrix der Komponenten des Zufallsvektors $\boldsymbol{y} = (Y_1, \ldots, Y_p)'$. Bei unkorrelierten Komponenten sind die nicht auf der Diagonalen liegenden Matrixelemente alle null. Für solche Diagonalmatrizen gilt $\sigma_1^2 \cdot \sigma_2^2 \cdots \sigma_p^2 = \det(\Sigma)$. Damit hat die gemeinsame Dichte der p unabhängigen, $\mathcal{N}(\mu_i, \sigma_i^2)$-verteilten Zufallsvariablen Y_i insgesamt die Gestalt:

$$f(y_1, \ldots, y_p) = \frac{1}{(2\pi)^{p/2}(\det(\Sigma))^{1/2}} \cdot \exp\left[-\frac{1}{2}(\boldsymbol{y} - \boldsymbol{\mu})\Sigma^{-1}(\boldsymbol{y} - \boldsymbol{\mu})\right]. \qquad (1.36)$$

Nun liegt es nahe, für Σ beliebige positiv definite Kovarianzmatrizen zuzulassen. Dann ist mit (1.36) die Dichtefunktion der allgemeinen multivariaten Normalverteilung gegeben. Die positive Definitheit ist dabei wesentlich; sie sichert, dass die Inverse existiert. Sonst kann man die Dichte nicht angeben.

Es wird $\boldsymbol{y} \sim \mathcal{N}_p(\boldsymbol{\mu}, \Sigma)$ geschrieben, wenn ausgedrückt werden soll, dass ein p-dimensionaler Zufallsvektor $\boldsymbol{y}$ multivariat normalverteilt ist.

Die Dichte der bivariaten Normalverteilung lautet mit $\mathrm{Cov}(Y_1, Y_2) = \rho\sigma_1\sigma_2$ ausformuliert:

$$\begin{aligned} f(y_1, y_2) = &\frac{1}{2\pi\sigma_1\sigma_2\sqrt{1 - \rho^2}} \\ &\cdot \exp\left[-\frac{1}{2(1 - \rho^2)}\left(\frac{(y_1 - \mu_1)^2}{\sigma_1^2} - 2\rho\frac{y_1 - \mu_1}{\sigma_1} \cdot \frac{y_2 - \mu_2}{\sigma_2} + \frac{(y_2 - \mu_2)^2}{\sigma_2^2}\right)\right]. \end{aligned} \qquad (1.37)$$

Die Bedeutung der Forderung $-1 < \rho < 1$ an den Korrelationskoeffizienten ist aus dieser Gestalt der Dichte offensichtlich. Sie sichert gerade, dass nirgendwo durch null geteilt wird und somit die Dichte angebbar ist. Formal bewirkt sie die positive Definitheit der Kovarianzmatrix $\Sigma = \begin{pmatrix} \sigma_1^2 & \rho\sigma_1\sigma_2 \\ \rho\sigma_1\sigma_2 & \sigma_2^2 \end{pmatrix}$.

Anhand der bivariaten Dichte sieht man, wie der Parameter ρ die Form des Zusammenhanges steuert. Der Exponent ist eine Ellipsengleichung. Dementsprechend sind die Kurven konstanter Dichte Ellipsen; sie werden als *Konturlinien* bezeichnet. Im Fall $\rho = 0$ sind die Hauptachsen der Ellipse parallel zu den Koordinatenachsen. Für $\rho \neq 0$ sind sie ihnen gegenüber gedreht.

$\sigma_1^2=1, \sigma_2^2=1, \rho=0.5$

$\sigma_1^2=1, \sigma_2^2=1, \rho=0.8$

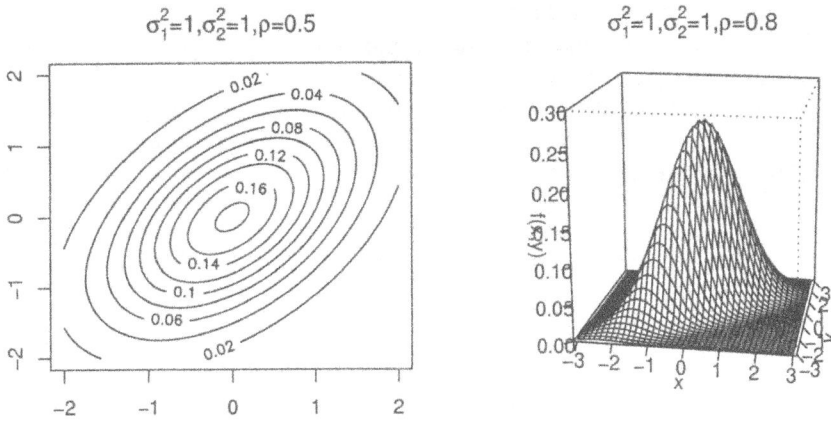

Abbildung 1.7: Dichten der bivariaten Normalverteilung

R-Code 1.9 (Bivariate Normalverteilungsdichte)

```
dnormbi<-function(x,y,mu=c(0,0),s=c(1,1),rho=0){
 mnorm <- matrix(rep(0,length(x)*length(y)),ncol=length(y))
 for(i in 1:length(x)){
 for(j in 1:length(y)) {
 mnorm[i,j]<-((x[i]-mu[1])^2)/s[1]-
 2*rho*(x[i]-mu[1])*(y[j]-mu[2])/sqrt(s[1]*s[2])+
 ((y[j]-mu[2])^2)/s[2] } }
 mnorm <- exp(-mnorm/(2*(1-rho^2))/(2*pi*sqrt(s[1]*s[2]*(1-rho^2)))
 mnorm }
par(mfrow=c(1,2))
x<-seq(-2,2,length=100)
y<-seq(-2,2,length=100)
dxy<-dnormbi(x,y,mu=c(0,0),s=c(1,1),rho=0.5)
contour(x,y,dxy)
title(expression(paste(s[1]^2,"=1",s[2]^2,"=1,",rho,"=0.5")))
x<-seq(-3,3,length=40)
y<-seq(-3,3,length=40)
dxy<-dnorm.two(x,y,mu=c(0,0),s=c(1,1),rho=0.8)
persp(x,y,dxy,zlab="f(x,y)",ticktype="detailed",theta=10,
      zlim=c(0,0.3),xlim=c(-3.1,3.1),ylim=c(-3.1,3.1),r=9)
title(expression(paste(s[1]^2,"=1",s[2]^2,"=1,",rho,"=0.8")))
```

Es gibt in R keine vorgegebene Funktion für die zweidimensionale Normalverteilung. Sie kann aber entsprechend dem im ersten Teil des oben angegebenen Codes selber geschrieben werden:

Die Eingabe besteht aus den Vektoren x und y, welche die Stellen festlegen, an denen die Dichte berechnet werden soll. mu ist eine Vektor der Länge zwei mit den Erwartungswerten und entsprechend s für die Varianzen. rho ist der Korrelationskoeffizient. Die angegebenen Werte dienen als Standard-

einstellungen; sie können natürlich geändert werden. Die Ausgabe besteht aus einer Matrix mnorm mit den Werten der zweidimensionalen Normalverteilung an den Stellen (x[i],y[j]).
Im zweiten Teil wird die in der Abbildung 1.7 dargestellte Grafik erzeugt. Hinzuweisen ist neben den Funktionen contour und persp auch auf die Gestaltung des Titels mit mathematischen Zeichen; um diese zu erhalten, wurde die Funktion expression eingesetzt.

Dass die Konturlinien bei der bivariaten Normalverteilung Ellipsen sind, war eine der wichtigen Eigenschaften, die Galton bei seinen Untersuchungen über den Zusammenhang der Größe von Vätern und Söhnen entdeckte.

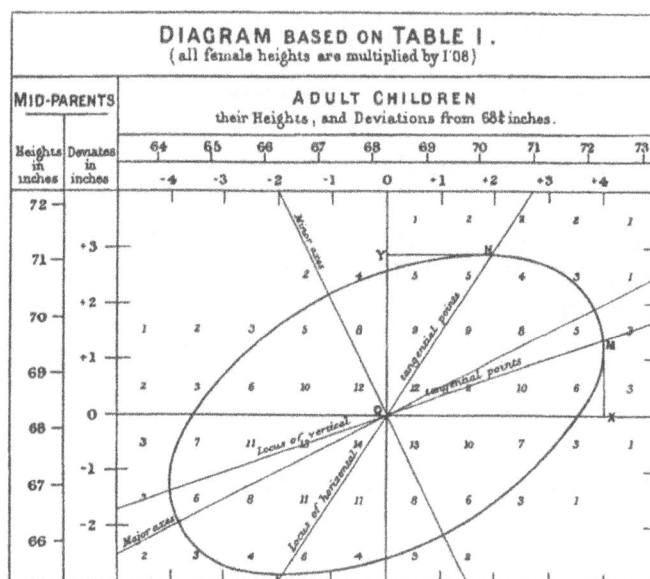

Abbildung 1.8: Galtons Präsentation der bivariaten Normalverteilung

Aus seinen aufgezeichneten Beobachtungen erkannte er:

1. Die Randverteilungen sind Normalverteilungen.

2. Die bedingten Erwartungswerte $E(Y|X = x)$ sind lineare Funktionen von x.

3. Die bedingten Varianzen $\mathrm{Var}(Y|X = x)$ sind konstant in x.

4. Die Menge der Punkte auf der Ebene, für die jeweils $f_{X,Y}(x,y) = c$ gilt $(c > 0)$, sind Ellipsen.

Insgesamt hat Galton aus seinen Beobachtungen die zweidimensionale Normalverteilung als geeignetes Modell abgeleitet.

Einige wichtige Eigenschaften der multivariaten Normalverteilung sind etwas exakter in dem folgenden Satz zusammengefasst.

Satz 1.28 (Eigenschaften der multivariaten Normalverteilung)
Sei $\mathbf{x} \sim \mathcal{N}_p(\boldsymbol{\mu}, \boldsymbol{\Sigma})$. Dann gilt:

1. Jede Lineartransformation $\mathbf{y} = \mathbf{Bx} + \mathbf{a}$ mit $\mathbf{B} \neq \mathbf{0}$ ergibt wieder eine Normalverteilung: $\mathbf{y} \sim \mathcal{N}(\mathbf{a} + \mathbf{B}\boldsymbol{\mu}, \mathbf{B}\boldsymbol{\Sigma}\mathbf{B}')$.

2. Alle aus Komponenten gemeinsam multivariat normalverteilter Zufallsvariablen gebildeten Untervektoren sind wieder multivariat normalverteilt.

3. Die Zufallsvektoren $\mathbf{u} = \mathbf{a} + \mathbf{By}$ und $\mathbf{v} = \mathbf{c} + \mathbf{Dy}$ sind genau dann unabhängig, wenn sie unkorreliert sind, wenn also die Kovarianzmatrix gleich der Nullmatrix ist, $\mathrm{Cov}(\mathbf{u}, \mathbf{v}) = \mathbf{B}\boldsymbol{\Sigma}\mathbf{D}' = \mathbf{0}$. ∎

Die gemeinsame Normalverteiltheit von Zufallsvariablen ist wesentlich dafür, dass Linearkombinationen von normalverteilten Zufallsvariablen selbst normalverteilt sind. Anhand eines Beispiels kann gezeigt werden, dass die univariaten Normalverteilungen dafür nicht ausreichen.

Beispiel 1.29 (Summe univariat normalverteilter Zufallsvariablen)
Es wird die Dichte einer zweidimensionalen Zufallsvariablen mit der folgenden Gestalt betrachtet:

$$g(y_1, y_2) = \begin{cases} 2\phi(y_1)\phi(y_2) & \text{für } y_1 y_2 > 0 \\ 0 & \text{sonst} \end{cases}$$

Dabei ist $\phi(u)$ die Dichte der Standardnormalverteilung. Die Dichte $g(y_1, y_2)$ entsteht dadurch, dass der zweite und der vierte Quadrant der Ebene 'ausgeschnitten' werden und die Wahrscheinlichkeitsmasse in den beiden anderen Quadranten verdoppelt wird.

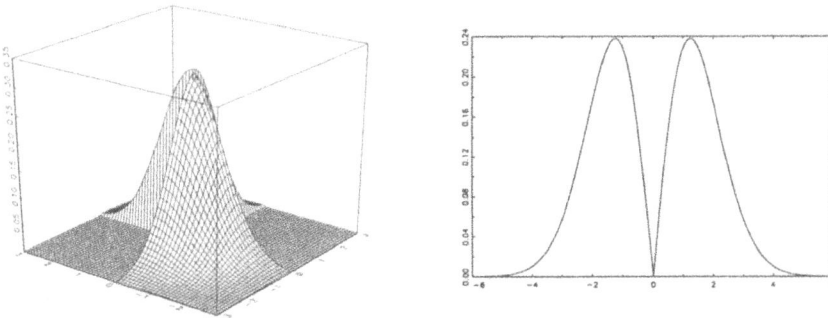

Abbildung 1.9: Dichten einer bivariaten Nicht-Normalverteilung und der Summe ihrer Komponenten

Man rechnet leicht nach, dass die univariaten Dichtefunktionen,

$$f(y_1) = \int_{-\infty}^{\infty} g(y_1, y_2)\, dy_2$$

und analog für Y_2, univariate Standardnormalverteilungsdichten sind. Andererseits ist einsichtig, dass die Summe $Z = Y_1 + Y_2$ nicht normalverteilt ist. Da nur positive Summanden ($y_1 > 0, y_2 > 0$) oder nur negative ($y_1 < 0, y_2 < 0$) zusammenkommen, hat sie vielmehr eine zweigipflige Verteilung. Die im rechten Teil der Abbildung 1.9 wiedergegebene Dichte ist

$$f_Z(z) = \frac{1}{\sqrt{\pi}} \exp\left(-\frac{z^2}{4}\right) \left(\Phi\left(\frac{|z|}{\sqrt{2}}\right) - \Phi\left(-\frac{|z|}{\sqrt{2}}\right)\right).$$

∎

Bei der ersten der im Satz angegebenen Eigenschaften wurde Gebrauch gemacht von der Aussage (1.34), $\text{Var}(\mathbf{u}) = \mathbf{B}\Sigma\mathbf{B}'$ wenn $\mathbf{u} = \mathbf{B}\mathbf{y}$ und $\text{Var}(\mathbf{y}) = \Sigma$. Die letzte im Satz angegebene Eigenschaft fußt auf einer offensichtlichen Verallgemeinerung dieser Aussage. Sie beinhaltet auch, dass Komponenten mit verschwindender Korrelation stochastisch unabhängig sind.

Beispiel 1.30 (Unabhängigkeit von $\overline{Y}$ und S_Y^2)

Der Satz 1.28, genauer die als drittes genannte Eigenschaft, soll benutzt werden, um die Unabhängigkeit des arithmetischen Mittels $\overline{Y}$ und der empirischen Varianz $S^2(Y) = \frac{1}{n-1}\sum(Y_i - \overline{Y})^2$ bei einer Folge unabhängiger identisch normalverteilter Zufallsvariablen $Y_1, \ldots, Y_n$ nachzuweisen.

Zunächst ist

$$\overline{Y} = \frac{1}{n}(1 \ldots 1)\begin{pmatrix} Y_1 \\ \vdots \\ Y_n \end{pmatrix} = \frac{1}{n}\mathbf{j}'\begin{pmatrix} Y_1 \\ \vdots \\ Y_n \end{pmatrix}.$$

Dann werden die Differenzen $Y_i - \overline{Y}$ betrachtet:

$$\begin{pmatrix} Y_1 - \overline{Y} \\ \vdots \\ Y_n - \overline{Y} \end{pmatrix} = \left(\mathbf{I} - \frac{1}{n}\mathbf{j}\mathbf{j}'\right)\begin{pmatrix} Y_1 \\ \vdots \\ Y_n \end{pmatrix}.$$

Dabei ist $\mathbf{I}$ die Einheitsmatrix; $\mathbf{j}\mathbf{j}'$ ist eine Matrix, die nur aus Einsen besteht. Um zu zeigen, dass der Differenzenvektor und das arithmetische Mittel unkorreliert sind, braucht nur das Matrizenprodukt entsprechend dem Satz berechnet zu werden:

$$\left(\mathbf{I} - \frac{1}{n}\mathbf{j}\mathbf{j}'\right)\begin{pmatrix} 1/\sigma^2 & & \\ & \ddots & \\ & & 1/\sigma^2 \end{pmatrix}\frac{1}{n}\begin{pmatrix} 1 \\ \vdots \\ 1 \end{pmatrix} = \frac{1}{n}\left(\mathbf{I} - \frac{1}{n}\mathbf{j}\mathbf{j}'\right)\begin{pmatrix} 1/\sigma^2 \\ \vdots \\ 1/\sigma^2 \end{pmatrix}$$

$$= \frac{1}{n} \left\{ \begin{pmatrix} 1/\sigma^2 \\ \vdots \\ 1/\sigma^2 \end{pmatrix} - \frac{1}{n} \begin{pmatrix} n/\sigma^2 \\ \vdots \\ n/\sigma^2 \end{pmatrix} \right\} = \begin{pmatrix} 0 \\ \vdots \\ 0 \end{pmatrix}.$$

Da beide Linearkombinationen normalverteilt sind, sind sie auch unabhängig. Folglich ist $\overline{Y}$ unabhängig zu jeder Komponente $Y_i - \overline{Y}$. Die Unabhängigkeit bleibt natürlich erhalten, wenn die Komponenten $Y_i - \overline{Y}$ transformiert und miteinander kombiniert werden. Folglich sind $\overline{Y}$ und $S^2(Y)$ unabhängig. ∎

3 Aufgaben

Aufgabe 1
Die Kriminalitätsquote, d.h. die Anzahl der Straftaten je 1000 Einwohner, für die einzelnen Hamburger Stadtteile sind in der folgenden Tabelle angegeben. (Nach: Hamburger Abendblatt vom 13.2.2003.)

337	539	54	86	120	114	360
4391	166	110	120	104	129	128
535	123	114	102	88	30	46
542	245	226	254	102	32	50
1558	153	98	157	64	81	79
4228	134	77	105	47	33	63
138	143	84	131	110	53	75
97	57	82	154	78	26	103
164	112	77	259	48	91	172
179	95	118	114	51	184	257
113	124	145	100	53	98	102
134	66	133	131	52	136	123
417	74	85	216	77	50	72
199	38	131	120	82	140	32
232	66	109	118	105	322	45

1. Stellen Sie die Daten in einem Stem-and-Leaf-Diagramm dar.

2. Zeichnen Sie ein geeignetes Box-Plot.

3. Zeichnen Sie die empirische Verteilungsfunktion.

4. Zeichnen Sie ein Histogramm.

5. Bestimmen und zeichnen Sie eine Kerndichteschätzung mit einem Rechteckkern. Operieren Sie mit h=5,10,50.

6. Berechnen Sie die verschiedenen univariaten Maßzahlen der Lage und Streuung.

Aufgabe 2

Die folgenden Daten sind die durchschnittlichen wöchentlichen Ausgaben eines Haushaltes für Tabak und alkoholische Getränke für die 11 Regionen Großbritanniens (in Britischen Pfund). Die Angaben erfolgen nach Moore & McCabe (1989).

Region	Alkohol	Tabak
North	6.47	4.03
Yorkshire	6.13	3.76
Northeast	6.19	3.77
East Midlands	4.89	3.34
West Midlands	5.63	3.47
East Anglia	4.52	2.92
Southeast	5.89	3.20
Southwest	4.79	2.71
Wales	5.27	3.53
Scotland	6.08	4.51
N. Ireland	4.02	4.56

1. Stellen Sie die Daten in einem Streudiagramm dar und zeichnen Sie die äußere konvexe Hülle ein.

2. Bestimmen Sie den Korrelationskoeffizienten nach Bravais-Pearson und den Rangkorrelationskoeffizienten nach Spearman. Wie ändern sich die beiden Koeffizienten, wenn Nordirland als bivariater 'Ausreißer' aus dem Datensatz entfernt wird?

Aufgabe 3

Betrachtet werden die folgenden Verteilungen:

Tabelle 1.1: Einige stetige Verteilungen

Nr.	Verteilung	Dichte	Parameterbereich
1	Gleichv.	$f(y) = \begin{cases} 1 & \text{für } 0 \leq y \leq 1 \\ 0 & \text{sonst} \end{cases}$	
2	Simpson-V.	$f(y) = \begin{cases} (1 - |y|) & \text{für } -1 \leq y \leq 1 \\ 0 & \text{sonst} \end{cases}$	
3	Potenzv.	$f(y) = \begin{cases} \alpha y^{\alpha-1} & \text{für } 0 \leq y \leq 1 \\ 0 & \text{sonst} \end{cases}$	$\alpha > 0$
4	Exponentialv.	$f(y) = \begin{cases} \lambda e^{-\lambda y} & \text{für } 0 \leq y \\ 0 & \text{sonst} \end{cases}$	$\lambda > 0$

1. Bestimmen Sie die Erwartungswerte, Varianzen und Schiefeparameter der Verteilungen 1-4. Für die Verteilungen 1 und 2 ist auch die Wölbung zu bestimmen.

2. Wie änden sich die unter 1) bestimmten Parameter, wenn die zugehörigen Zufallsvariablen jeweils linear transformiert werden, $V = a + bY$?

3. Die allgemeine Form der Dichten der vier Verteilungen erhält man jeweils dadurch, dass Zufallsvariablen, deren Verteilung die angegebene Standardform ist, linear transformiert werden. Bestimmen Sie die Dichten von $V = a + bY$. Hinweis: Nutzen Sie aus, dass $f(v) = F'(v)$ und starten Sie mit $P(V \leq v)$.

Aufgabe 4
Die Zufallsvariable Y habe die Wahrscheinlichkeitsfunktion

$$f(y) = \begin{cases} p/2 & \text{für } y = -a \\ 1 - p & \text{für } y = 0 \\ p/2 & \text{für } y = a \end{cases}$$

Bestimmen Sie die Wahrscheinlichkeit $P(|Y - \mu| < \epsilon)$ und betrachten Sie die Situation $\epsilon \to a$. Welche Schlussfolgerungen ergeben sich daraus für die Tschebyscheff-Ungleichung?

Aufgabe 5
Untersuchen Sie mittels Simulation für die in Aufgabe 3 angegebenen vier Verteilungen, ab wann der zentrale Grenzwertsatz für die Summen von Zufallsvariablen akzeptable Resultate liefert. Dazu ist von der Wahrscheinlichkeitsintegraltransformation Gebrauch zu machen.

- Erzeugen Sie für einen festen Stichprobenumfang n jeweils 1000 Stichproben und bestimmen Sie die Summe der Werte der n Stichprobenvariablen $S = Y_1 + \cdots + Y_n$.

- Stellen Sie die 1000 Werte in einem Histogramm dar.

- Wählen Sie für n die Umfänge 10, 20, 50, 100.

Hinweis: Auf Seite 308 wird angegeben, wie wiederholte Berechnungen in R realisiert werden können.

Kapitel 2

Inferenzprobleme

1 Ein Modell einer Zufallsstichprobe

Um von Stichproben auf Grundgesamtheiten zurückschließen zu können, wird unterstellt, dass die interessierende Zufallsvariable Y mehrfach unter jeweils gleichen Bedingungen beobachtet wird. Dies wird in der Weise formalisiert, dass man *Stichprobenvariablen* $Y_1, \ldots, Y_n$ einführt. Die Indizes drücken nur die Wiederholung aus. Diesen Stichprobenvariablen sollen dann alle die gleiche Verteilung wie Y haben und zudem unabhängig sein. Als Sprechweisen wird für das Folgende vereinbart, dass $Y_1, \ldots, Y_n$ eine Stichprobe aus einer Grundgesamtheit mit der Verteilungsfunktion $F(y)$, oder kurz aus der Verteilung $F(y)$, genannt wird, wenn die Y_v unabhängig und identisch verteilt mit der Verteilungsfunktion $F(y)$ sind. Das Gleiche wird auch dadurch ausgedrückt, dass $Y_1, \ldots, Y_n$ als Stichprobenvariablen mit einer Verteilungsfunktion $F(y)$ bezeichnet werden.

Über diesen Ansatz wird eine einfache *Zufallsstichprobe* definiert. Dies ist die hier ausschließlich betrachtete Situation. Bei Stichproben aus endlichen Grundgesamtheiten passt dieser Ansatz nicht vollständig. Durch das Ziehen eines Elementes wird ja die Zusammensetzung der Grundgesamtheit verändert, so dass die Unabhängigkeit nicht mehr gegeben ist. Jeder Zug hängt von den Ergebnissen der vorhergehenden ab. Bei großen Grundgesamtheiten und relativ kleinen Stichprobenumfängen spielt dies aber praktisch keine Rolle.

Gerade bei endlichen Grundgesamtheiten gibt es neben den einfachen Zufallsstichproben auch komplexere, wie etwa geschichtete Stichproben und Klumpenstichproben. Wie man bei solchen Stichproben auf die Grundgesamtheit zurückschließen kann, ist das Thema der Stichprobentheorie.

Das inhaltliche Problem mit dem hier verfolgten Ansatz besteht darin, dass man in konkreten Anwendungen jeweils nur eine Stichprobe vor sich hat. Der Zufall hat seine Rolle ausgespielt, die Stichprobe besteht aus einer Serie von Zahlen (oder Vektoren). Um sich zu verdeutlichen, wie es möglich ist, daraus Rückschlüsse auf die zu Grunde liegende Verteilung zu ziehen, wird ein Simulationsexperiment betrachtet.

Das Experiment besteht darin, eine konkrete, nicht sehr große Grundgesamtheit von 100 Personen und hier die Altersverteilung zu betrachten. Das Altersspektrum reicht von 20 bis 80 Jahre. Aus dieser Grundgesamtheit werden nun wiederholt Stichproben mit Zurücklegen gezogen. Durch das Zurücklegen wird, wie eben ausgeführt, die Unabhängigkeit der Stichprobenvariablen $Y_v = $ 'Alter der v-ten gezogenen Person' gewährleistet.

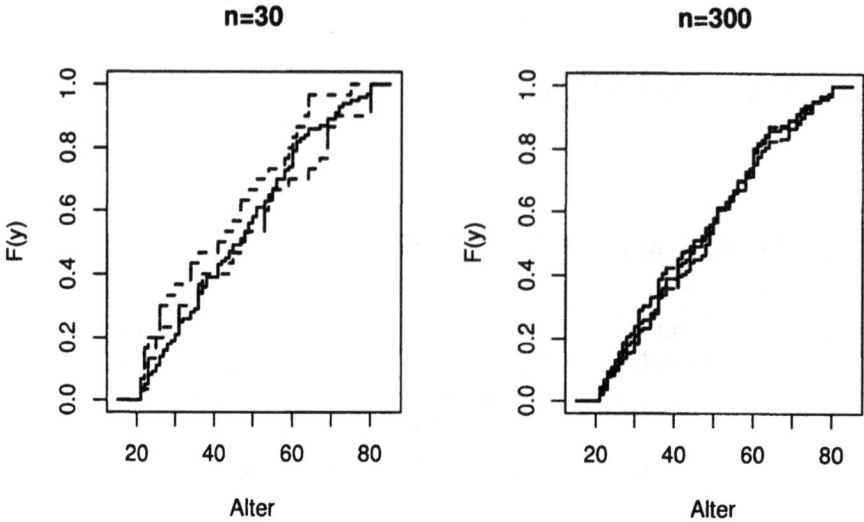

Abbildung 2.1: Empirische Verteilungsfunktionen aus einer diskreten Altersverteilung

R-Code 2.1 (Stichproben aus endlichen Grundgesamtheiten)

```
alt<-scan("c:/daten/alt.txt") # Einlesen der Daten
b1<-sample(alt,30,replace=TRUE) #Ziehen einer Stichprobe m.Z.
plot(sort(b1,c(1:30)/30,type="s") # Plot der Verteilungsfunktion
```

Die Funktion sample erlaubt Stichproben mit Zurücklegen (replace=TRUE) bzw. ohne Zurücklegen (replace=FALSE) zu ziehen. Der hier mit 30 angegebene Wert ist die Anzahl der zu ziehenden Elemente. Mit dem Parameter type="s" wird eine Treppenfunktion angefordert.

Wie die Abbildung zeigt, können die empirischen Verteilungsfunktionen $\hat{F}(y)$ der Stichproben bei kleinen Stichproben beträchtlich von der der Grundgesamtheit abweichen. Die Abweichungen sind in dem Sinne unsystematisch, dass der Mittelwert von $\hat{F}(y)$ über verschiedene Stichproben approximativ $F(y)$ ergibt. Je größer der Stichprobenumfang wird, desto geringer werden Schwankungen von $\hat{F}(y)$ um $F(y)$.

Dieses Verhalten hat seine formale Entsprechung in der Aussage, dass bei Stichproben aus einer Verteilung $F(y)$ für jedes y die Wahrscheinlichkeit gegen eins konvergiert, dass die Abweichung der empirischen Verteilungsfunktion von der theoretischen beliebig klein ist, formal

$$\lim_{n\to\infty} \mathrm{P}\left(|\hat{F}_n(y) - F(y)| < \epsilon\right) = 1 \qquad \text{für } \epsilon > 0 \text{ fest.}$$

Dafür wird auch $\hat{F}_n(y) \xrightarrow{p} F(y)$ geschrieben. Man nennt dies *Konvergenz in Wahrscheinlichkeit*.

Tatsächlich lässt sich noch viel mehr zeigen; $\hat{F}_n(y)$ konvergiert gleichmäßig gegen $F(y)$. Wegen seiner Wichtigkeit für die Statistik wird dieses Resultat auch als *Hauptsatz der Statistik* bezeichnet. Er sagt aus, dass man praktisch sicher sein kann, eine Beobachtungsfolge zu erhalten, deren empirische Verteilungsfunktion (bei unendlicher Länge) kaum von der theoretischen abweicht.

Satz 2.1 (Satz von Glivenko-Cantelli)
Sei $Y_1, Y_2, \ldots$ eine Folge von unabhängigen, identisch verteilten Zufallsvariablen mit der Verteilungsfunktion $F(y)$. $\hat{F}_n(y)$ sei die empirische Verteilungsfunktion. Dann gilt:

$$\mathrm{P}\left(\lim_{n\to\infty} \sup_{-\infty < y < +\infty} |\hat{F}_n(y) - F(y)| = 0\right) = 1. \qquad (2.1)$$

∎

Vor diesem Hintergrund erscheint es möglich, *Inferenz* zu treiben, Rückschlüsse von Stichproben auf zu Grunde liegende Verteilungen zu ziehen. Hier gibt es nun verschiedene typische Fragestellungen. In den folgenden Abschnitten sollen sie kurz angesprochen werden.

2 Parameterschätzung

2.1 Punktschätzung

Über weite Strecken steht nicht die ganze Verteilungsfunktion im Zentrum des Interesses; vielmehr ist man an speziellen Kenngrößen oder Parametern interessiert. Dazu gehören etwa die ersten Momente, die ja die Lage, Streuung, Schiefe und Wölbung kennzeichnen. Aber auch Quantile oder Wahrscheinlichkeiten für geeignete Intervalle bilden Parameter. Letztere sind etwa im Zusammenhang mit dem Anteil der unter dem Existenzminimum Lebenden von Interesse.

Ein zentrales Problem besteht dann darin, aus einer Stichprobe den unbekannten Wert des interessierenden Parameters der Grundgesamtheit bzw. der zu Grunde liegenden Verteilung zu schätzen, d.h. auf der Basis der Stichprobe zu bestimmen. Dabei sind zwei Situationen zu unterscheiden. Einmal interessiert ein wesentlicher Aspekt der Grundgesamtheit, ohne dass die Verteilung von zentraler Bedeutung wäre. Das führt auf die Schätzung von Formparametern wie Lage oder Streuung.

Ein Beispiel ist etwa die Ermittlung des Durchschnittseinkommens. Zum anderen hat man genauere Vorstellungen über das adäquate Verteilungsmodell. Dann will man die Parameter des Modells ermitteln. Hier bilden 'Zeitdauern' ein Beispiel; für diese ist oft die *Exponentialverteilung* $\mathcal{E}(\lambda)$ ein geeignetes Modell. Sie hat die Dichte

$$f(y; \lambda) = \lambda e^{-\lambda y} \qquad (y > 0). \tag{2.2}$$

Hier ist der Parameter nicht gleich dem Erwartungswert, auch wenn er mit ihm zusammenhängt: $E(Y) = 1/\lambda$. Eine geeignete Schätzung des Parameters gibt dann den geeignetsten Vertreter der Modellklasse. Natürlich können sich die Situationen überschneiden. So stimmen die Parameter der Normalverteilung mit den Maßzahlen für Lage und Steuung überein. Auch wenn man eine präzisere Vorstellung von der Verteilung hat, ist man u.U. vor allem an Formparametern interessiert; dann wird man aber die Verteilungskenntnis ausnutzen wollen.

Da nur spezielle Verteilungsparameter von Interesse sind, liegt es nahe, die Stichproben zu verdichten. Dies geschieht etwa durch die Bildung des arithmetischen Mittels bzw. der Varianz. Formal sind dies Abbildungen der $\mathbb{R}^n$ in die reellen Zahlen. Solche Abbildungen führen zu *Stichprobenfunktionen* oder *Statistiken* $T(Y_1, \ldots, Y_n)$. Die Werte dieser Statistiken werden i.d.R. von Stichprobe zu Stichprobe verschieden sein; sie stellen selbst Zufallsvariablen dar.

Allgemein wird eine Stichprobenfunktion oder Statistik $T(Y_1, \ldots, Y_n)$ als *Schätzfunktion* oder kurz *Schätzer* für einen Parameter ϑ bezeichnet, wenn der beobachtete Wert der Statistik als Schätzwert für den Parameter genommen werden soll. Um dies hervorzuheben, wird auch $\hat{\vartheta} = T(Y_1, \ldots, Y_n)$ geschrieben.

Oft gibt es für einen Parameter einer Verteilung mehr als eine Schätzfunktion. So stimmen der Erwartungswert μ und der Median $\tilde{\mu}$ bei der Normalverteilung überein; es ist daher naheliegend, die empirischen Gegenstücke als Schätzfunktionen in Betracht zu ziehen, das arithmetische Mittel $\bar{Y}$ und den empirischen Median $\tilde{Y}$. Die entscheidende Größe, um zwischen verschiedenen möglichen Schätzern auswählen zu können, bildet der *mittlere quadratische Fehler MSE* (mean squared error):

$$MSE(\hat{\vartheta}, \vartheta) = E(\hat{\vartheta} - \vartheta)^2 = [E(\hat{\vartheta}) - \vartheta]^2 + \text{Var}(\hat{\vartheta}). \tag{2.3}$$

Der *MSE* eines Schätzers lässt sich, wie angegeben, aufteilen in die Varianz des Schätzers und die quadrierte Differenz von Erwartungswert des Schätzers und den zu schätzenden Parameter. Diese Differenz wird als *Bias* oder *Verzerrung*, bezeichnet:

$$B(\hat{\vartheta}, \vartheta) = E(\hat{\vartheta}) - \vartheta. \tag{2.4}$$

Der *MSE* erfasst verschiedene Eigenschaften einer Schätzfunktion:

- *Erwartungstreue* oder *Unverzerrtheit*: $E(\hat{\vartheta}) = \vartheta$, $B(\hat{\vartheta}, \vartheta) = 0$.
  Gilt $B(\hat{\vartheta}, \vartheta) \xrightarrow[n \to \infty]{} 0$, so heißt $\hat{\vartheta}$ asymptotisch erwartungstreu.

- *Konsistenz*: $MSE(\hat{\vartheta}, \vartheta) \xrightarrow[n \to \infty]{} 0$.

- *Relative Effizienz* des einen Schätzers $\hat{\vartheta}_1$ zu einem anderen $\hat{\vartheta}_2$:

$$MSE(\hat{\vartheta}_2, \vartheta) \Big/ MSE(\hat{\vartheta}_1, \vartheta).$$

Erwartungstreue bedeutet, dass bei der Verwendung des entsprechenden Schätzers kein systematischer Fehler gemacht wird. Die Konsistenz zeigt an, dass sich ein höherer Aufwand, d.h. ein größerer Stichprobenumfang, rentiert. Bzgl. der relativen Effizienz sei nur angemerkt, dass sie bei erwartungstreuen Schätzfunktionen gerade der Quotient der Varianzen ist. Je kleiner die Varianz dann ist, desto enger sind die Beobachtungen um den wahren Parameterwert konzentriert.

Beispiel 2.2 (Eigenschaften eines Schätzers für p)
Beim Schätzen einer Wahrscheinlichkeit p als Parameter einer Binomialverteilung hat man das Problem, dass bei sehr kleinen oder sehr großen Wahrscheinlichkeiten oft die Werte $\hat{p} = 0$ bzw. die Werte $\hat{p} = 1$ beobachtet werden. Eine mögliche 'Korrektur' besteht dann darin, die Schätzfunktion $\tilde{p} = (X+0.5)/(n+1)$ zu nehmen, bei der X wie gewohnt die Anzahl der Erfolge bei n Versuchswiederholungen darstellt.

Die Schätzfunktion ist nicht erwartungstreu:

$$\mathrm{E}(\tilde{p}) = \mathrm{E}\left(\frac{X+0.5}{n+1}\right) = \frac{n}{n+1}p + \frac{1}{2(n+1)}.$$

Sie ist aber asymptotisch erwartungstreu, da $\frac{n}{n+1}p + \frac{1}{2(n+1)} \to p$ für $n \to \infty$.

$\tilde{p}$ ist konsistent. Wegen der asymptotischen Erwartungstreue muss nur noch nachgerechnet werden, dass die Varianz von $\tilde{p}$ gegen null geht:

$$\mathrm{Var}(\tilde{p}) = \mathrm{Var}\left(\frac{X+0.5}{n+1}\right) = \frac{1}{(n+1)^2}\mathrm{Var}(X) = \frac{np(1-p)}{(n+1)^2} \to 0.$$

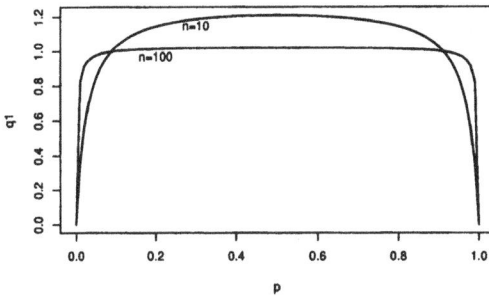

Abbildung 2.2: Relative Effizienz von $\tilde{p}$ zu $\hat{p}$

Die in der Abbildung 2.2 dargestellte relative Effizienz von $\tilde{p}$ bzgl. $\hat{p} = X/n$ ergibt sich folgendermaßen:

$$\frac{MSE(\hat{p}, p)}{MSE(\tilde{p}, p)} = \frac{\dfrac{p(1-p)}{n}}{\dfrac{(1/2-p)^2}{(n+1)^2} + \dfrac{np(1-p)}{(n+1)^2}} = \frac{(n+1)^2}{n^2}\frac{np(1-p)}{(n-1)p(1-p) + 1/4}.$$

$\hat{p}$ hat im mittleren Bereich der Parameterwerte einen größeren *MSE* als $\tilde{p}$; bei größerem n spielt das allerdings kaum mehr eine Rolle. An den Rändern ist $\hat{p}$ aber wesentlich effizienter als $\tilde{p}$. ∎

Die zentrale Verbindung zwischen einem Verteilungsmodell und einer Stichprobe ist durch die Dichte bzw. Wahrscheinlichkeitsfunktion an der Stelle der Stichprobe gegeben:

$$f(y_1; \vartheta) \cdot \ldots \cdot f(y_n; \vartheta) \, .$$

Im diskreten Fall ist dies der Wert der Wahrscheinlichkeit dafür, dass die Stichprobe $y_1, \ldots, y_n$ beobachtet werden wird. Im stetigen ist $f(y) \cdot \epsilon$ für kleines ϵ näherungsweise die Wahrscheinlichkeit, dass die Zufallsvariable Y einen Wert aus einem kleinen Intervall um y annimmt. Somit ist durch $\prod(f(y_v; \vartheta) \cdot \epsilon)$ näherungsweise die Wahrscheinlichkeit für die Stichprobe gegeben. Da der Faktor ϵ^n fest ist, können wir ihn im Folgenden vernachlässigen. Die Wahrscheinlichkeitsinterpretation macht nun nach der Beobachtung keinen Sinn mehr. Vielmehr soll ja von den konkreten Werten y_v auf den unbekannten Parameter ϑ zurückgeschlossen werden. Daher wird der Begriff der Mutmaßlichkeit oder Likelihood eingeführt.

Definition 2.3 (Likelihoodfunktion)
Sei $f(y; \vartheta)$ eine von einem Parameter abhängige Dichte. Dann heißt die Funktion

$$L(\vartheta) = L(\vartheta; y_1, \ldots, y_n) = f(y_1; \vartheta) \cdots f(y_n; \vartheta)$$

die *Likelihoodfunktion* von ϑ auf der Basis von $y_1, \ldots, y_n$. Die *Loglikelihoodfunktion* von ϑ ist $\mathcal{L}(\vartheta) := \ln L(\vartheta)$. ∎

Beispiel 2.4 (Likelihoodfunktion bei Normalverteilung)
Sei die Zufallsvariable $Y \sim \mathcal{N}(\mu, 1)$ gegeben. Die Beobachtungen $y_1 = 4.19, y_2 = 5.29, y_3 = 8.08, y_4 = 3.81$ führen dann zu den in der Abbildung 2.3 dargestellten Likelihood- und Loglikelihoodfunktionen.

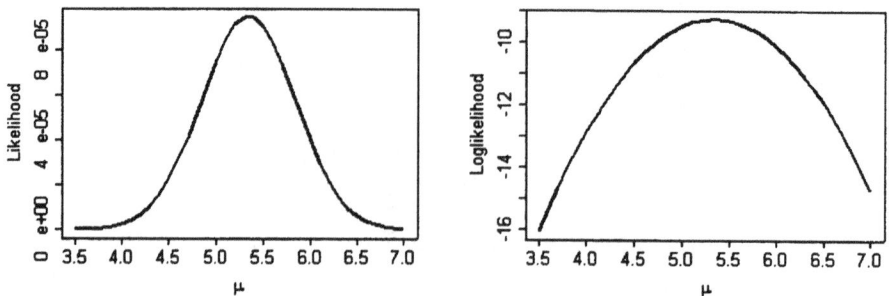

Abbildung 2.3: Likelihood- und Loglikelihoodfunktion für μ bei Normalverteilung ∎

Als Schätzer für ϑ wird der *Maximum-Likelihood-Schätzer* $\hat{\vartheta}$ verwendet. Dies ist der Parameterwert, der die Likelihoodfunktion für eine gegebene Stichprobe $x_1, x_2, \ldots,$

x_n maximiert. Man erhält ihn bei geeigneten Eigenschaften der Wahrscheinlichkeits- bzw. Dichtefunktion durch Null-Setzen der Ableitung der Loglikelihoodfunktion $L(\mu) = \sum_v \ln f(y_v; \mu)$:

$$\frac{\partial}{\partial \mu} \sum_v \ln f(y_v; \mu) \overset{!}{=} 0.$$

Ist der Parameter mehrdimensional, so bleibt die Definition der ML- Schätzfunktion natürlich die gleiche. Zur Bestimmung von $(\hat{\vartheta}_1, \ldots, \hat{\vartheta}_p)$ sind dann die partiellen Ableitungen der Loglikelihoodfunktion zu berechnen und das aus dem Nullsetzen resultierende System der *Likelihood-Gleichungen*

$$\sum_{v=1}^{n} \frac{\partial \ln f(y_v; \vartheta_1, \ldots, \vartheta_p)}{\partial \vartheta_j} = \sum_{v=1}^{n} \frac{\partial f(y_v; \vartheta_1, \ldots, \vartheta_p)/\partial \vartheta_j}{f(y_v; \vartheta_1, \ldots, \vartheta_p)} = 0 \qquad (j = 1, \ldots, p) \quad (2.5)$$

zu lösen.

Beispiel 2.5 (ML-Schätzer bei Normalverteilung)
Gegeben sei eine Stichprobe $\mathbf{y} = (Y_1, \ldots, Y_n)'$ aus einer $\mathcal{N}(\mu, \sigma^2)$-Verteilung.

Sei zunächst σ^2 als bekannt vorausgesetzt. Dann lautet die Loglikelihoodfunktion:

$$\mathcal{L}(\mu; \mathbf{y}) = -\frac{n}{2}\ln(2\pi) - \frac{n}{2}\ln(\sigma^2) - \frac{1}{2\sigma^2}\sum_{v=1}^{n}(y_v - \mu)^2.$$

Zur Bestimmung des Maximums wird die Ableitung nach μ gebildet:

$$\frac{\partial \mathcal{L}(\mu; \mathbf{y})}{\partial \mu} = -\frac{1}{2\sigma^2}\sum_{v=1}^{n}(y_v - \mu)(-2).$$

Das Maximum findet man durch Nullsetzen dieser Ableitung. Dies führt auf $\hat{\mu} = \bar{Y}$.

Nun wird die Situation einer unbekannten Varianz σ^2 betrachtet. Die Loglikelihoodfunktion hat die gleiche Gestalt wie bei bekannter Varianz:

$$\mathcal{L}(\mu, \sigma^2; \mathbf{y}) = -\frac{n}{2}\ln(2\pi) - \frac{n}{2}\ln(\sigma^2) - \frac{1}{2\sigma^2}\sum_{v=1}^{n}(y_v - \mu)^2.$$

Die Likelihoodgleichungen lauten:

$$\frac{1}{\hat{\sigma}^2}\sum_{v=1}^{n}(y_v - \hat{\mu}) = 0,$$

$$-\frac{n}{2\hat{\sigma}^2} + \frac{1}{2\hat{\sigma}^4}\sum_{v=1}^{n}(y_v - \hat{\mu})^2 = 0.$$

Die ML-Schätzer sind also in diesem Fall $\hat{\mu} = \bar{Y}$ und $\hat{\sigma}^2_{ML} = \frac{1}{n}\sum_{v=1}^{n}(Y_v - \bar{Y})^2$.

Wegen

$$\mathrm{E}\left(\frac{1}{n}\sum_{v=1}^{n}(Y_v - \bar{Y})^2\right) = \frac{n-1}{n}\sigma^2$$

wird dem ML-Schätzer $\hat{\sigma}^2_{ML}$ in der Regel der erwartungstreue Schätzer

$$\hat{\sigma}^2 = S^2(Y) = \frac{1}{n-1} \sum_{v=1}^{n} (Y_v - \bar{Y})^2 \qquad (2.6)$$

vorgezogen.   ∎

Die ML-Methode ist auch geeignet, in komplizierteren Situationen Schätzfunktionen zu bestimmen.

Beispiel 2.6 (ML-Schätzung bei Zensierung)

Für die Verweilzeiten Y eines Produktes im Regal eines Supermarktes kann die Exponentialverteilung als ein passendes Modell angesehen werden, $Y \sim \mathcal{E}(\lambda)$. (Mit den Scanner-Kassen ist die Zeit kontinuierlich zu ermitteln.)

Für ein Produkt wurden die Verweilzeiten $y_1, \ldots, y_k$ beobachtet und in $n-k$ Fällen wurde nur festgestellt, dass $n-k$ Produkte eine Zeit y^* liegen blieben. Man nennt solche Beobachtungen *zensiert*.

Dann ist die Likelihoodfunktion:

$$L(\lambda) = f(y_1; \lambda) \cdots f(y_k; \lambda) \cdot P(Y_{k+1} \geq y^*) \cdots P(Y_n \geq y^*)$$

$$= \lambda^k \exp\left(-\lambda \sum_{v=1}^{k} y_v\right) \exp\left(-\lambda(n-k)y^*\right).$$

Die Loglikelihoodfunktion lautet:

$$\mathcal{L}(\lambda) = k\ln(\lambda) - \lambda \sum_{v=1}^{k} y_v - \lambda(n-k)y^*.$$

Maximieren führt auf

$$\hat{\lambda} = \frac{1}{\frac{1}{k}\sum_{v=1}^{k} y_v + \frac{n-k}{k}y^*}.$$

                                                                                   ∎

Der Vorteil der Likelihood-Methode liegt einmal darin, dass mit ihr eine über weite Strecken anwendbare einheitliche Methode vorliegt. Zum anderen sind ML-Schätzer i.d.R. konsistent und asymptotisch normalverteilt. Damit haben sie günstige Eigenschaften.

Es gilt aber noch mehr. Die Likelihoodfunktion bzw. die Loglikelihoodfunktion gibt nämlich Aufschluss darüber, wie zuverlässig ϑ geschätzt werden kann. Wenn $L(\vartheta)$ bzw. $\mathcal{L}(\vartheta)$ an der Stelle $\hat{\vartheta}$ stark gekrümmt ist, so ist das Maximum deutlich hervorgehoben, die Schätzung ist dann recht präzise. Die Bevorzugung des relativen Unterschiedes führt zu einer überwiegenden Betrachtung der Loglikelihoodfunktion.

Eine starken Krümmung bewirkt, dass die Werte der Ableitung der Loglikelihoodfunktion in der Umgebung des ML-Schätzers $\hat{\vartheta}$ sehr unterschiedlich sind: Statistisch gesehen streuen die Werte von $\partial \mathcal{L}(\vartheta)/\partial \vartheta$ stark. Die 'Streuung der Ableitung' der Loglikelihoodfunktion hat also etwas mit der Präzision der Schätzung zu tun. Dies führt auf die

Satz 2.7 (Rao-Cramér-Schranke)

$Y_1, \ldots, Y_n$ sei eine Stichprobe mit der Dichte $f(y, \vartheta)$. $T(Y_1, \ldots, Y_n)$ sei eine erwartungstreue Schätzfunktion für ϑ. Erwartungswertbildung und Differentiation seien vertauschbar, und der Bereich, für den die Dichten größer als null sind, hänge nicht vom Parameter ab. Dann gilt:

$$\mathrm{Var}(T(Y_1, \ldots, Y_n)) \geq \frac{1}{n \cdot I(\vartheta)}, \tag{2.7}$$

wobei

$$I(\vartheta) = \mathrm{Var}\left(\frac{\partial \ln f(Y, \vartheta)}{\partial \vartheta}\right) = \mathrm{E}\left(\left(\frac{\partial \ln f(Y, \vartheta)}{\partial \vartheta}\right)^2\right). \tag{2.8}$$

$I(\vartheta))$ wird als *Fisher-Information* bezeichnet.   ∎

Eine erwartungstreue Schätzfunktion wird als *effizient* bezeichnet, wenn sie diese untere Schranke annimmt. Die Varianz von ML-Schätzern Varianz konvergiert für $n \to \infty$ gegen die Fisher-Information, falls die zugrundeliegende Verteilung geeignete Regularitätsbedingungen erfüllt. ML-Schätzer sind also zumindest asymptotisch effizient.

Beispiel 2.8 (ML-Schätzer bei Normalverteilung)

Im Fall der Normalverteilung ist $\hat{\mu} = \bar{Y}$ der ML-Schätzer. Er ist effizient; es gilt nämlich

$$\ln f(y, \mu) = -\frac{1}{2}\ln 2\pi - \frac{1}{2}\ln \sigma^2 - \frac{1}{2\sigma^2}(y - \mu)^2$$

$$\frac{\partial \ln f(y, \mu)}{\partial \mu} = \frac{1}{\sigma^2}(y - \mu).$$

Somit ist $I(\mu) = \mathrm{E}(Y - \mu)^2/\sigma^4 = 1/\sigma^2$ und die Varianz von $\bar{Y}$ nimmt die Rao-Cramér-Schranke an:

$$\mathrm{Var}(\bar{Y}) = \frac{1}{n \cdot I(\mu)}.$$

∎

Generell wird die Standardabweichung eines Schätzers als sein *Standardfehler* bezeichnet. Beispielsweise ist der Standardfehler des arithmetischen Mittels $\sigma/\sqrt{n}$.

Beispiel 2.9 (ML-Schätzer bei Rechteckverteilung)

$Y_1, \ldots, Y_n$ seien unabhängige rechteckverteilte Zufallsvariablen, $Y_v \sim \mathcal{R}(0, \vartheta)$. Für den unbekannten Parameter ϑ ist $T = \max\{Y_1, \ldots, Y_n\}$ die ML-Schätzfunktion. Für T erhält man die Verteilungsfunktion ganz elementar:

$$P(T \leq t) = P(Y_1 \leq t, \ldots, Y_n \leq t) = \frac{1}{\vartheta}t \cdots \frac{1}{\vartheta}t = \frac{1}{\vartheta^n}t^n \quad (0 \leq t \leq \vartheta).$$

Die zu T gehörige Dichte ergibt sich durch Differentiation:

$$f(t) = \begin{cases} \dfrac{n}{\vartheta^n} t^{n-1} & \text{für } 0 \leq t \leq \vartheta \\ 0 & \text{sonst} \end{cases} \quad .$$

Der Erwartungswert von T ist dann

$$\mathrm{E}(T) = \int_0^{\vartheta} t \cdot \frac{n}{\vartheta^n} t^{n-1} \, dt = \frac{n}{n+1} \vartheta.$$

Damit ist T asymptotisch erwartungstreu. Die Varianz von T ist

$$\mathrm{Var}(T) = \frac{n^2}{(n+2)(n+1)^2} \vartheta^2.$$

Mit $n \to \infty$ geht die Varianz gegen null; somit ist T auch konsistent. Die Effizienz lässt sich übrigens nicht zeigen, da die Voraussetzungen des Satzes von Rao-Cramer nicht gegeben sind. T ist nicht erwartungstreu und vor allem hängt hier der Bereich, für den die Dichte größer als null ist, vom Parameter ab.

Statt T zu verwenden, kann man natürlich zu der erwartungstreuen Schätzfunktion $\frac{n+1}{n}T$ übergehen.   ∎

Neben der Betrachtung der Güteeigenschaften ist es wichtig, die *Robustheit* von Schätzern im Auge zu haben. Damit wird das Verhalten gegenüber Ausreißern beschrieben. Dies sind beobachtete Werte, welche sich recht weit entfernt vom Hauptteil des Datensatzes befinden, jedoch nicht einfach als fehlerhafte Messungen, Rechenfehler, etc. ausgesondert werden können. Sie werden als nicht aus der Verteilung stammend eingestuft, welche den Hauptteil des Datensatzes bestimmt. Wie man weiß, sind oft bis zu 10% der Daten verschmutzt.

Effekte von Verschmutzungen werden mittels *Bruchpunkt* und *Sensitivitätskurve* beschrieben.

Der Bruchpunkt gibt den Anteil der Daten an, den ein Schätzer vertragen kann, bevor er unsinnige Resultate liefert. In den ersten Fassungen wurde das so formalisiert, dass er ins Unendliche abdriftet, vgl. Donoho & Huber (1983). So reicht beim arithmetischen Mittel eine Beobachtung aus, um es beliebig weit vom eigentlichen Datenkörper weg zu ziehen. Sein Bruchpunkt ist daher null. Der Median ist dagegen sehr robust; fast die Hälfte der Beobachtungen können verfälscht sein, ohne dass er sich vom überwiegenden Teil der Beobachtungen beliebig weit weg bewegt. Man sagt, der Bruchpunkt sei 1/2; genauer beträgt er $\lfloor (n-1)/2 \rfloor$.

Mit dieser Definition gibt es die Schwierigkeit, dass sie für Maßzahlen nicht geeignet ist, deren Bereich beschränkt ist. Dazu gehört beispielsweise der Korrelationskoeffizient r_{XY}; er ist ja stets betragsmäßig höchstens gleich eins. Ein Ansatz, den Bruchpunkt so zu fassen, dass auch solche Maßzahlen enthalten sind, stammt von Genton & Lucas (2003). Sie definieren den Bruchpunkt relativ zu einem Abstandsmaß als den Teil der Daten, bei dem der Abstand zwischen Maßzahl aus einer unverschmutzten und einer beliebig verschmutzten Stichprobe nur noch endlich viele

Werte (eingeschlossen unendlich) annehmen kann, wenn die restlichen Werte sich nur wenig ändern.

Definition 2.10 (Bruchpunkt)
Der *Bruchpunkt* einer Statistik $g(\mathbf{y}) = g(y_1, ..., y_n)$ ist definiert durch

$$\epsilon_n(g) = \min \left\{ \frac{m-1}{n} \Big| \bigcup_{\mathbf{x}, \|\mathbf{x}-\mathbf{y}\| < \delta} \{|g(\mathbf{x} + \mathbf{z}_m^\zeta) - g(\mathbf{y})|\} \text{ ist endlich. } \right\}. \qquad (2.9)$$

Dabei ist $\mathbf{z}_m^\zeta$ ein Vektor, der an m Stellen den Wert ζ (einschließlich ∞) hat und an den restlichen $n - m$ Stellen null ist. ∎

Beispiel 2.11
Ist $g(\mathbf{y}) = \bar{y}$, so reicht es, $\mathbf{z} = (\infty, 0, \ldots, 0)'$ zu setzen. Denn dann ist $\overline{x+z} = \infty$; mithin degeneriert das arithmetische Mittel zu einem einzigen Punkt, egal welche Werte für $\mathbf{x}$ eingesetzt werden, wenn nur $\mathbf{x} - \mathbf{y}$ endlich ist. ∎

Die *Sensitivitätskurve* erfasst den Einfluss einer einzelnen Beobachtung auf den Schätzer:

$$\mathrm{SC}(y, T_n, y_1, ..., y_n) = n \cdot [T_n(y_1, ..., y_{n-1}, y) - T_n(y_1, ..., y_n)]. \qquad (2.10)$$

Als theoretisches Gegenstück wird meist die Influenzfunktion von Hampel (1974) betrachtet. Diese stimmt in relevanten Fällen mit der asymptotischen mittleren Sensitivitätskurve überein, vgl. Schlittgen & Schwabe (2000).

Definition 2.12 (asymptotische mittlere Sensitivitätskurve)
Sei $Y_1, ..., Y_n$ eine Stichprobe aus der Verteilung $F(y; \vartheta)$, und sei $T(Y_1, ..., Y_n)$ ein konsistenter Schätzer für ϑ. Die *asymptotische mittlere Sensitivitätskurve, AMSC*, von T ist definiert durch

$$\mathrm{AMSC}(x, T, \vartheta) = \lim_{n \to \infty} n \cdot [\mathrm{E}_\vartheta(T(Y_1, ..., Y_n)|Y_n = y) - \mathrm{E}_\vartheta(T(Y_1, ..., Y_n))] , \qquad (2.11)$$

sofern der Grenzwert existiert. ∎

Beispiel 2.13 (AMSC des arithmetischen Mittels)
Sei $T(Y_1, ..., Y_n) = \frac{1}{n} \sum_{v=1}^{n} Y_v$ das arithmetische Mittel. Dafür ergibt sich:

$$n \cdot [T_n(Y_1, ..., Y_{n-1}, y) - T(Y_1, ..., Y_n)]$$
$$= n \cdot \left[\frac{1}{n} \left(\sum_{v=1}^{n-1} Y_v + y \right) - \frac{1}{n} \sum_{v=1}^{n} Y_v \right] = y - Y_n.$$

Ist nun μ der Erwartungswert der Y_v so ist mit festem y der Erwartungswert der Differenz:

$$\mathrm{AMSC}(y, T, \mu) = y - \mu .$$

Folglich ist der Einfluss von y auf $\bar{Y}$ linear.

Weiter erhält man die folgende Beziehung zwischen der AMSC und der Varianz des Schätzers:

$$E(AMSC(Y, \bar{Y}_n, \mu)^2) = E((Y - \mu)^2) = \lim_{n \to \infty} n \text{Var}(\bar{Y}_n).$$

Diese Relation gilt für viele Schätzfunktionen entsprechend.   ∎

Abgesehen von der Betrachtung der Einflussfunktion und des Bruchpunktes basieren die Untersuchungen der Effekte von Ausreißern zum großen Teil auf Computersimulationen.

2.2 Intervallschätzung

In der Anwendung ist man i.d.R. mit der Ermittlung eines einzelnen Schätzwertes nicht zufrieden. Man möchte zusätzlich eine Einschätzung der Genauigkeit oder Zuverlässigkeit der Schätzung haben. Oft findet man in der Praxis daher Schätzerwerte $\hat{\vartheta}$ zusammen mit einer Schätzung des Standardfehlers $\hat{\sigma}(\hat{\vartheta})$ der Schätzfunktion angegeben. Man kann sich $\hat{\vartheta} \pm \hat{\sigma}(\hat{\vartheta})$ als eine Art Grenzen für ϑ vorstellen. Jedoch bereitet die Interpretation dieser Grenzen Schwierigkeiten. Es gibt keine Gewähr, dass $\hat{\vartheta} \pm \hat{\sigma}(\hat{\vartheta})$ den wahren Parameterwert tatsächlich enthält. Und Wahrscheinlichkeiten sind bei konkreten Werten wie z.B. 10 ± 2 nicht mehr angebracht. Auch auf der Ebene der Schätzfunktionen ist i.d.R. die Wahrscheinlichkeit kleiner als eins, dass ϑ von solchen Grenzen eingeschlossen wird:

$$P(\hat{\vartheta} - \hat{\sigma}(\hat{\vartheta}) < \vartheta < \hat{\vartheta} + \hat{\sigma}(\hat{\vartheta})) < 1.$$

Beispiel 2.14 (Zentrales Schwankungsintervall bei Normalverteilung)
Sei $Y_1, \ldots, Y_n$ eine Zufallsstichprobe aus einer $\mathcal{N}(\mu, \sigma^2)$ -Verteilung. Dann ist σ^2/n die Varianz des Schätzers $\bar{Y}$ für μ. Bei bekanntem σ^2 erhält man

$$P\left(\bar{Y} - \frac{\sigma}{\sqrt{n}} \le \mu \le \bar{Y} + \frac{\sigma}{\sqrt{n}} \right) = 0.6827.$$

Auch wenn die Grenzen weiter gezogen werden, etwa ein Mehrfaches der Standardabweichung für die Grenzen genommen wird, bleibt die Wahrscheinlichkeit kleiner als eins, dass μ von den Grenzen $\bar{Y} \pm k\sigma/\sqrt{n}$ eingeschlossen wird.   ∎

Wie das Beispiel deutlich macht, bleibt als Ziel, nach der Ermittlung der Grenzen wenigstens mit einem einigermaßen sicheren Gefühl behaupten zu können, der unbekannte, wahre Parameterwert liege dazwischen. Daher werden die Grenzen so bestimmt, dass sie den unbekannten Wert mit einer geeignet großen Wahrscheinlichkeit einschließen. Dazu muss die Diskussion auf der Ebene von Stichprobenfunktionen geführt werden.

Definition 2.15 (Konfidenzintervall)
Gegeben seien die Stichprobe $Y_1, \ldots, Y_n$ aus einer Verteilung mit der Dichtefunktion $f(y; \vartheta)$ und zwei Statistiken $T_1(Y_1, \ldots, Y_n)$ und $T_2(Y_1, \ldots, Y_n)$. Für die Statistiken gelte für alle $\vartheta \in \Theta$:

(1) $\mathrm{P}_\vartheta(T_1(Y_1,\ldots,Y_n) \leq T_2(Y_1,\ldots,Y_n)) = 1,$

(2) $\mathrm{P}_\vartheta(T_1(Y_1,\ldots,Y_n) \leq \vartheta \leq T_2(Y_1,\ldots,Y_n)) \geq 1 - \alpha \qquad (0 < \alpha < 1).$

Dabei ist α unabhängig von ϑ.
Dann heißt $[T_1(Y_1,\ldots,Y_n), T_2(Y_1,\ldots,Y_n)]$ ein $(1-\alpha)$-*Konfidenzintervall* oder ein Konfidenzintervall zum (Konfidenz-) Niveau $(1-\alpha)$ für ϑ. Das sich durch die beobachtete Stichprobe $y_1,\ldots,y_n$ ergebende Intervall $[T_1(y_1,\ldots,y_n), T_2(y_1,\ldots,y_n)]$ wird *realisiertes Konfidenzintervall* genannt.   ∎

Aus der Beziehung $\mathrm{P}_\vartheta(T_1(Y_1,\ldots,Y_n) \leq \vartheta \leq T_2(Y_1,\ldots,Y_n)) \geq 1 - \alpha$ darf nicht gefolgert werden, dass der wahre Parameter mit Wahrscheinlichkeit $1 - \alpha$ in einem realisierten Konfidenzintervall $[T_1(y_1,\ldots,y_n), T_2(y_1,\ldots,y_n)]$ liegt. Man kann für ein spezielles realisiertes Konfidenzintervall keine Aussage treffen, ob es ϑ überdeckt oder nicht. Der Grund ist, dass das Zufallsgeschehen sich nicht auf den Parameter bezieht, sondern auf das Beobachten der Stichprobenvariablen. (Der Parameter ist zwar unbekannt, unterliegt aber in der von uns behandelten Theorie keiner Wahrscheinlichkeitsverteilung. Denkbar ist der Fall, dass auf der Parametermenge Θ eine Verteilung gegeben ist. Dann sind Intervallschätzungen über den Bayes-Ansatz möglich. Dieser Themenbereich soll hier aber ausgespart bleiben.)
Die Aussagekraft einer Intervallschätzung liegt in folgender Interpretation: Wenn aus der zu Grunde liegenden Verteilung wiederholt Stichproben gezogen und zu jeder realisierten Stichprobe $(y_1,\ldots,y_n)$ die Werte der Stichprobenfunktionen T_1, T_2 errechnet werden, und so eine Folge von konkreten Intervallen entsteht, dann enthalten diese den unbekannten, wahren Parameterwert ϑ mit einer relativen Häufigkeit, die etwa dem Konfidenzniveau entspricht. Andererseits enthalten approximativ $100 \cdot \alpha\%$ dieser Intervalle den Parameter nicht.

Um es noch einmal mit anderen Worten zu formulieren: Das Konfidenzniveau kann als eine Art Maßzahl für den Einsatz bei einer fairen Wette interpretiert werden. Wenn bei einem Niveau von 95% gesagt wird, dass der Parameter im realisierten Intervall liegt, so ist es fair, einen Wetteinsatz von 95 Einheiten gegen 5 Einheiten zu setzen. Die Wiederholung der Wette führt dann zu einem ausgeglichenen Verhältnis von Gewinn und Verlust.

Beispiel 2.16 (Konfidenzintervall für μ bei Normalverteilung)
Sei $Y_1,\ldots,Y_n$ eine Zufallsstichprobe aus einer $\mathcal{N}(\mu,\sigma^2)$ -Verteilung. σ^2 sei bekannt. Wird als Konfidenzniveau $1 - \alpha = 0.95$ vorgegeben, so erhält man wegen

$$\mathrm{P}\left(-1.96 \leq \frac{\bar{Y} - \mu}{\sigma} \leq 1.96\right) = \mathrm{P}\left(\bar{Y} - 1.96\frac{\sigma}{\sqrt{n}} \leq \mu \leq \bar{Y} + 1.96\frac{\sigma}{\sqrt{n}}\right) = 0.95$$

das Konfidenzintervall

$$\left[\bar{Y} - 1.96\frac{\sigma}{\sqrt{n}}, \bar{Y} + 1.96\frac{\sigma}{\sqrt{n}}\right].$$

Für $1 - \alpha = 0.99$ erhält man mit $z_{1-0.005} = 2.576$ das breitere Intervall

$$\left[\bar{Y} - 2.576 \frac{\sigma}{\sqrt{n}}, \bar{Y} + 2.576 \frac{\sigma}{\sqrt{n}} \right].$$

∎

Das Beispiel illustriert die so genannte *Pivot-Methode* zur Gewinnung von Konfidenzintervallen. Hier hat man eine Stichprobenfunktion, deren Verteilung (nur) von dem interessierenden Parameter abhängt. Über eine äquivalente Umformung gelingt es dann, den Parameter einzuschließen, so dass die links und rechts stehenden Statistiken als untere und obere Grenze des Konfidenzintervalles genommen werden können.

Beispiel 2.17 (Konfidenzintervall für λ bei Exponentialverteilung)
Die Pivot-Methode soll noch an einem approximativen Konfidenzintervall für den Parameter λ einer Exponentialverteilung illustriert werden. Seien also $Y_1, \ldots, Y_n$ unabhängige, identisch $\mathcal{E}(\lambda)$-verteilte Zufallsvariablen. Dann ist $\bar{Y}$ approximativ normalverteilt mit dem Erwartungswert $1/\lambda$ und der Varianz $1/(n \cdot \lambda^2)$. Folglich gilt, wenn $z = z_{1-\alpha/2}$ das entsprechende Quantil der Standardnormalverteilung ist:

$$1 - \alpha \approx P\left(-z \leq \frac{\bar{Y} - 1/\lambda}{\sqrt{1/(n \cdot \lambda^2)}} \leq z \right) = P\left(-z \sqrt{\frac{1}{n \cdot \lambda^2}} \leq \bar{Y} - \frac{1}{\lambda} \leq z \sqrt{\frac{1}{n \cdot \lambda^2}} \right)$$

$$= P\left(-\frac{z}{\sqrt{n}} \frac{1}{\lambda} \leq \bar{Y} - \frac{1}{\lambda} \leq \frac{z}{\sqrt{n}} \frac{1}{\lambda} \right) = P\left(-\frac{z}{\sqrt{n}} \leq \lambda \bar{Y} - 1 \leq \frac{z}{\sqrt{n}} \right)$$

$$= P\left(1 - \frac{z}{\sqrt{n}} \leq \lambda \bar{Y} \leq 1 + \frac{z}{\sqrt{n}} \right) = P\left(\frac{1}{\bar{Y}} - \frac{z}{\sqrt{n}\bar{Y}} \leq \lambda \leq \frac{1}{\bar{Y}} + \frac{z}{\sqrt{n}\bar{Y}} \right).$$

Damit ist das Konfidenzintervall für λ aus der (symmetrischen) Wahrscheinlichkeitsaussage für das standardisierte arithmetische Mittel hergeleitet.   ∎

Die Beispiele machen deutlich, dass ein Konfidenzintervall umso breiter ist, je größer das Konfidenzniveau gewählt wird. Ein hoher Grad an Vertrauen (Konfidenz) geht mit einer weniger präzisen Angabe über die Lage des unbekannten Parameters einher. In der Anwendung muss also jeweils zwischen der Präzision und der Zuverlässigkeit abgewägt werden.

3   Tests

Beim Schätzen von Parametern wird meist davon ausgegangen, dass die Verteilung der Zufallsvariablen Y einem bestimmten Verteilungstyp angehört. Dann wird die tatsächliche Verteilung schließlich durch einen Parameter spezifiziert. Somit ist $\mathcal{F} = \{F(y; \vartheta) | \vartheta \in \Theta\}$ die Menge der möglichen Verteilungsfunktionen für Y und ϑ der interessierende Parameter, der die richtige Verteilung festlegt.

Beim Testen wird ebenfalls von dieser Situation ausgegangen. Wir haben hier aber noch weitere Vermutungen oder Angaben über den Parameter ϑ. Diese lassen sich dadurch beschreiben, dass ϑ in einer von zwei Teilmengen von Θ liegt, $\vartheta \in \Theta_0$ oder $\vartheta \in \Theta_1$, $\Theta_0 \cap \Theta_1 = \emptyset$, $\Theta_0 \cup \Theta_1 \subseteq \Theta$. Ziel ist es dann, zu entscheiden, welche der beiden Möglichkeiten zutrifft. Diese Möglichkeiten werden als *Hypothesen* bezeichnet, und zwar als *Nullhypothese* H_0 und als *Alternativhypothese* oder *Gegenhypothese* H_1:

$$H_0 : \vartheta \in \Theta_0, \qquad H_1 : \vartheta \in \Theta_1.$$

Das Testproblem lässt sich nun so formulieren, dass zwischen H_0 und H_1 entschieden werden soll. Es wird im Folgenden einfach durch das Hypothesenpaar angeben.

Man nennt eine Hypothese *einfach*, wenn die zugehörige Parametermenge einelementig ist; andernfalls heißt sie *zusammengesetzt*.

Für die Entscheidung zwischen den beiden Hypothesen ist eine Entscheidungsregel nötig. Eine solche Regel wird als *Test* bezeichnet. Ein Test gibt an, bei welchen Stichproben man sich für die eine und bei welchen man sich für die andere Hypothese entscheiden soll. Die Menge der möglichen Stichproben ist also aufzuteilen in zwei disjunkte Teilmengen H und K. Erhält man eine Stichprobe aus dem *Annahmebereich* H, so wird H_0 akzeptiert. Bei einer Stichprobe aus K, dem *Ablehn-* oder *kritischen Bereich*, wird H_0 abgelehnt; die Entscheidung fällt für H_1.

Definition 2.18 (Statistischer Test)
$(Y_1, \ldots, Y_n)$ sei eine Stichprobe aus $F(y; \vartheta)$, $\vartheta \in \Theta$. Gegeben sei das Testproblem

$$H_0 : \vartheta \in \Theta_0, \qquad H_1 : \vartheta \in \Theta_1.$$

Ein *statistischer Test* für H_0 gegen H_1 ist eine Partition des Stichprobenraumes in einen Annahmebereich H und einen Ablehnbereich K. ∎

Bei eindimensionalen Parametern sprich man von zweiseitigen Alternativen, wenn die Nullhypothese einfach ist, $H_0 : \vartheta = \vartheta_0$, und die Alternativhypothese Werte zu beiden Seiten von ϑ_0 festlegt: $H_1 : \vartheta \neq \vartheta_0$. Bei $H_1 : \vartheta > \vartheta_0$ spricht man von rechtseitiger Alternative; analog ist eine linksseitige festgelegt.

In den meisten Anwendungen werden Annahme- und Ablehnbereich über eine *Teststatistik*, d.h. eine geeignete Stichprobenfunktion, festgelegt. Dann entsprechen oft Werte der Teststatistik T in einer Richtung (z.B. kleine t) Stichproben im Annahmebereich und die in der anderen (z.B. große t) solchen im Ablehnbereich.

Beispiel 2.19 (Test auf μ bei Normalverteilung, einfache Hypothesen)
Auf der Basis der Beobachtung einer Stichprobe $Y_1, \ldots, Y_n$ aus einer $\mathcal{N}(\mu, 1)$-Verteilung soll zwischen folgenden Hypothesen entschieden werden:

$$H_0 : \mu = \mu_0, \qquad H_1 : \mu = \mu_1 \qquad (\mu_0 < \mu_1).$$

Dazu sind der Annahmebereich H und der kritische Bereich K festzulegen. Da das arithmetische Mittel eine naheliegende Schätzfunktion für μ ist, wird H_0 abgelehnt, wenn $\bar{Y}$ zu groß ist bzw. beibehalten, wenn $\bar{Y}$ noch als verträglich mit H_0 angesehen wird. Entsprechend ist eine Konstante c zu wählen, so dass gilt:

$$H = \left\{ (y_1, \ldots, y_n) \,\middle|\, \frac{1}{n} \sum_{v=1}^{n} y_v \leq c \right\} \quad \text{und} \quad K = \left\{ (y_1, \ldots, y_n) \,\middle|\, \frac{1}{n} \sum_{v=1}^{n} y_v > c \right\}.$$

∎

Der im Beispiel auftauchende Schwellenwert c wird als *kritischer Wert* bezeichnet. Der Test wird erst durch die Wahl des kritischen Wertes c für die Teststatistik endgültig festgelegt. Er trennt die Stichproben des Annahmebereiches von denen des Ablehnbereiches. Die Festlegung von c und generell des kritischen Bereiches geschieht unter dem Gesichtspunkt der Häufigkeit, mit der bei wiederholter Testdurchführung richtige Entscheidungen gefällt werden. Da Zufallsstichproben als Basis der Entscheidungen dienen, können wegen der Zufallsschwankungen ja auch Fehlentscheidungen vorkommen.

		Realität	
		μ_0	μ_1
Entscheidung	μ_0	richtige Entscheidung	Fehler 2.Art
	μ_1	Fehler 1.Art	richtige Entscheidung

Die Fehlentscheidung, H_0 abzulehnen, obwohl H_0 richtig ist, wird als *Fehler 1.Art* bezeichnet. Der *Fehler 2.Art* besteht darin, H_1 abzulehnen, obwohl H_1 richtig ist. Die Möglichkeiten richtiger und falscher Entscheidungen lassen sich entsprechend obigem Schema darstellen. Die Wahrscheinlichkeit, sich richtig zu entscheiden bzw. einen der beiden Fehler zu begehen, hängt nun von der Wahl des kritischen Wertes c ab. Der Zusammenhang der Fehlerwahrscheinlichkeiten ist nun so, dass die Wahrscheinlichkeiten für die beiden Fehlerarten nicht gleichzeitig klein gemacht werden können. Dies führt dazu, dass für den Fehler 1. Art eine obere Schranke angegeben wird. Diese wird als Irrtumswahrscheinlichkeit α bezeichnet. Übliche Werte für α sind etwa 0.05, 0.01, 0.001. Die Ablehnung von H_0 ist folglich eine relativ sichere Sache. Einmal kann es eine richtige Entscheidung ein; fälschlicherweise geschieht sie nur mit einer kleinen Wahrscheinlichkeit. Man spricht generell von einem Test zum Niveau α, wenn die Wahrscheinlichkeit für den Fehler 1. Art diesen Wert nicht überschreitet.

Der Fehler 1. Art wird durch die vorgegebene Irrtumswahrscheinlichkeit α unter Kontrolle gehalten. Es bleibt also, die Wahrscheinlichkeit für den Fehler 2.Art ins Visier zu nehmen, um Tests weiter zu untersuchen. Dabei es das Ziel der mathematischen Statistik, Tests zu finden, bei denen die oft mit β bezeichnete Wahrscheinlichkeit für einen solchen Fehler möglichst klein ist. Insgesamt werden Tests mit einer großen Chance $1 - \beta$ für die richtige Entscheidung für H_1 präferiert. Sind unter der Alternativhypothese mehr als ein Parameterwert zugelassen, so hängt diese

Wahrscheinlichkeit natürlich von dem wahren Parameterwert ab. Als Funktion des Parameters wird die Wahrscheinlichkeit, sich für die Alternativhypothese zu entscheiden, als *Gütefunktion* bezeichnet. Statt von der Güte spricht man auch von der *Macht* eines Tests.

Beispiel 2.20 (Qualitätsanforderung für Butter)
Eine Molkerei in der Europäischen Union, die mehr Butter produziert, als sie auf dem freien Markt absetzen kann, hat das Recht, die Butter der EU-Kommission in Brüssel anzubieten, und diese muss sie zu einem festgelegten Interventionspreis abnehmen - vorausgesetzt, es ist Butter und diese erfüllt bestimmte Qualitätsanforderungen. Eine davon lautet, dass der Wassergehalt der Butter nicht größer als 16% sein darf.

Bevor die EU die angebotene Menge kauft, wird die Einhaltung dieser Qualitätsanforderung geprüft. Dazu wird folgendermaßen vorgegangen. Eine angebotene Menge, ein Los, besteht in der Regel aus mehreren Tonnen. Zur Vereinfachung wird angenommen, dass es 25 Tonnen seien. Diese 25 Tonnen liegen nicht abgepackt in handelsüblichen Butterstücken zu je 250 Gramm vor, sondern in der Regel in Blöcken zu 25 Kilogramm. Zur Bestimmung des Wassergehalts benötigt man ca. 25 Gramm; eine direkte Wassergehaltsbestimmung an einer größeren Menge ist nicht möglich. Bei der Prüfung von 25 g-Proben aus dem selben Los werden sich unterschiedliche Werte ergeben. Das hat zwei Ursachen: Erstens ist der tatsächliche Wassergehalt nicht in jeder 25 g-Probe derselbe, zweitens ist der Messwert wegen der beschränkten Genauigkeit des Messverfahrens nicht gleich dem tatsächlichen Wert der Probe.

Daher werden dem Los zufällig einige 25 g-Proben entnommen und geprüft. Nur wenn der Durchschnitt der Messwerte nicht zu groß ist, wird die Butter akzeptiert.

Sei nun Y der gemessene Prozentanteil des Wassers in einem Probestück. Für ihn gelte $Y \sim \mathcal{N}(\mu, \sigma^2)$, wobei σ^2 als bekannt vorausgesetzt wird. Das Testproblem lautet dann $H_0 : \mu \leq 16$, $H_1 : \mu > 16$. Der Test dafür ist:

$$T = \frac{\bar{Y} - 16}{\sigma} \sqrt{n}; \quad H_0 \text{ wird abgelehnt, falls } T > c.$$

Tests bei der Normalverteilung auf der Basis der Teststatistik $T = \sqrt{n}(\bar{Y} - \mu_0)/\sigma$ werden auch als *Gauß-Tests* bezeichnet.

Die Gütefunktion des einseitigen Gauß-Tests lässt sich einfach berechnen:

$$P_\mu\left(\frac{\bar{Y} - 16}{\sigma}\sqrt{n} > c\right) = P_\mu\left(\frac{\bar{Y} - \mu}{\sigma}\sqrt{n} > c + \frac{16 - \mu}{\sigma}\sqrt{n}\right)$$

Für $\sigma = 1$, $n = 10$ und $\alpha = 0.05$ ist sie in der Abbildung 2.4 dargestellt. ∎

Auch im Testbereich bildet die Likelihoodfunktion einen zentralen Ausgangspunkt. Den Hintergrund bildet das Fundamentallemma von Neyman und Pearson. Dieses betrifft die gemeinsame Dichte $f(\mathbf{y})$ des Beobachtungsvektors $\mathbf{y}$; dabei kann der zugrundeliegende Zufallsvektor $\mathbf{y}$ auch eine Folge von unabhängigen Beobachtungen sein, $\mathbf{y} = (Y_1, \ldots, Y_n)'$ mit $f(\mathbf{y}) = f_1(y_1) \cdot f_2(y_2) \cdots f_n(y_n)$.

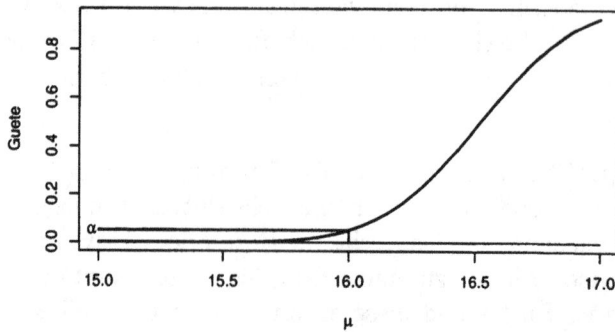

Abbildung 2.4: Gütefunktion des einseitigen Gauß-Tests

Satz 2.21 (Fundamentallemma von Neyman und Pearson)
Gegeben seien zwei Dichten bzw. Wahrscheinlichkeitsfunktionen $f_0(\mathbf{y})$ und $f_1(\mathbf{y})$.
α sei festgelegt durch $\alpha = P_0\left(\dfrac{f_0(\mathbf{y})}{f_1(\mathbf{y})} < c\right)$; der Index i bei der Wahrscheinlichkeit
soll andeuten, dass diese Wahrscheinlichkeit unter Gültigkeit von $f_i(\mathbf{y})$ bestimmt
wird. Der optimale Test zum Niveau α, d.h. der Test mit der größten Güte, für das
Testproblem

$$H_0 : f(\mathbf{y}) = f_0(\mathbf{y}) \text{ gegen } H_1 : f(\mathbf{y}) = f_1(\mathbf{y}),$$

hat die Gestalt

$$\text{Lehne } H_0 \text{ ab, wenn } \frac{f_0(\mathbf{y})}{f_1(\mathbf{y})} < c,$$

$$\text{Behalte } H_0 \text{ bei, wenn } \frac{f_0(\mathbf{y})}{f_1(\mathbf{y})} \geq c.$$

Beweis: Sei

$$K = \{\mathbf{y} | f_0(\mathbf{y})/f_1(\mathbf{y}) < c\} \text{ und } \alpha = P_0(K).$$

der Ablehnbereich des Neyman-Pearson-Tests; sei weiter D der Ablehnbereich irgend
eines anderen Tests zum gleichen Niveau, d.h. $P_0(D) \leq \alpha$. Dann gilt

$$
\begin{aligned}
P_1(K) - P_1(D) &= \int_K f_1(\mathbf{y})\,dy - \int_D f_1(\mathbf{y})\,dy \\
&= \int_{K \cap D} f_1(\mathbf{y})\,dy + \int_{K \cap \bar{D}} f_1(\mathbf{y})\,dy - \int_{D \cap K} f_1(\mathbf{y})\,dy - \int_{D \cap \bar{K}} f_1(\mathbf{y})\,dy \\
&= \int_{K \cap \bar{D}} f_1(\mathbf{y})\,dy - \int_{D \cap \bar{K}} f_1(\mathbf{y})\,dy \\
&\geq \int_{K \cap \bar{D}} \frac{1}{c} f_0(\mathbf{y})\,dy - \int_{D \cap \bar{K}} \frac{1}{c} f_0(\mathbf{y})\,dy \\
&= \frac{1}{c}\left[\int_{K \cap \bar{D}} f_0(\mathbf{y})\,dy + \int_{K \cap D} f_0(\mathbf{y})\,dy\right.
\end{aligned}
$$

$$-\int_{K\cap D} f_0(\mathbf{y})\,d\mathbf{y} - \int_{D\cap \bar{K}} f_0(\mathbf{y})\,d\mathbf{y}\Bigg]$$

$$\geq \frac{1}{c}[\alpha - \alpha] = 0\,.$$

Damit ist $P_1(K) \geq P_1(D)$, was zu zeigen war. ∎

Auf Grund dieses Satzes spielt der *Likelihood-Quotiententest* eine Favoritenrolle. Dabei hofft man, dass der LQ-Test mit der gegenüber dem Fundamentallemma leicht modifizierten Teststatistik

$$T = \frac{\sup_{\vartheta \in \Theta_0} f(\mathbf{y}; \vartheta)}{\sup_{\vartheta \in \Theta} f(\mathbf{y}; \vartheta)} \tag{2.12}$$

für das umfassendere Testproblem bzgl. des Parameters einer Verteilung

$$\begin{aligned} H_0 &: \quad \vartheta \in \Theta_0 \\ H_1 &: \quad \vartheta \in \Theta \setminus \Theta_0. \end{aligned} \tag{2.13}$$

ebenfalls gute Eigenschaften hat. Die Modifikation besteht darin, dass im Nenner nicht mehr die allein durch die Alternative festgelegten Dichten bzw. Wahrscheinlichkeitsfunktionen stehen, sondern das Supremum über den gesamten Parameterbereich gebildet wird. Wie noch deutlich werden wird, dient dies der Vereinfachung bei der Bestimmung der Teststatistik und ändert nichts an der ursprünglichen Idee; H_0 wird weiterhin abgelehnt, wenn T 'zu klein' ist.

Beispiel 2.22 (Test auf μ bei Normalverteilung)
Bei dem Test auf $\mu = \mu_0$ gegen $\mu = \mu_1$, $\mu_1 > \mu_0$, bei Normalverteilung mit bekannter Varianz σ^2 gilt:

$$\sup_{\mu=\mu_0} \left(\frac{1}{\sqrt{2\pi\sigma^2}}\right)^n \exp\left[-\frac{1}{2\sigma^2}\sum_{v=1}^{n}(y_v - \mu)^2\right]$$

$$= \left(\frac{1}{\sqrt{2\pi\sigma^2}}\right)^n \exp\left[-\frac{1}{2\sigma^2}\left\{\sum_{v=1}^{n}(y_v - \bar{y})^2 + n(\bar{y} - \mu_0)^2\right\}\right]$$

und

$$\sup_{\mu\in\{\mu_0,\mu_1\}} \left(\frac{1}{\sqrt{2\pi\sigma^2}}\right)^n \exp\left[-\frac{1}{2\sigma^2}\sum_{v=1}^{n}(y_v - \mu)^2\right] =$$

$$= \left(\frac{1}{\sqrt{2\pi\sigma^2}}\right)^n \exp\left[-\frac{1}{2\sigma^2}\left\{\sum_{v=1}^{n}(y_v - \bar{y})^2 + n\cdot\min\{(\bar{y} - \mu_0)^2, (\bar{y} - \mu_1)^2\}\right\}\right]\,.$$

Das ergibt

$$T = \exp\left[\frac{n}{2\sigma^2}\left\{\min\{(\bar{y} - \mu_0)^2, (\bar{y} - \mu_1)^2\} - (\bar{y} - \mu_0)^2\right\}\right]\,.$$

Ist $\bar{y} \leq (\mu_0 + \mu_1)/2$, so ist $T = 1$; für $\bar{y} > (\mu_0 + \mu_1)/2$ gilt

$$T = \exp\left[\frac{n}{2\sigma^2}\left\{(\bar{y} - \mu_1)^2 - (\bar{y} - \mu_0)^2\right\}\right] = \exp\left[\frac{n}{2\sigma^2}\left\{-2\bar{y}(\mu_1 - \mu_0) + \mu_1^2 - \mu_0^2\right\}\right].$$

T wird also immer kleiner, je größer $\bar{y}$ wird. Damit führt das Fundamentallemma zu der Entscheidungsregel:

$$\text{Lehne } H_0 \text{ ab, wenn} \quad \bar{Y} > c.$$
$$\text{Behalte } H_0 \text{ bei, wenn} \quad \bar{Y} \leq c.$$

Dies ist die bereits heuristisch motivierte Vorgehensweise.   ■

Die Struktur des in dem Beispiel erhaltenen Ablehnbereiches führt dazu, dass der Gauß-Test auch optimal ist für jede der Alternativen $H_1 : \mu = \mu_1$, sofern nur $\mu_1 > \mu_0$. Er ist daher *gleichmäßig bester Test Test!gleichmäßig bester* (*UMP*, uniformly most powerful) für das einseitige Testproblem $H_0 : \mu \leq \mu_0$ gegen $H_1 : \mu > \mu_0$. Seine Gütefunktion dominiert die aller anderen Tests zum gleichen Niveau.

Für einseitige Testprobleme bzgl. des Parameters gilt in geeigneten Verteilungen die im Beispiel angesprochene Verallgemeinerung der Optimalitätsaussage entsprechend. Insbesondere sind die LQ-Tests optimal bei einseitigen Testproblemen für Parameter in entsprechenden Verteilungen, die nur von einem Parameter abhängen. Bei dem zweiseitigen Problem kann man noch *gleichmäßig beste unverfälschte Tests* (*UMPU*, uniformly most powerful unbiased) finden; das sind solche, die in der eingeschränkten Klasse der unverfälschten Tests gleichmäßig am besten sind. *Unverfälscht* ist dabei ein Test, wenn die Gütefunktion für keinen Parameterwert unter der Alternative kleiner ist als für irgendeinen Wert unter der Nullhypothese.

In anderen Situationen, z.B. solchen mit zusätzlichen Parametern, sind die Verhältnisse um einiges komplizierter. Solch feinen Eigenschaften wie UMPU lassen sich dann nur noch in speziellen Verteilungsklassen nachweisen. Über den Zusammenhang von allgemeinen LQ-Tests und gleichmäßig besten unverfälschten Tests ist nichts bekannt. Oft erweisen sich die LQ-Tests aber als "sehr gut", d.h. sie haben in Situationen, die der theoretischen Analyse zugänglich sind, eine vergleichbar große Güte. Allerdings ist man in vielen Anwendungsfällen schon froh, wenn man einen Test hat, der das Niveau einhält.

Ein weiterer Vorzug der LQ-Tests besteht darin, dass die asymptotische Verteilung der Teststatistik unter der Nullhypothese unter recht allgemeinen Voraussetzungen bekannt ist. Damit ist es möglich, den Test zumindest approximativ durchzuführen. Denn die Nullverteilung der Teststatistik muss ja bekannt sein, um den Ablehnbereich gemäß der Forderung, dass das Niveau α nicht überschritten werden darf, festlegen zu können.

Satz 2.23 (Asymptotische Verteilung der LQ-Statistik)
Sei $\mathbf{y} = (Y_1, \ldots, Y_n)$ eine Zufallsstichprobe aus einer Dichte $f(y; \vartheta)$. $\vartheta \in \Theta$ sei ein r-dimensionaler Parameter und Θ sei eine offene Teilmenge von $\mathbb{R}^r$. $f(y; \vartheta)$ sei

hinreichend regulär, so dass insbesondere der Schätzer $\hat{\vartheta}$ asymptotisch (multivariat) normalverteilt ist.

Die Nullhypothese sei nun durch Restriktionen an die Parameter ϑ festgelegt, so dass die zugehörige Parametermenge Θ_0 die Form $\Theta_0 = \{\vartheta | \vartheta \in \Theta,\ h_j(\vartheta) = 0,\ j = 1, \ldots, q\}$ hat; die Restriktionen sollen dabei nicht redundant sein.

Sei dann $\ell(\mathbf{y})$ die Likelihood-Quotienten-Statistik zum Testen von

$$H_0 : \vartheta \in \Theta a_0, \qquad H_1 : \vartheta \in \Theta \backslash \Theta_0.$$

Ist $H_0 : \vartheta \in \Theta_0$ wahr, so ist $\mathrm{LQ} = -2\ln(\ell(\mathbf{y}))$ approximativ χ_q^2-verteilt.

Beweis: Siehe Rao (1973, S.350 ff.)   ∎

Wird auf das asymptotische Resultat, also auf die Teststatistik $-2\ln(\ell(\mathbf{y}))$, zurückgegriffen, so ist zu beachten, dass bei dieser transformierten Teststatistik *große Werte* zur Ablehnung der Nullhypothese führen.

Die Teststatistik der asymptotischen Variante des Likelihood-Quotienten-Tests lässt sich auch in der Form

$$\mathrm{LQ} = 2 \cdot [\ln \mathrm{L}(\hat{\vartheta}) - \ln \mathrm{L}(\tilde{\vartheta})]$$

schreiben, wobei $\hat{\vartheta}$ der uneingeschränkte Maximum-Likelihood-Schätzer für ϑ ist und $\tilde{\vartheta}$ der unter den Restriktionen, die die Nullhypothese spezifizieren, gewonnene. $\mathrm{L}(\vartheta)$ steht für $f(\mathbf{y}; \vartheta)$.

Zwischen Tests und Konfidenzintervallen gibt es den Zusammenhang, dass die Menge der Werte ϑ_0 des interessierenden Parameters, bei dem die Nullhypothese $H_0 : \vartheta = \vartheta_0$ zum Niveau α nicht abgelehnt wird, ein Konfidenzintervall zum Niveau $1 - \alpha$ bildet.

Beispiel 2.24
Beim Gauß-Test ergibt sich dieser Zusammenhang aus der offensichtlichen Äquivalenz ($z = z_{1-\alpha/2}$):

$$-z \leq \frac{\bar{Y} - \mu'}{\sigma}\sqrt{n} \leq z \iff \bar{Y} - z\frac{\sigma}{\sqrt{n}} \leq \mu' \leq \bar{Y} + z\frac{\sigma}{\sqrt{n}}$$

∎

Ein formaler Rahmen für das Testen von Hypothesen ist begreiflicherweise sehr nützlich und hat zu großen Fortschritten in der statistischen Theorie geführt. In der Praxis wird statt der einfachen Entscheidung für die Alternative oder die Beibehaltung der Hypothese meist der *P-Wert* angegeben. Dieser ist die Wahrscheinlichkeit unter der Nullhypothese dafür, dass die Teststatistik den beobachteten Wert oder einen noch extremeren Wert annimmt. P ist ein Maß der Glaubwürdigkeit der Nullhypothese. Je kleiner P ist, desto weniger ist man geneigt zu akzeptieren, dass die Nullhypothese wahr sein kann.

Auch mit Bezug auf den P-Wert kann klassisches Hypothesentesten betrieben werden, da Aussagen wie "$P \leq 0.01$" oder "$P \leq 0.05$" formal äquivalent damit sind, dass die Teststatistik einen Wert im entsprechenden Ablehnbereich annimmt. Man muss aber bedenken, dass viele Tests asymptotischer Natur sind, d.h. dass die Nullverteilung nur bei sehr großen Stichproben gilt. Dann hängt die Genauigkeit einer Aussage wie "$P = 0.001$" von den Annahmen über das Verhalten der Verteilung weit in ihren Flanken ab. Die Robustheit in den Rändern einer Verteilung ist nicht ohne weiteres garantiert, und Angaben wie "$P = 0.001$" mögen übermäßig optimistisch sein.

Nicht nur P, sondern auch der Stichprobenumfang und die Größe eines physikalisch bedeutenden Unterschiedes bestimmen die Qualität einer experimentellen Entdeckung. Tatsächlich sind die meisten Tests nämlich *konsistent*, d.h. an jeder Stelle der Alternative geht die Gütefunktion für $n \to \infty$ gegen eins. Je größer der Stichprobenumfang, desto kleiner muss daher P sein, um die Erwähnung der Untersuchung zu rechtfertigen. Auf Grund der Konsistenz ist sonst die Wahrscheinlichkeit, dass kleine Unterschiede ohne praktischen Wert entdeckt werden, sehr groß. Differenzen können statistisch hochsignifikant, doch von so geringer Größe sein, dass sie keine praktische Bedeutung haben. Zu dem hier angesprochenen Problemkreis sei auch auf Wegscheider (1994) hingewiesen.

In vielen Anwendungen ist der P-Wert nur deskriptiv zu interpretieren. Dafür gibt es zwei Gründe. Einmal sind Daten oft nicht im Rahmen einer Zufallsstichprobe erhoben, so dass die Wahrscheinlichkeitsinterpretation, die dem Testen zu Grunde liegt, nicht gilt. Zum anderen werden bei größeren Untersuchungen häufig mehrere Aspekte untersucht. Dann gilt die Testphilosophie ebenfalls nicht mehr; denn wesentlich ist für die Interpretation eines Tests, dass pro Stichprobe nur ein statistischer Schluss erlaubt ist.

4 Aufgaben

Aufgabe 1
Ziel des in der Abbildung illustrierten bayerischen Wurfspieles, bei dem mit einem Hufeisen geworfen wird, ist es, einen in den Boden gerammten Pfahl mit dem Hufeisen einzuschließen. (Das Bild wurde aufgenommen bei den bayerischen Meisterschaften 1983. Quelle: Frankfurter Allgemeine Zeitung vom 20.6.1983)

Wenn Sie das Werfen mit einer Konfidenzschätzung vergleichen, was entspricht dann der

- Platzierung des Pfahls?

- Breite des Hufeisens?

- Treffsicherheit des Werfers?

- Lage des Hufeisens nach dem Wurf?

Aufgabe 2

Unter der Überschrift 'Gerät am Handgelenk warnt vor Stress' berichtete die Frankfurter Rundschau am 20.3.1999, dass das Berliner Institut für Stressforschung nach eigenen Angaben ein am Handgelenk zu tragendes Gerät entwickelt hat, das bei zu starker Belastung ein Warnsignal gibt. Es könnte Menschen mit hoher seelischer und körperlicher Belastung rechtzeitig vor Überforderung warnen.

Bei dem Gerät gilt es, die richtige Justierung zu treffen; wird es schwach eingestellt, so kommt das Warnsignal spät, wird es stark eingestellt, so kommt es schnell zur Warnung.

Vergleichen Sie die Situation mit der Entscheidungsproblematik bei einem statistischen Test.

Aufgabe 3

Ein Produkt wird auf fünf verschiedene Weisen, die mit $\vartheta = 1, 2, 3, 4, 5$ gekennzeichnet sind, hergestellt. Je nach Herstellungsweise gibt es unterschiedliche Ausschusswahrscheinlichkeiten. Genauer gelten für die Zufallsvariable X die folgenden Wahrscheinlichkeitsverteilungen als möglich:

			ϑ			
x		1	2	3	4	5
kein Ausschuss	0	0.9	0.7	0.5	0.3	0.1
Ausschuss	1	0.1	0.3	0.5	0.7	0.9

In einer Lieferung werden $n = 3$ Produkte daraufhin untersucht, ob sie Ausschuss sind.

i) Bestimmen Sie den Likelihood-Quotienten Test zum Niveau $\alpha = 0.225$ für das

Testproblem

$H_0 : \vartheta \leq 2$ gegen $H_1 : \vartheta > 2$.

ii) Bestimmen Sie die Gütefunktion des Tests.

Kapitel 3

Eine Stichprobe

1 Normalverteilungstheorie

$Y_1, \ldots, Y_n$ seien unabhängige, $\mathcal{N}(\mu, \sigma^2)$-verteilte Zufallsvariablen, kurz eine Stichprobe aus einer $\mathcal{N}(\mu, \sigma^2)$-Verteilung.

Die einzelnen Y_v lassen sich in der Form $Y_v = \mu + \varepsilon_v$ mit $\varepsilon_v \sim \mathcal{N}(0, \sigma^2)$ angeben; dies ist die Schreibweise der *Signal & Rauschen-Modelle*, bei denen der Lageparameter als Signal und die zufällige Abweichung davon als Rauschen interpretiert wird.

Das zentrale Schätzproblem besteht in der Punktschätzung des Parameters μ bzw. in der Bestimmung eines Konfidenzintervalls dafür.

Als Schätzer für μ wird, wie schon im zweiten Kapitel angegeben, der ML-Schätzer verwendet; $\hat{\mu}$ ist auch effizient. In der Praxis ist man nun nicht nur an einem einzelnen Schätzwert für einen unbekannten Parameter interessiert, sondern auch an einer Angabe, wie präzise die Schätzung ist. Die Präzision wird durch den Standardfehler von $\hat{\mu} = \bar{Y}$ erfasst. Er ist $\sigma/\sqrt{n}$, wobei σ^2 die Varianz der zu Grunde liegenden Normalverteilung ist. Da mit μ i.d.R. auch σ^2 unbekannt ist, wird hierfür ebenfalls ein Schätzer benötigt. Dies ist naheliegender Weise der erwartungstreue Schätzer $\hat{\sigma}^2 = S^2(Y) = \frac{1}{n-1} \sum_{v=1}^{n} (Y_v - \bar{Y})^2$.

Beispiel 3.1 (Autolärm)
Im Rahmen einer Bestandaufnahme zur Lärmbekämpfung in der Bundesrepublik wurde der Schalldruckpegel (in dB(A)) eines PKW-Types (VW Golf, 37 kW) bei Beschleunigungsvorgängen zwischen 20 und 40 km/h ermittelt (147 Messwerte, Quelle: Umweltbundesamt 1989, S.165). Die Häufigkeitsverteilung ist in der Tabelle angegeben. Natürlich interessiert man sich hier sowohl für den mittleren Schalldruckpegel wie auch für die Variabilität der Werte.

$y_i - 1^* < Y \leq y_i^*$	n_i	$y_i - 1^* < Y \leq y_i^*$	n_i	$y_i - 1^* < Y \leq y_i^*$	n_i
60.5 - 61.5	1	70.5 - 71.5	17	80.5 - 81.5	0
61.5 - 62.5	0	71.5 - 72.5	13	81.5 - 82.5	0
62.5 - 63.5	2	72.5 - 73.5	11	82.5 - 83.5	1
63.5 - 64.5	2	73.5 - 74.5	10		
64.5 - 65.5	5	74.5 - 75.5	7		
65.5 - 66.5	8	75.5 - 76.5	6		
66.5 - 67.5	16	76.5 - 77.5	2		
67.5 - 68.5	14	77.5 - 78.5	1		
68.5 - 69.5	16	78.5 - 79.5	1		
69.5 - 70.5	12	79.5 - 80.5	2		

Der Schätzwert für den Erwartungswert der Lärmpegel ist $\bar{y} = 70.46$; sein Standardfehler wird durch $\hat{\sigma}/\sqrt{147} = 0.3068$ geschätzt. ∎

R-Code 3.1 (Maßzahlen aus Häufigkeitstabellen)

```
p<-read.table("c:/daten/vorbeifahrpegel.txt")
mi<-0.5*(p[,1]+p[,2])
m<-sum(mi*p[,3])/sum(p[,3])
v<-sum(((mi-m)^2)*p[,3])/sum(p[,3])
```

Ausgangspunkt ist ein Datensatz, in dem die Klassengrenzen in den ersten beiden Spalten und die Häufigkeit in der dritten Spalte gespeichert sind. Entsprechend der üblichen Konvention werden die Klassenmitten zur Bestimmung des arithmetischen Mittels und der Varianz verwendet.

Oft wird in der wissenschaftlichen Literatur das Mittel $\bar{y}$ zusammen mit dem Standardfehler $s(y)/\sqrt{n}$ präsentiert, manchmal in der Form $\bar{y} \pm s(y)/\sqrt{n}$. Bei der Normalverteilung weiß man, dass im Bereich des zweifachen Standardfehlers ca. 95% der Beobachtungen liegen, so dass in den meisten Fällen die überschlagsmäßige Berechnung des arithmetischen Mittels plus und minus zwei Standardfehlern reichen. Ähnlich ist es bei Grafiken üblich, das Mittel als Punkt mit einer vertikalen Linie, deren Länge plus/minus einem Standardfehler entspricht, darzustellen.

An Stelle des 'do-it-yourself Konfidenzintervalles' $\bar{y} \pm 2s(y)/\sqrt{n}$ ist es natürlich angebracht, das richtige Konfidenzintervall zu verwenden. Hierbei ist zu berücksichtigen, dass σ unbekannt ist. Daher wird das unbekannte σ bei der Pivot-Größe $\sqrt{n}(\bar{Y}-\mu)/\sigma$ durch $\hat{\sigma}$ ersetzt.

Die Verteilungseigenschaften von $\hat{\sigma}^2$ werden schon durch die der Summe $\sum_{v=1}^{n}(Y_v - \bar{Y})^2$ bestimmt. Sind zunächst $Z_1, \ldots, Z_k$ unabhängige standardnormalverteilte Zufallsvariablen, $Z_i \sim \mathcal{N}(0,1)$, so ist die Summe der quadrierten Zufallsvariablen $Y = Z_1^2 + \cdots + Z_k^2$ chiquadratverteilt.

Definition 3.2 (Chiquadratverteilung)

Eine Zufallsvariable Y hat eine *Chiquadratverteilung* mit ν Freiheitsgraden, i. Z.

$Y \sim \chi_\nu^2$, wenn sie folgende Dichte besitzt:

$$f(y) = \frac{1}{2^{\nu/2}\Gamma\left(\frac{\nu}{2}\right)} y^{\nu/2-1} e^{-y/2} \qquad (y > 0). \tag{3.1}$$

■

Die in der Definition vorkommende Funktion $\Gamma(u)$ ist die *Gamma-Funktion*:

$$\Gamma(u) = \int_0^\infty x^u e^{-x} dx. \tag{3.2}$$

Für sie gilt $\Gamma(k+1) = k!$ für $k \in \mathbb{N}_0$.

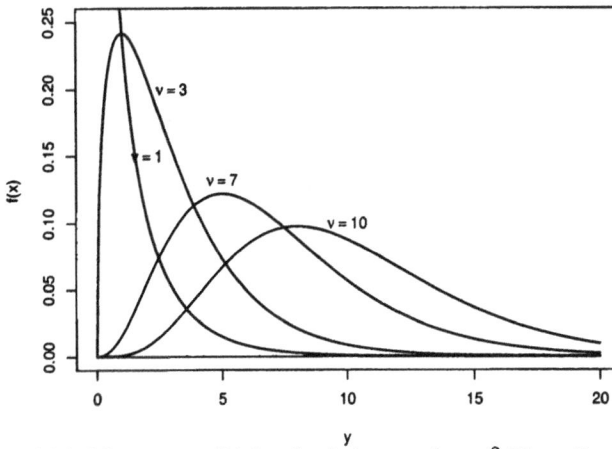

Abbildung 3.1: Dichtefunktionen der χ^2-Verteilung

Der Erwartungswert einer χ_ν^2-Verteilung ist gleich der Anzahl der Freiheitsgrade, $E(Y) = \nu$; die Varianz ist das Doppelte, $\text{Var}(Y) = 2\nu$.
Die Anzahl der *Freiheitsgrade* entspricht der Summe der unabhängigen Summanden. Bei $\sum_{v=1}^n (Y_v - \bar{Y})^2$ herrscht aber wegen $\sum_{v=1}^n (Y_v - \bar{Y}) = 0$ eine Abhängigkeit zwischen den Summanden; unabhängig sind nur $n-1$ davon. Daher gilt

Satz 3.3
Sind $Y_1, \ldots, Y_n$ unabhängige identisch normalverteilte Zufallsvariablen, $Y_v \sim \mathcal{N}(\mu, \sigma^2)$, so ist $\frac{1}{\sigma^2} \sum_{v=1}^n (Y_v - \bar{Y})^2$ chiquadratverteilt mit $n-1$ Freiheitsgraden. ■

Damit ist ein Teil des Weges zur Angabe der Verteilung des mit $\hat{\sigma}$ standardisierten arithmetischen Mittels geschafft.

Definition 3.4 (Student-t-Verteilung)
Die *Student-t-Verteilung* ist die Verteilung des Quotienten zweier unabhängiger Zufallsvariablen. Dabei ist der Zähler standardnormalverteilt, der Nenner ist von

der Form $\sqrt{Z/\nu}$, wobei Z χ_ν^2-verteilt ist. Die Dichte lautet:

$$f(t) = \frac{\Gamma\left(\frac{\nu+1}{2}\right)}{\Gamma\left(\frac{\nu}{2}\right)\sqrt{\pi\nu}}\left(1 + \frac{t^2}{\nu}\right)^{-(\nu+1)/2}. \qquad (3.3)$$

Der Parameter ν gibt die *Freiheitsgrade* der t-Verteilung an. Im Folgenden wird dies in der Schreibweise t_ν zusammengefasst. ∎

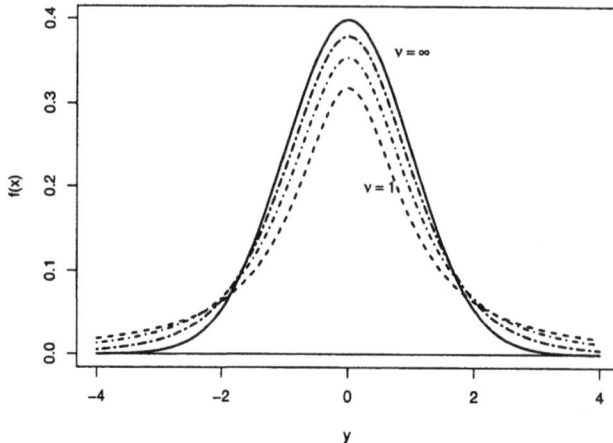

Abbildung 3.2: Dichtefunktionen der t-Verteilung

Die Dichte der t-Verteilung hat in etwa die gleiche Gestalt wie die Standardnormalverteilungsdichte, jedoch mit mehr Wahrscheinlichkeitsmasse in den Flanken, vgl. Abbildung 3.2. Für $\nu = 1$ ist das gerade die Cauchy-Verteilung. Für $\nu \to \infty$ konvergiert sie gegen die Standardnormalverteilung.

Bei der Normalverteilung hat $\bar{Y}$ eine Normalverteilung, $\bar{Y} \sim \mathcal{N}(\mu, \sigma^2/n)$. Somit ist $(\bar{Y} - \mu)/\sqrt{\sigma^2/n}$ standardnormalverteilt. Weiter ist $(n-1)S^2/\sigma^2$ dann χ_{n-1}^2-verteilt. Zudem sind $\bar{Y}$ und $(n-1)S^2(Y) = \sum_{v=1}^{n}(Y_v - \bar{Y})^2$ stochastisch unabhängig, vgl. Beispiel 1.30. Somit ergibt sich für die Statistik

$$T = \frac{(\bar{Y} - \mu)/\sqrt{\sigma^2/n}}{\sqrt{\hat{\sigma}^2/\sigma^2}},$$

bei dem der Lesbarkeit wegen wieder $\hat{\sigma}^2$ für $S^2(Y)$ ersetzt wurde, gerade die t-Verteilung mit $n-1$ Freiheitsgraden.

Wird diese Statistik als Teststatistik zur Überprüfung der Nullhypothese $H_0 : \mu = \mu_0$ eingesetzt, so spricht man vom t-*Test*. Der t-Test wurde von Student (1908) vorgestellt.

Die Alternative kann entweder einseitig, $H_1 : \mu > \mu_0$ (bzw. $H_1 : \mu < \mu_0$), oder zweiseitig, $H_1 : \mu \neq \mu_0$, sein. Die Auswahl der Alternative ist dabei ein delikates Problem. Einseitige Tests sind ja eher in der Lage, Abweichungen in einer spezifischen Richtung zu erkennen. Hat man also einen begründeten Verdacht, dass Abweichungen nur in eine Richtung auftreten können, so wird man eher ein signifikantes

Ergebnis erhalten. Andererseits wird man damit natürlich blind auf dem anderen Auge. Umgekehrt lehren die Ergebnisse der Theorie multiplen Testens, dass auch bei einem zweiseitigen Test nachträglich die Abweichung in eine spezifische Richtung konstatiert werden kann, sofern der Test zur Entscheidung für $\mu \neq \mu_0$ führt.

Als Konfidenzintervall für μ erhält man nun mit den Quantilen der t_{n-1}-Verteilung

$$\left[\bar{Y} - t_{n-1,1-\alpha/2} \frac{\hat{\sigma}}{\sqrt{n}} \, ; \bar{Y} + t_{n-1,1-\alpha/2} \frac{\hat{\sigma}}{\sqrt{n}} \right] . \tag{3.4}$$

Hier hat man die übliche und abgesicherte Interpretation mit dem Konfidenzniveau $1 - \alpha$.

Die Teststatistik T des t-Tests hat, wie oben festgestellt, unter H_0 eine t_{n-1}-Verteilung. Unter H_1 ist sie nichtzentral t-verteilt. Dabei ist die *nichtzentrale t-Verteilung* mit *Nichtzentralitätsparameter* δ, $t_{\nu,\delta}$, die Verteilung des Quotienten $\dfrac{U + \delta}{Z/\sqrt{\nu}}$, wenn $U \sim \mathcal{N}(0,1)$, $Z \sim \chi^2_\nu$ und U und Z unabhängig sind. Zu beachten ist insbesondere, dass die Teststatistik $T = \dfrac{\bar{Y} - \mu_0}{\hat{\sigma}/\sqrt{n}}$ bei Vorliegen des Erwartungswertes $\mu \neq \mu_0$ den Nichtzentralitätsparameter $\delta = \sqrt{n}(\mu - \mu_0)/\sigma$ hat. Abbildung 3.3 macht deutlich, dass der Test tatsächlich in der Lage ist, Abweichungen von der Nullhypothese aufzudecken.

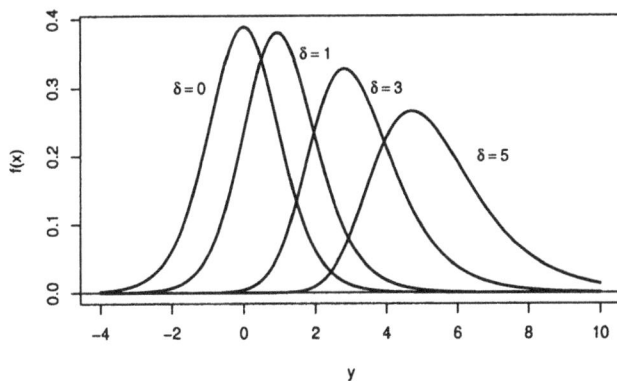

Abbildung 3.3: Dichten der nichtzentralen t_{10}-Verteilung

Beispiel 3.5 (Normale Körpertemperatur)

Als eine fast 'naturwissenschaftliche' Konstante galt über lange Zeit hinweg die mittlere Körpertemperatur von 37°C; dies war der seinerzeit von Carl Reinhold August Wunderlich festgestellte Wert. In einem Artikel haben Mackowiak, Wasserman & Levine (1992) Ergebnisse von Körpermessungen in Form von Histogrammen wiedergegeben. Diese wurden von Shoemaker (1996) rekonstruiert. Es soll nun die Nullhypothese getestet werden, dass die mittlere Körpertemperatur tatsächlich 37°C beträgt, $H_0 : \mu = 37$ gegen die Alternative, dass sie davon verschieden ist, $H_1 : \mu \neq 37$.

Die von Shoemaker angegebenen Daten, von °F in °C transformiert, sind:

35.7	35.9	36.1	36.1	36.2	36.2	36.2	36.2	36.3	36.3	36.3	36.3	37.3
36.3	36.4	36.4	36.4	36.4	36.4	36.5	36.6	36.6	36.6	36.6	36.6	37.3
36.6	36.7	36.7	36.7	36.7	36.7	36.7	36.7	36.7	36.8	36.8	36.8	37.4
36.8	36.8	36.8	36.9	36.9	36.9	36.9	36.9	36.9	37.0	37.0	37.0	37.4
37.0	37.0	37.0	37.1	37.1	37.1	37.1	37.1	37.2	37.2	37.2	37.2	37.5

Die Teststatistik des t-Tests nimmt den folgenden Wert an:

$$T = \frac{\bar{Y} - 37}{\hat{\sigma}/\sqrt{65}} = \frac{36.72492 - 37}{0.388/\sqrt{65}} = -5.714.$$

Der zugehörige P-Wert ist (bei $\nu = 64$ Freiheitsgraden) $2 \cdot P(T \geq |-5.714|) = 0.0000003$. Damit ist die Nullhypothese abzulehnen. $\blacksquare$

Den zweiseitigen t-Test erhält man als *Likelihood-Quotiententest*. Dies soll ausgeführt werden. Sei also $\mathbf{y} = (Y_1, \ldots, Y_n)'$ eine Zufallsstichprobe aus einer Normalverteilung mit den unbekannten Parametern μ und σ^2. Als Testproblem liege vor:

$$H_0 : \mu = \mu_0, \qquad H_1 : \mu \neq \mu_0.$$

Der Likelihood-Quotiententest geht aus von dem Quotienten

$$\ell(\mathbf{y}) = \frac{\sup\limits_{\sigma^2 > 0} (2\pi\sigma^2)^{-n/2} \exp\left[-\frac{1}{2}\sum_{v=1}^{n} \frac{(y_v - \mu_0)^2}{\sigma^2}\right]}{\sup\limits_{\sigma^2 > 0, \mu} (2\pi\sigma^2)^{-n/2} \exp\left[-\frac{1}{2}\sum_{v=1}^{n} \frac{(y_v - \mu)^2}{\sigma^2}\right]}$$

$$= \frac{(2\pi\hat{\sigma}_{ML}^{*2})^{-n/2} \exp\left[-\frac{1}{2}\sum_{v=1}^{n} \frac{(y_v - \mu_0)^2}{\hat{\sigma}_{ML}^{*2}}\right]}{(2\pi\hat{\sigma}_{ML}^{2})^{-n/2} \exp\left[-\frac{1}{2}\sum_{v=1}^{n} \frac{(y_v - \bar{y})^2}{\hat{\sigma}_{ML}^{2}}\right]}$$

Dabei sind $\hat{\sigma}_{ML}^{2} = \sum_{i=v}^{n}(y_v - \bar{y})^2/n$ und $\hat{\sigma}_{ML}^{*2} = \sum_{v=1}^{n}(y_v - \mu_0)^2/n$. Vereinfachen ergibt:

$$\ell(\mathbf{y}) = \left(\frac{\hat{\sigma}_{ML}^{2}}{\hat{\sigma}_{ML}^{*2}}\right)^{n/2},$$

bzw.

$$\ell(\mathbf{y})^{2/n} = \frac{\hat{\sigma}_{ML}^{2}}{\hat{\sigma}_{ML}^{*2}}$$

$$= \frac{\sum_{v=1}^{n}(y_v - \bar{y})^2}{\sum_{v=1}^{n}(y_v - \mu_0)^2} = \frac{\sum_{v=1}^{n}(y_v - \bar{y})^2}{\sum_{v=1}^{n} y_v^2 - 2\mu_0\sum_{v=1}^{n} y_v + n\mu_0^2}$$

$$= \frac{\sum_{v=1}^{n}(y_i - \bar{y})^2}{\sum_{v=1}^{n} y_v^2 - n\bar{y}^2 + n\bar{y}^2 - 2\mu_0 n\bar{y} + n\mu_0^2} = \frac{1}{1 + \frac{(\bar{y} - \mu_0)^2}{\hat{\sigma}_{ML}^{2}}}.$$

Wegen $\hat{\sigma}_{ML}^{2} = \frac{n}{n-1}\hat{\sigma}^2$ ist folglich die Relation $\ell(\mathbf{y}) < c$ gleichwertig mit $\sqrt{n-1}(\bar{y} - \mu_0)^2/\hat{\sigma}_{ML}^{2} > c'$ oder mit $\sqrt{c'} < \sqrt{n}|\bar{y} - \mu_0|/\hat{\sigma}$. Folglich ist der t-Test äquivalent zum Likelihood-Quotienten-Test.

R-Code 3.2 (t-Test)

```
x<-scan("c:/daten/koerpertemp.txt")
T<-sqrt(65)*(mean(x)-37)/sd(x)
2*(1-pt(abs(T),64))
t.test(x,alternative="two.sided",mu=37)
```

Die zweite Zeile setzt die Formel für den t-Test direkt um. Dies ist ja sehr einfach. In der dritten Zeile wird noch der zweiseitige P-Wert berechnet. Wegen der Symmetrie kann das auch über den linken Teil der Verteilung erfolgen. Die vierte Zeile gibt den Aufruf des im Package ctest implementierten Tests an. Anstelle von "two.sided" kann auch "less" bzw. "greater" angegeben werden. Hier ist die Ausgabe etwas umfangreicher, bringt aber außer einem Konfidenzintervall nichts, was der verständige Anwender nicht zur einfachen Berechnung selbst eingeben könnte.

Gütebetrachtungen sind beim t-Test nicht mehr so einfach wie beim Gauß-Test. Beim t-Test hängt die Güte ja nicht nur von μ, sondern auch von σ^2 ab. Andereseits sind Gütebetrachtungen u.a. wichtig bei Planungen des Stichprobenumfanges. In Bezug auf σ^2 helfen dann nur Voruntersuchungen oder Erkenntnisse aus der Literatur.

Beispiel 3.6 (Sollwert eines Massenteils)
Sei $\mu = 100$ der Sollwert eines von einem Zulieferer an den Endfertiger gelieferten Massenteils; von dem darf höchstens um ± 1 abgewichen werden. Um die Einhaltung dieser Vorgabe zu überprüfen, ist es üblich, im Rahmen der statistischen Qualitätskontrolle aus den Lieferungen Stichproben zu ziehen und auf dieser Basis zu entscheiden. Hier wird man den Stichprobenumfang so wählen, dass die Gütefunktion des Tests für $H_0 : \mu = 100$ gegen $H_1 : \mu \neq 100$ an den Grenzen 100 ± 1 genügend groß ist, also etwa gleich 0.95. ∎

Auch der Fehler 2. Art kann abgeschätzt werden. Dies bewahrt einen oft davor zu glauben, die Nullhypothese sei bewiesen. Unter Umständen zeigt es den Verantwortlichen, dass sie zu knauserig waren, um genügend Mittel für eine ausreichend große Stichprobe zur Verfügung zu stellen.

Beispiel 3.7 (Güte des t-Tests)
Es wird ein einseitiger t-Test für $H_0 : \mu \geq \mu_0$, $H_1 : \mu < \mu_0$ zum Niveau α betrachtet. Die Güte ist die von μ und σ^2 abhängige Wahrscheinlichkeit $P(T < t_{n-1;\alpha}|\mu,\sigma^2)$. Die Wahrscheinlichkeit für einen Fehler 2. Art ist das Komplement zu 1, $1 - P(T < t_{n-1;\alpha}|\mu,\sigma^2)$. Wegen

$$P(T < t_{n-1;\alpha}) = P\left(\frac{\bar{Y} - \mu_0}{\hat{\sigma}/\sqrt{n}} < t_{n-1;\alpha}\right) = P\left(\frac{\dfrac{\bar{Y} - \mu}{\sigma/\sqrt{n}} + \dfrac{\mu - \mu_0}{\sigma/\sqrt{n}}}{\sqrt{\hat{\sigma}^2/\sigma^2}} < t_{n-1;\alpha}\right)$$

liegt nun eine über die nichtzentrale t-Verteilung mit dem Nichtzentralitätsparameter $\delta = \sqrt{n}(\mu - \mu_0)/\sigma$ vor. Um die Wahrscheinlichkeit abzuschätzen, wird im
Nichtzentralitätsparameter μ durch $\bar{y}$ und σ durch $\hat{\sigma}$ ersetzt: $\hat{\delta} = \sqrt{n}(\bar{y} - \mu_0)/\hat{\sigma}$

Eine gröbere Einschätzung liefert der Ansatz, der sich mit der zentralen t-Verteilung
begnügt:

$$\mathrm{P}(T < t_{n-1;\alpha}|\mu) = \mathrm{P}\left(\frac{\bar{Y} - \mu}{\hat{\sigma}/\sqrt{n}} < t_{n-1;\alpha} + \frac{\mu_0 - \mu}{s/\sqrt{n}}|\mu\right) \approx \mathrm{P}\left(T < t_{n-1;\alpha} + \frac{\mu_0 - \bar{y}}{\hat{\sigma}/\sqrt{n}}\right).$$

Sei konkret $\mu_0 = 100$, $\alpha = 0.05$, $\bar{y} = 99.5$ und $s(y) = 1$. Dann ergibt dies die
folgenden Werte für den Fehler 2. Art:

n	$t = t_{n-1;0.05}$	$1 - \mathrm{P}_{\nu=n-1,\hat{\delta}}(T < t)$	$1 - \mathrm{P}_{\nu=n-1,\delta=0}(T < t + 0.5\sqrt{n})$
10	-1.8331	0.57271	0.59664
20	-1.7291	0.30485	0.30902
30	-1.6991	0.15175	0.15358
50	-1.6766	0.03279	0.03452
100	-1.6604	0.00045	0.00059

Abhängig vom Stichprobenumfang bedeutet das gleiche Stichprobenergebnis also
etwas ganz Unterschiedliches. Bei Stichprobenumfängen bis ca. 30 ist die Chance,
sich bei einem wahren Wert von $\mu = 99.5$ für die Beibehaltung der Nullhypothese zu
entscheiden, recht hoch. In diesen Situationen wird man kaum von einer Bestätigung
der Nullhypothese reden können.   ■

R-Code 3.3 (Fehler 2. Art beim t-Test)

```
1-pt(-1.7291,19,ncp=-0.5*sqrt(20)/1)
```

Die Verteilungsfunktion der in R imple-
mentierten t-Verteilung hat als optionalen
Parameter den Nichtzentralitätsparameter
δ. Damit sind Güteberechnungen einfach.

Konkret wird hier die Güte des linksseitigen
t-Tests für $T = -1.7291$ bei 19 Freiheitsgraden und Nichtzentralitätsparameter $-0.5 \cdot$
$\sqrt{20}$ berechnet.

Beim zweiseitigen t-Test ist der P-Wert gegeben durch $P = 2\mathrm{P}(T > |t^*|)$, wobei
T eine t-Verteilung mit $n - 1$ Freiheitsgraden hat und t^* der beobachtete Wert der
Teststatistik ist.

Aus Sparsamkeitsgründen wird der Stichprobenumfang bei der Planung für die
Durchführung eines Tests n oft zu klein angesetzt; das führt dazu, dass ein inhaltlich relevanter Unterschied nicht mit einer ausreichend großen Wahrscheinlichkeit
erkannt werden kann. Auf der anderen Seite lässt sich mit genügend großem Stichprobenumfang die (inhaltlich) irrelevanteste Abweichung nachweisen, da der t-Test
konsistent ist.

Bisweilen möchte man auch *Konfidenzintervalle für Quantile* der Normalverteilung
haben. Gerade wenn es sich um Quantile des äußere Bereichs handelt, macht es

sich positiv bemerkbar, wenn von der Normalverteilungsannahme Gebrauch gemacht werden kann. Denn solche Quantile sind bei moderaten Stichprobenumfängen nur ungenau direkt zu schätzen.

Auf Grund des Zusammenhanges $y_p = \mu + \sigma z_p$ der Quantile einer $\mathcal{N}(\mu, \sigma^2)$-Verteilung mit denen der Standardnormalverteilung ist es naheliegend, als Schätzfunktion eines p-Quantils die Stichprobenfunktion $\hat{y}_p = \bar{Y} + z_p \hat{\sigma}$ zu verwenden. Ein Konfidenzintervall erhält man dann darüber, dass zwei Faktoren k_1, k_2 für $z_p \hat{\sigma}$ bestimmt werden, so dass das theoretische Quantil mit der vorgegebenen Wahrscheinlichkeit zwischen den beiden Grenzen liegt:

$$
\begin{aligned}
&\mathrm{P}\left(\bar{Y} + k_1 z_p \hat{\sigma} \leq \mu + \sigma z_p \leq \bar{Y} + k_2 z_p \hat{\sigma}\right) \\
&= \mathrm{P}\left(\frac{\bar{Y} - \mu}{\sigma/\sqrt{n}} + \frac{k_1 z_p \hat{\sigma}}{\sigma/\sqrt{n}} \leq \sqrt{n} z_p \leq \frac{\bar{Y} - \mu}{\sigma/\sqrt{n}} + \frac{k_2 z_p \hat{\sigma}}{\sigma/\sqrt{n}}\right) \\
&= \mathrm{P}\left(-\frac{k_2 z_p \hat{\sigma}}{\sigma}\sqrt{n} \leq \frac{\bar{Y} - \mu}{\sigma/\sqrt{n}} - \sqrt{n} z_p \leq -\frac{k_1 z_p \hat{\sigma}}{\sigma}\sqrt{n}\right) \\
&= \mathrm{P}\left(-k_2 z_p \sqrt{n} \leq \frac{\dfrac{\bar{Y} - \mu}{\sigma/\sqrt{n}} - \sqrt{n} z_p}{\hat{\sigma}/\sigma} \leq -k_1 z_p \sqrt{n}\right)
\end{aligned}
$$

Die Zufallsvariable in der Mitte ist nichtzentral t-verteilt mit $n - 1$ Freiheitsgraden und Nichtzentralitätsparameter $-\sqrt{n} z_p$. Werden also k_1 und k_2 bestimmt über

$$
t_{n-1, -\sqrt{n} z_p; \alpha/2} = -k_2 z_p \sqrt{n}, \quad \text{und} \quad t_{n-1, -\sqrt{n} z_p; 1-\alpha/2} = -k_1 z_p \sqrt{n},
$$

so erhält man mit den beiden Faktoren die Grenzen des $(1 - \alpha)$-Konfidenzintervalls.

Beispiel 3.8 (Ausstattungsdesign)

Jeder Designer von Ausstattungen oder von Arbeitsplätzen wird sich häufig auf anthropometrische Merkmale der voraussichtlichen Benutzer beziehen. Hierfür stellen anthropometrische Surveys die Rohdaten bereit.

Oft gibt es Beschränkungen für einen Entwurf, etwa vom Preis her oder vom begrenzt verfügbaren Raum. Bei der Höhe einer Türöffnung mag der Entwerfer einen Kompromiss zu machen haben und zu entscheiden, dass unter wirtschaftlichen Gesichtspunkten nur 95 % die Türe ohne Probleme benutzen könnten, während die Größten 5% mit der Unannehmlichkeit des Bückens zurecht kommen müssen.

Dieses vereinfachte Beispiel ist typisch für viele komplexere Entwurf-Probleme. Sehr oft werden Entwürfen Begrenzungen auferlegt, so dass 95% der Benutzer keine Einschränkungen haben sollen. Bei Entwürfen für die Normalbevölkerung werden normalerweise der 5-Prozentpunkt der Frauen und der 95-Prozentpunkt der Männer genommen; man geht davon aus, dass damit 95% der Bevölkerung berücksichtigt werden, siehe Haslegrave (1986). Dort sind für 1584 Männer für die Körpergrößen die Schätzwerte $\bar{y} = 1738.1$ mm und $\hat{\sigma} = 68.00$ mm angegeben. Damit kann nun ein 0.99-Konfidenzintervall für das 0.95-Quantil bestimmt werden.

Mit $\sqrt{1584} \cdot 2.576 = 102.52$ ergeben sich die gesuchten Quantile der nichtzentralen t-Verteilung zu

$$t_{1584,-102.52;0.005} = -105.96, \quad \text{und} \quad t_{n-1,-102.52;0.995} = -99.34.$$

Somit erhält man für die Koeffizienten:

$$-105.96 = -k_2 2.576\sqrt{1584} \Rightarrow k_2 = 1.0335,$$
$$-99.34 = -k_1 2.576\sqrt{1584} \Rightarrow k_1 = 0.9689.$$

Das Konfidenzintervall für das 0.95-Quantil der Körpergrößen in der männlichen Bevölkerung ist also

$$[1738.1 + 0.9689 \cdot 2.576 \cdot 68.00; 1738.1 + 1.0335 \cdot 2.576 \cdot 68.00] = [1907.820; 1919.136]$$

∎

R-Code 3.4 (Quantile der nichtzentralen t-Verteilung)

```
qtnc<- function(p,n,d){
 lp<-length(p)
 xp<-rep(0,length(p))
 zp<-qnorm(p)
 index1<-c(1:lp)
 index2<-c(1:lp)
 index1<-index1[p<=0.5]
 index2<-index2[p>0.5]
 if (!all(p>0.5))
 {
 zp1<-zp[index1]
 pp1<-p[index1]
 xp1 <- zp1 + d +
 (zp1^3+zp1+(2*zp1^2+1)*d+zp1*d^2)/(4*n) +
 (5*zp1^5+16*zp1^3+3*zp1+3*d*(4*zp1^4+12*zp1^2+1) +
 6*d^2*(zp1^3+4*zp1)-4*d^3*(zp1^2-1)-3*d^4*zp1 )/(96*n^2)
 xp[index1]<-xp1
 }
 if (!all(p<=0.5)) {
 zp2<-zp[index2]
 pp2<-p[index2]
 t<-qt(pp2,n)
 xp2<-t + d + d*(2*zp2^2+d*zp2+1)/(4*n) +
 d*( 3*(4*zp2^4+12*zp2^2+1)+6*d*(zp2^3+4*zp2) -
 4*d^2*(zp2^2-1)-3*d^3*zp2 )/(96*n^2)
```

```
xp[index2]<-xp2 }
xp }
```

Zwar hat die Verteilungsfunktion der in R implementierten t-Verteilung den Nichtzentralitätsparameter δ als optionalen Parameter. Für die Quantile und die Dichtefunktion gilt dies leider nicht. Die angegebene Funktion schafft aber Abhilfe. Zum Hintergrund des Algorithmus sei auf Johnson, Kotz und Balakrishnan (1994) verwiesen

Die Eingabe ist selbsterklärend: p ist ein Vektor von Wahrscheinlichkeiten, n und d sind Skalare, die Freiheitsgrade und der Nichtzentralitätsparameter. Wird die zugehörige Quelldatei in einer R-Sitzung ausgeführt, so steht die Funktion für den Rest der Sitzung zur Verfügung.

2 Abweichungen von den Annahmen

2.1 Auswirkungen und Erkennen von Abweichungen von der Normalverteilung

2.1.1 Auswirkungen

Welche Auswirkungen haben Nichtnormalverteilungen auf die Anwendung des t-Tests und auf das auf der t-Statistik basierende Konfidenzintervall? Nun, bei großen Stichproben kommt der zentrale Grenzwertsatz zum Einsatz:

$$\sqrt{n}(\bar{Y} - \mu_0) \xrightarrow{d} \mathcal{N}(0, \sigma^2). \tag{3.5}$$

Die Konsistenz von $S^2(Y)$ bzgl. $\sigma^2 = \text{Var}(Y)$ bewirkt zudem:

$$S(Y) \xrightarrow{p} \sigma . \tag{3.6}$$

Somit folgt für $n \to \infty$:

$$T = \sqrt{n}\frac{\bar{Y} - \mu_0}{S(Y)} \xrightarrow{d} \mathcal{N}(0, 1). \tag{3.7}$$

Da $t_{n-1,1-\alpha} \to z_{1-\alpha}$, wobei $z_{1-\alpha}$ das $(1 - \alpha)$-Quantil der Standardnormalverteilung ist, bleibt die auf der T-Statistik basierende Analyse wenigstens asymptotisch, d.h. bei großem n, gültig. Wie groß n tatsächlich sein muss, ist untrennbar damit verbunden, in welchem Maße die durch die Verteilungsfunktion F gegebene Verteilung von Y von der Normalverteilung abweicht. Dazu betrachtet man die Schiefe und den Exzess der Verteilung:

$$\gamma_1 = \gamma_1(Y) = \frac{\text{E}(Y - \mu)^3}{\sigma^3} \quad \gamma_2 = \gamma_2(Y) = \frac{\text{E}(Y - \mu)^4}{\sigma^4} - 3 . \tag{3.8}$$

Für den Schätzer $\bar{Y}$ von μ gilt für jede Verteilung $F(y)$ mit endlichen vierten Momenten:

$$\mathrm{E}(\bar{Y}) = \mu, \quad \mathrm{Var}(\bar{Y}) = \frac{\sigma^2}{n}, \quad \gamma_1(\bar{Y}) = \frac{\gamma_1}{\sqrt{n}}, \quad \gamma_2(\bar{Y}) = \frac{\gamma_2}{n}. \tag{3.9}$$

Daraus kann man folgern, dass der Wölbungseffekt schnell und der der Schiefe nur allmählich verschwindet. Bei den meisten Verteilungen lässt der zentrale Grenzwertsatz seinen Zauber auf die Verteilung von $\bar{Y}$ schon bei $n = 10$ wirken, bis auf ein eventuell leicht schiefes Aussehen.

Potenzreihenentwicklungen für die Momente von $T = \sqrt{n}(\bar{Y} - \mu_0)/S(Y)$ ergeben als führende Terme für Erwartungswert, Varianz und Schiefe:

$$\begin{aligned}
\mathrm{E}(T) &= -\frac{\gamma_1}{2\sqrt{n}} + O\left(\frac{1}{n^{3/2}}\right), \\
\mathrm{Var}(T) &= 1 + \frac{1}{n}\left(2 + \frac{7}{4}\gamma_1^2\right) + O\left(\frac{1}{n^2}\right), \\
\gamma_1(T) &= -\frac{2\gamma_1}{\sqrt{n}} + O\left(\frac{1}{n^{3/2}}\right).
\end{aligned}$$

O bezeichnet eines der *Landauschen Symbole*. $a_n = O(1/n^c)$ bedeutet, dass $|a_n| \cdot n^c$ ab einem genügend großen n beschränkt ist. Also geht $|a_n| \cdot n^{c-\epsilon}$ für $\epsilon > 0$ gegen 0.

Diese Ergebnisse deuten darauf hin, dass γ_2 nur einen geringen Effekt auf T hat, während γ_1 größere Auswirkungen haben kann.

Die Schiefe hat die entgegengesetzte Richtung zu derjenigen der Ausgangsverteilung von Y; dies wird durch die Korrelation von $\bar{Y}$ und S bewirkt. Diese verschwindet nur bei der Normalverteilung; für Nichtnormalverteilungen ist die Korrelation $\gamma_1/\sqrt{\gamma_2 + 2}$. Die Wahrscheinlichkeiten der Flanken werden in der Schieferichtung von T bei der Verwendung der t-Tabelle unterschätzt und in der anderen Richtung überschätzt. Diese Fehlkalkulationen heben sich bei der Berechnung des zweiseitigen P-Wertes auf, bei einseitigen Werten kann dieser Effekt jedoch Anlass zur Besorgnis geben. Beispielsweise hat Gayen (1949) gezeigt, dass für $n = 10$ bei einer Verteilung mit $\gamma_1 = \gamma_2 = 1$ $P(T < -2.262)$ gleich 0.064 ist; der nominell angegebene Wert wäre dagegen 0.025.

Der auf den Momenten basierende Ansatz zur Betrachtung der Auswirkungen von Abweichungen von der Normalverteilung ist typisch für die "vorrobuste Ära". Der moderne Ansatz besteht in der Unterstellung einer Normalverteilung, die durch Ausreißer verschmutzt ist. Robustheitseigenschaften von Schätzern werden dann mittels Computersimulationen untersucht. Der "klassische" Ansatz erlaubt dagegen allgemeingültigere Aussagen. Denn die Versuchsanlagen für Computersimulationen sind notwendigerweise beschränkt und die Ergebnisse können nur bedingt verallgemeinert werden.

Andererseits sind Aussagen über Abweichungen von der Normalverteilung mittels Schiefe u. Exzess auch Aussagen über die Konsequenzen von Ausreißern. Denn Aus-

reißer haben Konsequenzen auf Schiefe und Exzess und können bedingt darüber
erfasst werden:

Ausreißer nur auf einer Seite   :   Schiefe wird größer.

Ausreißer auf beiden Seiten   :   Exzess wird größer.

2.1.2 Erkennen

Bei sehr kleinen Stichproben ($n < 25$) ist die Lage hoffnungslos; Abweichungen von
der Normalverteilung können in solchen Situationen ehrlicherweise nicht diagnosti-
ziert werden. Bei größeren Stichproben bilden QQ-Diagramme die beste Möglichkeit,
um schnell und - mit etwas Übung - zuverlässig Abweichungen von der Normalverteilung zu erkennen.

Bei *QQ-Diagrammen* werden die geordneten empirischen Werte $y_{1:n} \leq \cdots \leq y_{i:n} \cdots$
$\leq y_{n:n}$ in Abhängigkeit von den theoretischen Quantilen $\Phi^{-1}(p_v)$ in ein Diagramm
eingezeichnet. Als *Plot-Positionen* p_v werden allerdings nicht die Anteile v/n genommen, sondern leicht modifizierte Größen:

$$(1)\ \frac{v}{n+1} \quad (2)\ \frac{v-0.5}{n} \quad (3)\ \frac{v-0.3175}{n+0.365} \quad (4)\ \frac{v-3/8}{n+1/4}.$$

Die Modifikation ist aus verschiedenen Gründen sinnvoll. Einmal würde ohne Modifikation der größte Wert des Datensatzes wegen $\Phi^{-1}(1) = \infty$ nicht berücksichtigt
werden können. Zum anderen bringt eine Stetigkeitskorrektur i.d.R. eine Verbesserung der Übereinstimmung von theoretischen und empirischen Quantilen. So gibt
etwa die dritte Formel eine gute Approximation der Mediane der *geordneten Statistiken* $Y_{v:n}$ bei gleichverteilten Zufallsvariablen. Die von Blom stammende Formel
(4) gibt eine gute Approximation für die Erwartungswerte $E(Y_{v:n})$ bei der Normalverteilung. Für eine weitere Diskussion sei auf D'Agostino & Stephens (1986) sowie
Cunnane (1978) verwiesen.

Für die Einschätzung anhand der Grafik, ob die Normalverteilung als Modell geeignet ist, ist die Wahl einer der drei Positionen nicht bedeutsam. Eine Nichtnormalverteilung sollte sich durch eine systematische Abweichung von einer Geraden
erkennbar machen. Dass man sich bei der Abszisse auf die theoretischen Quantile der Standardnormalverteilung beschränken kann, resultiert aus der Beziehung
$F^{-1}(p) = \mu + \sigma\Phi^{-1}(p)$, wenn F die Verteilungsfunktion der $\mathcal{N}(\mu, \sigma^2)$-Verteilung ist.

In der Abbildung 3.4 sind drei jeweils zusammengehörige Histogramme, empirische
Verteilungsfunktionen und QQ-Diagramme angegeben. Offenbar erkennt man die
Unterschiede zwischen den empirischen Verteilungen und den mit in die Grafiken
gestrichelt hinein skizzierten Darstellungen der Normalverteilungsgrößen anhand der
QQ-Diagramme am besten.

Falls eine Abweichung von der Normalverteilung nicht aus einem QQ-Diagramm zu
erkennen ist, so lohnt es nicht, sich darüber den Kopf zu zerbrechen. Allerdings können Zufallsschwankungen vor allem bei kleineren Stichproben die Übereinstimmung

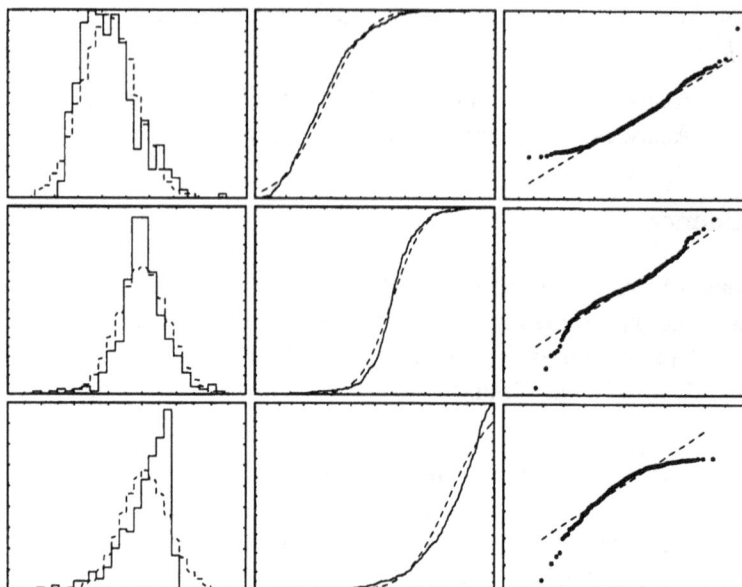

Abbildung 3.4: Korrespondierende Histogramme, empirische Verteilungsfunktionen und QQ-Diagramme

mit einer Geraden deutlich stören. Dies wird häufig wird übersehen. Als Ergänzung kann man daher einige Stichproben gleichen Umfanges aus einer Normalverteilung $\mathcal{N}(\hat{\mu}, \hat{\sigma}^2)$ simulieren und jeweils die obere und untere Begrenzungslinie, die sich aus den Minima und Maxima für jedes theoretische Quantil ergeben, mit in das QQ-Diagramme einzeichnen. Dies gibt einen Einblick in die mögliche Variabilität.

Alternativ zu dieser grafischen Ergänzung ist es bei kleineren Stichproben durchaus sinnvoll, sich den zugehörigen *Test von Shapiro & Francia* (1972) anzusehen. Er basiert auf dem quadrierten Korrelationskoeffizienten der empirischen und theoretischen Quantile. Die Teststatistik lautet:

$$W' = \frac{\left(\sum_{V=1}^{n} m_v Y_{v:n}\right)^2}{\left(\sum_{v=1}^{n} m_v^2\right)\left(\sum_{v=1}^{n}(Y_v - \bar{Y})^2\right)} . \tag{3.10}$$

Hier ist $m_v = \mathrm{E}(Z_{v:n})$; dabei stellt $Z_{1:n} \leq \cdots \leq Z_{n:n}$ die geordnete Statistik einer Stichprobe aus einer Standardnormalverteilung dar. Der Zähler braucht wegen $\mathrm{E}(Z_{v:n}) = -\mathrm{E}(Z_{(n+1-v):n})$ nicht zentriert zu werden. Als Näherungswerte für die m_v können die Quantile zu den Blomschen Plot-Positionen verwendet werden, $m_v \approx \Phi^{-1}((v - 3/8)/(n + 1/4))$.

Es ist klar, dass die Korrelation zwischen den beobachteten $Y_{v:n}$ und ihren unter der Normalverteilung bestimmten Erwartungswerten sehr groß sein sollte, wenn die Y_v tatsächlich normalverteilt sind. Die Normalverteilung wird daher für kleine Werte von W' abgelehnt. Allerdings wird schon aufgrund der Konstruktion des QQ-Diagrammes die Korrelation und damit die Teststatistik nie ganz klein sein. Bei $n = 10$ ist das untere 0.5-Quantil etwa 0.8.

Die Statistik W' ist eine Vereinfachung der Statistik W, die zuvor von Shapiro & Wilk (1965) vorgeschlagen wurde. Da die $Y_{v:n}$ nicht unabhängig sind, berücksichtigt der *Shapiro-Wilk-Test* deren Kovarianzstruktur in der Statistik

$$W = \frac{\left(\sum_{v=1}^{n} a_v Y_{v:n}\right)^2}{\sum_{v=1}^{n}(Y_v - \bar{Y})^2}, \tag{3.11}$$

wobei $\mathbf{m}' = (m_1, \ldots, m_n)$, $\mathbf{a}' = (a_1, \ldots, a_n) = \dfrac{\mathbf{m}'\mathbf{V}^{-1}}{(\mathbf{m}'\mathbf{V}^{-2}\mathbf{m})^{1/2}}$ und $\mathbf{V}$ die Kovarianz-matrix von $(Y_{1:n}, \ldots, Y_{n:n})$ ist.

Andere gebräuchliche Tests auf Normalverteilung basieren auf der Schiefe und dem Exzess, γ_1 und γ_2. Shapiro, Wilk und Chen (1968) haben aber gezeigt, dass der Shapiro-Wilk-Test besser ist. Auf Grund einer weiteren Studie kam Wetherill (1986) zu der Empfehlung, den Shapiro-Wilk-Test für Stichproben $n \leq 50$ zu verwenden und für größere Stichproben den *Anderson-Darling-Test* mit der Teststatistik

$$A^2 = -\frac{1}{n}\sum_{v=1}^{n}(2v-1)[1 + \ln(z_v(1 - z_{n+1-v}))]. \tag{3.12}$$

Dabei ist $z_v = \Phi^{-1}\left((y_{v:n} - \bar{y})/\hat{\sigma}\right)$. Große Werte von A^2 sind signifikant. Um ihn einzusetzen, kann auf eine einfache Formel von Stephens (1974) zurückgegriffen werden. Bei unbekannten Parametern der Normalverteilung enthält die folgende Tabelle die Quantile a_p für die modifizierte Teststatistik $A^{*2} = A^2\left(1.0 + 0.75/n + 2.25/n^2\right)$.

p	0.01	0.025	0.05	0.1	0.15	0.25	0.5
a_p	0.119	0.139	0.160	0.188	0.226	0.249	0.341
p	0.75	0.85	0.9	0.95	0.975	0.99	0.995
a_p	0.470	0.561	0.631	0.752	0.873	1.035	1.159

Beispiel 3.9 (Displaydaten / Lärmpegel)
Für die Displaydaten, siehe Beispiel 1.1, erhält man das im linken Teil der Abbildung 3.5 dargestellte QQ-Diagramm. Offensichtlich gibt es auf der rechten Flanke zu viele extreme Werte, als dass eine Normalverteilung sinnvoll unterstellt werden könnte.

Auch der Shapiro-Wilk-Test auf Normalverteilung zeigt an, dass die Abweichung signifikant ist:
$$W = 0.5508, \qquad P\text{-Wert} = 2.904e - 14.$$

Rechts wird in der Abbildung 3.5 das QQ-Diagramm für die Vorbeifahrpegel von PKWs des Beispiels 3.1 dargestellt. Hier liegen nur klassierte Daten vor. Somit werden als empirische Quantile die Klassenobergrenzen und als zugehörige Anteile die kumulierten relativen Häufigkeiten verwendet. Es findet keine Stetigkeitskorrektur statt. Das Diagramm zeigt, dass die Lärm-Daten recht gut als normalverteilt angesehen werden können. Die Punkte an den Rändern sind durch die geringe Besetzungen in den als gleich breit gewählten Klassen verursacht. Somit sollten nur der erste bzw. der letzte Punkt als relevant angesehen werden. ∎

Displaydaten   **Laermpegel**

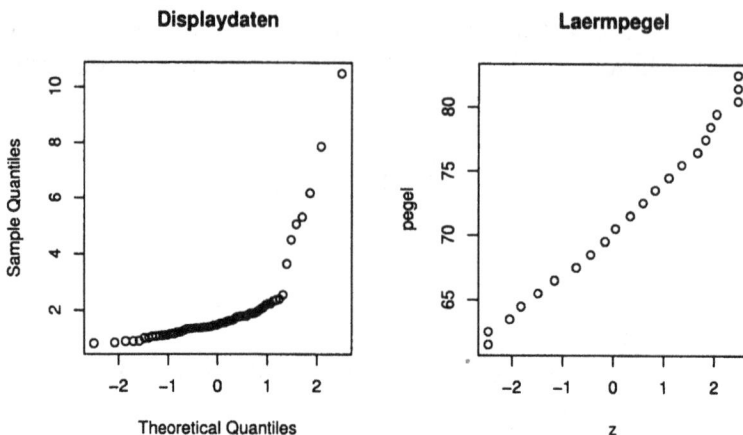

Abbildung 3.5: Normalverteilungs-QQ-Diagramme für die Displayaten und den Vorbeifahrpegel

R-Code 3.5 (Überprüfen der Normalverteilung)

```
display<-scan("c:/daten/display.txt")
par(mfrow=c(1,2))
qqnorm(display,main="Displaydaten")
pegel<-read.table("c:/daten/vorbeifahrpegel.txt")
p<-cumsum(pegel[,3])/sum(pegel[,3])
i<-length(p)-1
pegel<-pegel[1:i,2]
z<-qnorm(p[1:i])
plot(z,pegel,type="p",main="Laermpegel")
shapiro.test(display)
```

Der Befehl qqnorm erstellt aus einem Vektor oder univariaten Datensatz unmittelbar das gewünschte QQ-Diagramm.

In den folgenden Zeilen wird es mit plot realisiert. Dabei ist zu beachten, dass entweder eine Stetigkeitskorrektur notwendig ist oder, wie hier, der letzte Punkt nicht verwendet werden kann, da das Normalverteilungsquantil für $p = 1$ nicht existiert. Über [1:i] wird hier der letzte Wert und der zugehörige Anteil ausgeschlossen.

Mit dem letzten Befehl wird der Shapiro-Wilk-Test auf Normalverteilung durchgeführt.

2.2 Abhängigkeit

Eine selten beachtete, jedoch relevante Form der Abhängigkeit kann aus einem zeitlichen oder räumlichen *Folgeneffekt* herrühren. Falls die Beobachtungen zeitlich gesehen dicht nacheinander gemacht worden sind, können benachbarte Werte korreliert sein. Mögliche Ursachen können langsame Veränderungen in Experimentbedingungen oder Instrumenten sein; eine Beobachtung kann auch einen direktem Effekt auf die darauffolgende Beobachtung haben. Auf ähnliche Weise können Beobachtungen an Objekten, die sich räumlich nebeneinander befinden, wegen stärkerer Ähnlichkeit der lokalen Bedingungen oder wegen eines direkten gegenseitigen Einflusses voneinander abhängig sein.

Es wird der einfachste Folgeneffekt betrachtet, bei dem eine *Autokorrelation* vom Lag 1, d.h. von benachbarten Beobachtungen, auftritt. Für $v = 1, \ldots, n$ gelte also

$$
\begin{aligned}
Y_v &\sim \mathcal{N}(\mu, \sigma^2), \\
\mathrm{Cov}(Y_v, Y_{v+1}) &= \rho\sigma^2, \\
\mathrm{Cov}(Y_v, Y_{v+w}) &= 0, \ w \neq 0, 1, -1.
\end{aligned}
\tag{3.13}
$$

In der Praxis kann sich die Abhängigkeit natürlich auf Lags, die größer als 1 sind, erstrecken (d.h. $\mathrm{Cov}(Y_v, Y_{v+\tau}) = \rho_\tau \sigma^2$, $\tau > 1$); der hier zu diskutierende Fall ist jedoch wichtig für die Datenanalyse und erlaubt, die Schwierigkeiten aufzuzeigen.

Die Auswirkung der Korrelation auf die asymptotische Verteilung der t-Statistik ist gegeben durch das Resultat:

$$
\frac{\sqrt{n}(\bar{Y} - \mu)}{\hat{\sigma}} \xrightarrow{d} \mathcal{N}(0, 1 + 2\rho).
\tag{3.14}
$$

Die asymptotische Varianz $1 + 2\rho$ kann sich selbst für moderate Werte von ρ entscheidend von 1 unterscheiden. Dies führt zu Diskrepanzen beim P-Wert. Bei $\rho = 1/3$ ist die Standardabweichung im Grenzwert zum Beispiel 1.29 an Stelle von 1; deshalb ist für einen t-Wert von 1.96 der eigentliche zweiseitige P-Wert 0.13, während man ohne Berücksichtigung der Korrelation $P = 0.05$ angeben würde. Offensichtlich kann der Effekt von ρ auf den P-Wert höchst unangenehm sein.

Beispiel 3.10 (Analyseautomat)

An einem Analyseautomaten wurden 50 Proben mit gleicher Zusammensetzung hintereinander analysiert. Es bestand der Verdacht, dass durch die mechanische Weiterbeförderung Probereste in den Schläuchen verblieben, die zu einer Verunreinigung und zu fehlerhaften Analysen führen könnten. Für die Harnsäure erhielt man folgende Werte:[1]

7.60	8.15	7.80	7.70	7.40	7.35	7.70	7.60	7.40	7.10	7.80	7.60	7.35
7.60	7.30	7.20	7.70	7.20	7.70	7.80	7.80	7.40	7.90	7.80	7.50	7.70
8.00	8.05	8.05	7.90	8.00	7.50	7.30	8.10	8.05	7.80	7.30	7.90	7.40
8.05	7.90	7.90	7.80	7.80	7.50	7.35	7.70	7.80	7.40	7.50		

Hier ist der empirische Korrelationskoeffizient $r = \widehat{\mathrm{Cor}}(Y_v, Y_{v+1}) = 0.273$. Wird die Korrelation vernachlässigt, so erhält man für das Konfidenzintervall $[\bar{Y} \pm t \cdot \hat{\sigma}/\sqrt{n}]$ die Realisation $[7.664 \pm 0.077]$; das ist um 20% kürzer als das Intervall, welches sich durch Einsetzen von r für ρ ergibt:

$$
\bar{y} \pm t_{n-1;1-\alpha/2} \frac{\hat{\sigma}\sqrt{1 + 2r}}{\sqrt{n}} = 7.664 \pm 2.010 \frac{0.2716\sqrt{1 + 2 \cdot 0.273}}{\sqrt{50}}
$$

---

[1]Die Daten verdanke ich Herrn Prof. Dr. M. Hengst, Berlin.

$$= 7.664 \pm 0.096 \, .$$

■

Zum Erkennen von serieller Abhängigkeit kann man ein Streudiagramm der Punkte (y_v, y_{v+1}), $v = 1, \ldots, n - 1$, anfertigen oder den auf diesen Beobachtungspaaren basierenden Korrelationskoeffizienten

$$r = \frac{\sum_{v=1}^{n-1}(y_v - \bar{y})(y_{v+1} - \bar{y})}{\sum_{v=1}^{n}(y_v - \bar{y})^2} \, , \tag{3.15}$$

berechnen. Dabei wird zur Vereinfachung das arithmetische Mittel über alle n Beobachtungen verwendet. Hier ist die Größe von r wichtig, und nicht, ob r statistisch verschieden von null ist. Daher ist ein vorläufiger Test von $\rho = 0$ von geringem Wert.

Tests auf Autokorrelation gehören in den Bereich der Zeitreihenanalyse, siehe Schlittgen & Streitberg (2001). Zudem sei auf den *von-Neumann-Ratio-Test* hingewiesen. Die Teststatistik ist

$$D = \frac{\sum_{v=2}^{n}(Y_v - Y_{v-1})^2}{\sum_{v=1}^{n}(Y_v - \overline{Y})^2} = 2 \left[1 - R - \frac{(Y_1 - \overline{Y})^2 + (Y_n - \overline{Y})^2}{2\sum_{v=1}^{n}(Y_v - \overline{Y})^2} \right] \, .$$

Dabei ist R die zu r gehörige Stichprobenfunktion. Approximativ gilt:

$$T = \frac{\sqrt{n+1}}{2} \frac{D - 2}{\sqrt{1 - \left(\frac{D-2}{2}\right)^2}} \sim t_{n+3} \qquad \text{für } n > 10 \, ,$$

$$\approx \sqrt{n+1} \frac{R}{\sqrt{1 - R^2}} \sim t_{n+3} \qquad \text{für } n > 10 \, .$$

Eine nichtparametrische Alternative hierzu ist der Runs-Test, siehe Büning & Trenkler (1994).

2.3 Transformationen

Daten, die wesentlich von der Normalverteilung abweichen, können bisweilen transformiert werden, so dass der Datensatz anschließend annähernd normalverteilt erscheint. Sofern positive Daten nicht annähernd symmetrisch verteilt sind, sind sie praktisch immer rechtsschief ($\hat{\gamma}_1 > 0$). Aus diesem Grunde sind die am meisten verwendeten Transformationen die logarithmische Transformation $z = \ln(y)$ und die Quadratwurzeltransformation $z = \sqrt{y}$. Dies sind Spezialfälle der *Box-Cox-Transformationen*

$$z = \begin{cases} \dfrac{(y + c)^{\lambda} - 1}{\lambda}, & \lambda \neq 0, \\[2mm] \ln(y + c), & \lambda = 0. \end{cases} \tag{3.16}$$

In der Praxis berechnet man einfach $z = y^\lambda$, wenn $\lambda \neq 0$; die Darstellung zeigt aber, wie sich die logarithmische Transformation $\ln(y)$ in diese Familie einfügt. Die logarithmische und Quadratwurzeltransformationen werden wohl auch aus historischen Gründen häufiger als andere Mitglieder der Box-Cox-Familie benutzt.

Für Variablen, die positive und negative Werte annehmen, ist es gebräuchlicher, nichtparametrische Methoden zu verwenden, als die Daten zu transformieren. Darauf wird weiter unten eingegangen. Wenn jedoch eine endliche negative Grenze für den möglichen Wert der Variablen existiert, kann man sich mit der Addition einer (kleinen) Konstanten c kann behelfen. Die Addition einer kleinen Konstanten mag auch die Normalität der transformierten Werte sogar für streng positive Zufallsvariablen verbessern, insbesondere solcher, die Werte nahe Null annehmen können.

Zur Auswahl der Potenz λ sind *Symmetrieplots* geeignet. Hier werden die Punkte $(\tilde{y} - y_{v:n}, y_{n+1-v:n} - \tilde{y})$ in ein Streudiagramm eingetragen. Bei symmetrischen Verteilungen sind die einander entsprechenden Quantile $y_{v:n}, y_{n+1-v:n}$ jeweils gleich weit vom Median $\tilde{y}$ entfernt; so erhält man bei symmetrischen Verteilungen näherungsweise eine Gerade. Bei Abweichungen kann man verschiedene Potenzen λ durchprobieren, bis man bei der gewünschten Gestalt gelandet ist. I. d. Regel nimmt man nur Werte $\ldots -1, -0.5, 0, 0.5, 1.5 \ldots$. Die Auswahl von λ entsprechend der theoretischen Ergebnisse von Box & Cox (1964, 1982) ist dagegen weniger sinnvoll. Es hat sich nämlich erwiesen, dass diese auf der ML-Methode basierende Auswahl kaum Verbesserungen gegenüber den 'einfachen' Potenzen bringt. Zudem haben letztere oft den Vorteil, noch interpretierbare Ergebnisse zu liefern.

Potenztransformationen zur Beseitigung der Schiefe helfen allerdings nicht gegen 'stärkere Flanken' bei symmetrischen Verteilungen.

Beispiel 3.11 (Display-Daten - Fortsetzung)
Die Display-Daten sind sehr rechtsschief. Die angegebene Vorgehensweise führt zur Auswahl der Transformation $T(y) = y^{-1}$. Wie der Symmetrieplot, linkes Panel der

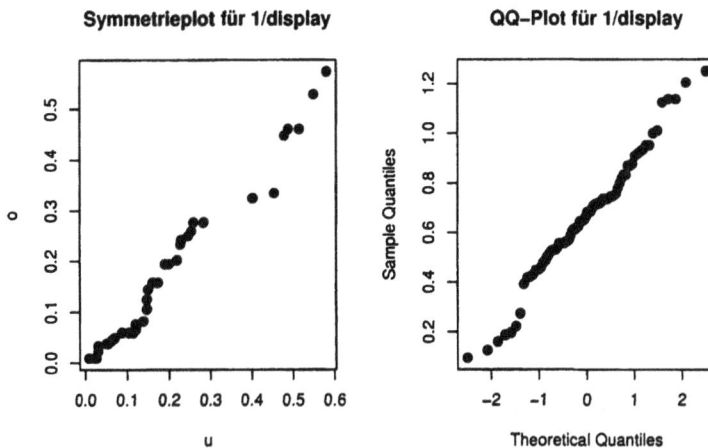

Abbildung 3.6: Display-Daten

Abbildung, zeigt, sind die transformierten Daten praktisch symmetrisch und sogar annähern normalverteilt, wie aus dem QQ-Diagramm der transformierten Daten, rechtes Panel, deutlich wird.   ∎

R-Code 3.6 (Symmetriediagramm)

```
display<-scan("c:/daten/display.txt")
display<-sort(display)
m<-median(display)
u<-m-display[display<m]
u<-rev(u)
o<-display[display>m]-m
plot(u,o,type="p",pch=16,cex=1.2,main="Symmetrieplot für display")
```

Die eingelesenen Daten werden aufsteigend sortiert und es wird der Median bestimmt. Mit der Indizierung `display[display<m]` bzw. `display[display>m]` werden die Komponenten des Vektors ausgewählt, die die entsprechende Bedingung erfüllen. `u` muss noch mittels `rev(u)` umsortiert werden, da die Paarbildung von innen nach außen geht.

In Bezug auf Testentscheidungen und Konfidenzintervalle sind Transformationen nur bei großzügiger Handhabung der Approximation $E(g(\bar{Y})) \rightarrow g(E(\bar{Y}))$ für $n \rightarrow \infty$ unproblematisch.[1] Die Nullhypothese $H_0 : E(Y) = \mu_0$ würde dann bei der Transformation $z = g(y)$ zu $H_0 : E(Z) = g(\mu_0)$. Dies wird von Anwendern durchaus praktiziert. Sorgfältigere Behandlungen des Problems bilden leider eher die Ausnahme.

Beispiel 3.12 (Bleibelastung)

Korporale Belastungen der Allgemeinbevölkerung durch Blei ergeben sich über unterschiedliche Belastungspfade, über luftgetragene Partikel, belastete Nahrungsmittel und Trinkwasser. Der Bleigehalt im Blut gilt im Allgemeinen als der beste Indikator zur Ermittlung einer aktuellen Bleibelastung.

In Krause et al. (1996) sind die Ergebnisse für die 1029 Personen umfassende Kategorie der Personen, die sich täglich mindestens 120 Minuten in motorisierten Fahrzeugen aufhielten, angegeben. Einmal werden die kumulierte Häufigkeiten berichtet:

y	0	15	27	49	87	108	133	352
$\hat{F}(y)$	0	0.0107	0.10	0.50	0.90	0.95	0.98	1.00

Damit lässt sich nachvollziehen, dass sich die Verteilung gut durch eine *Lognormalverteilung* annähern lässt. Dies ist die Verteilung einer Zufallsvariablen, die nach einer logarithmischen Transformation normalverteilt ist. Dementsprechend ist die Normalverteilung ein gutes Modell für die logarithmisch transformierten Daten.

---

[1]Diese Aussage erhält man mit der sogenannten Delta-Methode, siehe z.B. Sen & Singer (1993)

Weiter werden das arithmetische Mittel $\bar{y}$ und das *geometrische Mittel* $\bar{y}_g$ sowie ein approximatives 95%-Konfidenzintervall für das geometrische Mittel der Population μ_g angegeben:

$$\bar{y} = 55.5, \qquad \bar{y}_g = 49.1, \qquad \text{KI für } \mu_g : [47.6; 50.6].$$

Das geometrische Mittel erhält man gerade dadurch, dass das arithmetische Mittel der logarithmierten Werte gebildet und dieses zurücktransformiert wird:

$$\bar{y}_g = \left(\prod_{v=1}^{n} y_v \right)^{1/n} = \exp\left(\ln\left(\prod_{v=1}^{n} y_v \right)^{1/n} \right) = \exp\left(\frac{1}{n} \sum_{v=1}^{n} \ln(y_v) \right). \qquad (3.17)$$

Die übliche Vorgehensweise zur Bestimmung von Konfidenzintervallen für μ_g nutzt diesen Zusammenhang aus und bestimmt ein Konfidenzintervall für den Erwartungswert der logarithmierten Daten. Dieses wird dann zurücktransformiert. Es resultieren dann in der Regel unsymmetrische Intervalle. ∎

Gibt man die Nullhypothese mit dem Median an, so wird sie unter monotonen Transformationen exakt transformiert. $H_0 : \tilde{\mu}_Z = g(\tilde{\mu}_0)$ ist für eine monotone Transformation $z = g(y)$ äquivalent zu $H_0 : \tilde{\mu}_Y = \tilde{\mu}_0$.

3   Nichtparametrische und robuste Verfahren

3.1   Nichtparametrische Tests

Wenn die Daten nicht normalverteilt sind, kann man auf nichtparametrische Tests zurückgreifen, anstatt mit einer Transformation zu versuchen, die Daten in Richtung der Normalverteilung zu bringen. Es gibt zahlreiche nichtparametrische Tests; hier seien nur zwei wichtige erwähnt.

Der *Vorzeichen-Test* oder kurz *Zeichen-Test* ist der einfachste. Sei die Verteilung der beobachteten Variablen zunächst stetig. Damit sind gleiche Werte, sogenannte *Bindungen* ausgeschlossen. Ansonsten werden bzgl. des zu Grunde liegenden Modells keinerlei Annahmen, wie etwa Normalverteilung oder Symmetrie um $\tilde{\mu}_0$, gemacht. Die Nullhypothese besteht darin, dass der Median $\tilde{\mu}$ der Verteilung gleich einem speziellen Wert $\tilde{\mu}_0$ ist; d.h. $H_0 : \tilde{\mu} = \tilde{\mu}_0$. Das ist gleichwertig mit $H_0 : P(Y < \tilde{\mu}_0) = P(Y > \tilde{\mu}_0) = \frac{1}{2}$. Als Alternative wird zunächst die Abweichung nach oben betrachtet, $H_1 : \tilde{\mu} > \tilde{\mu}_0$. Das geht mit $P(Y > \tilde{\mu}_0) > \frac{1}{2}$ einher.

Die Teststatistik ist

$$S = \sum_{v=1}^{n} I_{(\tilde{\mu}_0, \infty)}(Y_v), \qquad (3.18)$$

wobei

$$I_{(\tilde{\mu}_0,\infty)}(y) = \begin{cases} 1 & \text{falls } y > \tilde{\mu}_0 \\ 0 & \text{falls } y < \tilde{\mu}_0; \end{cases} \tag{3.19}$$

d.h. S ist die Anzahl der y_v, die größer als $\tilde{\mu}_0$ sind.

Unter H_0 ist die Statistik S binomialverteilt mit den Parametern n und $p = \frac{1}{2}$. Der obere einseitige P-Wert ist folglich

$$P = \sum_{k=S}^{n} \binom{n}{k} \left(\frac{1}{2}\right)^n. \tag{3.20}$$

Ein analoger Ausdruck ergibt sich für einen unteren einseitigen P-Wert, und der beidseitige P-Wert ist einfach die Summe der beiden. Für $S < \frac{n}{2}$ ist er

$$P = \sum_{k=0}^{S} \binom{n}{k} \left(\frac{1}{2}\right)^n + \sum_{k=n-S}^{n} \binom{n}{k} \left(\frac{1}{2}\right)^n. \tag{3.21}$$

Für $S > \frac{n}{2}$ muss man S und $n - S$ in den Summen vertauschen. Für große n (d.h. $n > 25$) gibt die Approximation durch die Normalverteilung,

$$\frac{S - \frac{n}{2}}{\frac{1}{2}\sqrt{n}} \overset{\cdot}{\sim} \mathcal{N}(0,1), \tag{3.22}$$

recht akkurate P-Werte.

Das Maß, das angibt, was man verliert, wenn man den Zeichentest an Stelle des t-Tests verwendet, ist die *(asymptotische) relative Effizienz*:

$$(\text{A})\text{RE} = \frac{\text{Stichprobenumfang von Test 2}}{\text{Stichprobenumfang von Test 1}}.$$

Dabei sind die Stichprobenumfänge so, dass beide Tests gleiche Gütefunktionen haben. Asymptotisch kann dies bei Tests, die auch unter der Gegenhypothese asymptotisch normalverteilt sind, tatsächlich erreicht werden. Bei kleinen Stichprobenumfängen ist das dagegen nur "in etwa" möglich. Im Folgenden wird die (A)RE so angegeben, dass der Test 2 der optimale Test unter Normalverteilungsbedingungen ist.

Beim Zeichentest erhält man im Vergleich zum t-Test, vgl. Dixon (1953):

n	Rel. Eff.
5	0.95
10	0.8
20	0.7
∞	$0.637 = 2/\pi$

Hat man also beim Zeichentest $n = 10$ Beobachtungen, so bräuchte man für den t-Test nur $n = 8$, um die gleiche Güte zu erreichen. Bei größer werdenden Stichprobenumfängen sieht der Zeichentest bei diesem Vergleich immer "blasser" aus.

Oft möchte man ein Experiment so planen, dass bei einer vorgegebenen Differenz zum hypothetischen Parameter der anzuwendende Test eine gewisse Güte aufweisen soll. Dazu ist ein geeigneter Stichprobenumfang nötig. Die ARE hat nun für die Bestimmung des Stichprobenumfanges durchaus einen praktischen Nutzen. Man bestimmt zunächst bei Unterstellung der Normalverteilung den Stichprobenumfang, der nötig ist, um die gewünschte Güte bei der vorgegebenen Differenz zu erreichen. Hier kann man oft vom Gauß-Test ausgehen. Natürlich benötigt man einen Anhaltspunkt über die Streuung. Diesen muss man sich aus geeigneten Voruntersuchungen oder Literaturrecherchen verschaffen. Dann dividiert man den erhaltenen Wert für n durch die relative Effizienz des einzusetzenden nichtparametrischen Tests. Dieser Stichprobenumfang sollte annähernd sicher stellen, dass der nichtparametrische Test die gewünschte Güte hat.

Wenn der Vorzeichentest nahezu signifikant ist, mag eine detailliertere Analyse und die Anwendung eines aufwändigeren Tests sinnvoll sein. Wenn er andererseits nicht annähernd signifikant ist, so ist es sehr unwahrscheinlich, dass aufwendigere Methoden zu einer Ablehnung der Nullhypothese führen werden.

Bisher wurde davon ausgegangen, dass stetige Verteilungen vorliegen. Dies bringt - zumindest theoretisch - mit sich, dass es keine gleichen Beobachtungen gibt und auch kein Wert gleich $\tilde{\mu}_0$ ist. In der Anwendung sind nun Bindungen aber ein verbreitetes Phänomen. Bei dem Zeichentest sind die einzigen Bindungen, um die man sich Gedanken machen muss, die Fälle, in denen Y gleich dem unter der Nullhypothese festgelegten Wert des Medians $\tilde{\mu}_0$ ist. Zur Vereinfachung wird in der folgenden Diskussion unterstellt, das $\tilde{\mu}_0$ gleich Null ist.

Die bedingte Herangehensweise besteht darin, alle Null-Beobachtungen auszuschließen und die Frage $P(Y > 0 | Y \neq 0) \gtrless P(Y < 0 | Y \neq 0)$ zu betrachten. Dies kann jedoch eine Fragestellung sein, die bei einem großen Anteil von Nullbindungen irrelevant ist. Für einen kleinen Anteil an Bindungen ist die konditionale Vorgehensweise aber leicht und zulässig. Eine konservative Haltung wäre es, die Nullwerte als kleine Werte bei Null anzusehen. Im Fall eines zweiseitigen Tests ist dabei das Vorzeichen egal; bei einem einseitigen würde man das Vorzeichen in Richtung der Nullhypothese wählen. Wenn der Vorzeichen-Test immer noch einen erfreulich kleinen P-Wert liefert, dann kann man in Bezug auf die Bindungen recht zufrieden sein, doch muss man nicht solches Glück haben. Eine weniger konservative Vorgehensweise besteht darin, die Nullbindungen bei der Berechnung von S zur Hälfte zu berücksichtigen. Für eine Fundierung der Diskussion sei auf Lehmann (1975) verwiesen.

Mehr Informationen als das Vorzeichen der Stichprobenvariablen verwendet der *Wilcoxon-Vorzeichen-Rangtest*. Die Nullhypothese ist, dass die zu Grunde liegende Verteilung symmetrisch um einen bestimmten Wert, üblicherweise Null, ist. Der Symmetriepunkt ist natürlich auch der Median. Symmetrie um den Median $\tilde{\mu}_0$ ist für die Konstruktion der Teststatistik wesentlich, so dass ein signifikantes Ergebnis durch Asymmetrie bewirkt werden kann, obwohl der Median gleich $\tilde{\mu}_0$ ist.[1] Es wird

---

[1] Der Test ist konsistent gegen Alternativen, für die $P((Y_1 - \tilde{\mu}_0) + (Y_2 - \tilde{\mu}_0) > 0) \neq 1/2$.

wieder unterstellt, dass die zu Grunde liegende Verteilungsfunktion stetig ist. Dies erspart vorerst die Betrachtung von Bindungen.

Für die Definition der Teststatistik sei der Einfachheit halber $\tilde{\mu}_0 = 0$ gesetzt. Andernfalls wird von den Differenzen $Y_v - \tilde{\mu}_0$ ausgegangen. Dann sei $R(|Y_v|)$ der Rang von Y_v in der Folge der Beträge $|Y_1|, \ldots, |Y_n|$. Die Wilcoxon-Vorzeichen-Rang-Statistik S^+ ist die Summe der Ränge, die zu positiven Beobachtungen gehören, d.h.

$$S^+ = \sum_{v=1}^{n} R(|Y_v|)Z_v, \tag{3.23}$$

wobei

$$Z_v = \begin{cases} 1 & \text{falls } Y_v > 0, \\ 0 & \text{falls } Y_v < 0. \end{cases} \tag{3.24}$$

Da die Summe aller Ränge gleich $n(n+1)/2$ ist, sind die Summe der negativen Ränge oder die Differenz zwischen den positiven und negativen Rängen äquivalente Statistiken.

Für größere n ist die Normalapproximation

$$\frac{S^+ - \frac{n(n+1)}{4}}{\sqrt{\frac{n(n+1)(2n+1)}{24}}} \overset{\cdot}{\sim} \mathcal{N}(0,1) \tag{3.25}$$

hinreichend genau, um ein- oder zweiseitige P-Werte zu berechnen.

Die ARE des Wilcoxon-Vorzeichen-Rangtests wurde für verschiedene Verteilungen bestimmt.

ARE von S^+ bzgl. t-Test		
Rechteckv.	:	1.000
Normalv.	:	0.955
Laplace-V.	:	1.500
Logistische V.	:	1.096
Untere Grenze	:	0.864

Wie die Tabelle zeigt, hat der Wilcoxon-Vorzeichen-Rangtest auch bei zu Grunde liegender Normalverteilung eine sehr gute Effizienz. Bei Verteilungen mit mehr Wahrscheinlichkeitsmasse in den Flanken als die Normalverteilung ist er sogar viel effizienter. Daher wird ihm im Ein-Stichprobenfall oft der Vorzug gegeben. Allerdings wird sich zeigen, dass eine Verallgemeinerung der nichtparametrischen Tests auf komplexere Probleme schwierig ist. Dies ist der Grund für die Betonung der auf der Normalverteilung basierenden Verfahren.

Kommen Bindungen vor, so sind geeignete Modifikationen nötig. Diese bestehen zunächst darin, dass bei der Teststatistik

$$S^+ = \sum_{v=1}^{n} R(|Y_v|)Z_v,$$

die Indikatorvariable Z_v leicht geändert wird:

$$Z_v = \begin{cases} 1 & \text{falls } Y_v > 0, \\ 0 & \text{falls } Y_v \leq 0. \end{cases}$$

Es werden also weiterhin die Rangwerte der Beobachtungen mit positiven Vorzeichen aufaddiert. Zudem werden mittlere Ränge vergeben. Dann lautet die unter H_0 approximativ standardnormalverteilte Teststatistik:

$$V^* = \frac{S^+ - \dfrac{n(n+1) - d_0(d_0 + 1)}{4}}{\sqrt{\dfrac{n(n+1)(2n+1)}{24} - f}}; \tag{3.26}$$

dabei ist der Korrekturterm

$$f = \frac{1}{24}[d_0(d_0 + 1)(2d_0 + 1)] + \frac{1}{48} \sum_{i=1}^{e} d_i(d_i - 1)(d_i + 1).$$

Hier wird von e unterschiedlichen Beobachtungen ausgegangen. Die d_i sind die *Bindungslängen*. Denkt man sich die Beobachtungen in einer Häufigkeitstabelle zusammengefasst, so ist d_i die Häufigkeit der i-ten Zeile. Speziell ist d_0 die Anzahl der Beobachtungen, die identisch null sind. Natürlich gilt $d_i = 1$, falls es keine Bindungen gibt und $\sum_{i=1}^{e} d_i = n$. Die Varianz wird also bei Bindungen reduziert; f wird nur null, wenn $d_0 = 0$ und $d_i = 1$ sonst.

Beispiel 3.13 (Bearbeitungszeiten)

In einer Untersuchung wurden bei 13 Personen die Zeiten für die Bearbeitung einer Aufgabe vor und nach einer Übung zur Steigerung der entsprechenden Fähigkeit ermittelt. Die beiden Bearbeitungszeiten $Z_1 = $ 'Vorher' und $Z_2 = $ 'Nachher' sowie die Differenzen und ihre Absolutränge sind wie folgt.

v	z_{v1}	z_{v2}	$d_v = z_{v2} - z_{v1}$	$R(|d_v|)$
1	145	76	-69	9
2	57	55	-2	2
3	89	79	-10	8
4	121	115	-6	3
5	240	69	-171	13
6	101	93	-8	5
7	58	59	1	1
8	113	104	-9	6.5
9	77	86	9	6.5
10	214	99	-115	12
11	87	25	-72	10
12	111	104	-7	4
13	145	51	-94	11

Soll die Wirksamkeit der Übung nachgewiesen werden, so wird man als Nullhypothese wählen, dass sich in der Tendenz keine Verbesserung zeigt. De Alternative ist
dann einseitig. Die asymptotische Teststatistik des Wilcoxon-Vorzeichen-Rangtests
nimmt den Wert -2.656 an. Die Zeiten des zweiten Versuchsdurchganges sind deutlich geringer; der einseitige P-Wert beträgt 0.004.   ∎

R-Code 3.7 (Wilcoxon-Vorzeichen-Rangtest)

```
wilcox.test(y,alternative="two.sided",mu=0,correct=FALSE,
exact=FALSE)
```

Der Aufruf des Tests bei gegebenen und im P-Wertes. Dabei wird nicht die standardi-
Vektor y gespeicherten Daten ist denkbar   sierte Teststatistik ausgegeben, sondern die
einfach. Das Ergebnis besteht in der Aus-   Summe der mit positiven Werten verbunde-
gabe des Wertes der Teststatistik und des   nen Ränge.

Brunner und Munzel (2002) weisen darauf hin, dass der Wilcoxon-Vorzeichen-Rangtest extrem sensitiv auf Verletzung der Symmetrie reagiert. Sie schlagen daher für
die erwähnte Situation paarweise erhobener Beobachtungen einen anderen Rangtest
vor. Siehe dazu das folgende Kapitel.

3.2   Nichtparametrische Konfidenzintervalle

Das mit dem Zeichentest korrespondierende Konfidenzintervall für den Median basiert auf den geordneten Statistiken $Y_{c:n}, Y_{(n+1-c):n}$. Ist Y stetig, sind also Bindungen
ausgeschlossen, so gilt

$$P(Y_{c:n} \leq \tilde{\mu} \leq Y_{(n+1-c):n}) = 1 - 2 \sum_{i=1}^{c-1} \binom{n}{i} \left(\frac{1}{2}\right)^n .$$

Dies erhält man mit der Überlegung, dass $Y_{c:n} \leq \tilde{\mu} \leq Y_{(n+1-c):n}$ genau dann nicht
gilt, wenn entweder weniger als c Beobachtungen größer sind als $\tilde{\mu}$, oder weniger als
c Beobachtungen kleiner sind. Die Chance, dass eine einzelne Beobachtung kleiner
als $\tilde{\mu}$ ist, beträgt gerade $1/2$. Da die Beobachtungen unabhängig voneinander sind,
ergibt sich die Wahrscheinlichkeit schließlich mit der Binomialverteilung. Die Normalapproximation der Binomialverteilung führt auf die asymptotische Bestimmung
der geordneten Statistiken. Die Approximation

$$\frac{\alpha}{2} = P(Y_{c:n} > \tilde{\mu}) = \sum_{i=0}^{c-1} \binom{n}{i} \left(\frac{1}{2}\right)^n \approx \Phi\left(\frac{c - 1 + 0.5 - n/2}{0.5\sqrt{n}}\right)$$

ergibt:

$$z_{\alpha/2} = -z_{1-\alpha/2} = \frac{c - 1 + 0.5 - n/2}{0.5\sqrt{n}};$$

damit ist $c = \dfrac{n+1}{2} - z_{1-\alpha/2}\dfrac{1}{2}\sqrt{n}$. Gegebenenfalls ist c abzurunden.

Das auf den geordneten Statistiken basierende Konfidenzintervall für $\tilde{\mu}$ basiert auf keiner anderen Annahme als der Stetigkeit der zu Grunde liegenden Zufallsvariablen. Der Preis, der dafür zu zahlen ist, besteht darin, dass es i.d.R. recht breit ist.

Beispiel 3.14 (Versicherungsfälle)

Bei Versicherungsfällen sind vor allem die großen Schäden von Bedeutung. Die folgenden Daten aus Klüppelberg & Villasenor (1993) zeigen Schadenswerte, die die vereinbarte Versicherungssumme von 100 000 Franken überstiegen.

103765	109168	112341	113800	114791	115731	118264	123464
127611	133504	142821	152270	163491	164968	168915	169346
172668	191954	193102	208522	209070	219111	243910	280302
313898	330461	418074	516218	595310	742198	791874	822787
1074499							

Nun liegt für die Schäden, die eine vereinbarte Höchstsumme von 100 000 Franken übersteigen, eine Pareto-Verteilung mit der Dichte $p(y) = \eta k^\eta / y^{\eta+1}$, $y > k$, als Modell nahe. Bei dieser Verteilung ist die Schätzung des Parameters η auf der Basis von Momenten problematisch. Für $\eta < r$ existiert ja das r-te Moment nicht.

Ein Konfidenzintervall für η kann aber auf einem Konfidenzintervall für den Median beruhen. Es gilt nämlich

$$\tilde{\mu} = k \cdot 2^{1/\eta}.$$

Somit lässt sich das $(1 - \alpha)$-Konfidenzintervall $[Y_{c:n}, Y_{(n+1-c):n}]$ für $\tilde{\mu}$ in ein Konfidenzintervall für η überführen:

$$P\left(\frac{\ln(2)}{\ln(Y_{(n+1-c):n}) - \ln(k)} \leq \eta \leq \frac{\ln(2)}{\ln(Y_{c:n}) - \ln(k)}\right) \geq 1 - \alpha.$$

Wird das Konfidenzniveau mit 0.95 festgelegt, so ergibt sich für die $n = 33$ Schäden, die die Grenze von 100 000 Franken übersteigen:

c	$\sum\limits_{i=0}^{c-1} \binom{n}{i} 0.5^n$
11	0.017541017
12	0.040071656

Also ist $c = 11$ und das realisierte 95%-Konfidenzintervall für $\tilde{\mu}$ lautet:

$$[y_{c:n}, y_{(n+1-c):n}] = [y_{11:33}, y_{23:33}] = [142\,821, 243\,910].$$

Dies ergibt das Konfidenzintervall für η:

$$\left(\frac{\ln(2)}{\ln(243\,910) - \ln(100\,000)} \leq \eta \leq \frac{\ln(2)}{\ln(142\,821) - \ln(100\,000)}\right) = [0.7774, 1.9447].$$

Das Konfidenzintervall im Zusammenhang mit dem Wilcoxon-Vorzeichen-Rangtest erhält man über den allgemeinen Ansatz, dass die Menge der Werte ϑ_0 des interessierenden Parameters, bei denen die Nullhypothese $H_0 : \vartheta = \vartheta_0$ zum Niveau α nicht abgelehnt wird, ein Konfidenzintervall zum Niveau $1 - \alpha$ bildet. Den Anwendungsvoraussetzungen dieses Tests entsprechend sollte es nur bei (in etwa) symmetrisch verteilten Daten angewendet werden.

Um den Ansatz hier auszunutzen, wird die folgende äquivalente Darstellung des Wilcoxon-Vorzeichen-Rangtests benötigt:

$$S^+ = \sum_{v=1}^{n} \sum_{w=1}^{v} I\left(\frac{Y_v + Y_w}{2} - \tilde{\mu}_0\right) . \tag{3.27}$$

Dabei ist $I(u) = 0$ für $u < 0$ und $I(u) = 1$ für $u > 0$. Die Darstellung ergibt sich daraus, dass aus $|y_w - \tilde{\mu}| \leq |y_v - \tilde{\mu}|$ und $y_v - \tilde{\mu} > 0$ folgt: $y_w - \tilde{\mu} + y_v - \tilde{\mu} > 0$.

Nun lässt sich der Annahmebereich des Tests umformen zu

$$-c \leq S^+ - \frac{n(n+1)}{4} \leq c \Longleftrightarrow$$
$$\frac{n(n+1)}{4} - c \leq \sum_{v=1}^{n} \sum_{w=1}^{v} I\left(\frac{Y_v + Y_w}{2} - \tilde{\mu}_0\right) \leq \frac{n(n+1)}{4} + c .$$

Für die Berechnung des Konfidenzintervalls sind also alle $n(n + 1)/2$ paarweisen Durchschnitte $(y_v + y_w)/2$, $w \leq v$, zu berechnen. Die Grenzen des Konfidenzintervalles sind dann die beiden $(n(n + 1)/4 - c)$-extremsten Werte der der Größe nach angeordneten Durchschnitte, da die Nullhypothese $H_0 : \tilde{\mu} = \tilde{\mu}_0$ genau dann nicht abgelehnt wird, wenn $\tilde{\mu}_0$ zwischen diesen beiden Werten liegt.

Für die Bestimmung der Intervallgrenzen wird man die Daten erst ordnen und dann die Mittelwerte der jeweils äußeren Paare bilden, bis man an die beiden gesuchten kommt.

Beispiel 3.15 (Bearbeitungszeiten - Fortsetzung)
Der Median der in Beispiel 3.13 betrachteten Differenzen der Zeiten zu Beginn und am Ende der Übung ist ein Maß für den Übungserfolg. Dafür soll ein 0.95-Konfidenzintervall auf der Basis des Wilcoxon-Vorzeichen-Rangtests bestimmt werden.

Die Bestimmung der paarweisen Mittelwerte geschieht gemäß folgender Tabelle. Dabei sind auch die Mittelwerte aus gleichen geordneten Statistiken, $(y_{v:n} + y_{v:n})/2$, zu berücksichtigen. Die innere Summe der Teststatistik S^+ geht ja von 1 bis v einschließlich.

	-171	-115	-94	-69	-62	-10	-9	-8	-7	-6	-2	1	9
-171	-171	-143	-132.5	-120.0	-116.5	-90.5	-90.0	-89.5	-89.0	-88.5	-86.5	-85.0	-81.0
-115		-115	-104.5	-92.0	-88.5	-62.5	-62.0	-61.5	-61.0	-60.5	-58.5	-57.0	-53.0
-94			-94.0	-81.5	-78.0	-52.0	-51.5	-51.0	-50.5	-50.0	-48.0	-46.5	-42.5
-69				-69.0	-65.5	-39.5	-39.0	-38.5	-38.0	-37.5	-35.5	-34.0	-30.0
-62					-62.0	-36.0	-35.5	-35.0	-34.5	-34.0	-32.0	-30.5	-26.5
-10						-10.0	-9.5	-9.0	-8.5	-8.0	-6.0	-4.5	-0.5
-9							-9.0	-8.5	-8.0	-7.5	-5.5	-4.0	0.0
-8								-8.0	-7.5	-7.0	-5.0	-3.5	0.5
-7									-7.0	-6.5	-4.5	-3.0	1.0
-6										-6.0	-4.0	-2.5	1.5
-2											-2.0	-0.5	3.5
1												1.0	5.0
9													9.0

Wird der Stichprobenumfang als ausreichend für die Normalverteilungsapproximation erachtet, so führt

$$-1.96 \leq \frac{S^+ - \frac{n(n+1)}{4}}{\sqrt{\frac{n(n+1)(2n+1)}{24}}} \leq 1.96$$

mit der schon bekannten Pivot-Umformung zu

$$\frac{n(n+1)}{4} - 1.96\sqrt{\frac{n(n+1)(2n+1)}{24}} = 17.454 \quad \text{und}$$

$$\frac{n(n+1)}{4} + 1.96\sqrt{\frac{n(n+1)(2n+1)}{24}} = 73.546.$$

Von den $13(13+1)/2 = 91$ paarweisen Durchschnitten sind also der 17te und der 74ste zu nehmen. Das Konfidenzintervall ist schließlich [-85.0;-4.5]. ∎

R-Code 3.8 (Wilcoxon-Vorzeichen-Rangtest-KI für den Median)

```
wilcox.test(y,alternative="two.sided",mu=0, conf.int=TRUE,
conf.level=0.95)
```

Der Aufruf des Wilcoxon-Vorzeichen-Rangtests bei gegebenen und im Vektor y gespeicherten Daten wird ergänzt, um zusätzlich ein 95%-Konfidenzintervall anzufordern. Das Testergebnis wird um die Grenzen des Konfidenzintervalls für den Median ergänzt.

Zusätzlich wird eine Schätzung des Pseudomedians ausgegeben. Dieser ist der Median der Verteilung von $(U+V)/2$, wobei U und V unabhängig identisch verteilt sind. Ist die zu Grunde liegende Verteilung symmetrisch, so stimmt er mit dem üblichen Median überein.

3.3 Bootstrap-Verfahren

In der Regel möchte man auch für Situationen, in denen es keine geschlossene Formeln gibt, Standardfehler für Punktschätzungen angeben. Dies gilt etwa für das getrimmte arithmetische Mittel. Einen Ausweg bieten nun computerintensive statistischen Methoden, speziell das *Bootstrap-Verfahren* von Efron.

Zur Darstellung des Verfahrens wird von der angesprochenen Fragestellung ausgegangen, dass der Standardfehler eines Schätzers bestimmt werden soll. Ist die
Ausgangsverteilung bekannt, so können mittels Simulation viele Stichproben daraus
gezogen werden. Für jede Stichprobe wird der Schätzer berechnet. Somit hat man
am Ende eine große Beobachtungsserie von Schätzwerten; die zugehörige empirische Verteilungsfunktion sollte nach dem Hauptsatz der mathematischen Statistik
mit der zugehörigen theoretischen gut übereinstimmen. Somit gilt das auch für die
empirische und die theoretische Standardabweichung der Schätzwerte.

So weit, so gut. Das Bootstrap-Verfahren setzt dieser Überlegung noch eins drauf
und approximiert die Ausgangsverteilung der Stichprobenvariablen ebenfalls durch
Schätzungen. Ist die zu Grunde liegende Verteilung bis auf einen gegebenenfalls
mehrdimensionalen Parameter bekannt, so können die geschätzten Parameter eingesetzt werden. Diese Näherung dient dann als Grundlage für die Simulation. Die
resultierende empirische Verteilung des Schätzers ist konditional auf den Parameterwert aus der eigentlich beobachteten Stichprobe und kann wiederum als Näherung
der theoretischen angesehen werden. Dies ist das *parametrische Bootstrap*.

Ist die zu Grunde liegende Verteilung nicht bekannt, so verwendet *das nichtparametrische Bootstrap* die empirische Verteilungsfunktion, um die Stichproben zu
erzeugen. Zumindest bei großen Stichproben kann der Hauptsatz wieder als Rechtfertigung bemüht werden.

Definition 3.16 (Nichtparametrischer Bootstrap-Algorithmus)
$\mathbf{y} = (Y_1, \ldots, Y_n)$ sei eine Stichprobe aus einer Verteilung mit der Verteilungsfunktion
$F(y; \vartheta)$. $\hat{\vartheta}(\mathbf{y})$ sei ein Schätzer für ϑ. Der Bootstrap-Algorithmus zur Schätzung von
Verteilungsparametern der Schätzfunktion $\hat{\vartheta}(\mathbf{y})$ geht aus von einer beobachteten
Stichprobe $\mathbf{y}$ und ist dabei durch folgende Schritte festgelegt:

1) Bestimme die empirische Verteilungsfunktion $\hat{F}_n(y)$ zu der Stichprobe $\mathbf{y}$:

$$\hat{F}_n(y) = \frac{1}{n} \sum_{v=1}^{n} I_{(y_v \leq y)} \,.$$

2) Für $b = 1, \ldots, B$:
   Ziehe eine Stichprobe $\mathbf{y}_b^* = (y_{b1}^*, \ldots, y_{bn}^*)$ vom Umfang n (mit Zurücklegen) aus
   der empirischen Verteilungsfunktion und bestimme $\hat{\vartheta}(\mathbf{y}_b^*)$.

3) Schätze den interessierenden Verteilungsparameter von $\hat{\vartheta}(\mathbf{y})$ mittels eines geeigneten Schätzers aus den B Werten $\hat{\vartheta}(\mathbf{y}_b^*)$.   ∎

Die Hauptanwendung des nichtparametrischen Bootstrap besteht in der Bestimmung von Standardfehlern von Schätzfunktionen und von Konfidenzintervallen für
Parameter.

Beispiel 3.17 (Wegezeiten)

Eine Zufallsstichprobe von Studierenden der Universität Hamburg ergab im Herbst 2002 die im folgenden Stem-and-leaf-Diagramm angegebenen Zeiten (in Minuten) für den Weg von der Wohnung bis zur Universität.

Der Median beträgt $\tilde{y} = 37$. Dafür soll der Standardfehler bestimmt werden. Dazu werden 100 Stichproben des Umfanges 108 mit Zurücklegen aus den vorhandenen Daten gezogen, für jede der Stichproben wird der Median bestimmt und die Standardabweichung dieser 100 Mediane ermittelt. Es ergibt sich der Wert 4.231. Dies ist die Schätzung des Standardfehlers des Medians.

```
The decimal point is 1 digit(s) to the right of the |
0 | 3
0 | 5559
1 | 000000004
1 | 55557
2 | 00000000000
2 | 555555
3 | 0000000000000
3 | 555559
4 | 00000000
4 | 5555555555555555555
5 | 000000
5 | 5
6 | 000000000000
6 | 5
7 | 00
7 |
8 | 0
8 |
9 | 000
```

Abbildung 3.7: Stem-and-leaf-Diagramm der Zeiten für den Weg zur Universität ∎

R-Code 3.9 (Bootstrap des Standardfehlers des Median)

```
y<-scan("c:/daten/weg.txt")
n<-length(y)
B<-100
m<-rep(0,B)
for (b in 1:B)
{
s <-sample(y,n,replace=TRUE)
m[b]<-median(s)
}
sdm<-sd(m)
```

Der Bootstrap-Algorithmus wird hier praktisch 1:1 umgesetzt. Die Funktion `sample`
zieht eine Zufallsstichprobe vom angegebenen Umfang n aus den angegebenen Daten y. Es wird mit Zurücklegen gezogen,
`replace=TRUE`. Mit der `for`-Schleife wird
die gewünschte Anzahl von Wiederholungen realisiert.

Im Folgenden werden noch zwei grundlegende Bootstrap-Methoden zur Konstruktion von Konfidenzintervallen beschrieben. Weitergehende Diskussionen des Bootstrap-
Verfahrens sind vor allem bei Davison & Hinkley (1997) und Shao & Tu (1995) zu
finden.

Sei zunächst T eine approximativ normalverteilte Schätzfunktion für den Parameter
ϑ der Verteilung F. T habe den Bias $\mathrm{E}(T) - \vartheta = \beta = \beta(F)$ und die Varianz $\nu = \nu(F)$.
Dann gilt

$$\mathrm{P}(T \le t | F) \doteq \Phi\left(\frac{t - (\vartheta + \beta)}{\sqrt{\nu}} \right) . \tag{3.28}$$

Daraus ergibt sich für die Quantile die Beziehung

$$z_p = \frac{t_p - (\vartheta + \beta)}{\sqrt{\nu}} \iff t_p = \vartheta + \beta + z_p\sqrt{\nu} .$$

Folglich gilt

$$\mathrm{P}(\vartheta + \beta + z_{\alpha/2}\sqrt{\nu} \le T \le \vartheta + \beta + z_{1-\alpha/2}\sqrt{\nu}) \doteq 1 - \alpha .$$

Sind nun β und ν bekannt, so führt dies zu dem approximativ gültigen $(1 - \alpha)$-
Konfidenzintervall für ϑ:

$$[T - \beta - z_{1-\alpha/2}\sqrt{\nu}, \ T - \beta - z_{\alpha/2}\sqrt{\nu}] . \tag{3.29}$$

Natürlich gilt bei der Normalverteilung $z_{\alpha/2} = -z_{1-\alpha/2}$, so dass das Konfidenzintervall auch durch $[T - \beta - z_{1-\alpha/2}\sqrt{\nu}, \ T - \beta + z_{1-\alpha/2}\sqrt{\nu}]$ angegeben werden kann. Die
erste Fassung weist aber den Weg zu Verallgemeinerungen.

Sind nun β und ν nicht bekannt, so werden sie durch

$$\beta(\hat{F}) = \mathrm{E}(T|\hat{F}) - \hat{\vartheta} \quad \text{bzw.} \quad \nu(\hat{F}) = \mathrm{Var}(T|\hat{F})$$

geschätzt. Hier ist $\hat{\vartheta}$ der Schätzwert aus der Originalstichprobe, also die Realisation der Statistik T. Um die Diskussion überhaupt etwas übersichtlich gestalten zu
können, ist es aber nötig, zwischen dem konkret erhaltenen Wert und der Statistik
schreibtechnisch zu unterscheiden.

$\mathrm{E}(T|\hat{F})$ wird selbst entsprechend der Bootstrap-Philosophie mittels der B Werte $\hat{\vartheta}_b^*$
gemäß $\overline{\hat{\vartheta}^*} = \dfrac{1}{B} \displaystyle\sum_{b=1}^{B} \hat{\vartheta}_b^*$ und ν durch $\dfrac{1}{B-1} \displaystyle\sum_{b=1}^{B} (\hat{\vartheta}_b^* - \overline{\hat{\vartheta}^*})^2$ geschätzt.

Der zweite Ansatz geht davon aus, dass eine Normalverteilungsapproximation nicht
sinnvoll ist. Dann ist es angezeigt, von der Verteilungsfunktion von $T - \vartheta$ auszugehen.

Mit $P(a \leq T - \vartheta \leq b) = 1 - \alpha$ gilt $P(T - b \leq \vartheta \leq T - a) = 1 - \alpha$, so dass man mit den beiden Quantilen $q_{1-\alpha/2}$ und $q_{\alpha/2}$ der Verteilung von $T - \vartheta$ als $(1 - \alpha)$-Konfidenzintervall erhält:

$$[T - q_{1-\alpha/2},\ T - q_{\alpha/2}].\ \ \ \ \ \ \ \ \ \ \ \ (3.30)$$

Für die Bootstrap-Methode bedeutet dies, dass zunächst die Verteilungsfunktion von $T-\vartheta$ gebootstrapped wird, wobei nun für ϑ die Schätzung aus der Originalstichprobe eingesetzt wird. Dies führt auf

$$\hat{F}^*_{T-\hat{\vartheta}}(u) = \frac{\#\{b | T^*_b - \hat{\vartheta} \leq u\}}{B}.\ \ \ \ \ \ \ \ \ \ \ \ (3.31)$$

$\#A$ bedeutet die Anzahl der Elemente von A. Im Zähler auf der rechten Seite der Gleichung ist T durch T^* ersetzt, da die Verteilungsfunktion ja für die mittels Bootstrap generierten Werte der Statistik gilt. Sind $q^*_{T-\hat{\vartheta};1-\alpha/2}$ und $q^*_{T-\hat{\vartheta};\alpha/2}$ die empirischen Quantile dieser gebootstrapten Verteilung, so lautet das approximative $(1 - \alpha)$-Konfidenzintervall:

$$[T - q^*_{T-\hat{\vartheta};1-\alpha/2},\ T - q^*_{T-\hat{\vartheta};\alpha/2}].\ \ \ \ \ \ \ \ \ \ \ \ (3.32)$$

Dieses Vorgehen wird als *Perzentil-Methode* bezeichnet. Bei der Bootstrap-Simulation ist $\hat{\vartheta}$ fest. Da für die Quantile gilt: $q^*_{T-\hat{\vartheta};\gamma} = q^*_{T;\gamma} - \hat{\vartheta}$, erhält man die äquivalente Formulierung:

$$[2T - q^*_{T;1-\alpha/2},\ 2T - q^*_{T;\alpha/2}].\ \ \ \ \ \ \ \ \ \ \ \ (3.33)$$

Das realisierte Konfidenzintervall kann dann auch in der Form $[2\hat{\vartheta} - q^*_{T;1-\alpha/2},\ 2\hat{\vartheta} - q^*_{T;\alpha/2}]$ angegeben werden.

Beispiel 3.18 (Wegezeiten - Fortsetzung)
Für die Standardabweichung σ der Zufallsvariablen $Y =$ 'Zeit für den Weg von der Wohnung bis zur Universität' soll ein 95%-Bootstrap-Konfidenzintervall bestimmt werden. Auch bei Verwendung des für σ^2 erwartungstreuen Schätzers ist $\hat{\sigma}$ nicht erwartungstreu, da die Wurzeltransformation eine nichtlineare Transformation ist. Die folgenden Werte sind die Ergebnisse einer Bootstrap-Simulation mit $B = 1000$:

$$\sqrt{\mathrm{Var}(\hat{\sigma}|\hat{F})} = 1.358778$$

$$\hat{\beta} = \overline{\hat{\sigma}^*} - \hat{\sigma} = 19.374 - 19.484 = -0.110$$

Konfidenzintervall I: $[16.932, 22.258]$

Konfidenzintervall II: $[16.906, 22.110]$.

R-Code 3.10 (Bootstrap-Konfidenzintervalle für σ)

```
y<-scan("c:/daten/weg.txt")
n<-length(y)
B<-1000
m<-rep(0,B)
for (b in 1:B)
{
s <-sample(y,n,replace=TRUE)
m[b]<-sd(s)
}
bias<-mean(m)-sd(y)
v<-sd(m)
print(bias)
print(v)
print(c(sd(y)-bias-1.96*v, sd(y)-bias+1.96*v))
print(2*sd(y)-quantile(m,c(.925,.025)))
```

Der Bootstrap-Algorithmus ist weitgehend der gleiche wie in der letzten Befehlssequenz. Einmal besteht der Unterschied in der zu bestimmenden Stichprobenfunktion; dann ist die Ausgabe umfangreicher. In der vorletzten Zeile wird das Normalverteilungs-Konfidenzintervall ausgegeben, in der letzten das Perzentil-Intervall.

Bei aller Faszination dieses Ansatzes ist ein Wort der Warnung angebracht. Bei schiefen Verteilungen sind Bootstrap-Konfidenzintervalle nämlich nicht zufriedenstellend. Sie sollten vorzugsweise bei eher symmetrischen Verteilungen eingesetzt werden.

Beispiel 3.19

Um die verschiedenen Methoden einzuschätzen, wurden für drei Lognormalverteilungen verschiedene 95%-Konfidenzintervalle für den Erwartungswert bestimmt.

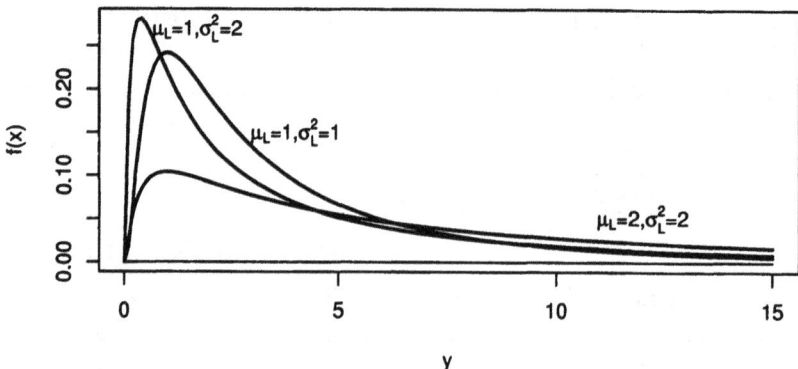

Abbildung 3.8: Dichtefunktionen der Lognormalverteilung

Dabei wurden Stichproben vom Umfang $n = 80, 500$ erzeugt. Aus jeder Stichprobe wurden 2000 Bootstrap-Stichproben gezogen, um die Prozentpunkte der t-Verteilung zu ermitteln. Die in der Tabelle angegebenen Überdeckungshäufigkeiten basieren auf jeweils 1000 Stichproben.

	$\mu = 1, \sigma^2 = 1$	$\mu = 1, \sigma^2 = 2$	$\mu = 2, \sigma^2 = 2$
$E(Y) = \exp(\mu + 0.5\sigma^2)$	4.482	7.389	20.086
n=80			
Standard t-KI	0.915	0.888	0.837
Bootstrap t-KI	0.937	0.932	0.910
Perzentil-KI	0.914	0.896	0.853
n=500			
Standard t-KI	0.933	0.917	0.927
Bootstrap t-KI	0.937	0.928	0.943
Perzentil-KI	0.933	0.917	0.925

Das asymptotische t-Verteilungsintervall ist für kleinere Stichproben nicht zufriedenstellend. Hier wirkt sich bei $\mu = 2, \sigma^2 = 2$ die starke Schiefe der Verteilung aus. Das Bootstrap-t-Intervall ist besser; jedoch ist es auch nicht gegen eine schiefe Verteilung immun. Das Perzentil-Konfidenzintervall bringt gegenüber dem t-Intervall keinen Gewinn. Bei wachsenden Stichprobenumfängen verbessert sich bei allen die Lage. ∎

3.4 Robuste Verfahren

In vielen Anwendungen wird mit Hinweis auf den zentralen Grenzwertsatz für die betrachtete Zufallsvariable eine Normalverteilung unterstellt. Bei Datensätzen zeigen diagnostische Grafiken wie etwa QQ-Diagramme, in der Tat im mittleren Bereich oft eine recht gute Übereinstimmung mit der Normalverteilung. An den Rändern besteht dagegen häufig eine größere Diskrepanz. Besonders deutlich wird sie, wenn sich deutlich mehr extreme Werte in der Stichprobe befinden als unter der Normalverteilung zu erwarten wären.

Bei der Schätzung von Gestaltparametern geht man meist von symmetrischen Verteilungen aus. Ohne die Symmetrie ist schon die Frage kontrovers, wie die Lage zu erfassen sei. Die Hauptsorge ist dann, dass einige extreme Werte die Lage und Streuungsschätzer, zuvorderst also das arithmetische Mittel und die Standardabweichung, sehr stark beeinflussen können. Damit sind diese u.U. sehr unzuverlässige Schätzer. Auch wenn die nichtparametrischen Tests für solche Situationen eine gute Alternative zu den auf der Normalverteilung basierenden Tests bieten, haben die zugehörigen Vorschläge für Punktschätzer nicht viel Resonanz gefunden. Hier sind im Rahmen der robusten Statistik entwickelte Vorschläge akzeptierter.

Ein verbreiteter Vorschlag für den Schätzer der Lage, der einige Sicherheit gegen

Ausreißer bietet, ist das getrimmte Mittel, vgl (1.10):

$$\bar{Y}_\alpha = \frac{1}{(1-2\alpha)n} \sum_{v=\lfloor \alpha n+1 \rfloor}^{\lfloor (1-\alpha)n \rfloor} Y_{(v)} \,.$$

Auf einem übergeordnetem Konzept basieren Schätzfunktionen, die einerseits analog zu den ML-Schätzern konstruiert sind, andererseits aber dem skizzierten Erscheinungsbild Rechnung tragen. Dies sind die von Huber (1981) eingeführten *Schätzer vom Maximum-Likelihood-Typ*, kurz *M-Schätzer*.

ML-Schätzer erhält man numerisch durch Nullsetzen der Ableitung der Loglikelihoodfunktion:

$$\frac{\partial}{\partial \vartheta} \sum_{v=1}^{n} \ln(f(y_v; \vartheta)) = \sum_{v=1}^{n} \frac{f'(y_v; \vartheta)}{f(y_v; \vartheta)} \overset{!}{=} 0.$$

Ganz analog gewinnt man M-Schätzer über die i.d.R. iterativ zu lösenden Gleichungen der Art

$$\sum_{v=1}^{n} \psi\left(\frac{y_v - \mu}{s}\right) = 0 \,. \tag{3.34}$$

Hier ist s ein Skalenschätzer; dieser wird wegen der Gestalt der *Psi-Funktion* $\psi(u)$ benötigt. Darauf wird weiter unten noch eingegangen.

Die Funktion $\psi(u)$ wird nun nach gewünschten Kriterien festgelegt und ist nicht mehr das Resultat eines primär unterstellten Modells. So lautet Hubers Vorschlag für eine Psi-Funktion:

$$\psi(u) = \begin{cases} u & |u| \leq k \\ k \cdot \text{sign}(u) & |u| > k \end{cases} \,. \tag{3.35}$$

Die Funktion kann so interpretiert werden, dass die Beobachtungen außerhalb eines zentralen Bereichs an dessen Rand herangeschoben werden. Auch wenn diese Psi-Funktion als Ausgangspunkt dient, kann sie als Ableitung einer Loglikelihoodfunktion interpretiert werden. So ist Hubers M-Schätzer die ML-Schätzung für eine Verteilung mit der Dichte:

$$f(y) = \begin{cases} \dfrac{1-\epsilon}{\sqrt{2\pi}} e^{-y^2/2} & \text{für } |y| \leq k \\ \dfrac{1-\epsilon}{\sqrt{2\pi}} e^{-k^2/2 - k|y|} & \text{für } |y| > k \end{cases} \,, \tag{3.36}$$

wobei k und ϵ zusammenhängen gemäß

$$\frac{2\phi(k)}{k} - 2\Phi(-k) = \frac{\epsilon}{1-\epsilon} \qquad (\phi(u) = \Phi'(u)).$$

Diese Dichte ist im mittleren Teil praktisch eine Normalverteilung und im äußeren eine *Laplace-Verteilung*. Letztere hat die von einem Lage- und einem Skalenparameter abhängige Dichte

$$f(y) = \frac{\lambda}{2} e^{-\lambda|y-\mu|} \,. \tag{3.37}$$

Diese Verteilung produziert mehr extreme Werte als die Normalverteilung.

Auch ein anderer Blick auf (3.34) ist instruktiv. $\psi(u)$ kann als erste Ableitung einer Abstandsfunktion $\rho(u)$ angesehen werden, die es zu minimieren gilt:

$$\sum_{v=1}^{n} \rho\left(\frac{y_v - \mu}{s}\right) \overset{!}{=} \min_{\mu} . \tag{3.38}$$

Zwei Beispiele für M-Schätzer der Lage sind das arithmetische Mittel und der Median. Die Abstandsfunktionen sind u^2 bzw. $|u|$, die zugehörigen Psi-Funktionen sind die Identität u und das Vorzeichen, $\text{sign}(u)$. Die beiden Abstandsfunktionen korrespondieren mit der Normal- und der Laplace-Verteilung.

Die Berechnung kann erfolgen, indem man eine neue Funktion $w(u)$ einführt, $w(u) = \psi(u)/u$ und in (3.34) einsetzt:

$$\sum_{v=1}^{n} \psi\left(\frac{y_v - \mu}{s}\right) = 0 \Longleftrightarrow \sum_{v=1}^{n} \left(\frac{y_v - \mu}{s}\right) w\left(\frac{y_v - \mu}{s}\right) = 0$$

$$\Longleftrightarrow \mu = \frac{\sum_{v=1}^{n} y_v \cdot w\left(\frac{y_v - \mu}{s}\right)}{\sum_{v=1}^{n} w\left(\frac{y_v - \mu}{s}\right)} . \tag{3.39}$$

Die Beziehung (3.39) wird dann ausgenutzt, um eine Ausgangsschätzung iterativ zu verbessern; üblich ist es, mit dem Median $\hat{\mu} = \tilde{y}$ zu starten. Die Startschätzung wird auf der rechten Seite eingesetzt und der neue Wert für $\hat{\mu}$ berechnet; das Resultat wird wieder rechts eingesetzt; das gibt eine verbesserte Schätzung. In der Weise wird fortgefahren; mit der Iteration wird aufgehört, wenn die Veränderung unterhalb einer festgelegten Schwelle bleibt.

Einige Psi-Funktionen sind in der Tabelle 3.1 angegeben. Tukeys Biweight ist dabei neben Huber eine der bekannteren Psi-Funktionen.

Wie schon bei der Vorstellung der allgemeinen Form der Psi-Funktion deutlich wurde, muss i.d.R. eine Skalierung vorgenommen werden, da M-Schätzer nicht mehr skaleninvariant sind. Hier hat der MAD, der Median der absoluten Abweichungen vom Median, eine größere Verbreitung gefunden, vgl (1.12):

$$\text{MAD} = 1.483 \cdot \text{median}\{|y_v - \tilde{y}| : v = 1, \ldots, n\} .$$

Der Faktor 1.483 macht den MAD bei zu Grunde liegender Normalverteilung zu einem erwartungstreuen Schätzer für die Standardabweichung. Daneben eignet sich auch die kürzeste Länge des α-Anteils, vgl. (1.13a),

$$s_{s(\alpha)} = \min\{y_{(v+w):n} - y_{v:n} | 1 \le v \le v + w \le n, (w+1)/n \ge \alpha\}$$

als robuster Skalenparameter. Grübel (1988) hat gezeigt, dass $s_{s(\alpha)}$ unter geeigneten Bedingungen asymptotisch normalverteilt ist und ein geeignetes Funktional der zu

Tabelle 3.1: M-Schätzer der Lage

Schätzer	$\rho(u)$	$\psi(u)$	$w(u)$	Bereich von u
aM	$\dfrac{1}{2}u^2$	u	1	$|u| < \infty$
Median	$|u|$	$\text{sign}(u)$	$\dfrac{\text{sign}(u)}{u}$	$|u| < \infty$
Huber	$\dfrac{1}{2}u^2$	u	1	$|u| \leq k$
	$k|u| - \dfrac{1}{2}k^2$	$k \cdot \text{sign}(u)$	$\dfrac{k}{|u|}$	$|u| > k$
Andrews	$A^2[1 - \cos(u/A)]$	$A\sin(u/A)$	$\dfrac{A}{u}\sin(u/A)$	$|u| \leq \pi A$
	$2A^2$	0	0	$|u| > \pi A$
Biweight	$\dfrac{B^2}{6}\{1 - [1 - (u/B)^2]^3\}$	$[1 - (u/B)^2]^2$	$[1 - (u/B)^2]^2$	$|u| \leq B$
	$\dfrac{B^2}{6}$	0	0	$|u| > B$

Empfehlungen für die Konstanten sind: $A = 1.339$, $B = 4.685$ und $k = 1.345$

Grunde liegenden Verteilung schätzt. Der Bruchpunkt von $s_{s(\alpha)}$ beträgt $1 - \alpha$. Er ist also für $\alpha = 0.5$ am größten; dann ist er 0.5. Andererseits hat $s_{s(0.5)}$ bei Normalverteilung nur eine Effizienz von 0.37 relativ zur Stichprobenstandardabweichung $\hat{\sigma}$. Die Effizienz ist mit 0.65 am besten für $\alpha = 0.86$.

Die Standardfehler der robusten Schätzer können z.B. mit dem *Bootstrap-Verfahren* bestimmt werden.

Die M-Schätzer basieren auf der Annahme, dass die zu Grunde liegende Verteilung symmetrisch um ihren Median ist. Für asymmetrische Verteilungen existiert zur Zeit kein entsprechender Theorierahmen für robuste Schätzer. Daher empfiehlt es sich, bei asymmetrischen Daten eine Transformation zu suchen, welche den Hauptteil der Daten symmetrisiert, und dann einen robusten Schätzer auf die transformierten Daten anzuwenden.

Ausführlich werden robuste Schätzer bei Hampel et al. (1986) diskutiert.

Beispiel 3.20 (Kosten fürs Handy)
Eine Befragung von Studierenden nach den Ausgaben für das Telefonieren mit ihrem Handy ergab die folgenden Werte (in EURO):

35	54	68	10	45	28	48	30	35	20	15	50	30	10	13	25	20	21
50	30	15	20	28	71	15	20	25	15	40	67	16	33	35	30	30	15
48	30	35	30	15	120	60	60	35	18	30	65	150	60	21	50	40	45
40	51	13	60	17	30	8	21	30	15	200	70	50	50	10	180	5	1
20	70	150	25	110	70	38	30	20	60	14	40	50	30	10	20	80	20

Die Daten weisen eine Rechtsschiefe auf; daher werden sie logarithmisch transformiert. Für diese transformierte Variable Y erhält man:

$\tilde{y} = 3.401197$

$\bar{y} = 3.463133$

M-Schätzer $= 3.458846$ (Hubers Psi-Funktion).

Es ist eher häufig, dass robuste Schätzer einen Wert zwischen dem Median und dem arithmetischen Mittel annehmen. ∎

R-Code 3.11 (M-Schätzung mit Hubers Psi-Funktion)

```
y<-scan("c:/daten/handy.dat")
y<-log(y)
n<-length(y)
m<-median(y)
m1<-m+1
s<-mad(y)
while(abs(m-m1)>0.0001*s)
{
m1<-m
u<-(y-m)/s
w<-ifelse(abs(u) <= 1.345, 1, 1.345/abs(u))
m<-sum(y*w)/sum(w)
}
print(m)
```

Die ersten Zeilen dienen der Vorbereitung der Daten. m ist der jeweils aktuelle Wert des M-Schätzers, m1 dient nur zur Abspeicherung des vorherigen Wertes; er wird gebraucht, um festzustellen, ob die Änderung größer als eine vorgegebene Schranke ist. Andernfalls wird die Berechnung beendet und das Ergebnis ausgegeben. Entsprechend der abschnittsweisen Definition der Psi-Funktion sind die Gewichte entweder gleich 1 oder gleich 1.345/abs(u). Um dies zu bewerkstelligen, wird die Funktion ifelse verwendet. Sie wählt jeweils die Komponente des ersten Vektors aus, wenn die als erstes Argument eingegebene Bedingung für diese Komponente wahr ist; sonst wählt sie die Komponente aus dem zweiten Vektor. Wird, wie hier, ein Vektor eingegeben, der kürzer ist, so wird er zyklisch verlängert.

4 Aufgaben

Aufgabe 1

Bei der Produktion von elektrischen Widerständen soll überwacht werden, ob der Mittelwert (=Erwartungswert) die gewünschten $\mu_0 = 10$ Kiloohm einhält. Es sei bekannt, dass die einzelnen Messwerte im Fertigungsprozess einer Normalverteilung genügen.

Dem Produktionsprozess werden stündlich Stichproben vom Umfang $n = 5$ entnommen und das arithmetische Mittel dieser fünf Werte berechnet und anschließend ein zweiseitiger Test der Hypothese $\mu = \mu_0$ durchgeführt. Wird die Nullhypothese zum Testniveau $\alpha = 5\%$ verworfen, spricht man von einer Überschreitung der Warngrenzen und führt eine zusätzliche Kontrolle (weitere Stichprobe) durch. Lehnt der gleiche Test zum Niveau $\alpha = 1\%$ ab, spricht man von einer Überschreitung der Regelgrenzen und greift direkt in den Produktionsprozess ein.

1. Formulieren Sie die beiden zugehörigen Tests und geben Sie die jeweiligen Ablehnbereiche mit den zugehörigen kritischen Werten an.

2. Welche Konsequenzen haben jeweils die folgenden Stichprobenergebnisse, wenn für alle Stichproben gleichermaßen die Standardabweichung von $s = 0.5$ Kiloohm beobachtet wurde:
$$\bar{y}_1 = 9.75 \quad \bar{y}_2 = 9.48 \quad \bar{y}_3 = 10.50 \quad \bar{y}_4 = 10.72$$

Aufgabe 2

Beurteilen Sie die beiden Paare von QQ-Diagrammen, bei denen jeweils die empirischen Quantile in Abhängigkeit von den theoretischen Quantilen der Standardnormalverteilung dargestellt sind.

Ist jeweils die Normalverteilungsannahme vertretbar?

Wie verhalten sich die Varianzen und Mittelwerte im zeilenweisen Vergleich?

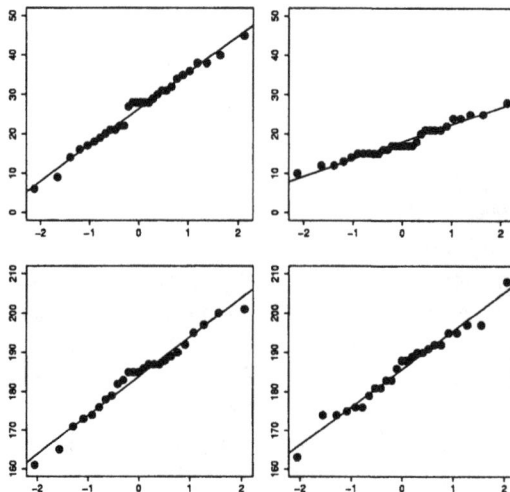

Aufgabe 3

Die Geräuschemission von Wasserfahrzeugen in der Berufs- und Freizeitschifffahrt ist in einer Reihe von Forschungsprojekten ermittelt worden. Für 101 Rheinschiffe wurden die folgenden Maximalwerte der Vorbeifahrpegel (unter Volllast) ermittelt (Nach Umweltbundesamt 1989, S.246):

y_i	n_i	y_i	n_i	y_i	n_i
60	1	70	7	80	2
61	0	71	9	81	3
62	0	72	11	82	1
63	0	73	15	83	1
64	0	74	10	84	0
65	2	75	6	85	0
66	2	76	7	86	1
67	1	77	4	87	1
68	3	78	5	88	0
69	5	79	3	89	1

Geben Sie ein 0.95-Konfidenzintervall für das Lärmpegelniveau an. Begünden Sie die Wahl des Intervalls!

Aufgabe 4

Die Raten (Prozentanteile), zu denen Studenten der Universität Neu Mexiko von Mathematik-Kursen weggeblieben sind, lauten nach Koopmans (1987):

5	17	7	17	10	17	11	3	22	2	7	12	13	10	13	14	8	10	9
10	25	40	12	16	10	5	15	12	10	7	1	3	13	12	14	13	14	59

Überprüfen Sie, ob die Daten als normalverteilt angesehen werden können. Welche Schritte unternehmen Sie gegebenenfalls, um daraus normalverteilte Werte zu bekommen? Schreiben Sie hierfür einen kurzen Report. Darin ist das Vorgehen zu begründen und zu protokollieren. - Wenn Sie bei einem Schritt keinen Erfolg hatten, gehört das trotzdem in den Report!

Aufgabe 5

In dem Boxplot sind für eine zufällige Auswahl von 323 Wohnungsanzeigen in einer Tageszeitung die geforderten Kaltmieten für 2 bis $2\frac{1}{2}$-Raumwohnungen in Hamburg dargestellt.

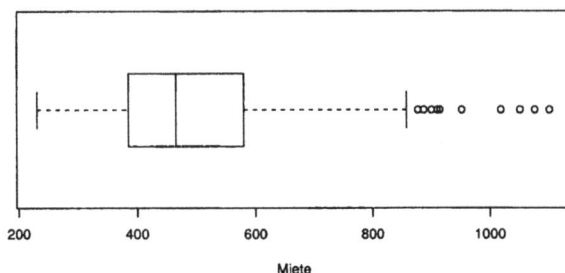

Miete

Geben Sie an, wie Sie ein Konfidenzintervall für das Mietpreisniveau dieser Woh-
nungen bestimmen würden und begründen Sie Ihre Wahl. (Gehen Sie davon aus,
dass die Originaldaten vorliegen.)

Aufgabe 6
Um eine Transformation der Box-Cox-Familie zu finden, wird oft das vereinfachte
Verfahren gewählt, dass anstelle eines Symmetriediagrammes nur ein p-Quantils-
koeffizient der Schiefe $0 < p < 1$ bestimmt wird. Bei symmetrischen Daten ist
er natürlich Null. Da die Quantile bei monotonen Transformationen entsprechend
transformiert werden, ist generell

$$g_p^{(\lambda)} = \frac{(y_{1-p}^\lambda - \tilde{y}^\lambda) - (\tilde{y}^\lambda - y_p^\lambda)}{y_{1-p}^\lambda - y_p^\lambda} \quad (\lambda \neq 0)$$

und für $\lambda = 0$:

$$g_p^{(0)} = \frac{(\ln y_{1-p} - \ln \tilde{y}) - (\ln \tilde{y} - \ln y_p)}{\ln y_{1-p} - \ln y_p}$$

Welche Transformation ist dann für die folgenden Daten zur Symmetrisierung angezeigt? (Unter Verwendung dieser Maßzahl mit $p = 0.25$.)

$x_{i-1}^* < X \leq x_i^*$			h_i (in %)
0	-	35	2.5
35	-	40	4.0
40	-	45	7.0
45	-	50	12.0
50	-	55	16.0
55	-	60	21.0
60	-	65	19.5
65	-	70	12.0
70	-	75	5.0
75	<		1.0

Aufgabe 7
In der Neuen Züricher Zeitung wurden am 1.4.2003 Daten zur Entwicklung der
Auflagenhöhe der Schweizer Tageszeitungen veröffentlicht. Die Veränderungen der
Erscheinungszahlen (in %) von 2002 bis 2003 sind demnach

$$\begin{array}{cccccccc} 1.8 & -5.5 & -6.2 & -2.2 & -0.5 & 0.5 & -0.4 & -1.9 \\ -5.0 & -0.3 & -2.0 & -2.9 & 0.6 & -2.2 & 1.6 & -2.6 \end{array}$$

Bestimmen Sie die durchschnittliche Veränderung mittels arithmetischem Mittel,
Median, 10%-getrimmten Mittel und dem M-Schätzer von Huber auf der Basis von
zwei Iterationsschritten. Beurteilen Sie das Ergebnis.

Kapitel 4

Zwei Stichproben

Das letzte Kapitel behandelte den Vergleich einer Stichprobe und einem theoretischen Parameter. Zu einem Zweistichprobenproblem gelangt man vor allem aus zwei Gründen. Einmal mag eine weitere Stichprobe benötigt werden, weil der theoretische Parameter nicht bekannt ist, und er daher mit einer zusätzlichen Messserie zumindest näherungsweise ermittelt werden muss. Das sind dann die Kontrollmessungen. Im anderen Fall geht es um den Vergleich zweier Methoden, Medikamente oder Populationen. Es ist naheliegend, zwei Gruppen von Probanden auszuwählen und die Methoden getrennt auf die Mitglieder jeweils einer der beiden anzuwenden. Dann werden die Ergebnisse der beiden Gruppen gegenübergestellt.

1   Parallelisierte und unabhängige Stichproben

Anstatt zwei Stichproben als voneinander unabhängig zu planen und zu erheben, ist auch die Vorgehensweise der so genannten *Parallelisierung* (matching) denkbar. Hier werden entweder beide Methoden auf die gleichen Probanden angewendet oder aber die beiden Gruppen so bestimmt, dass jedem Mitglied der einen Gruppe eines der anderen weitgehend entspricht. Mann nennt die Stichproben dann auch verbunden. Auf diese Weise versucht man, dem Ideal eines physikalischen Experiments nahe zu kommen; bei sonst gleichen Bedingungen gibt es nur eine einzelne Ursache für einen Unterschied im Ergebnis. Wie man von den Experimenten her gewohnt ist, wird man den Effekt auf diesen einen Unterschied zurückführen. Ein klassisches Beispiel ist die Intelligenzforschung an eineiigen Zwillingen, die in unterschiedlichen sozialen Milieus aufgewachsen sind. Unterschiede in der Intelligenz werden dann durch das soziale Milieu erklärt.

Parallelisierung bedeutet einen höheren Aufwand. Allerdings gibt es statistische Vorteile, die diesen rechtfertigen. Genauer ist die Varianz der Differenzen $\overline{Y}_1 - \overline{Y}_2$ i. d. Regel kleiner als bei unabhängigen Stichproben. Das resultiert daraus, dass bei parallelisierten Stichproben die Streuung auf Grund der positiven Korrelation geringer ist als bei unabhängigen.

Ausformuliert erhält man dies folgendermaßen. Seien $Y_{11}, \ldots, Y_{1n}$ und $Y_{21}, \ldots, Y_{2n}$ die Stichprobenvariablen, auf deren Basis man die Differenz $\mu_1 - \mu_2$ schätzen möchte. Bei parallelisierten Beobachtungen fallen diese paarweise (Y_{1v}, Y_{2v}) an, und es gilt für die Differenzen $Y_{1v} - Y_{2v}$:

$$E(\overline{Y_1 - Y_2}) = E(\overline{Y}_1 - \overline{Y}_2) = \mu_1 - \mu_2,$$

$$\mathrm{Var}(\overline{Y_1 - Y_2}) = \frac{\sigma_1^2}{n} + \frac{\sigma_2^2}{n} - \frac{2}{n}\rho\sqrt{\sigma_1^2\sigma_2^2}.$$

Bei unabhängigen Stichproben gilt entsprechend:

$$E(\overline{Y}_1 - \overline{Y}_2) = \mu_1 - \mu_2, \quad \mathrm{Var}(\overline{Y}_1 - \overline{Y}_2) = \frac{\sigma_1^2}{n} + \frac{\sigma_2^2}{n}.$$

Damit ist bei der Parallelisierung die Varianz von $\overline{Y_1 - Y_2} = \overline{Y}_1 - \overline{Y}_2$ geringer, sofern $\rho > 0$ gilt.

Auch bei zwei unabhängigen Stichproben strebt man an, bei dem Vergleich eventuelle Unterschiede auf den Einsatz der unterschiedlichen Behandlungen oder Methoden

R-Code 4.1 (Einlesen und Auswerten von Daten bei zwei Stichproben)

```
dat <- read.table("c:/d/daten/mydata.dat",header=T)
attach(daat)
Gruppe <- factor(y,levels=1:2)
levels(Gruppe) <- c("G1","G2")
tapply(x,Gruppe,mean)
```

Je nachdem, ob es sich um gepaarte oder ungepaarte Stichproben handelt, sind unterschiedliche Arten im Gebrauch, die Daten zu speichern. Bei gepaarten ist es am häufigsten, dass die zu vergleichenden Stichproben als bivariater Datensatz abgespeichert sind. Nach dem Einlesen in der ersten Zeile würde das die zweite Zeile des Codes betreffen; die beiden Spalten tragen einfach die Bezeichnungen x und y. Die folgenden Zeilen sind für die Situation gedacht, dass alle Werte der interessierenden Variablen in der einen, mit x bezeichneten Spalte stehen und die Variable y einen Indikator darstellt; er gibt an, ob die Beobachtungen zur ersten oder zweiten Stichprobe gehören. Der Vorteil dieser Art, die Daten zu speichern, liegt darin, dass die Stichprobenumfänge nicht gleich zu sein brauchen.

Hier ist zugleich die Möglichkeit von R mit eingebaut, solche Indikatorvariablen als Faktoren zu erklären. Faktoren sind in R nominal skalierte Variablen, Variablen deren Realisationsmöglichkeiten sich nicht sinnvoll anordnen lassen. Ihre Werte werden in R als Stufen (levels) bezeichnet; sie dienen zur Gruppenbildung der Werte in der Zielvariablen. Faktoren werden in Funktionen nicht als numerische Variablen behandelt. Den Stufen können wie hier mittels levels sinnvolle Bezeichnungen gegeben werden. Mit dem zuletzt angeführten Befehl tapply wird eine Subgruppenanalyse durchgefürt. Anstelle von mean könnte natürlich eine beliebige andere Funktion stehen, die auf univariate Daten anwendbar ist.

zurückzuführen. Um systematische Einflüsse möglichst auszuschalten, werden Probanden oft mittels *Randomisierung*, d.h. zufälliger Zuordnung mit i.d.R. vorab festgelegten Anzahlen, auf die Gruppen aufgeteilt. Damit stellt man speziell die Unabhängigkeit bzgl. aller möglichen *Kovariablen* her. Damit werden Variablen bezeichnet, die nicht direkt Untersuchungsgegenstand der Studie oder Erhebung sind, die jedoch einen Einfluss auf die interessierende Variable haben können.

2 Normalverteilungstheorie

Liegt eine *parallelisierte Stichprobe* $(Y_{11}, Y_{21}), \ldots, (Y_{1n}, Y_{2n})$ vor, so bietet es sich an, die entsprechenden Differenzen oder Quotienten zu betrachten, da die Werte paarweise zu vergleichen sind. Dementsprechend landet man über den Zugang der Parallelisierung wieder beim Einstichprobenproblem.

Sind die Beobachtungen normalverteilt, so geht man zu den Differenzen $Y_{1v} - Y_{2v}$ über. Diese Vorgehensweise ist erlaubt, wenn man sich für die Differenzen der Erwartungswerte interessiert. (Bei der Normalverteilung sind die Differenzen suffizient für $\mu_1 - \mu_2$; das heißt sie erhalten alle relevante Information.) Mit $\overline{Y_1 - Y_2} = \overline{Y}_1 - \overline{Y}_2$ lautet die t-Statistik:

$$T = \frac{\overline{Y}_1 - \overline{Y}_2}{S(Y_1 - Y_2)/\sqrt{n}}. \tag{4.1}$$

Das führt auch wie gehabt zu Konfidenzintervallen für die Differenz der Erwartungswerte. Dieser Fall ergibt formal also keine neuen Aspekte.

R-Code 4.2 (t-Test und Konfidenzintervall für gepaarte Stichproben)

```
t.test(dat,alternative="two.sided",paired=TRUE))
t.test(x,y,alternative="two.sided",paired=TRUE)
```

Die beiden Datenvektoren sind entweder als Spalten in dem Datensatz dat oder in den Variablen x und y gespeichert. Als Alternativen könnten auch `alternative="less"` oder `alternative="greater"` angegeben werden. Mit dem optionalen Parameter `conf.level=0.95` wird zusätzlich das für die angegebene Alternative adäquate Konfidenzintervall zum Niveau 0.95 ausgegeben.

Seien nun $Y_{11}, \ldots, Y_{1n_1}$ und $Y_{21}, \ldots, Y_{2n_2}$ zwei *unabhängige Stichproben* mit $\mathcal{N}(\mu_1, \sigma_1^2)$ bzw. $\mathcal{N}(\mu_2, \sigma_2^2)$ verteilten Stichprobenvariablen. I.d.R. interessiert hier das Testproblem $H_0 : \mu_1 = \mu_2$ mit der Gegenhypothese $H_1 : \mu_1 \neq \mu_2$ bzw. $H_1 : \mu_1 > \mu_2$ oder $H_1 : \mu_1 < \mu_2$.

Alle Stichprobenvariablen sollen zunächst die gleiche Varianz haben; es wird also $\sigma_1^2 = \sigma_2^2 = \sigma^2$ vorausgesetzt. Dann ist das Modell ein reines Verschiebungsmodell.

ML-Schätzer für die Parameter μ_1, μ_2 und σ^2 erhält man durch Nullsetzen der partiellen Ableitungen der Loglikelihoodfunktion

$$\ln f(y_{11}, \ldots, y_{2n_2}) = -\frac{N}{2}\ln(2\pi\sigma^2) - \frac{1}{2\sigma^2}\left[\sum_{v=1}^{n_1}(y_{1v} - \mu_1)^2 + \sum_{v=1}^{n_2}(y_{2v} - \mu_2)^2\right], \quad (4.2)$$

wobei $N = n_1 + n_2$ ist. Als Lösungen des Nullsetzens der partiellen Ableitungen erhält man die beiden arithmetischen Mittel und die gepoolte Varianz:

$$\hat{\mu}_1 = \overline{Y}_1, \quad \hat{\mu}_2 = \overline{Y}_2, \quad \hat{\sigma}_{\text{ML}}^2 = \frac{1}{N}\left[\sum_{j=1}^{n_1}(Y_{1j} - \overline{Y}_1)^2 + \sum_{j=1}^{n_2}(Y_{2j} - \overline{Y}_2)^2\right]. \quad (4.3)$$

Anstelle von $\hat{\sigma}_{\text{ML}}^2$ wird die erwartungstreue Schätzung

$$\hat{\sigma}^2 = S^2 = \frac{1}{N-2}\left[\sum_{j=1}^{n_1}(Y_{1j} - \overline{Y}_1)^2 + \sum_{j=1}^{n_2}(Y_{2j} - \overline{Y}_2)^2\right]. \quad (4.4)$$

verwendet.

Der Ansatz des Likelihood-Quotiententests führt bei der zweiseitigen Alternative zu der t-Statistik

$$T = \frac{\overline{Y}_1 - \overline{Y}_2}{S\sqrt{\frac{1}{n_1} + \frac{1}{n_2}}}. \quad (4.5)$$

Unter H_0 hat (4.5) eine t-Verteilung mit $n_1 + n_2 - 2$ Freiheitsgraden, so dass ein einseitiger P-Wert bei der Alternative $H_1 : \mu_1 > \mu_2$ mit $P(T_{n_1+n_2-2} > t)$ gegeben ist. t ist dabei der beobachtete Wert der Teststatistik. Beim zweiseitigen Test erhält man den P-Wert durch die Addition der Flächen in beiden Flanken zu $2P(T_{n_1+n_2-2} > |t|)$.

Die Teststatistik ist wieder als Pivot-Größe zur Bestimmung eines Konfidenzintervalles ausnutzbar, vgl. das Beispiel 2.16.

Beispiel 4.1 (Geschlechtsspezifische Körpertemperatur)
In der bereits im Beispiel 3.5 betrachten Arbeit von Mackowiak, Wasserman & Levine (1992) sind Ergebnisse von Körpertemperaturmessungen in Form von Histogrammen wiedergegeben, die von Shoemaker (1996) rekonstruiert wurden. Zusätzlich zu den Angaben für die 65 Männer sind auch die Werte für 65 Frauen angegeben. Sie lauten, wieder von °F in °C transformiert:

35.8	35.9	36.0	36.2	36.2	36.3	36.4	36.5	36.5	36.6	36.6	36.6	37.4
36.6	36.6	36.6	36.7	36.7	36.7	36.7	36.7	36.7	36.8	36.8	36.8	37.4
36.8	36.8	36.8	36.8	36.8	36.8	36.9	36.9	36.9	36.9	36.9	36.9	37.7
37.0	37.0	37.0	37.0	37.1	37.1	37.1	37.1	37.1	37.1	37.1	37.1	37.8
37.1	37.1	37.1	37.1	37.1	37.2	37.2	37.2	37.3	37.3	37.3	37.3	38.2

Der t-Test zur Überprüfung, ob sich die mittlere Körpertemperatur von Männern und Frauen unterscheidet, führt hier zu

$$T = \frac{36.726 - 36.89}{\sqrt{0.1605 \cdot (1/65 + 1/65)}} = -2.32.$$

Bei 128 Freiheitsgraden ergibt dies einen P-Wert von 0.022. Damit ist der Unterschied bei einem Niveau von $\alpha = 0.05$ signifikant. ∎

R-Code 4.3 (Zweistichproben-t-Test bei gleichen Varianzen)

```
tmp<-read.table("c:/daten/ktempmw.txt")
tm<-tmp[tmp[,2]==1,1]
tw<-tmp[tmp[,2]==2,1]
s2<-(sum((tm-mean(tm))^2)+sum((tw-mean(tw))^2))/128
t<-(mean(tm)-mean(tw))/sqrt(s2*(2/65))
prob<-2*(1-pt(abs(t),128))
print(t)
print(prob)
t.test(tm,tw,alternative="two.sided",var.equal=TRUE)
```

Die Daten liegen als bivariater Datensatz vor; die erste Spalte enthält die Körpertemperatur und die zweite das Geschlecht. Diese werden getrennten Variablen zugewiesen. Anschließend wird die Formel für die Teststatistik umgesetzt. Dabei wird von den konkreten Gegebenheiten ausgegangen, speziell von $n_1 = n_2 = 65$. In der letzten Zeile ist der t-Test für gleiche Varianzen noch einmal in der vorgefertigten Kurzform angegeben. Als Alternativen können auch `alternative="less"` oder `alternative="greater"` gewählt werden. Über den optionalen Parameter `conf.level=0.95` wird zusätzlich das für die angegebene Alternative adäquate Konfidenzintervall ausgegeben. Natürlich ist auch ein anderes Konfidenzniveau angebbar.

3 Abweichungen von den Annahmen

Die folgende Diskussion bezieht sich ausschließlich auf die Situation unabhängiger Stichproben. Bei parallelisierten Stichproben geht man ja zu den Differenzen (oder bisweilen zu Quotienten) über; dann befindet man sich wieder im Einstichprobenproblem.

3.1 Ungleiche Varianzen

Es gibt einen Test der Nullhypothese, dass die Varianzen der beiden Stichproben gleich sind. Hierfür wird die Normalverteilung der zu Grunde liegenden Zufallsvariablen Y_1 und Y_2 vorausgesetzt. Sind Y_{iv}, $v = 1, \ldots, n_i$, $i = 1, 2$, die Stichprobenvariablen aus den beiden Normalverteilungen mit den Varianzen σ_1^2 bzw. σ_2^2, so lautet die Teststatistik des *Varianz-Quotienten-Tests* zum Testen von $H_0 : \sigma_1^2 = \sigma_2^2$:

$$F = \frac{S^2(Y_1)}{S^2(Y_2)} = \frac{\sum_{v=1}^{n_1}(Y_{1v} - \bar{Y}_1)^2/(n_1 - 1)}{\sum_{v=1}^{n_2}(Y_{2v} - \bar{Y}_2)^2/(n_2 - 1)}. \tag{4.6}$$

Die Verteilung von F unter H_0 ergibt sich daraus, dass $S^2(Y_1)$ und $S^2(Y_2)$ unabhängig und nach geeigneter Normierung jeweils χ^2-verteilt sind. Zur Normierung gehört die Division durch σ_1^2 bzw. σ_2^2. Dies geht aus der Teststatistik F natürlich nicht hervor; unter H_0 sind die Varianzen gleich und kürzen sich so wieder heraus.

Definition 4.2 (F-Verteilung)
Seien Z_1 und Z_2 unabhängig mit $Z_1 \sim \chi_{\nu_1}^2$, $Z_2 \sim \chi_{\nu_2}^2$. Dann hat der Quotient

$$F = \frac{Z_1/\nu_1}{Z_2/\nu_2}$$

eine *F-Verteilung* mit ν_1 Freiheitsgraden des Zählers und ν_2 Freiheitsgraden des Nenners, kurz mit ν_1, ν_2 Freiheitsgraden.   ∎

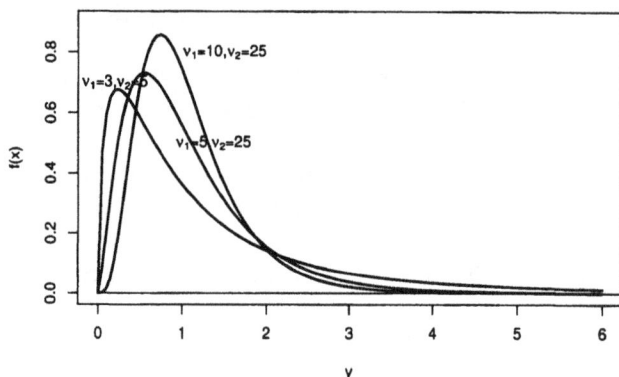

Abbildung 4.1: Dichtefunktionen der F-Verteilung für verschiedene Freiheitsgrade

Beim zweiseitigen Test führen kleine sowie große Werte der Teststatistik zur Ablehnung der Nullhypothese $H_0 : \sigma_1^2 = \sigma_2^2$.

R-Code 4.4 (Varianz-Quotienten-Test)

```
var.test(x, y)
```

Der Test auf Gleichheit zweier Varianzen wird einfach durch den angegebenen Aufruf angefordert. x und y sind dabei die Vektoren mit den Beobachtungen der beiden Variablen. Die Normalverteilung der zu Grunde liegenden Zufallsvariablen ist für den Test wesentlich.

Der Varianz-Quotienten-Test wird oft als Vortest vor einem Zwei-Stichproben-t-Test verwendet. Gegen diese Praxis sprechen mehrere Gründe:

- Es liegt ein multiples Testproblem vor, man möchte dann mehr als einen Test mit einem Datensatz durchführen. Dies hat eine Verletzung des Testniveaus zur Folge.

- Die Annahme gleicher Varianzen ist nicht gesichert, wenn die Hypothese nicht verworfen wird.

- Der Test ist nicht robust; auch eine (geringe) Abweichung von der Normalverteilung kann fälschlicherweise zu einer Nicht-Ablehnung der Hypothese führen.

Eine *Modifikation des Varianz-Quotienten-Tests*, die eine größere Robustheit gegen nichtnormalverteilte Beobachtungen aufweist, wurde von Shoemaker (2003) vorgeschlagen. Seine Überlegungen basieren auf einer Variante der *Technik von Satterthwaite* (1946). Diese approximiert eine Linearkombination von χ^2-verteilten Zufallsvariablen wieder durch eine Chiquadratverteilung, und zwar durch diejenige, die zumindest den korrekten Erwartungswert und die korrekte Varianz hat. Shoemaker verwendet dementsprechend die übliche, unter H_0 F-verteilte Teststatistik $F = S^2(Y_1)/S^2(Y_2)$, aber mit anderen Freiheitsgraden κ_1 und κ_2. Diese werden bestimmt aus

$$\kappa_i = \frac{2n_i}{\dfrac{\hat{\mu}_4}{\hat{\sigma}^4} - \dfrac{n_i - 3}{n_i - 1}} \qquad (i = 1, 2); \tag{4.7}$$

hier sind $\hat{\mu}_4 = \sum_i \sum_v (y_{iv} - \bar{y}_i)^4/(n_1 + n_2)$ und $\hat{\sigma}^2 = ((n_1 - 1)S^2(Y_1) + (n_2 - 1)S^2(Y_2))/(n_1 + n_2)$. (Mit dem verfälschten Varianzschätzer erhielt Shoemaker bessere Resultate in der Simulation.)

Anstatt einen Test auf Gleichheit der Varianzen durchzuführen, empfiehlt es sich, diese explorativ zu überprüfen. Dazu kann man sich Boxplots der Stichproben anschauen. Zur Exploration eignen sich auch Quantildiagramme.

Zum ersten können *empirische QQ-Diagramme* erstellt werden. Sind $y_{11}, \ldots, y_{1n_1}$ und $y_{21}, \ldots, y_{2n_2}$ die beiden Datensätze, so werden die Anteile p am günstigsten in der Weise gewählt, dass die geordneten Werte des kleineren Datensatzes mit den Quantilen übereinstimmen. Ist also $n_1 < n_2$, so sind die $p_v = v/n_1$, $v = 1, \ldots, n_1$. Die zugehörigen Quantile für den zweiten Datensatz erhält man dann als den k-ten geordneten Wert, wenn k bestimmt wird gemäß

$$p_v \cdot n_2 \leq k < p_v \cdot n_2 + 1.$$

Die Werte $p_v \cdot n_2$ sind also einfach aufzurunden.

Dann werden die geordneten Werte des einen Datensatzes gegen die Quantile des anderen abgetragen. Empirische QQ-Diagramme sollten ein "lineares Erscheinungsbild" zeigen mit Steigung eins, falls beide Stichproben aus der gleichen Verteilung stammen.

Beispiel 4.3 (Gesamtpunktzahlen im Abitur)
Zufällig ausgewählte Studierende zweier Fakultäten der Universität Konstanz wiesen die folgenden Gesamtpunktzahlen im Abitur auf (nach Heiler & Michels, 1994, S. 69):

Fach 1 :	402 440 453 486 493 500 521 538 542 544 550 564 570 584 609 620 634 660 674
	690 776 829
Fach 2 :	365 425 441 445 455 466 468 472 485 501 509 522 534 548 560 583 591 607 611
	618 628 696 715

Um ein QQ-Diagramm zu erstellen, wird von dem kleineren, also dem ersten Datensatz ausgegangen. Es ergeben sich die Quantile:

v	p_v	$23 \cdot p_v$	k	v	p_v	$23 \cdot p_v$	k	v	p_v	$23 \cdot p_v$	k
1	0.045	1.045	2	9	0.409	9.409	10	17	0.773	17.773	18
2	0.091	2.091	3	10	0.455	10.455	11	18	0.818	18.818	19
3	0.136	3.136	4	11	0.500	11.500	12	19	0.864	19.864	20
4	0.182	4.182	5	12	0.545	12.545	13	20	0.909	20.909	21
5	0.227	5.227	6	13	0.591	13.591	14	21	0.955	21.955	22
6	0.273	6.273	7	14	0.636	14.636	15	22	1.000	23.000	23
7	0.318	7.318	8	15	0.682	15.682	16				
8	0.364	8.364	9	16	0.727	16.727	17				

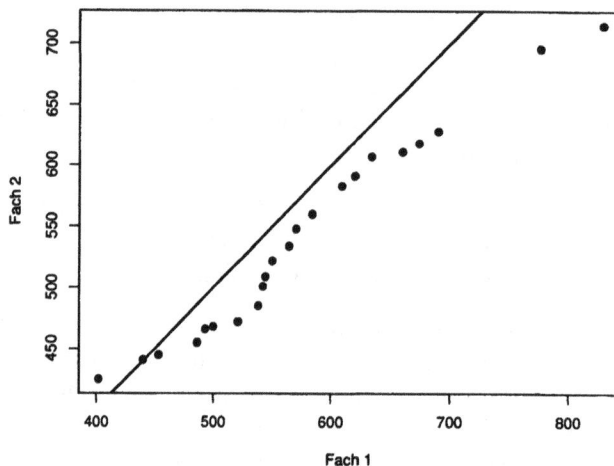

Abbildung 4.2: Empirisches QQ-Diagramm 'Punktezahlen im Abitur'

Das empirische QQ-Diagramm weist eine lineare Tendenz mit einer von der 45° Linie abweichenden Steigung auf. Dies deutet auf eine Verletzung der Varianzgleichheit hin. Sie ist allerdings eher als leicht einzustufen, so dass sie keinen Anlass zu einer weitergehenden Maßnahme bildet.   ∎

R-Code 4.5 (Empirisches QQ-Diagramm)

```
p<-c(1:length(x))/length(x)
qx<-sort(x)
y<-sort(y)
qy <- y[ceiling(p*length(y))]
```

```
plot(qx,qy,type="p",pch=16,cex=1.3,xlab="Fach 1",ylab="Fach 2")
abline(0,1,lwd=2)
```

In den Variablen x und y sind die beiden zu vergleichenden Stichproben gespeichert. Generell werden Quantile in R über lineare Interpolation bestimmt. Daher werden hier zuerst die nicht-interpolierten Quantile bestimmt. Diese werden nur für den Datensatz mit der größeren Anzahl von Beobachtungen benötigt; der mit der kleineren Anzahl braucht nur sortiert zu werden. Dem QQ-Plot wird mittels `abline` noch eine Winkelhalbierende hinzugefügt.

Anstelle von dieser Variante kann man auch den implementierten Befehl `qqplot` aufrufen. Im Detail ergeben sich einige Unterschiede.

Die zweite Möglichkeit, QQ-Diagramme zur Überprüfung der Varianzgleichheit einzusetzen, erstellt in einer Grafik bzw. in zwei nebeneinander angeordneten, gleich skalierten Grafiken zwei Normalverteilungs-QQ-Diagramme. Damit wird zugleich die Normalverteiltheit der Daten überprüft. Sind beide Voraussetzungen erfüllt, also die gleicher Varianzen und die Normalverteilung, so sollten die Punkte im Wesentlichen parallele Geraden ergeben.

Beispiel 4.4 (Balance)

Ist es altersabhängig, die Balance zu halten, wenn man sich auf irgend etwas konzentriert? In einem Experiment wurden 30 ältere und 30 jüngere Personen barfuß auf eine Plattform gestellt. Die Personen waren angehalten, eine aufrechte Position einzunehmen und so schnell wie möglich auf ein Signal hin einen Knopf zu drücken, den sie in der Hand hielten. Somit hatten sie sich auf das Ertönen des Signals zu konzentrieren. Während dieser Phase wurde die Plattform in eine Schwingung versetzt. Durch eine Messapparatur in der Plattform wurde gemessen, wie weit sich die jeweilige Person daraufhin von der Ausgangsstellung fortbewegte (in mm). Die Daten sind, nach Teasdale et al. (1993):

Ältere	Jüngere
31 28 38 35 34 28 18 20 40 22 21 22	17 20 17 10 21 28 16 21 15 21 21 22
17 19 28 28 32 16 9 29 45 28 6 14 38	15 25 17 18 12 17 12 17 13 16 24 15
31 30 27 21 36	17 15 25 24 14 15

Die in der Abbildung 4.3 angegebenen QQ-Diagramme lassen erkennen, dass die Normalverteilungsannahme zwar akzeptabel ist, die Gleichheit der Varianzen jedoch wegen der unterschiedlichen Steigungen angezweifelt werden muss. ∎

Die Situation ungleicher Varianzen ist als *Behrens-Fisher-Problem* bekannt. Der bei Normalverteilung mit $\sigma_1^2 \neq \sigma_2^2$ optimale Test ist nachgewiesenermaßen unsinnig, da der Ablehnungsbereich nicht zusammenhängend ist.

Eine generell empfehlenswerte Lösungsmöglichkeit bietet der *Welch-t-Test*. Sein Ansatzpunkt ist die Überlegung, dass

$$T' = \frac{\overline{Y}_1 - \overline{Y}_2}{\sqrt{S^2(Y_1)/n_1 + S^2(Y_2)/n_2}}$$

Ältere Personen   **Jüngere Personen**

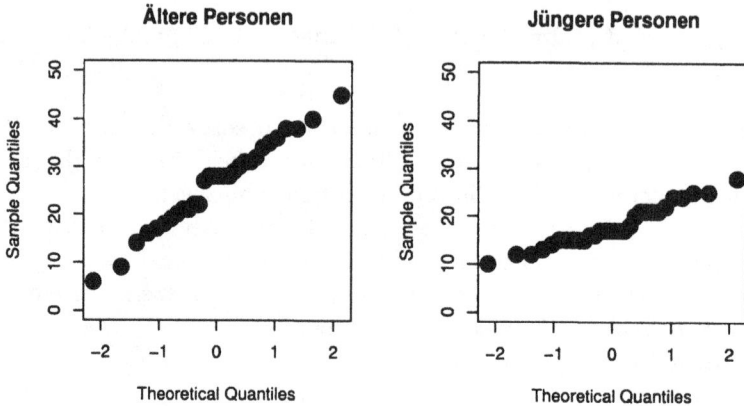

Abbildung 4.3: Normalverteilungs-QQ-Diagramme 'Balance'

t-verteilt wäre, wenn die folgende Verteilungsaussage gälte:

$$\frac{\nu}{\sigma^2}\left(\frac{S^2(Y_1)}{n_1} + \frac{S^2(Y_2)}{n_2}\right) \sim \chi^2 \tag{4.8}$$

Dabei wäre ν die korrekte (leider unbekannte) Zahl der Freiheitsgrade und σ^2 die (momentan als gleich unterstellte) Varianz der in $S^2(Y_1)$ und $S^2(Y_2)$ eingehenden Zufallsvariablen. Nun gilt dies zwar nicht, jedoch wird die Verteilung der Größe in (4.8) durch die Chiquadratverteilung mit der Anzahl von Freiheitsgraden ν approximiert, die den richtigen Erwartungswert ν und dementsprechend die Varianz 2ν hat. Gleichsetzen von Erwartungswert und Varianz liefert die Approximation

$$\mathrm{E}\left(\frac{\nu}{\sigma^2}\left(\frac{S^2(Y_1)}{n_1} + \frac{S^2(Y_2)}{n_2}\right)\right) = \frac{\nu}{\sigma^2}\left(\frac{\sigma_1^2}{n_1} + \frac{\sigma_2^2}{n}\right) \overset{!}{=} \nu\,,$$

$$\mathrm{Var}\left(\frac{\nu}{\sigma^2}\left(\frac{S^2(Y_1)}{n_1} + \frac{S^2(Y_2)}{n_2}\right)\right) = \frac{\nu^2}{\sigma^4}\left(\frac{2\sigma_1^4}{(n_1-1)n_1^2} + \frac{2\sigma_2^4}{(n_2-1)n_2^2}\right) \overset{!}{=} 2\nu\,.$$

Die erste Gleichung führt auf $\sigma^2 = \sigma_1^2/n_1 + \sigma_2^2/n_2$. Setzt man das Ergebnis in die zweite Gleichung ein, so erhält man für die Freiheitsgrade:

$$\nu = \frac{\left(\dfrac{\sigma_1^2}{n_1} + \dfrac{\sigma_2^2}{n_2}\right)^2}{\dfrac{\sigma_1^4}{(n_1-1)n_1^2} + \dfrac{\sigma_2^4}{(n_2-1)n_2^2}}\,. \tag{4.9}$$

Eine Schätzung $\hat{\nu}$ für ν erhält man über das Einsetzen von $S^2(Y_1)$ und $S^2(Y_2)$ in diese Formel. Für die praktische Verwendung sind die resultierenden Werte jeweils abzurunden.

Beispiel 4.5 (monatlichen Ausgaben)

Es liegen die Ergebnisse zweier unabhängig voneinander in zwei unterschiedlichen Regionen durchgeführten Untersuchungen zu den monatlichen Ausgaben für Nahrungsmittel, Getränke und Tabakwaren vor. Befragt wurden jeweils 25 Haushalte des Haushaltstyps 1 (Zweipersonenhaushalte von Renten- und Sozialhilfeempfängern mit geringem Einkommen). Folgende Resultate wurden erzielt:

Studie 1: $\bar{x}_1 = 542$ DM, $s_1^2 = 36$;
Studie 2: $\bar{x}_2 = 539$ DM, $s_2^2 = 42.25$.

Mit der Unterstellung, dass die Ausgaben einer Normalverteilung folgen, soll die Gleichheit des Ausgabenniveaus in den beiden Regionen überprüft werden. Da nicht von gleichen Varianzen ausgegangen werden kann, wird der Welch-t-Test verwendet.

Zunächst erhält man:

$$\hat{\nu} = \frac{\left(\dfrac{36}{25} + \dfrac{42.25}{25}\right)^2}{\dfrac{36^2}{24 \cdot 25^2} + \dfrac{42.25^2}{24 \cdot 25^2}} = 47.7.$$

Damit ist der zweiseitige P-Wert für die Teststatistik

$$T = \frac{542 - 539}{\sqrt{\frac{36}{25} + \frac{42.25}{25}}} = 1.6957$$

über die t-Verteilung mit 47 Freiheitsgraden zu bestimmen. Er ist damit 0.0966. Einen Unterschied des Ausgabenniveaus in den beiden Regionen würde man damit nicht als gegeben, zumindest nicht als relevant, ansehen.   ∎

R-Code 4.6 (Welch-t-Test)

```
t.test(x,y,alternative="two.sided")
```

Die beiden Datenvektoren sind in den Variablen x und y gespeichert. Auch einseitige Alternativen sind möglich, alternative = "less" bzw. alternative = "greater".

Wie eingangs angedeutet, ist es generell anzuraten, den t-Test von Welch zu verwenden. Denn sonst müsste erst die Gleichheit der Varianzen abgesichert werden. Damit würde man in den Bereich des multiplen Testens kommen. Dort wird dem Problem der Durchführung von mehr als einem Test bei nur einer Stichprobe nachgegangen. Auch ohne ausführlicher zu werden, ist plausibel, dass man dabei mehr Macht verschenkt als bei Einsatz der Welch-Variante.

Zur Bereinigung ungleicher Varianzen kann man auch noch versuchen, die Daten mittels *varianzstabilisierender Transformationen* in die gewünschte Form zu bringen. Dazu werden die Box-Cox-Transformationen herangezogen.

Es wird vereinfachend also eine Potenz λ gesucht, so dass

$$s(y_1^\lambda) \stackrel{!}{=} s(y_1^\lambda) \quad \text{bzw.} \quad s(y_i^\lambda) \stackrel{!}{=} \text{const.}$$

Für die Standardabweichung nichtlinear transformierter Daten $g(y_v)$ gilt mit der linearen Approximation $g(y) \approx g(\bar{y}) + \frac{\partial g(\bar{y})}{\partial y}(y - \bar{y})$ dieser Funktion an der Stelle $\bar{y}$ allgemein:

$$s(g(y)) \approx \left| \frac{\partial g(\bar{y})}{\partial y} \right| s(y).$$

Daher ist bei $g(y) = y^\lambda$:

$$s(y^\lambda) \approx |\lambda \bar{y}^{\lambda-1}| s(y). \tag{4.10}$$

Die Forderung, dass die beiden Standardabweichungen gleich sein sollen, führt nun mittels Einsetzen von $\bar{y}_i$ und s_i, $i = 1, 2$, sowie Gleichsetzen zu:

$$\lambda \bar{y}_1^{\lambda-1} s_1 = \lambda \bar{y}_2^{\lambda-1} s_2$$

bzw, nach Logarithmieren:

$$(\lambda - 1)\ln(\bar{y}_1) + \ln(s_1) = (\lambda - 1)\ln(\bar{y}_2) + \ln(s_2).$$

Auflösen nach λ ergibt:

$$\lambda = 1 - \frac{\ln(s_1) - \ln(s_2)}{\ln(\bar{y}_1) - \ln(\bar{y}_2)} = 1 - \frac{\ln(s_1/s_2)}{\ln(\bar{y}_1/\bar{y}_2)}. \tag{4.11}$$

Beispiel 4.6 (Wirksamkeit von Koffein)
Zur Untersuchung, ob Koffein wirksamer vor oder nach dem Lernen eingenommen wird, wurden je 14 Schülern gewisse Mengen in diesen Varianten verabreicht. Am Ende wurde der Erfolg mittels eines Tests gemessen; höhere Punkt-Werte deuten auf ein besseres Abschneiden hin. Die Daten stammen aus Krauth & Lienert (1974).

Vorher :	9	10	13	13	15	15	17	17	24	24	25	29	33	37
Nachher:	5	11	11	11	12	12	14	15	17	17	21	22	23	25

Die Box-Plots zeigen eine Tendenz, dass der Datensatz mit höherem Niveau auch eine größere Streuung aufweist. Es ergeben sich:

i	$\bar{y}_i$	s_i
1	20.071	8.695
2	15.429	5.694

Das führt zu

$$\lambda = 1 - \frac{\ln(s_1/s_2)}{\ln(\bar{y}_1/\bar{y}_2)} = 1 - \frac{\ln(8.695/5.694)}{\ln(20.071/15.429)} = -0.6.$$

Die angezeigte Transformation wäre damit $\lambda = -0.6$. In der Regel wird man eine einfache Transformation in der Nähe des so ermittelten Wertes bevorzugen, also $\lambda = -0.5$ oder $\lambda = -1$.   ∎

3.2 Effekte von Nichtnormalverteilungen[1]

In der Situation gleicher Varianzen, auf die sich diese Diskussion beschränkt, sind die Effekte nichtnormaler Verteilungen ähnlich, aber nicht gleich den Auswirkungen auf die Einstichproben-t-Statistik. Wie im Einstichprobenfall erhält die t-Analyse asymptotisch ihre Rechtfertigung durch den zentralen Grenzwertsatz. Für kleinere Stichproben können jedoch die Schiefe und in geringerem Ausmaß auch die Wölbung der zu Grunde liegenden Verteilungen einen Effekt haben. Wie eingangs einschränkend postuliert, wird von $\sigma_1^2 = \sigma_2^2$ ausgegangen; seien dann $\gamma_1(Y_1), \gamma_1(Y_2)$ und $\gamma_2(Y_1), \gamma_2(Y_2)$ die Schiefeparameter und Exzesse der Verteilungen von Y_1 und Y_2. Dann läßt sich die Auswirkung der Abweichung von der Normalverteilung anhand der führenden Terme der Reihenentwicklungen für die ersten drei Momente der Statistik T ersehen. Nach Geary (1947) und Gayen (1950) gilt:

$$E(T) \cong \frac{1}{\nu_1^{1/2}} \left[-\frac{1}{2}(\gamma_1(Y_1) - \gamma_1(Y_2))\frac{1}{\nu_2} \right],$$

$$\text{Var}(T) \cong \frac{1}{\nu_1} \left[\left(1 + \frac{2}{\nu_2}\right)\nu_1 + \frac{7}{4}(\gamma_1(Y_1) - \gamma_1(Y_2))^2 \frac{1}{\nu_2^2} \right.$$

$$\left. + (\gamma_2(Y_1) - \gamma_2(Y_2))(n_1 - n_2)\frac{\nu_1}{\nu_2^2} \right],$$

$$E(T - E(T))^3 \cong \frac{1}{\nu_1^{3/2}} \left[\frac{\gamma_1(Y_1)}{n_1^2} - \frac{\gamma_1(Y_2)}{n_2^2} - 3(\gamma_1(Y_1) - \gamma_1(Y_2))\frac{\nu_1}{\nu_2} \right],$$

wobei $\nu_1 = (1/n_1) + (1/n_2)$, $\nu_2 = n_1 + n_2 - 2$.

In vielen experimentellen Anwendungen scheint die Annahme $\gamma_1(Y_1) \cong \gamma_1(Y_2)$ und $\gamma_2(Y_1) \cong \gamma_2(Y_2)$ gerechtfertigt. Ist dies der Fall, so zeigen die Ausdrücke deutlich, dass die Wölbungsparameter nur einen kleinen Effekt auf die t-Statistik haben, und wenn die Stichprobenumfänge ungefähr gleich sind (d.h. $n_1 \cong n_2$), so heben sich die Schiefeparameter näherungsweise auf. Daher ist die t-Statistik im Zweistichprobenproblem mit gleichen Stichprobenumfängen robuster als im Einstichprobenproblem. Wenn irgend möglich, sollte man daher ein *balanciertes Experiment* durchführen, also eines, bei dem die Stichprobenumfänge gleich groß sind.

Wenn n_1 und n_2 nicht annähernd gleich sind, kann eine ernsthaftere Verzerrung des P-Wertes auftreten, wenn $\gamma_1(Y_1)$ nicht in etwa gleich $\gamma_1(Y_2)$ ist. Glücklicherweise scheint dieser Fall nicht häufig aufzutreten. Wenn er denn auftritt, ist es fraglich, ob eine Analyse der Erwartungswerte ein angemessener Vergleich der beiden Populationen mit doch recht verschiedener Gestalt ist.

---

[1]Die Diskussion folgt Miller (1996, S. 38 ff.).

4   Nichtparametrische Zweistichprobentests

4.1   Relative Effekte[1]

Im Einstichproben-Lageproblem liegt es nahe, vom Lokalisationsparameter μ der Normalverteilung auf den Median überzugehen, um es nichtparametrisch zu formulieren. Im Zweistichprobenproblem kann man ebenfalls einen Unterschied durch die Differenz der Mediane festlegen. Der Median ist jedoch ein sehr grobes Maß für die Lage einer Verteilung und verwendet nur einen Teil der in den Daten vorhandenen Information. Ein nichtparametrisches Unterschiedsmaß für Verteilungsfunktionen sollte aber möglichst auf der gesamten Verteilung bzw. Verteilungsfunktion beruhen.

Für zwei unabhängige Zufallsvariablen wurde von Mann und Whitney (1947) ein Unterschiedsmaß eingeführt, das nunmehr zur nichtparametrischen Beschreibung eines Unterschiedes zwischen Verteilungen (Behandlungseffekt) etabliert ist.

Definition 4.7 (Relativer Effekt)
Für zwei unabhängige Zufallsvariablen $X \sim F_1$ und $Y \sim F_2$ heißt die Wahrscheinlichkeit

$$p = \mathrm{P}(X < Y) + \frac{1}{2}\mathrm{P}(X = Y) \tag{4.12}$$

relativer Effekt von Y zu X (auch von F_2 zu F_1).   ∎

Die Berücksichtigung von $\mathrm{P}(X = Y)$ in der Definition erlaubt es, die Theorie ohne die Voraussetzung der Stetigkeit der Zufallsvariablen zu entwickeln. Damit brauchen Bindungen, d.h. gleiche Beobachtungswerte, nicht wie bislang zunächst ausgeschlossen zu werden.

Mit Hilfe des so definierten relativen Effektes ist es möglich, den Begriff '*stochastische Tendenz*' für stetige wie diskrete Verteilungen einzuführen.

Definition 4.8 (Stochastische Tendenz)
Seien $X \sim F_1$ und $Y \sim F_2$ zwei unabhängige Zufallsvariablen. Dann tendiert X im Vergleich zu Y (stochastisch)

- zu größeren Werten, falls $p < 0.5$ ist;

- zu kleineren Werten, falls $p > 0.5$ ist;

- weder zu größeren noch zu kleineren Werten, falls $p = 0.5$ ist. In diesem Fall heißen X und Y (stochastisch) tendenziell gleich.   ∎

Die beiden folgenden Beispiele illustrieren, wie der relative Effekt mit der Differenz von Lageparametern zusammenhängt.

---

[1]Die Ausführungen in diesem Abschnitt basieren weitgehend auf Brunner & Munzel (2002).

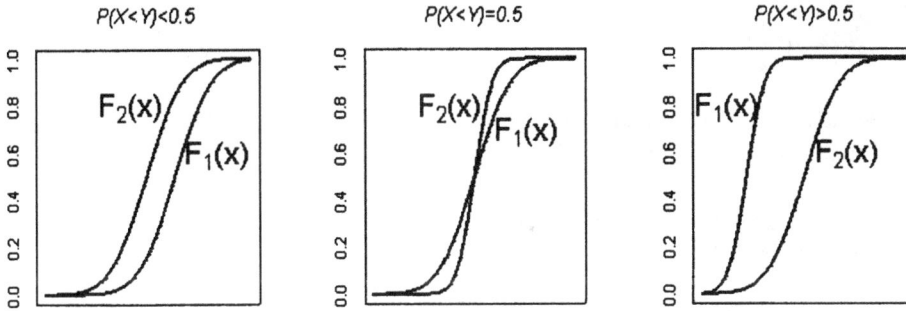

Abbildung 4.4: Illustration der stochastischen Tendenz

Beispiel 4.9 (Relativer Effekt bei Normalverteilung)

Seien X und Y zwei unabhängige normalverteilte Zufallsvariablen mit der gleichen Varianz σ^2 und Erwartungswerten μ_1 und μ_2. Dann gilt:

$$p = P(X \leq Y) = P(X - Y \leq 0)$$
$$= P\left(\frac{X - Y - (\mu_1 - \mu_2)}{\sqrt{2\sigma^2}} \leq \frac{-(\mu_1 - \mu_2)}{\sqrt{2\sigma^2}}\right)$$
$$= \Phi\left(\frac{\mu_2 - \mu_1}{\sqrt{2\sigma^2}}\right).$$

Es gibt also eine eindeutige monotone Beziehung zwischen dem relativen Effekt p und dem Abstand $\mu_2 - \mu_1$, wobei letzter relativ zu der Standardabweichung zu sehen ist.

Sind andererseits X und Y zwei unabhängige normalverteilte Zufallsvariablen mit gleichen Erwartungswerten $\mu = \mu_1 = \mu_2$ und verschiedenen Varianzen σ_1^2 und σ_2^2, so gilt:

$$p = P(X \leq Y) = P(X - Y \leq 0) = P\left(\frac{X - Y}{\sqrt{\sigma_1^2 + \sigma_2^2}} \leq 0\right) = \Phi(0) = \frac{1}{2}.$$

∎

Beispiel 4.10 (Relativer Effekt bei Bernoulli-Verteilung)

Seien X und Y zwei unabhängige Bernoulli-verteilte Zufallsvariablen mit den Parametern π_1 und π_2, $X \sim \mathcal{B}(1, \pi_1)$, $Y \sim \mathcal{B}(1, \pi_2)$. Dann gilt:

$$p = P(X < Y) + \frac{1}{2}P(X = Y)$$
$$= P(X = 0, Y = 1) + \frac{1}{2}[P(X = 0, Y = 0) + P(X = 1, Y = 1)]$$
$$= P(X = 0)P(Y = 1) + \frac{1}{2}[P(X = 0)P(Y = 0) + P(X = 1)P(Y = 1)]$$
$$= (1 - \pi_1)\pi_2 + \frac{1}{2}[(1 - \pi_1)(1 - \pi_2) + \pi_1\pi_2]$$

$$= \frac{1}{2} + \frac{1}{2}(\pi_2 - \pi_1) \, .$$

Die Abweichung des relativen Effektes von $\frac{1}{2}$ beträgt also gerade die halbe Differenz der Erfolgswahrscheinlichkeiten der Bernoulli-Verteilungen.   ∎

Satz 4.11 (Eigenschaften des relativen Effektes)
Der relative Effekt p ist

1. gleich $\frac{1}{2}$, falls die Zufallsvariablen X und Y unabhängig sind und die gleiche Verteilung haben,

2. invariant unter einer beliebigen ordnungserhaltenden Transformation.

Beweis: Nur die erste Eigenschaft soll nachgewiesen werden. Stets gilt: $1 = \mathrm{P}(X < Y) + \mathrm{P}(X = Y) + \mathrm{P}(X > Y)$. Sofern X und Y identisch verteilt sind, gilt $\mathrm{P}(X < Y) = \mathrm{P}(X > Y)$. Somit ist $1 = 2\mathrm{P}(X < Y) + \mathrm{P}(X = Y)$. Dies ergibt

$$p = \mathrm{P}(X < Y) + \frac{1}{2}\mathrm{P}(X = Y) = \frac{1}{2} \, .$$

∎

Auf Grund der zweiten Eigenschaft ist der relative Effekt auch als Abstandsmaß zweier unabhängiger ordinal skalierter Variablen geeignet. Diese Messskala ist ja dadurch gekennzeichnet, dass nur die Größer-Kleiner-Beziehung sinnvoll interpretiert werden kann. Ein Festlegung auf numerische Werte ist jeweils willkürlich.

Die Schätzung des relativen Effektes ist offensichtlich. Man setzt

$$D_{vw} = \begin{cases} 1 & \text{für } X_v < Y_w \\ \frac{1}{2} & \text{für } X_v = Y_w \\ 0 & \text{für } X_v > Y_w . \end{cases} \tag{4.13}$$

Dann ist $\mathrm{E}(D_{vw}) = 1 \cdot \mathrm{P}(X < Y) + \frac{1}{2}\mathrm{P}(X = Y) = p$. Somit ergibt sich, dass

$$\hat{p} = \frac{1}{n_1 n_2} \sum_{v=1}^{n_1} \sum_{w=1}^{n_2} D_{vw} \tag{4.14}$$

erwartungstreu für den relativen Effekt p ist. Der Schätzer $\hat{p}$ ist auch konsistent; der Beweis ist bei Brunner & Munzel zu finden. Für stetige Verteilungen ist ein einfacher nachzuvollziehender Beweis bei Gibbons (1971) angegeben.

4.2   Rangtests

Die Bedeutung der relativen Effekte für die Nichtparametrik hat sich erst allmählich herausgeschält. Ausgehend von den parametrischen Lageunterschieden wurden zunächst semiparametrische Verallgemeinerungen ins Visier genommen. Insbesondere lautet das so genannte Lokalisationsmodell, bei dem $F_1(y)$, $F_2(y)$ zudem als stetig vorausgesetzt werden: $F_1(y) = F_2(y - \Delta)$. Hier wird dann getestet, ob der Verschiebungsparameter Δ von null verschieden ist.

Zusammengenommen werden vor allem drei Testprobleme betrachtet:

Lagehypothese:
$$H_0^l : F_1(y) = F_2(y)$$
$$H_1^l : F_1(y) = F_2(y - \Delta) \qquad \Delta \neq 0$$

Ordnungshypothese:
$$H_0^o : F_1(y) = F_2(y)$$
$$H_1^o : F_1(y) \lesseqgtr F_2(y)$$

Tendenzhypothese:
$$H_0^t : P(Y_1 \leq Y_2) = 1/2$$
$$H_1^t : P(Y_1 \leq Y_2) \neq 1/2$$

Im Lokalisationsmodell gilt: $\Delta = 0 \Leftrightarrow P(Y_1 \leq Y_2) = \frac{1}{2}$. Somit ist die Formulierung mit den Tendenzhypothesen allgemeiner als die Lagealternativen-Formulierung. Die Hypothese $P(Y_1 \leq Y_2) = \frac{1}{2}$ enthält u.a. alle symmetrischen Verteilungen mit gleichem Symmetriezentrum, aber verschiedenen Varianzen. Daher nennt man diese Situation auch *verallgemeinertes Behrens-Fisher-Problem*.

Unabhängige Stichproben

Es wird als erstes die Situation zweier unabhängiger Stichproben betrachtet. Den Ausgangspunkt bilden Stichprobenvariablen $Y_{11}, ..., Y_{1n_1}, Y_{21}, ..., Y_{2n_2}$. Im vorigen Abschnitt erwies sich die Statistik (4.14)

$$\frac{1}{n_1 n_2} \sum_{v=1}^{n_1} \sum_{w=1}^{n_2} D_{vw}, \quad D_{vw} = \begin{cases} 1 & \text{für } X_v < Y_w \\ \frac{1}{2} & \text{für } X_v = Y_w \\ 0 & \text{für } X_v > Y_w \end{cases}$$

als erwartungstreue Schätzfunktion für den relativen Effekt.

Für die folgende Diskussion wird zunächst von stetigen Verteilungen ausgegangen. Dann ist der Schätzer des relativen Effektes im Wesentlichen auch die Teststatistik des *Mann-Whitney-Tests*: Test!Mann-Whitney-

$$U = \sum_{v=1}^{n_1} \sum_{w=1}^{n_2} D_{vw}, \tag{4.15}$$

wobei

$$D_{vw} = \begin{cases} 1 & \text{für } X_v < Y_w \\ 0 & \text{für } X_v > Y_w. \end{cases}$$

Dieser Test hat noch eine andere Darstellung, die sich besser in einen allgemeinen Rahmen einfügt:

$$U = \sum_{v=1}^{n_1} \sum_{w=1}^{n_2} D_{vw} = \sum_{v=1}^{n_1} [D_{v1} + D_{v2} + \cdots + D_{vn_2}].$$

Damit ist $\sum_{w=1}^{n_2} D_{vw}$ die Anzahl der Y-Werte, die kleiner als X_v sind. Wird mit n_{1v} die Anzahl der X-Werte, die kleiner oder gleich X_v sind, bezeichnet, so gilt, wenn $R(X_v)$ der Rangwert von X_v in der gepoolten Stichprobe $Z_1, Z_2, \ldots, Z_N$ mit $Z_v = X_v$ für $1 \le v \le n_1$ und $Z_v = Y_{v-n_1}$ für $n_1 + 1 \le v \le N$, $N = n_1 + n_2$, ist:

$$\sum_{w=1}^{n_2} D_{vw} = R(X_v) - n_{1v}.$$

Dies ergibt:

$$U = \sum_{v=1}^{n_1} \sum_{w=1}^{n_2} D_{vw} = \sum_{v=1}^{n_1} [R(X_v) - n_{1v}] = \sum_{v=1}^{n_1} R(X_v) - \sum_{v=1}^{n_1} n_{1v}$$
$$= \sum_{v=1}^{n_1} R(X_v) - \frac{n_1(n_1 + 1)}{2}. \tag{4.16}$$

Also ist die Teststatistik U äquivalent zu der Teststatistik $W = \sum_{v=1}^{n_1} R(X_v)$ des *Wilcoxon-Rangsummentests*. Der Test, der auf einer der beiden äquivalenten Teststatistiken beruht, wird daher als *Wilcoxon-Mann-Whitney-Test* bezeichnet, kurz WMW-Test.

Insbesondere zeigt die Äquivalenz, dass die relativen Effekte auch mit geeigneten *linearen Rangstatistiken T*,

$$T = \sum_{v=1}^{N} c_v a(R_v), \tag{4.17}$$

$R_v = R(Z_v)$, geschätzt werden können. Die c_v heißen *Regressionskonstanten*, die $a(R_v)$ werden als *Scores* bezeichnet. Lineare Rangstatistiken wurden ursprünglich zur Vereinheitlichung verschiedener Ansätze nichtparametrischen Testens eingeführt. Die Regressionskonstanten c_v von Teststatistiken im Zweistichprobenproblem sind i.d.R. gegeben durch

$$c_v = \begin{cases} 1 & v = 1, \ldots, n_1 \\ 0 & v = n_1 + 1, \ldots, N = n_1 + n_2. \end{cases} \tag{4.18}$$

Die Wahl der Scores $a(R_v)$ bestimmt nun den speziellen Test. Der Wilcoxon-Rangsummentest hat als Teststatistik W die Summe der Rangwerte der Beobachtungen aus der ersten Stichprobe, hier ist also $a(R_v) = R_v$. Der *Mediantest* ist gegeben durch:

$$a(R_v) = \begin{cases} 1 & \text{für } R_v < N/2 \\ 0 & \text{für } R_v \ge N/2. \end{cases} \tag{4.19}$$

Die Teststatistik T ist die Anzahl der Beobachtungen aus der ersten Stichprobe, die kleiner als der Median aller Z_i, d.h. der gepoolten Stichprobe, sind. Unter H_0^l hat T eine hypergeometrische Verteilung, $T \sim \mathcal{H}(N, N/2, n_1)$. Weitere Beispiele sind bei Büning & Trenkler (1994) zu finden.

Unter H_0 sind lineare Rangstatistiken T asymptotisch normalverteilt, $T \sim \mathcal{N}(\mathrm{E}(T), \mathrm{Var}(T))$. Zudem ist die Asymptotik schon bei relativ kleinen Stichproben einsetzbar.

Die Diskussion unterstellte zur Vereinfachung stetige Verteilungen; wegen $\mathrm{P}(X = Y) = 0$ wurden damit Bindungen ausgeschlossen. Für die Anwendung muss man sich allerdings diesem Problem stellen. Die traditionelle Lösung besteht darin, Durchschnittsränge zu verwenden. Das erhält den Erwartungswert und die Symmetrie der Teststatistiken. Jedoch werden die Varianzen dadurch beeinflusst; somit stimmt die asymptotische Standardnormalverteilung der standardisierten Teststatistiken nicht mehr. Man kann dies aber durch einen Korrekturfaktor für die Varianz ausbessern. Beim Wilcoxon-Rangsummentest ist der Faktor f gegeben durch

$$f = 1 - \frac{\sum_{j=1}^{i}(d_j^3 - d_j)}{N^3 - N},$$

wobei $d_1, d_2 \ldots, d_i$ die Bindungslängen sind. Ohne Bindungen ist $d_j = 1$ für alle j und somit $f = 1$. Die korrigierte standardisierte Teststatistik des Wilcoxon-Rangsummentests, die unter der Nullhypothese asymptotisch $\mathcal{N}(0,1)$-verteilt ist, lautet dann

$$W = \frac{\sum\limits_{v=1}^{n_1} R(X_v) - \frac{n_1(N+1)}{2}}{\sqrt{f \cdot \frac{n_1 n_2 (N+1)}{12}}}. \tag{4.20}$$

Beispiel 4.12 (Kronenvitalität von Fichten)
(Aus Brunner & Munzel 2002.) Im Hoch-Solling bei Göttingen ist zur experimentellen Manipulation von Qualität und Quantität der Niederschläge eine Teilfläche eines Fichtenbestandes unterhalb des Kronenraumes dauerhaft überdacht worden. Die mittels der Dachanlage aufgefangenen Niederschläge wurden demineralisiert und unter Hinzugabe einer Nährstofflösung und Natronlauge unter der Dachanlage wiederverregnet. Eine gleich große Fläche wurde als Kontrolle ohne Behandlung beobachtet. Für verschiedene Bäume erhielt man in drei Jahren die folgenden Veränderungen der auf einer ordinalen Punkteskala bewerteten Kronenvitalität (1 = vital, 10 = tot).

In der Tabelle sind diese Veränderungen (Differenzen der Bewertungen) sowie die zugehörigen Rangwerte für eine Anzahl von Bäumen angegeben. Negative Veränderungen deuten auf eine Verbesserung hin. Die Ränge sind als mittlere Rangwerte aus allen 49 Beobachtungen bestimmt.

Kontrollfläche:													
y_v	0.0	0.0	-1.0	1.0	-1.0	1.0	0.0	0.0	2.0	-1.0	-1.0	-2.0	0.0	-1.0
$R(y_v)$	38.0	38.0	24.0	46.5	24.0	46.5	38.0	38.0	49.0	24.0	24.0	11.5	38.0	24.0
y_v	0.0	0.0	-1.0	0.0	-3.0	1.0	-4.0	0.0						
$R(y_v)$	38.0	38.0	24.0	38.0	4.0	46.5	1.0	38.0						

Versuchsfläche:													
y_v	-1.0	-1.0	-1.0	0.0	-2.0	-3.0	-3.0	-1.0	-1.0	0.0	1.0	-1.0	-3.0	-2.0
$R(y_v)$	24.0	24.0	24.0	38.0	11.5	4.0	4.0	24.0	24.0	38.0	46.5	24.0	4.0	11.5
y_v	-1.0	-2.0	-2.0	-1.0	0.0	-1.0	-2.0	-3.0	-2.0	0.0	-2.0	-2.0	-2.0	
$R(y_v)$	24.0	11.5	11.5	24.0	38.0	24.0	11.5	4.0	11.5	38.0	11.5	11.5	11.5	

Die unterschiedlichen Rangwerte und ihre Häufigkeiten (= Bindungslängen) lauten:

Rangwerte	1.0	4.0	11.5	24.0	38.0	46.5	49
Bindungslänge	1	5	10	15	13	4	1

Mit den Daten der Versuchsfläche als erster Stichprobe ergibt sich die Teststatistik:

$$W = \frac{534 - \dfrac{27 \cdot 50}{2}}{\sqrt{0.9429081 \dfrac{22 \cdot 27 \cdot 50}{12}}} = \frac{-141}{\sqrt{2333.6975}} = -2.9187.$$

Damit ist der Unterschied zum Niveau $\alpha = 0.001$ signifikant. Weil die Werte für die Bäume der Versuchsanlage in der Tendenz kleiner sind, sind hier stärkere Verbesserungen zu verzeichnen. ∎

R-Code 4.7 (Wilcoxon-Rangsummentest)

```
w<-wilcox.test(x,y,alternative="two.sided")
```

Der Wilcoxon-Rangsummentest, auch als Wilcoxon-Mann-Whitney-Test bezeichnet, ist im Paket ctest implementiert. Dies gehört zu den Standardpaketen, die von vornherein mitinstalliert werden. Anstelle der angegebenen Alternative kann auch "less" oder "greater" gewählt werden. Die Ausgabe w enthält u.a. den Wert der Teststatistik und den P-Wert. Dieser kann auch mittels der exakten Verteilung berechnet werden. Dies geschieht, wenn das optionale Argument exact=TRUE angegeben wird. Weiter wird ausgegeben, wie die Alternative bzgl. des Medians aussieht. Dies ist nur unter der Voraussetzung sinnvoll, dass hier das Lageproblem betrachtet wird.

Der neuere Ansatz unterstell nun nicht mehr, dass die Ausgangsverteilungen stetig sind. Dies macht die gesonderte Betrachtung von Bindungen überflüssig. Bei der folgenden Formulierung des Wilcoxon-Rangsummentests wird eine äquivalente Fassung der asymptotischen Variante der Teststatistik verwendet. Diese rekurriert auf die Ähnlichkeit zum t-Test. Sie hat zudem den Vorteil, auf kompliziertere Stichprobensituationen übertragbar zu sein.

Satz 4.13 (Asymptotischer Wilcoxon-Rangsummentest)
Die Zufallsvariablen $X_1, \ldots, X_{n_1}, Y_1, \ldots, Y_{n_2}$ seien unabhängig und jeweils identisch verteilt, $X_v \sim F_1(x)$, $Y_w \sim F_2(y)$. $R(X_v)$ bezeichne den Rang von X_v unter allen $N = n_1 + n_2$ Beobachtungen und entsprechend $R(Y_w)$ den Rang von Y_w. Weiter sei $N/n_i \leq N_0 < \infty$, $i = 1, 2$, für eine Konstante N_0. Dann gilt unter der Hypothese $H_0 : F_1 = F_2$

$$W_N = \frac{\overline{R(X)} - \overline{R(Y)}}{\hat{\sigma}_R} \sqrt{\frac{n_1 n_2}{N}} \sim \mathcal{N}(0, 1) \text{ für } N \to \infty, \qquad (4.21)$$

wobei

$$\hat{\sigma}_R = \frac{1}{N-1} \left[\sum_{v=1}^{n_1} \left(R(X_v) - \frac{N+1}{2} \right)^2 + \sum_{w=1}^{n_2} \left(R(Y_w) - \frac{N+1}{2} \right)^2 \right]. \qquad (4.22)$$

Falls keine Bindungen vorhanden sind, vereinfacht sich W_N zu

$$W_N = \frac{1}{N} (\overline{R(X)} - \overline{R(Y)}) \sqrt{\frac{12 n_1 n_2}{N+1}}.$$

Der Test ist konsistent gegen Alternativen der Form $P(Y_1 < Y_2) \neq 0.5$.

Beweis: Siehe Brunner & Munzel (2002). ∎

Die Approximation mit der Standard-Normalverteilung $\mathcal{N}(0, 1)$ ist gut brauchbar für $n_1, n_2 \geq 7$, wenn keine Bindungen vorhanden sind. Im Falle von Bindungen hängt die Güte der Approximation von der Anzahl und vom Ausmaß der Bindungen ab.

Beispiel 4.14 (Kronenvitalität von Fichten - Fortsetzung)
Wird die Brunner-Variante des Wilcoxon-Rangsummentests auf die Daten des Beispiels der Kronenvitalität in Abhängigkeit von unterschiedlichen Beregnungsformen angewendet, so ergibt sich natürlich genau das gleiche Ergebnis wie bei der Verwendung des Wilcoxon-Rangsummentests mit Korrekturfaktor. Dieser wurde ja eingeführt, um zur korrekten Varianz zu kommen. ∎

R-Code 4.8 (Asymptotischer Wilcoxon-Rangsummentest)

```
n1<-length(x)
n2<-length(y)
n<-n1+n2
r<-rank(c(x,y))
w<- (mean(r[1:n1])-mean(r[(n1+1):n]))*sqrt(n1*n2/(n*var(r)))
print(paste("W:",w))
print(paste("P-Wert:",2*(1-pnorm(abs(w)))))
```

Die beiden Stichproben seien in den Va- ge bestimmt. Der P-Wert ergibt sich über
riablen x und y gespeichert. Die Be- die Standardnormalverteilung an der Stelle
rechnung der Teststatistik kann direkt des Betrags der Teststatistik, abs(w). Für
umgesetzt werden. Zur Bestimmung der die Ausgabe der Teststatistik und des P-
Ränge der gepoolten Stichprobe dient Wertes werden mittels paste die Bezeich-
r<-rank(c(x,y)). Hier werden erst ein- nungen der Größen mit den entsprechen-
mal die beiden Datensätze aneinanderge- den Werten verbunden. Dabei werden die
hängt; dann werden die Ränge angefordert. Zahlenformen automatisch in Zeichenketten
In R werden standardmäßig mittlere Rän- umgewandelt.

Bei kleinen Stichproben gibt es zur Bestimmung der Verteilungen der Rangtests
verschiedene effiziente Algorithmen. Als Problem stellt sich, dass das Niveau wegen
der Diskretheit der Teststatistik i.a. nicht ausgeschöpft wird. Als Lösung bietet die
Theorie randomisierte Tests an. Bei diesen wird auf den Rändern ein zusätzliches
Zufallsexperiment durchgeführt, so dass mit einer gewissen Wahrscheinlichkeit auch
hier die Nullhypothese abgelehnt wird. Es ist leicht einsehbar, dass dies den Anwendern große Probleme bereitet und daher selten praktiziert wird. Es gibt andere
Vorschläge, die Ränder der Ablehnungsbereiche weiter aufzuteilen, um das Niveau
besser auszuschöpfen. Die Tests sind dann aber nicht mehr unverfälscht. Bei einem
unverfälschten Test ist die Wahrscheinlichkeit, die Nullhypothese abzulehnen, unter
der Alternative nie kleiner als unter der Nullhypothese selbst. Unter der Alternative
ist das ja eine korrekte Entscheidung, während es unter H_0 eine Fehlentscheidung
ist.

Die Beliebtheit des Wilcoxon-Rangsummentests führt teilweise zu seiner Verwendung als "Omnibustest" für den Lagevergleich zweier Mediane, vgl. den R-Code 4.7.
Dies ist jedoch nicht gerechtfertigt. Bei der Tendenzhypothese $H_0^t : P(Y_1 \geq Y_2) = 0.5$
ist die Varianz der Wilcoxon-Statistik nicht unabhängig von der zu Grunde liegenden Verteilung. Brunner und Mitarbeiter haben jedoch eine Alternative für das
Behrens-Fisher-Problem entwickelt. Sie zeigen, dass die Teststatistik

$$W_N^{BF} = \frac{\bar{R}_{2\bullet} - \bar{R}_{1\bullet}}{\hat{\sigma}_{BF}} \sqrt{\frac{n_1 n_2}{N}} \tag{4.23}$$

unter der Tendenzhypothese H_0^t asymptotisch standardnormalverteilt ist. Dabei sind
$\bar{R}_{k\bullet}$ die arithmetischen Mittel der Rangwerte der beiden Stichproben und

$$\hat{\sigma}_{BF}^2 = \sum_{k=1}^{2} \frac{N S_k^2}{N - n_k}, \tag{4.24}$$

$$S_k^2 = \frac{1}{n_k - 1} \sum_{v=1}^{n_k} \left(R_{kv} - R_v^{(k)} - \bar{R}_{k\bullet} + \frac{n_k + 1}{2} \right)^2. \tag{4.25}$$

Die $R_v^{(k)}$ sind die *Intern-Ränge* der k-ten Stichprobe, also die Rangwerte, die für die
Stichproben jeweils separat bestimmt werden.

R-Code 4.9 (Rangtest für das Behrens-Fisher-Problem)

```
fichte<-read.table("c:/daten/fichte.dat",header=TRUE)
attach(fichte)
x<-Vital[Gruppe==1]
y<-Vital[Gruppe==0]
n1<-length(x)
n2<-length(y)
n<-n1+n2
r<-rank(c(treat,con))
r1<-rank(treat)
r2<-rank(con)
s1<-sum((r[1:n1]-r1-mean(r[1:n1])+(n1+1)/2)^2)/(n1-1)
s2<-sum((r[(n1+1):n]-r2-mean(r[(n1+1):n])+(n2+1)/2)^2)/(n2-1)
s<-n*(s1/n2+s2/n1)
rbf<-(mean(r[1:n1])-mean(r[(n1+1):n]))*sqrt(n1*n2/(n*s))
print(paste("RBF: ",rbf)
print(paste("P-Wert: ",2*(1-pnorm(abs(rbf)))))
```

Der Rangtest für das nichtparametrische Behrens-Fisher-Problem lässt sich praktisch 1:1 umsetzen. Zur Bestimmung der Ränge der gepoolten Stichprobe dient r<-rank(c(treat,con)). Hier werden erst einmal die beiden Datensätze aneinandergehängt; dann werden die Ränge angefordert. In R werden standardmäßig mittlere Ränge bestimmt. Der P-Wert ergibt sich über die Standardnormalverteilung an der Stelle des Betrags der Teststatistik, abs(rbf). Für die Ausgabe der Teststatistik und des P-Wertes werden wie im letzten R-Code die Werte durch paste an die beschreibenden Ausdrücke angehängt und dabei in Zeichenketten umgewandelt.

Parallelisierte Stichproben

Bezüglich der parallelisierten Stichproben wurde bereits auf Seite 86 angemerkt, dass der Wilcoxon-Vorzeichen-Rangtest die wohl am häufigsten eingesetzte nichtparametrische Alternative zum t-Test ist. Jedoch reagiert der Test nicht nur auf Lageunterschiede, sondern ganz stark auch auf Verletzungen der Symmetrie der Verteilung der Differenzen $Y_{1v} - Y_{2v}$. Die beiden folgenden Rangtests haben dieses Problem nicht.

Seien $(Y_{11}, Y_{21}), \ldots, (Y_{1n}, Y_{2n})$ unabhängige Beobachtungspaare, wobei die Randverteilungen der Stichprobenvariablen die Verteilungen F_1 bzw. F_2 haben. Zu überprüfen sei die Nullhypothese $H_0^l : F_1 = F_2$ bzw. die gleichlautende Ordnungshypothese H_0^o.

Von den Stichprobenvariablen $Y_{11}, Y_{21}, \ldots, Y_{1n}, Y_{2n}$, werden die gemeinsamen Ränge gebildet. Um die Zuordnung zu verdeutlichen, werden die $2n$ Rangwerte ebenfalls mit doppelten Indizes gekennzeichnet:

$$R_{11}, R_{12}, \ldots, R_{n1}, R_{n2}.$$

Es handelt sich aber wohlgemerkt um nur eine Rangwertreihe aus $2n$ Werten. Als Teststatistik wird jetzt einfach die t-Statistik für parallelisierte Stichproben, vgl. (4.1), verwendet:

$$T^l = \sqrt{n}\frac{\overline{R}_{2\bullet} - \overline{R}_{1\bullet}}{S_F}; \tag{4.26}$$

dabei wird die Varianz konsistent geschätzt durch die empirische Varianz der Rangdifferenzen $R_{2v} - R_{1v}$:

$$S_F^2 = \frac{1}{n-1}\sum_{v=1}^{n}(R_{2v} - R_{1v} - (\overline{R}_{2\bullet} - \overline{R}_{1\bullet}))^2. \tag{4.27}$$

Die Verteilung dieser Teststatistik kann unter H_0^l durch eine t_{n-1}-Verteilung approximiert werden.

Beispiel 4.15 (Aberglauben)

Um den Grad von Aberglauben zu untersuchen, wurden Verkehrszählungen herangezogen, die zu jeweils einem Freitag den 13-ten und zu dem zugehörigen vorangegangenen Freitag durchgeführt wurden. Die Vorstellung der untersuchenden Soziologen ging dahin, dass das Datum 'Freitag, der 13-te' u.U. eine erkennbare Anzahl von Personen dazu veranlasst, sich nicht ins öffentliche Leben zu stürzen, siehe Scanlon, Luben, Scanlon, and Singleton (1993).

Freitag, der 6.		Freitag, der 13.		
y_{1v}	r_{1v}	y_{2v}	r_{2v}	$r_{1v} - r_{2v}$
139246	20	138548	19	1
134012	16	132908	14	2
137055	18	136018	17	1
133732	15	131843	13	2
123552	8	121641	6	2
121139	5	118723	3	2
128293	12	125532	11	1
124631	10	120249	4	6
124609	9	122770	7	2
117584	2	117263	1	1

Hier ist die Standardabweichung der Rangdifferenzen gleich 1.4907; somit lautet die Teststatistik:

$$T^l = \sqrt{10}\frac{9.5 - 11.5}{1.4907} = -4.2427.$$

Der zugehörige einseitige P-Wert beträgt 0.00108. Dies ist ein deutlicher Indikator für geringere Anzahlen an den 'Unglücks'-Freitagen.   ∎

Für das Testen der Tendenzhypothese kann derselbe Zähler wie bei T^l verwendet werden. Für eine konsistente Varianzschätzung werden aber wie bei den unabhängigen Stichproben die Intern-Ränge benötigt, die sich durch die separate Rangzuordnung für die beiden Variablensätze $Y_{11}, \ldots, Y_{1n}$ und $Y_{21}, \ldots, Y_{2n}$ ergeben. Seien diese Ränge mit $R_v^{(1)}$ bzw. mit $R_v^{(2)}$ bezeichnet. Die konsistente Varianzschätzung unter $H_0^t : P(Y_1 \geq Y_2) = 0.5$ lautet

$$S_P^2 = \frac{1}{n-1} \sum_{v=1}^n [(R_{2v} - R_v^{(2)}) - (R_{1v} - R_v^{(1)}) - (\bar{R}_{2\bullet} - \bar{R}_{1\bullet})]^2 . \tag{4.28}$$

Damit ist die auf der Differenz $\bar{R}_{2\bullet} - \bar{R}_{1\bullet}$ aufbauende Teststatistik

$$T^t = \sqrt{n}\frac{\bar{R}_{2\bullet} - \bar{R}_{1\bullet}}{2 \cdot S_P} \tag{4.29}$$

unter der Hypothese H_0^t approximativ t_{n-1}-verteilt. Diese Approximation ist gut brauchbar für $n \geq 15$ bei stetigen Verteilungen. Bei Bindungen braucht keine Korrektur vorgenommen zu werden, wenn mittlere Ränge vergeben werden. Allerdings kann dann ein größerer Stichprobenumfang für eine zufrieden stellende Approximation nötig sein.

Beispiel 4.16 (Aberglauben - Fortsetzung)
Das letzte Beispiel wird fortgesetzt. Um die Tendenzhypothese zu überprüfen, sind noch die getrennten Ränge zu ermitteln. Diese und die benötigten Differenzen sind in der folgenden Tabelle aufgelistet.

| | Freitag, der 6. | | | Freitag, der 13. | | | | $(r_{2v} - r_v^{(2)})$ |
y_{1v}	r_{1v}	$r_v^{(1)}$	$r_{1v} - r_v^{(1)}$	y_{2v}	r_{2v}	$r_v^{(2)}$	$r_{2v} - r_v^{(2)}$	$-(r_{1v} - r_v^{(1)})$
139246	20	10	10	138548	19	10	9	-1
134012	16	8	8	132908	14	8	6	-2
137055	18	9	9	136018	17	9	8	-1
133732	15	7	8	131843	13	7	6	-2
123552	8	3	5	121641	6	4	2	-3
121139	5	2	3	118723	3	2	1	-2
128293	12	6	6	125532	11	6	5	-1
124631	10	5	5	120249	4	3	1	-4
124609	9	4	5	122770	7	5	2	-3
117584	2	1	1	117263	1	1	0	-1

Hier lautet die Teststatistik:

$$T^t = \sqrt{10}\frac{9.5 - 11.5}{2 \cdot 1.0541} = -3 .$$

Der zugehörige einseitige P-Wert beträgt 0.0075. Dies ist immer noch ein deutlicher Unterschied und weist auf geringere außerhäusliche Aktivitäten an den 'Unglücks'-Freitagen hin. ∎

4.3 Permutationstests

Bei unabhängigen identisch verteilten stetigen Zufallsvariablen haben alle Anordnungen der Rangwerte die gleiche Wahrscheinlichkeit. Dies wird bei Rangtests ausgenutzt, um die Verteilung der Teststatistiken unter der Nullhypothese exakt bzw.

approximativ zu bestimmen. Bei den *Permutationstests* von Fisher (1935) wird dagegen von der bedingten Verteilung der Beobachtungen bei gegebenen beobachteten Werten ausgegangen. Dies ist wieder eine Gleichverteilung über allen möglichen Anordnungen.

Beim Zweistichprobenproblem sei die Nullhypothese, dass die beiden zu Grunde liegenden Verteilungen gleich sind, $H_0 : F_1(y) = F_2(y)$. Die Alternative beinhalte irgend eine Abweichung von dieser Nullhypothese. Für die Erfassung des Unterschieds kann man sich dann eine geeignete Teststatistik T überlegen. Ein Beispiel wäre etwa die Summe der ersten, mit der ersten Stichprobe korrespondierenden n_1 Werte $T = \sum_{v=1}^{n_1} y_v$. Man könnte aber ebenso gut die Differenz der Mittelwerte, der Mediane oder anderer Lageparameter verwenden. Da unter H_0 alle Anordnungen der gepoolten Stichprobe $y_1, \ldots, y_{n_1}, y_{n_1+1}, \ldots, y_N$, $N = n_1 + n_2$, gleichwahrscheinlich sind, lässt sich die Verteilung der Statistik T, die sich auf Grund aller möglichen Permutationen ergeben, durch Auszählen ermitteln.

Diese Werte der Teststatistik T kann man der Größe nach anordnen ($T_{(1)} \leq \cdots \leq T_{(m)}$, $m = (n_1 + n_2)!$) und die extremsten Werte zu einem ein- oder zweiseitigen Ablehnbereich zusammenfassen. Dieser Ablehnbereich ist natürlich nur für die beobachteten Werte gültig; Permutationstests sind bedingte Tests. Insgesamt wird aber ebenfalls das Testniveau α eingehalten. Sei dazu der zu einer Stichprobe gehörende Ablehnbereich mit $K(\mathbf{y})$ bezeichnet. Dann ist $K = \bigcup K(\mathbf{y})$ ein unbedingter Ablehnbereiche, für den sich bei etwas großzügiger Schreibweise ergibt:

$$
\begin{aligned}
\mathrm{P}(T \in K) &= \int_{\mathbb{R}^n} \mathrm{P}(T \in K, (Y_1, \ldots, Y_n) = \mathbf{y}) d\mathbf{y} \\
&= \int_{\mathbb{R}^n} \mathrm{P}(T \in K | (Y_1, \ldots, Y_n) = \mathbf{y}) f(\mathbf{y}) d\mathbf{y} \\
&= \int_{\mathbb{R}^n} \mathrm{P}(T \in K(\mathbf{y}) | (Y_1, \ldots, Y_n) = \mathbf{y}) f(\mathbf{y}) d\mathbf{y} \\
&\leq \int_{\mathbb{R}^n} \alpha f(\mathbf{y}) d\mathbf{y} \\
&= \alpha.
\end{aligned}
$$

Für die praktische Durchführung wird man wieder einen einseitigen oder zweiseitigen P-Wert bestimmen. Der einseitige ist die durch $N!$ geteilten Anzahl der T Werte, die in der gleichen Flanke liegen und mindestens so extrem wie der beobachtete T-Wert sind. Beim zweiseitigen muss man die extremeren T Werte in beiden Flanken berücksichtigen.

Beispiel 4.17 (Whisky)

Eine spezielle Sorte Whisky wird in Fachgeschäften und auch in Supermärkten angeboten. Von Interesse ist hier, ob die Supermärkte etwa preiswerter sind. Zufallsstichproben aus beiden Gruppen von Geschäften ergaben die folgenden Preise (in \$):

Fachgeschäfte : 4.2, 4.15, 5.05
Supermärkte : 5.2, 4.85, 5.25, 4.3, 4.7

Eine sinnvolle Teststatistik bildet die Mittelwertdifferenz $T = \bar{Y}_1 - \bar{Y}_2$. Bei den $8! = 40320$ Permutationen dieser Beobachtungen gibt es allerdings nur 37 unterschiedliche Werte der Teststatistik T. Die zugehörige Verteilung lautet:

t	$P(T=t)$	t	$P(T=t)$	t	$P(T=t)$	t	$P(T=t)$
-0.7933	0.01786	-0.2600	0.01786	0.0600	0.05357	0.3533	0.01786
-0.5800	0.01786	-0.2333	0.05357	0.0867	0.01786	0.4333	0.01786
-0.5267	0.01786	-0.2067	0.03571	0.1133	0.01786	0.4600	0.01786
-0.5000	0.03571	-0.1533	0.01786	0.1400	0.03571	0.5133	0.01786
-0.4467	0.01786	-0.1267	0.01786	0.1667	0.03571	0.5400	0.03571
-0.4200	0.01786	-0.1000	0.01786	0.1933	0.01786	0.6200	0.01786
-0.3933	0.01786	-0.0467	0.05357	0.2200	0.01786	0.7267	0.01786
-0.3400	0.01786	-0.0200	0.05357	0.2467	0.05357		
-0.3133	0.03571	0.0067	0.01786	0.2733	0.01786		
-0.2867	0.01786	0.0333	0.05357	0.3267	0.03571		

Da die beobachtete Mittelwertdifferenz $4.4667 - 4.860 = -0.3933$ einen einseitigen (bedingten) P-Wert von $P(T \leq -0.3933) = 0.14286$ hat, ist auf der Basis dieser Stichproben eine Tendenz der angesprochenen Richtung nicht zu fundieren. ∎

Der Test ist schon bei moderaten Stichprobenumfängen zu aufwändig, als dass er häufig eingesetzt würde. Man kann ihn aber auch als *Monte-Carlo-Test* durchführen. Dazu erzeugt man mit dem Computer eine große Zahl zufälliger Permutationen; der Anteil der Werte, die extremer sind als der, welcher aus der aktuellen Stichprobe berechnet wurde, liefert dann einen geschätzten P-Wert.

Gebhard & Schmitz (1998a) zeigen, dass die Permutationstests bei Zweistichproben-problemen sogar Optimalitätseigenschaften für relevante Klassen von stetigen und diskreten Verteilungen haben. Dazu muss die verwendete Statistik von der Form $\sum_{v=1}^{n_1} g(Y_v)$ mit einer monotonen Funktion g sein. Zudem präsentieren sie in Gebhard & Schmitz (1998b) einen Algorithmus, mit dem sich die kritischen Bereiche effizient bestimmen lassen.

Die Idee, die hinter dem Test steckt, kann in Situationen, die komplizierter als das Zweistichprobenproblem sind, äußerst nützlich sein. In einem komplexen Modell kann man eventuell eine Scorefunktion aufstellen, die sensibel in Bezug auf die Ent-deckung der Art der vermuteten Alternativen sein sollte. Unter der Nullhypothese ist es normalerweise zufällig, zu welcher Gruppe eine Beobachtung gehört, so dass mit dem Computer alle möglichen Werte der Teststatistik erzeugt werden können, die unter der Randomisierungstheorie gleichwahrscheinlich sind. Hierzu sei besonders auf die Bücher von Good (2000) und Westfall & Young (1993) hingewiesen.

5 Aufgaben

Aufgabe 1

In einem umfangreichen Versuch sollten in Großbritannien verschiedene Aspekte der Energieeinsparung untersucht werden. Die folgenden Daten sind daraus die jährlichen Gasverbräuche (in 100 KWH) bei Häusern mit Standard- (S) und Extra- (E) Isolation. Die Häuser wurden dabei nach der Anzahl der Bewohner parallelisiert. Quelle: The Open University nach Hand (1994, Datensatz 93).

S	E	S	E	S	E	S	E
138	151	159	154	169	152	186	171
178	139	179	132	199	138	162	175
180	159	123	188	136	113	145	164
173	172	117	189	176	190	180	140

Überprüfen Sie mit einem geeigneten Test, ob sich eine Verbrauchsersparnis durch die Extra-Isolierung nachweisen lässt ($\alpha = 0.05$).

Diskutieren Sie die Voraussetzungen des Tests.

Aufgabe 2

Als Pflanze von erheblicher Heilwirkung ist der Knoblauch (Knofi) weithin bekannt. Gegen sie spricht die Geruchsbelästigung, die viele von ihrem Verzehr abhält. Dementsprechend wurde ein Zeitungsartikel über einen Feldversuch zum Schutz von Knoblauch vor Zecken, der in Schweden von L. Stjernberg und J.Berglund (2000) durchgeführt wurde, mit 'Stinken oder gebissen werden' betitelt. Die Autoren stellten freundlicher Weise die Daten zur Verfügung.

Nr.	Knofi	Placebo	Nr.	Knofi	Placebo	Nr.	Knofi	Placebo	Nr.	Knofi	Placebo
1	0.00	0.00	21	0.00	0.00	41	0.00	0.01	61	0.00	0.02
2	0.02	0.06	22	0.00	0.00	42	0.02	0.02	62	0.00	0.01
3	0.05	0.02	23	0.05	0.02	43	0.00	0.00	63	0.00	0.03
4	0.00	0.02	24	0.00	0.02	44	0.02	0.07	64	0.00	0.04
5	0.00	0.01	25	0.00	0.02	45	0.04	0.00	65	0.01	0.00
6	0.04	0.03	26	0.00	0.00	46	0.03	0.00	66	0.00	0.04
7	0.00	0.07	27	0.00	0.00	47	0.06	0.07	67	0.00	0.00
8	0.00	0.03	28	0.00	0.01	48	0.02	0.00	68	0.00	0.00
9	0.00	0.07	29	0.00	0.00	49	0.00	0.02	69	0.04	0.01
10	0.07	0.02	30	0.00	0.00	50	0.00	0.00	70	0.13	0.07
11	0.00	0.04	31	0.05	0.07	51	0.00	0.01	71	0.03	1.51
12	0.04	0.09	32	0.00	0.00	52	0.01	0.04	72	0.02	0.01
13	0.00	0.00	33	0.00	0.04	53	0.02	0.00	73	0.00	0.01
14	0.00	0.02	34	0.02	0.00	54	0.00	0.00	74	0.00	0.00
15	0.07	0.06	35	0.00	0.03	55	0.08	0.03	75	0.00	0.02
16	0.00	0.00	36	0.00	0.00	56	0.02	0.00	76	0.00	0.04
17	0.00	0.01	37	0.00	0.00	57	0.00	0.00	77	0.00	0.00
18	0.00	0.07	38	0.00	0.04	58	0.00	0.04	78	0.00	0.00
19	0.00	0.03	39	0.17	0.00	59	0.00	0.00	79	0.04	0.02
20	0.00	0.00	40	0.00	0.00	60	0.00	0.00	80	0.00	0.03

Dazu wurden achtzig schwedische Wehrpflichtige bei ihrem Einsatz in Zecken-verseuchtem Gelände wissenschaftlich 'begleitet'. Einen Teil der Zeit nahmen sie eine Knoblauch-Beigabe namens 'Uium sativum' ein, die dem täglichen Genuss von zwei Zehen entspricht. Einen anderen Teil erhielten sie nur ein Placebo, eine nichtwirksame Substanz von ähnlichen äußeren Eigenschaften.

Da die Perioden unter Knoblauch und Placebo unterschiedlich lang waren, sind die Werte jeweils als Zeckenbisse pro Tag angegeben.

Überprüfen Sie die Wirksamkeit des Knoblauchs mit einem geeigneten Test anhand der Daten! Wählen Sie $\alpha = 0.01$.

Aufgabe 3

Im Rahmen der Einführung einer Transportanlage für Laborproben in einem Krankenhaus wurde auch geprüft, ob Messwerte bei den Blutparametern sich beim herkömmlichen Transport durch Boten von denen unterscheiden, die mit der Anlage befördert wurden, vgl. Feyerabend et al. (1983). Dazu wurden Blutproben in zwei Hälften aufgeteilt und mit den unterschiedlichen Methoden ins Labor gebracht.

Überprüfen Sie mit einem geeigneten Test, ob die beiden Methoden als gleichwertig anzusehen sind.

Die Werte für den Natrium-Parameter lauten wie folgt:

Bote	Anlage	Bote	Anlage	Bote	Anlage	Bote	Anlage	Bote	Anlage
146	146	147	148	143	143	146	146	146	146
141	140	140	140	146	146	139	139	143	144
142	142	146	146	144	142	145	145	142	144
141	139	145	146	145	146	135	137	143	143
144	142	147	146	140	142	142	142	146	146
141	139	142	141	142	143	139	140	144	144
137	136	143	143	140	141	143	143	144	145
144	143	139	139	148	149	139	140	145	145
134	133	145	145	143	143	144	144	140	141
137	141	140	140	141	140	146	145	142	143

Aufgabe 4

Ein großes Unternehmen war besorgt über die Anzahl der Personen-Stunden, die durch Betriebsunfälle jeden Monat verloren gingen. Es startete daraufhin ein Sicherheitsprogramm. Für die verschiedenen örtlichen Einrichtungen zeigt die Tabelle die verlorenen Zeiten vor und nach Durchführung des Programms. Überprüfen Sie die Effektivität des Programms mittels nichtparametrischer Tests ($\alpha = 0.05$). Formulieren Sie das Testproblem mit Lage-, Ordnungs- bzw. Tendenzhypothese.

örtl. Einr.	1	2	3	4	5	6	7	8
Vorher	51.2	46.5	24.1	10.2	65.3	92.1	30.3	49.2
Nachher	45.8	41.3	15.8	11.1	58.5	70.3	31.6	35.4

Aufgabe 5

Raucher werden häufig für nervös gehalten, wobei das Nikotin dies zumindest zum Teil verursacht, da es einen stimulierenden Effekt auf das Nervensystem hat. In einer Untersuchung wurden 8 zufällig ausgewählte Raucher und 10 zufällig ausgewählte Nichtraucher einer Untersuchung unterzogen, bei der höhere Punktzahlen (Scores, von 1 bis 33) höhere Unruhe signalisieren. Unterstützen die Daten die gängige Vorstellung?

Raucher	16	18	21	14	25	24	27	12		
Nichtraucher	17	15	28	31	30	26	27	20	21	19

Aufgabe 6

Die folgende Abbildung ist der renommierten medizinischen Fachzeitschrift 'The Lancet' entnommen (Vol. 339, 1992, p. 825). Im Zusammenhang mit der Immunschwächekrankheit AIDS ging es um einen Vergleich verschiedener Blutparameter bei HIV-positiven Personen (offene Kreise) und Kontroll-Personen (gefüllte Punkte).

Überprüfen Sie mit einem geeigneten Test, ob der medizinische Parameter βV5a zum Niveau 0.01 signifikant ist.

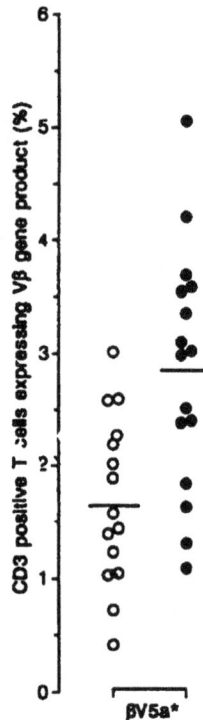

Kapitel 5

Einweg-Varianzanalyse

Nach der Behandlung der Ein- und Zweistichprobenprobleme wird nun die Situation betrachtet, dass mehrere Stichproben vorliegen. Wird hierbei das Augenmerk auf das Niveau der Datensätze gerichtet, so befindet man sich im Bereich der Varianzanalyse, kurz ANOVA (Analysis of Variance). Dass die Stichproben möglicherweise ein unterschiedliches Niveau aufweisen, wird als Auswirkung eines externen Einflussfaktors, kurz *Faktors* angesehen. Dieser beschreibt auch den jeweiligen sachlichen Grund dafür, dass getrennte Stichproben erhoben werden. Die Anzahl der Stichproben ist die Anzahl der *Stufen* des Faktors, den man untersucht.

Beispiel 5.1 (Kaloriengehalt von 'Hot Dogs')
Bei einer Untersuchung des 'Consumer Reports' von unterschiedlichen Typen von 'Hot Dogs' sollte die 'Nahrhaftigkeit', d.h. der Kaloriengehalt verglichen werden. Die Ergebnisse der Laboruntersuchungen bei 54 Stück dreier Typen, Beef (Rindfleisch), Poultry (Geflügel), and Meat (größtenteils Schweine- und Rindfleisch aber bis zu 15% Geflügel), sind in der folgenden Tabelle angegeben, nach Moore & McCabe (1989).

Beef		Poultry		Meat	
186	152	129	135	173	179
181	111	132	142	191	153
176	141	102	86	182	107
149	153	106	143	190	195
184	190	94	152	172	135
190	157	102	146	147	140
158	131	87	144	146	138
139	149	99		139	
175	135	107		175	
148	132	113		136	

Der Faktor ist hier der Typ oder die Zusammensetzung der Hot Dogs; er hat drei Stufen. Von Interesse ist der mittlere Nährwert. ∎

Bei I Stufen des Faktors und insgesamt $N = \sum_{i=1}^{I} n_i$ Beobachtungen bekommt das Modell die Gestalt

$$Y_{iv} = \mu_i + \varepsilon_{iv} \qquad (i = 1, \ldots, I, \ v = 1, \ldots, n_i). \tag{5.1a}$$

Es macht Sinn, das Modell der Varianzanalyse matriziell zu formulieren. Dazu werden die Beobachtungen in einem Vektor $(Y_{11}, \ldots, Y_{1n_1}, Y_{21}, \ldots, Y_{In_I})'$ zusammengefasst. Entsprechend wird mit den Fehlern ε_{iv} verfahren und mit den Erwartungswerten. Dann erhält man das Modell in Matrixschreibweise:

$$\begin{pmatrix} Y_{11} \\ Y_{12} \\ \vdots \\ Y_{In_I} \end{pmatrix} = \begin{pmatrix} \mathbf{j}_{n_1} & \mathbf{0} & \cdots & \mathbf{0} \\ \mathbf{0} & \mathbf{j}_{n_2} & \cdots & \mathbf{0} \\ \vdots & \vdots & & \vdots \\ \mathbf{0} & \mathbf{0} & \cdots & \mathbf{j}_{n_I} \end{pmatrix} \begin{pmatrix} \mu_1 \\ \mu_2 \\ \vdots \\ \mu_I \end{pmatrix} + \begin{pmatrix} \varepsilon_{11} \\ \varepsilon_{12} \\ \vdots \\ \varepsilon_{In_I} \end{pmatrix} ; \tag{5.1b}$$

dabei wird das Symbol $\mathbf{j}_n$ verwendet, um einen Spaltenvektor von Einsen der Länge n zu bezeichnen. Ganz kurz lautet diese Gleichung

$$\mathbf{y} = \mathbf{X}\boldsymbol{\mu} + \boldsymbol{\varepsilon}. \tag{5.1c}$$

Die Matrix $\mathbf{X}$ wird als *Designmatrix* bezeichnet. Sie gibt hier an, zu welcher Stichprobe die jeweilige Beobachtung gehört. Im Kapitel 6 über Zweiwegklassifikation werden dann komplizierter strukturierte Designmatrizen betrachtet. Insgesamt ist die ANOVA dadurch ausgezeichnet, dass die Designmatrix $\mathbf{X}$ so gewählt werden kann, dass sie nur aus Nullen und Einsen besteht. Allgemein lässt sich $\mathbf{X}$ so aufbauen, dass eine größere Anzahl der Faktoren berücksichtigt wird und man das Zusammenwirken verschiedener Faktoren in ihrem Einfluss auf das Niveau der Werte von Y analysieren kann.

1 Normalverteilungstheorie

1.1 Modellformulierung

Im Modell (5.1)

$$\mathbf{y} = \mathbf{X}\boldsymbol{\mu} + \boldsymbol{\varepsilon}$$

werden die Fehler ε_{iv} als unabhängig und identisch normalverteilt mit Erwartungswert null und Varianz σ^2 angesehen, kurz $\varepsilon_{iv} \sim \mathcal{N}(0, \sigma^2)$. Damit sind auch die Messwerte $Y_{11}, \ldots, Y_{1n_1}, Y_{21}, \ldots, Y_{In_I}$ unabhängige, normalverteilte Zufallsvariablen $Y_{iv} \sim \mathcal{N}(\mu_i, \sigma^2)$.

In dieser Formulierung spricht man von der *Zellenmittel-Kodierung*. Häufig wird das Modell der Varianzanalyse in einer anderen Form beschrieben. Man unterstellt ein gemeinsames Niveau aller Variablen und betrachtet die systematischen Abweichungen der einzelnen Stichproben von diesem globalen Niveau als Effekte. Die *Effekt-Kodierung* führt dann zu der Formulierung

$$Y_{iv} = \mu + \alpha_i + \varepsilon_{iv} \qquad (i = 1, \ldots, I, \; v = 1, \ldots, n_i). \tag{5.2}$$

Die Parameter μ, α_i hängen natürlich mit den ursprünglichen Zellenmitteln zusammen. Dass die Effektkodierung als Alternative zur Zellenmittel-Kodierung überhaupt betrachtet wird, basiert auf der leichteren Interpretierbarkeit der Auswirkungen von Faktoren bei mehrfaktoriellen Versuchen. Um die dann aufwendigere Struktur vorzubereiten, wird schon jetzt darauf eingegangen.

Um schätzbare Parameter zu bekommen, ist die Anzahl der neuen Parameter ebenfalls auf I zu beschränken; in der angegebenen Formulierung hätte man ja $I + 1$ Parameter; das ergäbe ein Identifikationsproblem.

Einen Ausweg bietet die *Neben-* oder *Reparametrisierungsbedingung*

$$\sum_{i=1}^{I} \alpha_i = 0. \tag{5.3}$$

Auch die Reparametrisierungsbedingung

$$\sum_{i=1}^{I} n_i \alpha_i = 0. \tag{5.4}$$

ist üblich. Sie berücksichtigt, dass u.U. verschieden viele Beobachtungen in den einzelnen Zellen vorliegen. Mit diesen Reparametrisierungsbedingungen lässt sich beispielsweise der letzte Koeffizient α_I durch die anderen ausdrücken:

$$\alpha_I = -\sum_{i=1}^{I-1} \alpha_i \; \text{ bzw. } \; \alpha_I = -\sum_{i=1}^{I-1} \frac{n_i}{n_I} \alpha_i.$$

Die Reparametrisierungsbedingungen vorausgesetzt, können die neuen Parameter $\mu, \alpha_1, \ldots, \alpha_{I-1}$ in Abhängigkeit von den alten, $\mu_1, \ldots, \mu_I$, dargestellt werden. Für die Reparametrisierung (5.3) gilt zunächst:

$$\sum_{i=1}^{I} \mu_i = \sum_{i=1}^{I} (\mu + \alpha_i) = I \cdot \mu.$$

Damit ist $\mu = \sum_{i=1}^{I} \mu_i / I$ und es folgt weiter:

$$\begin{pmatrix} \mu \\ \alpha_1 \\ \vdots \\ \alpha_{I-1} \end{pmatrix} = \begin{pmatrix} 1/I & 1/I & \cdots & 1/I & 1/I \\ 1 - 1/I & -1/I & \cdots & -1/I & -1/I \\ -1/I & 1 - 1/I & \cdots & -1/I & -1/I \\ \vdots & & \ddots & & \vdots \\ -1/I & -1/I & \cdots & 1 - 1/I & -1/I \end{pmatrix} \begin{pmatrix} \mu_1 \\ \mu_2 \\ \vdots \\ \mu_I \end{pmatrix}. \tag{5.5}$$

Für die Reparametrisierung (5.4) erhält man entsprechend

$$
\begin{pmatrix} \mu \\ \alpha_1 \\ \vdots \\ \alpha_{I-1} \end{pmatrix} = \begin{pmatrix} n_1/N & n_2/N & \cdots & n_{I-1}/N & n_I/N \\ 1-n_1/N & -n_2/N & \cdots & -n_{I-1}/N & -n_I/N \\ -n_1/N & 1-n_2/N & \cdots & -n_{I-1}/N & -n_I/N \\ \vdots & & \ddots & & \vdots \\ -n_1/N & -n_2/N & \cdots & 1-n_{I-1}/N & -n_I/N \end{pmatrix} \begin{pmatrix} \mu_1 \\ \mu_2 \\ \vdots \\ \mu_I \end{pmatrix}.
$$

$$(5.6)$$

Mit $\alpha = (\alpha_1, \ldots, \alpha_{I-1})'$ kann in beiden Fällen kurz $(\mu, \alpha')' = M\mu$ geschrieben werden, natürlich mit unterschiedlichen Matrizen M. Aufgrund der Struktur der Matrizen M existieren jeweils die Inversen, so dass $\mu = M^{-1}(\mu, \alpha')'$. Zwischen der Zellenmittel- und den beiden Effektparametrisierungen kann also jeweils hin- und hergesprungen werden.

Beispiel 5.2
Für eine Versuchsanlage mit fünf Stufen eines Faktors erhält man für die Reparametrisierung (5.3) die Matrix

$$
M = \begin{pmatrix} 0.2 & 0.2 & 0.2 & 0.2 & 0.2 \\ 0.8 & -0.2 & -0.2 & -0.2 & -0.2 \\ -0.2 & 0.8 & -0.2 & -0.2 & -0.2 \\ -0.2 & -0.2 & 0.8 & -0.2 & -0.2 \\ -0.2 & -0.2 & -0.2 & 0.8 & -0.2 \end{pmatrix}.
$$

Die Inverse dazu ist:

$$
M^{-1} = \begin{pmatrix} 1 & 1 & 0 & 0 & 0 \\ 1 & 0 & 1 & 0 & 0 \\ 1 & 0 & 0 & 1 & 0 \\ 1 & 0 & 0 & 0 & 1 \\ 1 & -1 & -1 & -1 & -1 \end{pmatrix}.
$$

Daher gilt für $i = 1, \ldots, I-1$ die Relation $\mu_i = \mu + \alpha_i$; weiter ist $\mu_I = \mu - \sum_{i=1}^{I-1}\mu_i$. Mit $\alpha_I = -\sum_{i=1}^{I-1}\alpha_i$ ist auch $\mu_I = \mu + \alpha_I$.

Für die Reparametrisierung (5.4) seien $n_1 = 6, n_2 = 5, n_3 = 4, n_4 = 3, n_5 = 2$; damit gilt

$$
M = \begin{pmatrix} 6/20 & 5/20 & 4/20 & 3/20 & 2/20 \\ 14/20 & -5/20 & -4/20 & -3/20 & -2/20 \\ -6/20 & 15/20 & -4/20 & -3/20 & -2/20 \\ -6/20 & -5/20 & 16/20 & -3/20 & -2/20 \\ -6/20 & -5/20 & -4/20 & 17/20 & -2/20 \end{pmatrix}.
$$

Die Inverse dazu ist:

$$\mathbf{M}^{-1} = \begin{pmatrix} 1 & 1 & 0 & 0 & 0 \\ 1 & 0 & 1 & 0 & 0 \\ 1 & 0 & 0 & 1 & 0 \\ 1 & 0 & 0 & 0 & 1 \\ 1 & -3 & -2.5 & -2 & -1.5 \end{pmatrix}.$$

Auf der letzten Zeile stehen gerade die Vielfachen des kleinsten Stichprobenumfanges, also im wesentlichen Angaben zu n_i/N. Dabei ist zu berücksichtigen, dass auf Grund der Kodierung n_5 nicht selbst auftaucht: $n_4 = 1.5n_5, n_3 = 2n_5, n_2 = 2.5n_5, n_1 = 3n_5$. ∎

1.2 Parameterschätzungen

Als Ausgangspunkt dient das Modell in der Zellenmittel-Kodierung. Für die Bestimmung der ML-Schätzer der Parameter μ_i und σ^2 ist die Loglikelihoodfunktion

$$\ln f(\mathbf{y}) = -\frac{N}{2}\ln(2\pi) - \frac{N}{2}\ln(\sigma^2) - \frac{1}{2\sigma^2}(\mathbf{y} - \mathbf{X}\boldsymbol{\mu})'(\mathbf{y} - \mathbf{X}\boldsymbol{\mu}). \tag{5.7}$$

zu maximieren. Nullsetzen der partiellen Ableitungen ergibt die Normalgleichungen

$$\mathbf{X}'\mathbf{X}\hat{\boldsymbol{\mu}} = \mathbf{X}'\mathbf{y}. \tag{5.8}$$

und die Schätzgleichung für σ^2:

$$\hat{\sigma}^2_{\mathrm{ML}} = \frac{1}{N}(\mathbf{y} - \mathbf{X}\hat{\boldsymbol{\mu}})'(\mathbf{y} - \mathbf{X}\hat{\boldsymbol{\mu}}). \tag{5.9}$$

Für die Summe der quadratischen Abweichungen wird im Folgenden kurz geschrieben:

$$Q(\hat{\boldsymbol{\mu}}) = (\mathbf{y} - \mathbf{X}\hat{\boldsymbol{\mu}})'(\mathbf{y} - \mathbf{X}\hat{\boldsymbol{\mu}}). \tag{5.10}$$

Mit

$$\mathbf{X}'\mathbf{X} = \begin{pmatrix} \mathbf{j}'_{n_1} & \mathbf{0}' & \cdots & \mathbf{0}' \\ \mathbf{0}' & \mathbf{j}'_{n_2} & & \mathbf{0}' \\ \vdots & & & \vdots \\ \mathbf{0}' & \cdots & \cdots & \mathbf{j}'_{n_I} \end{pmatrix} \begin{pmatrix} \mathbf{j}_{n_1} & \mathbf{0} & \cdots & \mathbf{0} \\ \mathbf{0} & \mathbf{j}_{n_2} & \cdots & \mathbf{0} \\ \vdots & \vdots & & \vdots \\ \mathbf{0} & \mathbf{0} & \cdots & \mathbf{j}_{n_I} \end{pmatrix} = \begin{pmatrix} n_1 & 0 & \cdots & 0 \\ 0 & n_2 & \cdots & 0 \\ \vdots & \vdots & \ddots & \vdots \\ 0 & 0 & \cdots & n_I \end{pmatrix}$$

und

$$\mathbf{X}'\mathbf{y} = \begin{pmatrix} \sum_{v=1}^{n_1} y_{1v} \\ \vdots \\ \sum_{v=1}^{n_I} y_{Iv} \end{pmatrix}$$

sowie der Regularität von $\mathbf{X'X}$ (alle $n_i > 0$) ergeben sich als Lösung einfach die Mittelwerte der Gruppen:

$$\hat{\mu} = (\mathbf{X'X})^{-1}\mathbf{X'y} = \begin{pmatrix} \bar{Y}_{1\bullet} \\ \vdots \\ \bar{Y}_{I\bullet} \end{pmatrix} . \tag{5.11}$$

Die Kovarianzmatrix von $\hat{\mu}$ ist nach (1.34)

$$\mathrm{Var}(\hat{\mu}) = (\mathbf{X'X})^{-1}\mathbf{X'}(\sigma^2\mathbf{I})((\mathbf{X'X})^{-1}\mathbf{X'})' = \sigma^2(\mathbf{X'X})^{-1}. \tag{5.12}$$

Hier ist also speziell

$$\mathrm{Var}(\hat{\mu}) = \sigma^2 \begin{pmatrix} 1/n_1 & 0 & \cdots & 0 \\ 0 & 1/n_2 & \cdots & 0 \\ \vdots & & \ddots & 0 \\ 0 & & & 1/n_I \end{pmatrix} .$$

Für die Effektkodierung ist $(\mu, \alpha_1, \ldots, \alpha_{I-1})' = \mathbf{M}\mu$, wobei die Matrix $\mathbf{M}$ entsprechend der gewählten Nebenbedingung festgelegt ist. Da die ML-Schätzer invariant unter eineindeutigen Transformationen sind, ergibt sich einfach:

$$\begin{pmatrix} \hat{\mu} \\ \hat{\alpha} \end{pmatrix} = \mathbf{M}\hat{\mu} .$$

Konkret bedeutet dies für die Effektkodierung mit der Reparametrisierung (5.3):

$$\hat{\mu} = \frac{1}{I}\sum_{i=1}^{I}\hat{\mu}_i, \quad \hat{\alpha}_i = \bar{Y}_{i\bullet} - \hat{\mu} \quad (i = 1, \ldots, I-1), \quad \hat{\alpha}_I = -\sum_{i=1}^{I-1}\hat{\alpha}_i . \tag{5.13}$$

Speziell wird also das globale Niveau durch das ungewichtete Mittel aller Zellenmittelwerte geschätzt.

Für die Reparametrisierung (5.4) führen die gleichen Überlegungen zu dem Gesamtmittel aller Beobachtungen als Schätzer für μ:

$$\hat{\mu} = \bar{Y}_{\bullet\bullet} = \frac{1}{N}\sum_{i=1}^{I}\sum_{v=1}^{n_i}Y_{iv} . \tag{5.14a}$$

Für die weiteren Parameter ergibt sich:

$$\hat{\alpha}_i = \bar{Y}_{i\bullet} - \bar{Y}_{\bullet\bullet} . \tag{5.14b}$$

Die Standardfehler der Parameterschätzer der Effektkodierungen ergeben sich nach (1.34) aus der Kovarianzmatrix von $\hat{\mu}$ zu

$$\mathrm{Var}\begin{pmatrix} \hat{\mu} \\ \hat{\alpha} \end{pmatrix} = \mathbf{M}\mathrm{Var}(\hat{\mu})\mathbf{M}' . \tag{5.15}$$

Beispiel 5.3 ('Hot Dogs' - Fortsetzung)

Hier sind es drei Stichproben, die es zu vergleichen gilt. Bei der Zellenmittelkodierung werden die Schätzungen $\hat{\mu}_i$ der drei Erwartungswerte direkt miteinander verglichen. Man erhält:

```
Coefficients:
            Estimate Std. Error t value Pr(>|t|)
Typbeef      156.850     5.246    29.90  <2e-16
Typmeat      118.765     5.690    20.87  <2e-16
Typpoultry   158.706     5.690    27.89  <2e-16
```

Die Tests gehören zwar zur Standardausgabe von entsprechenden Programmen; da sie aber als Nullhypothese $H_0 : \mu_i = 0$ haben, sind sie außer Acht zu lassen.

Bei der Effektkodierung wird mit μ erst einmal ein allgemeines Mittel des Kaloriengehaltes unterstellt. Die α_i bezeichnen dann die Abweichungen vom globalen Mittel. Für die Nebenbedingung $\sum \alpha_i = 0$ ergibt sich:

```
Coefficients:
            Estimate Std. Error t value Pr(>|t|)
(Intercept)  144.774     3.202    45.22  < 2e-16
Typ1          12.076     4.407     2.74  0.00844
Typ2         -26.009     4.587    -5.67 6.72e-07
```

Unter "Intercept" ist das globale Niveau angegeben: $\hat{\mu} = (\bar{y}_{1\bullet} + \bar{y}_{2\bullet} + \bar{y}_{3\bullet})/3$. Die Effekte sind $\hat{\alpha}_i = \bar{y}_{i\bullet} - \hat{\mu}$. Nur die ersten beiden werden ausgegeben; den dritten erhält man mit den Nebenbedingungen zu $-(12.076 - 26.009) = 13.932$.

Die Nebenbedingung $\sum_{i=1}^{3} n_i \alpha_i = 0$ zeitigt das Schätzergebnis:

```
Coefficients:
            Estimate Std. Error t value Pr(>|t|)
(Intercept)  145.444     3.192    45.560  < 2e-16
Typ1          11.406     4.162     2.740  0.00844
Typ2         -26.680     4.710    -5.665 6.84e-07
```

Das globale Niveau ist $\hat{\mu} = \bar{y}_{\bullet\bullet} = 145.445$. Die Effekte sind $\hat{\alpha}_1 = 11.406, \hat{\alpha}_2 = -26.680$. $\hat{\alpha}_3$ ergibt sich aus der Nebenbedingung zu $-(20 \cdot 11.406 + 17 \cdot (-26.680))/17 = 13.261$. ∎

R-Code 5.1 (Schätzen der Parameter in der Einwegsvarianzanalyse)

```
hd<-read.table("c:/daten/hotdog.dat",header=T)
attach(hd)
Typ<-factor(Typ)
erg1 <- lm(formula = Kal ~ Typ -1)                    # Modell 1
options(contrasts=c("contr.sum","contr.poly"))        # Modell 2
```

```
erg2 <- lm(formula = Kal ~ Typ )
Typ <- relevel(Typ,ref="poultry")                              # Modell 3
erg3 <- lm(formula = Kal ~ Typ )

                                                               # Modell 4
M <- matrix(c(20,54-20,-20,17,-17,54-17,17,-17,-17)/54,3,3)
invM<-solve(M)
contrasts(Typ)<-invM[,2:3]
erg4 <- lm(formula = Kal ~ Typ)
summary(erg4)
model.matrix(erg4)
```

Die Daten liegen in zwei Spalten vor; in der ersten Zeile sind die Variablennamen Kal und Typ angegeben (header=T). Daher werden sie mit read.table als Datensatz eingelesen. Mit attach werden die beiden Variablen 'ansprechbar' gemacht. Dann wird die Variable Typ zum Faktor erklärt.

Im folgenden werden vier Modelle geschätzt. Da R als Standardeinstellung eine Konstante in das Modell mit einbezieht, indem die erste Spalte der Designmatrix gleich eins gesetzt wird, wird im Modell 1 durch die Angabe '-1' dies wieder aufgehoben. Das ist also das Zellenmittelmodell.

Für das Modell 2 wird die Effektkodierung mit der Reparametrisierungsbedingung (5.3) gewählt. Dies erfolgt mit der angegebenen Option; siehe den R-Code 5.2. Für das dritte Modell wird durch relevel die Referenzkategorie geändert. Das Ergeb-

nis ist dann entsprechend zum Modell 2 zu interpretieren.

Will man schließlich die Effektkodierung mit der Reparametrisierungsbedingung (5.4) schätzen, so ist zunächst die Matrix M einzugeben und ihre Inverse mit solve zu bestimmen. M ergibt sich dabei entsprechend zu KodierM2, wobei hier die konkreten Stichprobenumfänge eingesetzt sind. R benötigt aber die erste, aus Einsen bestehende Spalte der Matrix invM nicht. Über die Zuordnung contrasts(Typ)<-invM[,2:3], die für jede Stufe des Faktors die zugehörigen Zeileneintrag der Design-Matrix enthält, kann die volle Design-Matrix aufgebaut werden. Das Ergebnis erhält man mit der Funktion summary(). model.matrix() gibt die verwendete Designmatrix aus.

R-Code 5.2 (Optionen für die Reparametrisierung)

```
options(contrasts=c("contr.helmert","contr.poly"))
```

Bei den Optionen müssen zwei der vier zur Verfügung stehenden Möglichkeiten für die Wahl der Kontraste in der Form eines Charakter-Vektors der Länge zwei angegeben werden: "contr.helmert", "contr.poly",

"contr.sum", "contr.treatment". Die erste wird für nicht-geordnete Faktoren verwendet, der zweite für geordnete. Die Ergebnisse der folgenden Tabelle stammen von dem HotDog-Beispiel; dort ist der Faktor nicht geordnet.

	helmert	poly	sum	treatment
$\hat{\mu}$	144.77	144.77	144.77	-
$\hat{\alpha}_1$	-19.04	1.31	12.08	156.85
$\hat{\alpha}_2$	6.97	31.85	-26.01	-38.09
$\hat{\alpha}_3$	-	-	-	1.86

'Helmert' liefert als erster Parameter den globalen Mittelwert. Die folgenden Parameter ergeben sich über Differenzen kumulierter Mittelwerte:

$\hat{\alpha}_i = \sum_{j=1}^{i+1} \bar{y}_{i\cdot}/(i+1) - \sum_{j=1}^{i} \bar{y}_{i\cdot}/i$.

Der letzte Parameter $\hat{\alpha}_I$ wird nicht angezeigt.

'Poly' basiert auf orthogonalen Polynomen.

Dabei ist der erste Parameter wieder das globale arithmetische Mittel.

Bei der Option contr.sum wird die klassische Nebenbedingung $\sum \alpha_i = 0$ realisiert. Als erster Parameter wird das globale arithmetische Mittel ausgegeben.

Bei der Option contr.treatment wird als erster Parameter der Mittelwert der ersten Stufe ausgegeben. Die folgenden Parameter sind die Differenzen der zu den jeweiligen Stufen gehörenden Mittelwerte minus dem Mittelwert der ersten Stufe, $\hat{\alpha}_i = \bar{y}_{i\cdot} - \bar{y}_{1\cdot}$.

1.3 Der F-Test

Bei der Betrachtung mehrerer Stichproben wird man zunächst nach der Gleichheit aller Erwartungswerte fragen. Das Testproblem lautet formal

$$H_0: \ \mu_1 = \mu_2 = \ldots = \mu_I, \quad \sigma^2 > 0,$$
$$H_1: \ \mu_i \neq \mu_j \ \text{für mindestens ein Paar } i,j, \ \sigma^2 > 0.$$

Natürlich ist die Hypothese $H_0: \alpha_1 = \cdots = \alpha_I = 0$ zur Nullhypothese gleicher Erwartungswerte äquivalent.

Als geeignete Teststatistik wird dafür der Likelihood-Quotiententest bestimmt. Dazu wird wieder $N = n_1 + n_2 + \cdots n_I$ gesetzt. Das Supremum im Zähler von $\ell(\mathbf{y})$, $\mathbf{y} = (y_{11}, \ldots, y_{In_I})'$, erhält man gerade durch Einsetzen der *restringierten ML-Schätzer*, d.h. der ML-Schätzer, bei denen die Gültigkeit von H_0 unterstellt wird. Für μ ist dies naheliegender Weise das globale arithmetische Mittel und für σ^2 die globale Varianz (mit dem Normierungsfaktor $1/N$); so führt das Einsetzen zu:

$$\sup_{\mu, \sigma^2 > 0} f(\mathbf{y}; \mu, \sigma^2) = \left(\frac{N}{2\pi \sum_{i=1}^{I} \sum_{v=1}^{n_i} (y_{iv} - \bar{y}_{\cdot\cdot})^2} \right)^{N/2} \exp\left[-\frac{N}{2} \right].$$

Analog erhält man für den Nenner durch Einsetzen der nicht-restringierten ML-Schätzer, den einzelnen arithmetischen Mitteln und der zugehörigen normierten Summe der Abweichungsquadrate:

$$\sup_{\mu_1, \ldots, \mu_I, \sigma^2 > 0} f(\mathbf{y}; \mu_1, \ldots, \mu_I, \sigma^2) = \left(\frac{N}{2\pi \sum_{i=1}^{I} \sum_{v=1}^{n_i} (y_{iv} - \bar{y}_{i\cdot})^2} \right)^{N/2} \exp\left[-\frac{N}{2} \right].$$

Damit ist der Likelihood-Quotient:

$$\ell(\mathbf{y}) = \left(\frac{\sum_{i=1}^{I} \sum_{v=1}^{n_i} (y_{iv} - \bar{y}_{i\cdot})^2}{\sum_{i=1}^{I} \sum_{v=1}^{n_i} (y_{iv} - \bar{y}_{\cdot\cdot})^2} \right)^{N/2}. \tag{5.16}$$

Für den dazugehörigen Ablehnbereich ist nun ein c zu finden mit $P_{\mu,\sigma^2}(\ell(\mathbf{y}) < c) \leq \alpha$ für alle $\boldsymbol{\mu}$ mit $\mu_1 = \ldots = \mu_I$.

Mit der *Varianzzerlegungsformel*

$$\sum_{i=1}^{I}\sum_{v=1}^{n_i}(y_{iv} - \bar{y}_{\bullet\bullet})^2 = \sum_{i=1}^{I}\sum_{v=1}^{n_i}(y_{iv} - \bar{y}_{i\bullet})^2 + \sum_{i=1}^{I} n_i(\bar{y}_{i\bullet} - \bar{y}_{\bullet\bullet})^2 \qquad (5.17)$$

lässt sich $\ell(\mathbf{y})$ folgendermaßen transformieren:

$$\ell(\mathbf{y})^{-2/N} - 1 = \frac{\sum_{i=1}^{I}\sum_{v=1}^{n_i}(Y_{iv} - \bar{Y}_{\bullet\bullet})^2 - \sum_{i=1}^{I}\sum_{v=1}^{n_i}(Y_{iv} - \bar{Y}_{i\bullet})^2}{\sum_{i=1}^{I}\sum_{v=1}^{n_i}(Y_{iv} - \bar{Y}_{i\bullet})^2} \qquad (5.18a)$$

$$= \frac{\sum_{i=1}^{I} n_i(\bar{Y}_{i\bullet} - \bar{Y}_{\bullet\bullet})^2}{\sum_{i=1}^{I}\sum_{v=1}^{n_i}(Y_{iv} - \bar{Y}_{i\bullet})^2}. \qquad (5.18b)$$

Auf Grund der Transformation führen jetzt große Werte von $\ell(\mathbf{y})^{-2/N} - 1$ zur Ablehnung der Nullhypothese, dass alle Erwartungswerte gleich sind.

Mit (5.18b) hat man die Grundlage zu einer Teststatistik, bei der die Verteilung unter der Nullhypothese bekannt ist. Die Varianzzerlegung (5.17) führt nämlich zu unabhängigen Stichprobenfunktionen, die zudem nach Division durch die Varianz χ^2-verteilt sind. Da Zähler und Nenner von (5.18b) stochastisch unabhängig sind, ergibt der Quotient nach geeigneter Normierung eine Teststatistik, die unter der Nullhypothese F-verteilt ist:

$$F = \frac{\sum_{i=1}^{I} n_i(\bar{Y}_{i\bullet} - \bar{Y}_{\bullet\bullet})^2/(I-1)}{\sum_{i=1}^{I}\sum_{v=1}^{n_i}(Y_{iv} - \bar{Y}_{i\bullet})^2/(N-I)} \sim \mathcal{F}_{I-1,N-I}. \qquad (5.19)$$

Die eigentlich noch zur Normierung von Zähler und Nenner benötigte theoretische Varianz kürzt sich gerade heraus.

In der Teststatistik werden die quadrierten Abweichungen der Mittelwerte der einzelnen Stufen des Faktors mit den quadrierten Abweichungen innerhalb der einzelnen Stufen verglichen. Da für alle Stichproben die gleiche Varianz vorausgesetzt wurde, steht im Nenner eine Schätzung der Varianz der ε_{iv}: $\mathrm{E}\left(\frac{1}{N-I}\sum_{i=1}^{I}\sum_{v=1}^{n_i}(Y_{iv} - \bar{Y}_{i\bullet})^2\right)$ $= \sigma^2$. Aber auch der Zähler kann als Schätzung dieser Varianz angesehen werden: $\mathrm{E}\left(\frac{1}{I-1}\sum_{i=1}^{I} n_i(\bar{Y}_{i\bullet} - \bar{Y}_{\bullet\bullet})^2\right) = \sigma^2$. Die Frage nach der Gleichheit aller Erwartungswerte führt also zu einem Vergleich von Varianzen. Das erklärt den Namen *Varianzanalyse*.

Die Varianzzerlegung (5.17) führt auf die zusammenfassende Angabe der Größen, die für den Test relevant sind, in der sogenannten *Tafel der Varianzanalyse* 5.1.

Die Teststatistik des F-Tests kann mit den Bezeichnungen der ANOVA-Tafel auch folgendermaßen angegeben werden:

$$F = \frac{MS_A}{MS_E}. \qquad (5.20)$$

Tabelle 5.1: ANOVA-Tafel

Quelle	df	SS	MS	F
Faktor A	$I-1$	$SS_A = \sum_{i=1}^{I} n_i(\bar{Y}_{i\bullet} - \bar{Y}_{\bullet\bullet})^2$	$MS_A = \dfrac{SS_A}{(I-1)}$	$\dfrac{MS_A}{MS_E}$
Fehler E	$N-I$	$SS_E = \sum_{i=1}^{I}\sum_{v=1}^{n_i}(Y_{iv} - \bar{Y}_{i\bullet})^2$	$MS_E = \dfrac{SS_E}{N-I}$	
Gesamt G	$N-1$	$\sum_{i=1}^{I}\sum_{v=1}^{n_i}(Y_{iv} - \bar{Y}_{\bullet\bullet})^2$		

Für die Berechnung sind oft die folgenden Beziehungen hilfreich:

$$\sum_{i=1}^{I} n_i(\bar{Y}_{i\bullet} - \bar{Y}_{\bullet\bullet})^2 = \sum_{i=1}^{I} n_i\bar{Y}_{i\bullet}^2 - N\bar{Y}_{\bullet\bullet}^2, \qquad \sum_{i=1}^{I}\sum_{v=1}^{n_i}(Y_{iv} - \bar{Y}_{i\bullet})^2 = \sum_{i=1}^{I}\sum_{v=1}^{n_i}Y_{iv}^2 - \sum_{i=1}^{I} n_i\bar{Y}_{i\bullet}^2.$$

R-Code 5.3 (Einweg-Varianzanalyse)

```
hd<-read.table("c:/daten/hotdog.dat",header=T)
attach(hd)
erg <- aov(formula = Kal ~ factor(Typ) )
anova(erg)
coefficients(erg)
```

Die Vorbereitungen sind wie bei der Schätzung der Effekte: Die Daten werden eingelesen und die Variablen mittels **attach** zugänglich gemacht. Dann wird zur Durchführung der Varianzanalyse die Funktion **aov** aufgerufen. Die Form ihres Argumentes entspricht dem der Funktion **lm**; speziell muss die Variable Typ wieder als Faktor berück-sichtigt werden. Mit **anova** wird die Varianzanalysetafel angefordert.

Die Schätzungen der Effekte, die natürlich von der gewählten Kodierung abhängen und entsprechend interpretiert werden müssen, erhält man mit dem letzten Befehl **coefficients(erg)**.

Beispiel 5.4 ('Hot-Dogs' - Fortsetzung)
Die im Beispiel 5.1 angegebenen Daten führen zu der folgenden ANOVA-Tafel; diese ist noch um den zugehörigen P-Wert komplettiert.

```
Analysis of Variance Table
Response: Kal
            Df  Sum Sq  Mean Sq  F value    Pr(>F)
factor(Typ)  2  17692.2  8846.1   16.074  3.862e-06
Residuals   51  28067.1   550.3
```

Der P-Wert ist praktisch null, der Unterschied im Kaloriengehalt zwischen den Typen von Hot Dogs also nachgewiesen.   ∎

Um auch die Situation unter der Alternative zu erfassen, wird die nichtzentrale χ^2-Verteilung benötigt.

Definition 5.5 (Nichtzentrale χ^2-Verteilung)
Die Verteilung von $\sum_{i=1}^{n} Y_i^2$, wobei die Y_i unabhängig $\mathcal{N}(\mu_i, \sigma^2)$, $i = 1, \ldots, n$ verteilt sind, wird als nichtzentrale χ^2-Verteilung mit n Freiheitsgraden und Nichtzentralitätsparameter δ^2 bezeichnet, i. Z. χ^2_{ν, δ^2}.   ∎

Dann ist:

$$
\begin{aligned}
SS_A &\sim \sigma^2 \chi^2_{I-1, \delta^2} \quad \text{mit } \delta^2 = \frac{\sum_{i=1}^{I} n_i \alpha_i^2}{\sigma^2}, \\
SS_E &\sim \sigma^2 \chi^2_{N-I}.
\end{aligned}
\tag{5.21}
$$

Die erwarteten mittleren Quadratsummen lauten:

$$
\begin{aligned}
\mathrm{E}(MS_A) &= \sigma^2 + \frac{\sum_{i=1}^{I} n_i \alpha_i^2}{(I-1)}, \\
\mathrm{E}(MS_E) &= \sigma^2.
\end{aligned}
\tag{5.22}
$$

Schon damit wird deutlich, dass der Test konsistent ist, d. h. er ist bei wachsendem Stichprobenumfang immer besser in der Lage, Abweichungen von der Nullhypothese aufzudecken. Weitergehende Betrachtungen zeigen, dass die Teststatistik F unter der Alternative eine *nichtzentrale F-Verteilung* hat. Dies ist die Verteilung eines Quotienten aus einer nichtzentral χ^2-verteilten und einer χ^2-verteilten Zufallsvariablen, siehe die Definition 6.8

2   Abweichungen von den Annahmen

2.1   Effekte von Nichtnormalverteilungen

Die Nicht-Normalverteilung hat einen sehr geringen Effekt auf das Signifikanzniveau des F-Tests, einen geringeren sogar als im Zweistichprobenfall.

Die asymptotische Robustheit des F-Tests folgt aus dem zentralen Grenzwertsatz; daraufhin stimmen die Verteilungen von Zähler und Nenner der F-Teststatistik für eine zu Grunde liegender Verteilung mit endlicher Varianz immer besser mit den χ^2-Verteilungen überein, wenn $n_i \to \infty$, $i = 1, \ldots, I$. Die Robustheit verbessert sich auch mit größer werdendem I, da auf Grund des zentralen Grenzwertsatzes für $I \to \infty$ die (Quadrat-) Summe im Zähler ebenfalls geglättet wird.

Man sollte sich die Tatsache bewusst machen, dass die auf der Normalverteilung basierenden Tests zwar das Signifikanzniveau recht gut einhalten, dass bei Nichtnormalverteilung andere Tests aber eine größere Güte haben können. Transformationen zur Verbesserung der Annäherung an die Normalverteilung können für nichtnormale Verteilungen zu einer Effizienzsteigerung führen, andere Tests können von vornherein effizienter sein.

2.2 Ungleiche Varianzen

Wenn sich die Varianzen zwischen den Stichproben unterscheiden, sind die Zähler- und Nennerquadratsummen im F-Quotienten wie gewichtete Quadratsummen unabhängiger normalverteilter Zufallsvariablen verteilt. Da die Gewichte ungleich sind, sind sie nicht mehr χ^2-verteilt.

Um einen Einblick in den Effekt ungleicher Varianzen auf den F-Test zu bekommen, reicht es aus, den Fall großer Stichproben zu untersuchen, bei dem alle n_i groß sind. Die mittlere Quadratsumme des Nenners konvergiert gegen ihren Erwartungswert

$$\mathrm{E}\left[\frac{1}{N-I}\sum_{i=1}^{I}\sum_{v=1}^{n_i}(Y_{iv}-\bar{Y}_{i\cdot})^2\right] = \frac{1}{N-I}\sum_{i=1}^{I}(n_i-1)\sigma_i^2, \tag{5.23}$$

wobei σ_i^2 die Varianz der Beobachtungen der i-ten Stichprobe ist. Wegen $N-I = \sum_{i=1}^{I}(n_i-1)$ ist der Erwartungswert ein gewichteter Durchschnitt der σ_i^2; er sei mit $\bar{\sigma}^2$ bezeichnet. Der Erwartungswert der mittleren Quadratsumme des Zählers unter H_0 ist

$$\begin{aligned}\mathrm{E}\left[\frac{1}{I-1}\sum_{i=1}^{I}n_i(\bar{Y}_{i\cdot}-\bar{Y}_{\cdot\cdot})^2\right] &= \frac{1}{I-1}\left[\sum_{i=1}^{I}n_i\mathrm{E}(\bar{Y}_i-\mu)^2 - N\mathrm{E}(\bar{Y}_{\cdot\cdot}-\mu)^2\right] \\ &= \frac{1}{I-1}\left[\sum_{i=1}^{I}n_i\frac{\sigma_i^2}{n_i} - N\frac{\sum_{i=1}^{I}n_i\sigma_i^2}{N^2}\right] \\ &= \frac{1}{N(I-1)}\sum_{i=1}^{I}(N-n_i)\sigma_i^2.\end{aligned} \tag{5.24}$$

Der letzte Ausdruck in (5.24) ist ein anderer gewichteter Durchschnitt der σ_i^2; er sei mit $\bar{\sigma}_*^2$ bezeichnet.

Sind die n_i alle gleich, dann stimmen die beiden gewichteten Durchschnitte (5.23) und (5.24) überein, $\bar{\sigma}_*^2 = \bar{\sigma}^2$. Das bedeutet, der F-Quotient ist nahe eins zentriert, wie es sein sollte. Aber die Varianz des Zählers ist

$$\frac{2\bar{\sigma}^4}{I-1}\left[1 + \frac{(I-2)}{I(I-1)} \cdot \frac{\sum_{i=1}^{I}(\sigma_i^2-\bar{\sigma}^2)^2}{\bar{\sigma}^4}\right]. \tag{5.25}$$

Unter der χ^2-Theorie, die von gleichen Varianzen ausgeht, sollte der Term in eckigen Klammern in (5.25) gleich 1 sein, aber er ist offensichtlich größer, wenn sich die σ_i^2 voneinander unterscheiden. Daher ist die tatsächliche Varianz größer als die theoretische bei gleichen σ_i^2, und die obere Flanke der Verteilung des F-Quotienten hat mehr Wahrscheinlichkeitsmasse, als bei Eingehen einer χ_{I-1}^2-Verteilung. Der tatsächliche P-Wert für einen beobachteten F-Quotienten ist größer als der auf der Basis der F-Verteilung berechnete. Numerische Untersuchungen deuten aber darauf hin, dass der Effekt nicht groß ist.

Sind die n_i ungleich, so kann der Effekt ernsthafter sein. Stehen große σ_i^2 zufällig mit großen n_i in Verbindung, dann erhalten in $\bar{\sigma}^2$ die größeren σ_i^2 größere Gewichte, wohingegen in $\bar{\sigma}_*^2$ aus (5.24) die kleinen σ_i^2 größere Gewichte erhalten. Der Erwartungswert der mittleren Quadrate im Zähler ist daher kleiner als der Erwartungswert des Nenners, und das Zentrum der Verteilung des F-Quotienten ist kleiner als eins. Der tatsächliche P-Wert ist geringer, als der, den man mit der zentralen F-Verteilung bestimmt. Stehen große σ_i^2 mit kleinen n_i in Verbindung, dann findet eine Verschiebung in die entgegengesetzte Richtung statt. Der tatsächliche P-Wert übertrifft den ermittelten; auch ohne stark unterschiedliche Varianzen kann dieser Effekt groß sein.

Die Moral der Geschichte besteht darin, das Experiment, wenn irgend möglich, zu balancieren, also die Stichprobenumfänge möglichst gleich groß zu wählen. Dann haben ungleiche Varianzen (und andere Abweichungen von den Annahmen) den geringsten Effekt.

Wie schon in Abschnitt 3.1 ausgeführt, gibt es einen formalen Test zur Überprüfung der Gleichheit der Varianzen bei normalverteilten Beobachtungen. Für die Situation mehrerer Stichproben ist es der klassische *Test von Bartlett*. Dieser Test ist sehr sensitiv gegen Abweichungen von der Normalverteilung. Shoemakers (2003) Robustifizierung greift auch hier. Jedoch gelten ebenfalls die auf Seite 110 angeführten Gegenargumente gegen die Verwendung als Vortest vor der Durchführung des F-Tests.

Zur Bereinigung ungleicher Varianzen können wie bei zwei Stichproben varianzstabilisierende Transformationen herangezogen werden. Bei mehr als zwei Stichproben kann man die sich auf Grund von (4.10) durch Logarithmierung ergebende Beziehung

$$(\lambda - 1) \ln(\bar{y}_i) + \ln(s_i) \stackrel{!}{=} \text{const}$$

in der Weise ausnutzen, dass die Punkte $(\ln(\bar{y}_i), \ln(s_i))$, $i = 1, \ldots, I$, in ein Streudiagramm gezeichnet und eine Ausgleichsgerade hindurchgelegt wird. Die Steigung b der Geraden ergibt über $b = \lambda - 1$ die benötigte Potenz.

Beispiel 5.6 (Kalorien-Angaben)

Diät- und Gesundheitskost wurden in Manhattan, New York, daraufhin untersucht, ob die Kalorien-Angaben auf den Packungen mit der Realität übereinstimmten. Es wurde differenziert danach, ob das jeweilige Produkt national ($A = 1$), regional ($A = 2$) oder nur lokal ($A = 3$) beworben wurde, siehe Allison et al. (1993). Die

Zielvariable ist die prozentuale Differenz zwischen gemessenen Kalorien und den auf der Packung angegebenen pro Item (100·(gemessen-angegeben)/angegeben).

A=1					A=2			A=3	
6	3	2	10	15	41	-3	39	15	6
-1	-0.5	-28	5	-4	46	14	16.5	60	80
10	-10	-6	3	-4	2	34	17	250	95
13	6	8	-7	-18	25	42	28	145	3

Die Daten sind sehr rechtsschief. Zudem sind die Streuungen der Zielvariablen auf den drei Stufen sehr unterschiedlich. Daher wird eine varianzstabilisierende Transformation gesucht. Dazu wird, wie oben angegeben, für die logarithmierten Mittelwerte und Standardabweichungen das zugehörige Diagramm gezeichnet. Da hier negative Werte vorkommen, wird zu allen Beobachtungen die Konstante 100 addiert.

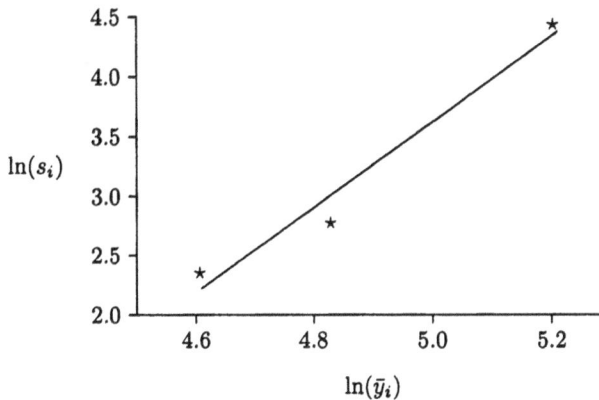

Abbildung 5.1: Bestimmung einer varianzstabilisierenden Transformation

Die Steigung der Geraden beträgt $b = 3.6$, vgl. Abbildung 5.1; somit wird wegen $\lambda = 1 - b$ die Transformation $z = 1/(100 + y)^2$ oder $z = 1/(100 + y)^3$ nahegelegt.

Unter Verwendung der mit der zweiten Potenz transformierten Daten erweist sich die regionale Differenzierung als bedeutsam:

```
Analysis of Variance Table
Response: z
          Df     Sum Sq     Mean Sq  F value     Pr(>F)
A          2 2.1514e-08  1.0757e-08   15.251  1.477e-05
Residuals 37 2.6098e-08  7.0530e-10
```

3   Multiple Vergleiche

Im Beispiel 5.4 wurde die Hypothese H_0, dass alle Erwartungswerte gleich sind, abgelehnt. Bedeutet dies nun, dass bei den Hot Dogs der Typ 1 von dem Typ 2 verschieden ist, oder Typ 1 und Typ 3, Typ 2 von Typ 3? Kann man vielleicht aus den Beobachtungen schließen, dass Typ 3 nahrhafter ist als Typ 2, dieser seinerseits nahrhafter ist als Typ 1?

Für solche Fragen müssen mehrere Hypothesen gleichzeitig geprüft werden. Je nach Fragestellung, für die ein Experiment durchgeführt wird, sind dabei verschiedene Hypothesenpaare denkbar:

1. Wird die Nullhypothese, dass alle Erwartungswerte gleich sind, abgelehnt, so ist es i.d.R. von primärem Interesse, herauszufinden, wo die Unterschiede herrühren. Dies führt zu den Paarvergleichen von verschiedenen Behandlungen untereinander: $H_0 : \mu_i = \mu_j$ gegen $H_1 : \mu_i \neq \mu_j$ $(1 \leq i < j \leq 3)$.

2. Vergleiche von verschiedenen Behandlungen gegen einen Standard. Insbesondere in der Medizin gibt es diese Situation häufiger, dass eine Kontroll- oder Standardbehandlung als Maßstab genommen wird. Dies führt beispielsweise zu dem multiplen Testproblem $H_0 : \mu_i = \mu_I$ gegen $H_1 : \mu_i \neq \mu_I$ $(1 \leq i < I)$.

3. Vergleich von Kombinationen verschiedener Behandlungen. Im obigen Beispiel könnte etwa die Hypothese $H_0 : \mu_1 + \mu_2 = 2\mu_3$ von Interesse sein; 2 Hot Dogs aus meat haben den gleichen Kaloriengehalt wie eines aus beef und eines aus poultry zusammen.

Bei multiplen Vergleichen sind die einzelnen Vergleiche in aller Regel ungerichtet, d.h. es geht darum, jeweils zweiseitige Hypothesen zu überprüfen. Die multiplen Tests können folglich auch mit Konfidenzintervallen durchgeführt werden. Diese geben einen zusätzlichen Eindruck über die Lage der jeweiligen Differenz. Daher wird das multiple Testen hier vorzugsweise über den Zugang simultaner Konfidenzintervalle behandelt.

3.1   Grundlagen

Bei multiplen Vergleichen muss man sich erneut Gedanken über den Fehler 1. Art machen. Bei einem Experiment mit nur einer Hypothese und entsprechender Gegenhypothese wird zur Interpretation des Signifikanzniveaus die Häufigkeitsinterpretation gewählt. Diese sagt ja, dass bei einem Test zum Niveau $\alpha = 0.05$, der 100 mal unabhängig mit jeweils eigener Stichprobe durchgeführt wird, und wobei die Nullhypothese jeweils wahr ist, etwa 5 Vergleiche fälschlich signifikant sein werden.

Wenn ein Experiment zwei oder mehr Fragestellungen beantworten soll, also mehrere Testprobleme $H_0^{(m)}$ gegen $H_1^{(m)}$, $m = 1, \dots, M$ mit einem Datensatz getestet werden sollen, so wird üblicherweise die *Gruppenfehlerrate* als relevante Irrtumswahrscheinlichkeit betrachtet. Sie ist die Wahrscheinlichkeit α_G, bei mindestens einem der M Tests einen Fehler 1. Art zu begehen. Dabei wird kein Unterschied zwischen genau einer unkorrekten Aussage und mehr als einer unkorrekten Aussage gemacht. Die Anzahl fehlerhafter Entscheidungen ist nicht maßgebend; relevant ist nur, ob die

Anzahl null oder positiv ist.

Die Häufigkeitsinterpretation für den multiplen Fehler 1. Art ist dann folgende: Wenn bei einer großen Anzahl von Experimenten jeweils der multiple Fehler 1. Art α_G benutzt wird, dann werden in $100(1 - \alpha_G)$ Prozent der Experimente keine Nullhypothesen fälschlich abgelehnt und in $100\alpha_G$ Prozent werden eine oder mehrere richtige Nullhypothesen fälschlich abgelehnt. Die Wahrscheinlichkeit, alle wahren Vergleiche beizubehalten, gleichgültig, welche und wie viele dies sind, beträgt dann mindestens $1 - \alpha_G$. Im Folgenden werden nun multiple Entscheidungsverfahren betrachtet, welche den multiplen Fehler 1. Art unter Kontrolle halten.

Ein multipler Fehler 2. Art tritt übrigens genau dann auf, wenn man sich für eine Nullhypothese $H_0^{(m)}$ entscheidet, obwohl die zugehörige Gegenhypothese $H_1^{(m)}$ wahr ist. Man kann also mit diesen Entscheidungsregeln gleichzeitig Fehler 1. und 2. Art begehen.

Um herauszufinden, wo im Fall der Ablehnung der Nullhypothese, dass alle Erwartungswerte gleich sind, die Unterschiede herrühren, werden die Nullhypothesen $H_0^{(i,j)} : \mu_i = \mu_j$ betrachtet. Sofern eine dieser Nullhypothesen abgelehnt wird, kann man schließen, dass die Ablehnung der Globalhypothese durch diesen Unterschied verursacht wird.

Dazu wird die Nullhypothese

$$H_0 : \mu_1 = \mu_2 = \cdots = \mu_I$$

umformuliert in

$$H_0 : \begin{pmatrix} \mu_1 - \mu_2 \\ \vdots \\ \mu_{I-1} - \mu_I \end{pmatrix} = \begin{pmatrix} 1 & -1 & 0 & \cdots & 0 & 0 \\ 0 & 1 & -1 & \cdots & 0 & 0 \\ \vdots & & & & \vdots & \vdots \\ 0 & \cdots & & & 1 & -1 \end{pmatrix} \begin{pmatrix} \mu_1 \\ \vdots \\ \mu_I \end{pmatrix} = \begin{pmatrix} 0 \\ \vdots \\ 0 \end{pmatrix}. \quad (5.26)$$

kurz $H_0 : \mathbf{K}\boldsymbol{\mu} = \mathbf{0}$.

Andere Differenzen $\mu_i - \mu_j$ erhält man aus den in (5.26) vorkommenden über Addition bzw. Differenzenbilden. Solche Linearkombinationen der Differenzen $\mu_i - \mu_{i'}$ sind lineare Kontraste.

Definition 5.7 (linearer Kontrast)

Ein *linearer Kontrast* ist eine lineare Funktion des Parametervektors $\boldsymbol{\mu}$, $\mathbf{c}'\boldsymbol{\mu}$, wobei die Summe der Koeffizienten c_i Null ergibt, $\sum c_i = 0$. ∎

Neben den einfachen Differenzen $\mu_i - \mu_{i'}$ sind auch gewichtete Differenzen der Art $\frac{\mu_i + \mu_j}{2} - \mu_k$ Kontraste. Derartige Vergleiche von Gruppendurchschnitten können von Interesse sein, wenn die Stichproben in Untergruppen mit ähnlichen Merkmalen (unabhängig von den Daten definiert) eingeteilt werden können.

Es gilt die folgende Beziehung:

Lemma 5.8
Genau dann ist $\mathbf{c}'\boldsymbol{\mu}$ ein linearer Kontrast, wenn es einen Vektor $\mathbf{a}$ der Länge $I - 1$ gibt, so dass

$$
(c_1, \ldots, c_I) \begin{pmatrix} \mu_1 \\ \vdots \\ \mu_I \end{pmatrix} = (a_1, \ldots, a_{I-1}) \begin{pmatrix} \mu_1 - \mu_2 \\ \vdots \\ \mu_{I-1} - \mu_I \end{pmatrix}.
$$

Beweis: Für einen linearen Kontrast $(c_1, \ldots, c_I)$ wird $a_i = c_1 + \ldots + c_i$, $i = 1, \ldots, I - 1$, gesetzt. Dann ist

$$
(a_1, \ldots, a_{I-1}) \begin{pmatrix} \mu_1 - \mu_2 \\ \vdots \\ \mu_{I-1} - \mu_I \end{pmatrix} = \left\{ \begin{array}{c} c_1(\mu_1 - \mu_2) \\ +(c_1 + c_2)(\mu_2 - \mu_3) \\ \vdots \\ +(c_1 + \cdots c_{I-1})(\mu_{I-1} - \mu_I) \end{array} \right\}
$$

$$
= c_1\mu_1 + c_2\mu_2 + \cdots c_{I-1}\mu_{I-1} - (c_1 + c_2 + \cdots + c_{I-1})\mu_I.
$$

Wegen $c_1 + \cdots + c_I = 0$ ist $c_I = -(c_1 + c_2 + \cdots + c_{I-1})$, so dass die eine Richtung nachvollzogen ist. Für einen gegebenen Vektor $\mathbf{a}$ wird

$$
c_i = \begin{cases} a_1 & \text{für } i = 1 \\ a_i - a_{i-1} & \text{für } 2 \leq i \leq I - 1 \\ -a_{I-1} & \text{für } i = I \end{cases}
$$

gesetzt. Dann ist $\sum_{i=1}^{I} c_i = 0$ und zudem ist obige Gleichung erfüllt.   ∎

3.2   Simultane Konfidenzintervalle

Scheffé-Methode

Der Annahmebereich des F-Tests auf Gleichheit aller Erwartungswerte lässt sich in der folgenden Form angeben:

$$
(\mathbf{K}\hat{\boldsymbol{\mu}})' \left(\mathbf{K}(\mathbf{X}'\mathbf{X})^{-1}\mathbf{K}' \right)^{-1} (\mathbf{K}\hat{\boldsymbol{\mu}}) \leq (I - 1)\hat{\sigma}^2 F_{I-1, N-I; 1-\alpha}.
$$

Dabei ist $\mathbf{K}$ die Matrix aus (5.26); $\mathbf{X}$ ist die Designmatrix des varianzanalytischen Modells. Auf diesen Zusammenhang wird weiter unten eingegangen, siehe Abschnitt 5, insbesondere (5.55).

Auf der Grundlage dieser Form des Annahmebereiches kann man simultane Konfidenzintervalle für alle Differenzen $\mu_i - \mu_j$ gewinnen. Die Basis dafür ist die Pivot-Methode. Alle Vektoren $\mathbf{k}$, bei denen die Teststatistik

$$
(\mathbf{K}\hat{\boldsymbol{\mu}} - \mathbf{k})' \left(\mathbf{K}(\mathbf{X}'\mathbf{X})^{-1}\mathbf{K}' \right)^{-1} (\mathbf{K}\hat{\boldsymbol{\mu}} - \mathbf{k}) \tag{5.27}
$$

im Annahmebereich liegt, also kleiner oder gleich $(I-1)\hat{\sigma}^2 F_{I-1,N-I;1-\alpha}$ ist, bilden einen $(1-\alpha)$-Konfidenzbereich für $\mathbf{K}\mu$, den Vektor der Erwartungswertdifferenzen $\mathbf{K}\mu = \mathbf{k}$:

$$\left\{ \mathbf{K}\mu \,\middle|\, (\mathbf{K}\hat{\mu} - \mathbf{K}\mu)' \left(\mathbf{K}(\mathbf{X}'\mathbf{X})^{-1}\mathbf{K}'\right)^{-1} (\mathbf{K}\hat{\mu} - \mathbf{K}\mu) \leq (I-1)\hat{\sigma}^2 F_{I-1,N-I;1-\alpha} \right\} . \tag{5.28}$$

Beispiel 5.9 ('Hot Dogs' - Fortsetzung)
Das Beispiel 5.1 wird fortgesetzt. Zwischendurch wurden folgende Resultate erzielt, siehe die Beispiele 5.3 und 5.4:

$$\hat{\mu}_1 = 156.85, \quad \hat{\mu}_2 = 118.76, \quad \hat{\mu}_3 = 158.71, \quad \hat{\sigma}^2 = 550.34.$$

Weiter ist mit $\mathbf{K} = \begin{pmatrix} 1 & -1 & 0 \\ 0 & 1 & -1 \end{pmatrix}$:

$$(\mathbf{K}(\mathbf{X}'\mathbf{X})^{-1}\mathbf{K}')^{-1} = \begin{pmatrix} \frac{1}{20} + \frac{1}{17} & -\frac{1}{17} \\ -\frac{1}{17} & \frac{1}{17} + \frac{1}{17} \end{pmatrix}^{-1} = \begin{pmatrix} 12.59 & 6.30 \\ 6.30 & 11.65 \end{pmatrix} .$$

Der Konfidenzbereich für den Vektor der Differenzen $\mathbf{K}\mu = \begin{pmatrix} \mu_1 - \mu_2 \\ \mu_2 - \mu_3 \end{pmatrix}$ ist also, wenn für $\mu_i - \mu_{i+1}$ einfach k_i geschrieben wird:

$$\left(\begin{pmatrix} \hat{\mu}_1 - \hat{\mu}_2 \\ \hat{\mu}_2 - \hat{\mu}_3 \end{pmatrix} - \begin{pmatrix} k_1 \\ k_2 \end{pmatrix} \right)' \begin{pmatrix} 12.59 & 6.30 \\ 6.30 & 11.65 \end{pmatrix} \left(\begin{pmatrix} \hat{\mu}_1 - \hat{\mu}_2 \\ \hat{\mu}_2 - \hat{\mu}_3 \end{pmatrix} - \begin{pmatrix} k_1 \\ k_2 \end{pmatrix} \right)$$
$$\leq 2 \cdot 550.34 \cdot F_{2,51;1-\alpha} .$$

Einsetzen der konkreten Werte und Ausmultiplizieren der linken sowie der rechten Seite ergibt bei einem Vertrauensgrad von 0.95:

$$\frac{(k_1 - 38.09)^2}{0.0794} + 2\frac{(k_1 - 38.09)(k_2 + 39.95)}{0.1587} + \frac{(k_2 + 39.95)^2}{0.0858} \leq 3498.84.$$

Somit hat der Konfidenzbereich die Gestalt einer Ellipse. ∎

Aus den Konfidenzbereichen für die Erwartungswertdifferenzen können nun über Projektionen simultane Konfidenzintervalle für Linearkombinationen dieser Differenzen gewonnen werden. Die Idee lässt sich bei zwei Erwartungswertdifferenzen, also drei Stufen des Faktors, anhand der Abbildung 5.2 gut verdeutlichen. Mit Wahrscheinlichkeit $1-\alpha$ wird der Vektor $\begin{pmatrix} \mu_1 - \mu_2 \\ \mu_2 - \mu_3 \end{pmatrix}$ von der Konfidenzellipse überdeckt. Tritt dieses Ereignis ein, so liegt $\mu_1 - \mu_2$ zwischen den Grenzen, die in der Grafik als Senkrechte gestrichelt eingezeichnet sind. Gleichzeitig liegt dann $\mu_2 - \mu_3$ zwischen den waagerecht eingezeichneten Grenzen und $\mu_1 - \mu_3$ zwischen den diagonal eingezeichneten. Die Wahrscheinlichkeit, dass die drei Differenzen simultan zwischen den Grenzen liegen, beträgt folglich *mindestens* $1 - \alpha$. Weitergehend gilt dies für

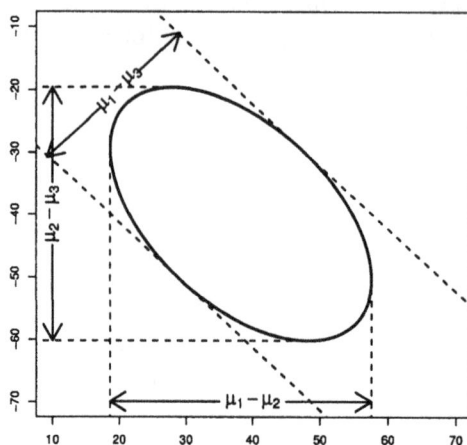

Abbildung 5.2: Simultane Konfidenzintervalle für Linearkombinationen von Erwartungswertdifferenzen

alle Linearkombinationen dieser Differenzen, da jede Linearkombination durch zwei Tangenten begrenzt wird, für die der Wert der Linearkombination jeweils konstant ist.

Die simultanen Konfidenzintervalle für Linearkombinationen der Erwartungswertdifferenzen sind wegen der oben angegebenen Korrespondenz zugleich simultane Konfidenzintervalle für alle linearen Kontraste. Sie haben die Gestalt:

$$\sum_{i=1}^{I} c_i \bar{y}_{i\cdot} - \sqrt{\hat{\sigma}^2 (I-1) F_{I-1,N-I;1-\alpha} \sum_{i=1}^{I} \frac{c_i^2}{n_i}}$$

$$\leq \sum_{i=1}^{I} c_i \mu_i \leq \sum_{i=1}^{I} c_i \bar{y}_{i\cdot} + \sqrt{\hat{\sigma}^2 (I-1) F_{I-1,N-I;1-\alpha} \sum_{i=1}^{I} \frac{c_i^2}{n_i}} \, . \tag{5.29}$$

Bei I Stichproben ergibt sich speziell, dass mit Wahrscheinlichkeit $1-\alpha$ für alle i, j simultan gilt:

$$\bar{y}_{i\cdot} - \bar{y}_{j\cdot} - \sqrt{\hat{\sigma}^2 \left(\frac{1}{n_i} + \frac{1}{n_j} \right) (I-1) F_{I-1,N-I;1-\alpha}}$$

$$\leq \mu_i - \mu_j \leq \bar{y}_{i\cdot} - \bar{y}_{j\cdot} + \sqrt{\hat{\sigma}^2 \left(\frac{1}{n_i} + \frac{1}{n_j} \right) (I-1) F_{I-1,N-I;1-\alpha}} \, . \tag{5.30}$$

Diese simultanen Konfidenzintervalle wurden erstmals von Scheffé angegeben und tragen daher den Namen *Scheffé-Intervalle*.

Beispiel 5.10 ('Hot Dogs' - Fortsetzung)
Simultane Konfidenzintervalle für die Differenzen der mittleren Nährwerte der drei
Typen von Hot Dogs, $\mu_1 - \mu_2$, $\mu_2 - \mu_3$ und $\mu_1 - \mu_3$, erfordert die Vektoren $(1, 0)'$,
$(0, 1)'$ und $(1, 1)'$:

$$(1, 0) \begin{pmatrix} 1 & -1 & 0 \\ 0 & 1 & -1 \end{pmatrix} = (1, -1, 0),$$

$$(0, 1) \begin{pmatrix} 1 & -1 & 0 \\ 0 & 1 & -1 \end{pmatrix} = (0, 1, -1),$$

$$(1, 1) \begin{pmatrix} 1 & -1 & 0 \\ 0 & 1 & -1 \end{pmatrix} = (1, 0, -1).$$

Nach dem Beispiel 5.9 ist

$$\mathbf{K}(\mathbf{X}'\mathbf{X})^{-1}\mathbf{K}' = \begin{pmatrix} \frac{1}{20} + \frac{1}{17} & -\frac{1}{17} \\ -\frac{1}{17} & \frac{1}{17} + \frac{1}{17} \end{pmatrix}.$$

Somit ergibt sich etwa für den Vektor $\mathbf{a} = (1, 0)'$:

$$(1, 0) \begin{pmatrix} \frac{1}{20} + \frac{1}{17} & -\frac{1}{17} \\ -\frac{1}{17} & \frac{1}{17} + \frac{1}{17} \end{pmatrix} \begin{pmatrix} 1 \\ 0 \end{pmatrix} = \frac{1}{20} + \frac{1}{17}.$$

Folglich ist das Scheffé-Konfidenzintervall:

$$\mu_1 - \mu_2 \in \bar{Y}_{1.} - \bar{Y}_{2.} \pm \hat{\sigma} \sqrt{\left(\frac{1}{20} + \frac{1}{17} \right) (3 - 1) F_{2,51;1-\alpha}}.$$

Insgesamt sind die realisierten Konfidenzintervalle für die drei Differenzen:

$$\begin{array}{llll}
\mu_1 - \mu_2 & : & 38.085 & \pm & 19.513; \\
\mu_1 - \mu_3 & : & -1.856 & \pm & 19.513; \\
\mu_2 - \mu_3 & : & -39.941 & \pm & 20.289.
\end{array}$$

In der Abbildung 5.2 ist dargestellt, wie sie sich aus dem ellipsenförmigen Konfidenzbereich ergeben.

Da die Konfidenzintervalle für die Differenzen $\mu_1 - \mu_2$ und $\mu_2 - \mu_3$ die Null nicht
einschließen, werden die beiden Hypothesen $H_0 : \mu_1 = \mu_2$ und $H_0 : \mu_2 = \mu_3$ zum
Gesamtniveau $\alpha = 0.05$ abgelehnt. $H_0 : \mu_1 = \mu_3$ wird nicht abgelehnt; dieses Intervall
schließt die Null ein. ∎

Bonferroni-Methode

Die Grundlage für einen weiteren Ansatz zur Gewinnung von simultanen Konfidenzintervallen bzw. simultanen Tests bildet die *Bonferroni-Ungleichung*:

$$P(A_1 \cap A_2 \cap \cdots \cap A_K) \geq 1 - \sum_{i=1}^{K} P(\overline{A}_i). \tag{5.31}$$

Dabei bezeichnet $\overline{A}$ das Komplement des Ereignisses A.[1] Interpretiert man die Ereignisse A_i in der Weise, dass die zugehörigen Konfidenzintervalle gerade den wahren Parameterwert überdecken, so stellt die Ungleichung eine Beziehung her zwischen der Wahrscheinlichkeit, dass alle Parameter simultan überdeckt werden und den Wahrscheinlichkeiten für die einzelnen (Nicht-) Überdeckungen. Speziell zeigt die Ungleichung, dass das simultane Konfidenzniveau eingehalten wird, wenn die einzelnen Intervalle jeweils zum Niveau $1 - \alpha/K$ bestimmt werden.

Die resultierenden *Bonferroni-t-Intervalle* basieren auf den paarweisen t-Tests, also auf der t-Verteilung der standardisierten Stichprobenfunktionen $(\bar{Y}_{i\cdot} - \bar{Y}_{j\cdot} - (\mu_i - \mu_j)) \left/ \hat{\sigma}\sqrt{\dfrac{1}{n_i} + \dfrac{1}{n_j}} \right.$. Die Intervalle haben die gleiche Form wie die Scheffé-Intervalle, jedoch ist in (5.30) $\sqrt{(I-1)F_{I-1,N-I;1-\alpha}}$ durch $t_{N-I;1-\alpha/(2k)}$, das $(1 - \alpha/(2k))$-Quantil der t-Verteilung mit $N - I$ Freiheitsgraden, zu ersetzen. Dabei ist k die Anzahl der zu bestimmenden Konfidenzintervalle:

$$
\bar{y}_{i\cdot} - \bar{y}_{j\cdot} - t_{N-I;1-\alpha/(2k)}\hat{\sigma}\sqrt{\frac{1}{n_i} + \frac{1}{n_j}}
$$

$$
\leq \mu_i - \mu_j \leq \bar{y}_{i\cdot} - \bar{y}_{j\cdot} + t_{N-I;1-\alpha/(2k)}\hat{\sigma}\sqrt{\frac{1}{n_i} + \frac{1}{n_j}}. \tag{5.32}
$$

Diese Intervalle sind erstaunlich gut, d.h. kurz, wenn k nicht zu groß ist.

Beispiel 5.11 ('Hot Dogs' - Fortsetzung)
Die realisierten Bonferroni-Intervalle für die drei Erwartungswertdifferenzen der Kaloriengehalte sind:

$$
\begin{array}{rcrcl}
\mu_1 - \mu_2 & : & 38.085 & \pm & 19.158; \\
\mu_1 - \mu_3 & : & -1.856 & \pm & 19.158; \\
\mu_2 - \mu_3 & : & -39.941 & \pm & 19.919.
\end{array}
$$

Sie sind also geringfügig kürzer als die Scheffé-Intervalle. Es werden die gleichen Hypothesen verworfen wie bei diesen.   ∎

Tukey-Methode

Andere simultane Konfidenzintervalle, die kürzer sind als die Scheffé-Intervalle, hat Tukey vorgeschlagen. Die *Tukey-Intervalle* gelten aber nur für balancierte Versuchspläne mit $n_i = n, i = 1, \ldots, I$.

Die Ausgangsüberlegung besteht darin, dass es nahe liegt, zur Beurteilung der Signifikanz der einzelnen Differenzen zuerst die extremste Differenz zu betrachten. Auch

---

[1]Dies folgt aus der *De Morganschen Regel* $\bigcap A_i = \bigcup \overline{A}_i$ und der mittels Induktion leicht einsehbaren Beziehung $P(A_1 \cup \cdots \cup A_K) \leq P(A_1) + \cdots + P(A_K)$.

wenn diese extremste Differenz $\max_i\{\bar{y}_{i\cdot}\} - \min_i\{\bar{y}_{i\cdot}\}$ durch eine Streuungsschätzung dividiert wird, *studentisiert* wird, ist sie sicherlich nicht *t*-verteilt. Sie ist ja notwendigerweise meist größer als die Differenz zwischen den sonstigen Mittelwerten zweier Stichproben. Wird aber die Verteilung der studentisierten Spannweite auch zur Beurteilung der Signifikanz der anderen Mittelwertdifferenzen herangezogen, so wird zugleich das gemeinsame Niveau gesichert.

Definition 5.12 (studentisierte Spannweite)
Seien $Z_1, \ldots, Z_k$ unabhängige $\mathcal{N}(0,1)$-verteilte Zufallsvariablen und W sei von den Z_i unabhängig χ^2-verteilt mit ν Freiheitsgraden. Dann heißt die Verteilung von

$$\frac{\max\limits_{i,i'=1,\ldots,k}\{|Z_i - Z_{i'}|\}}{\sqrt{W/\nu}} \tag{5.33}$$

die Verteilung der *studentisierten Spannweite* mit k Freiheitsgraden des Zählers und ν Freiheitsgraden des Nenners. Bisweilen wird (5.33) *studentisierte Spannweitenvariable* genannt. Die Quantile werden mit $q_{k,\nu}$ bezeichnet. ∎

Die simultanen *Tukey-Intervalle* für alle Kontraste lauten nun:

$$\sum_{i=1}^{I} c_i\mu_i \in \sum_{i=1}^{I} c_i\bar{Y}_{i\cdot} \pm q_{I,I(n-1);1-\alpha}\frac{\hat{\sigma}}{\sqrt{n}}\frac{1}{2}\sum_{i=1}^{I}|c_i|. \tag{5.34}$$

Dabei ist $q_{I,I(n-1);1-\alpha}$ das $1-\alpha$-Quantil der Verteilung der studentisierten Spannweiten, bei der I Variablen in die Zählerspannweite einbezogen werden und $I(n-1)$ Freiheitsgrade für die Fehlerstandardabweichung im Nenner gilt.

Simultane Konfidenzintervalle für alle paarweisen Differenzen der Erwartungswerte ergeben sich aus denen für die Kontraste zu

$$\mu_i - \mu_{i'} \in \bar{Y}_{i\cdot} - \bar{Y}_{i'\cdot} \pm q_{I,I(n-1);1-\alpha}\frac{\hat{\sigma}}{\sqrt{n}}. \tag{5.35}$$

Der simultane P-Wert, der für die Differenzen zwischen den I arithmetischen Mittelwerten gilt, ist die Wahrscheinlichkeit, dass eine studentisierte Spannweitenvariable mit I und $I(n-1)$ Freiheitsgraden den beobachteten Wert $\max_{i,i'}\{\sqrt{n}|\bar{y}_{i\cdot} - \bar{y}_{i'\cdot}|/\hat{\sigma}\}$ übertrifft.

R-Code 5.4 (Verteilung der studentisierten Spannweite)

```
ptukey(x, n, df, ng)
qtukey(p, n, df, ng)
```

ptukey gibt die Werte der Verteilungsfunktion und qtukey die Quantile der Verteilung der studentisierten Spannweite an. Dementsprechend sind x ein Vektor von möglichen Realisationen und p einer von Wahrscheinlichkeiten. n ist der Stichprobenumfang der einzelnen Gruppen, für df sind die Freiheitsgrade (des Nenners) und für ng die Anzahl der Gruppen oder Stichproben anzugeben (Freiheitsgrade des Zählers).

Beispiel 5.13 (Cadmium im Blut)

Korporale Belastungen der Allgemeinbevölkerung durch Cadmium ergeben sich über unterschiedliche Belastungspfade, hauptsächlich über das Tabakrauchen und über luftgetragene Partikel sowie über belastete Nahrungsmittel. Für die nichtrauchende Bevölkerung ist die Nahrung die hauptsächliche Quelle für Cadmium. Der Cadmiumgehalt im Blut gilt im Allgemeinen als Maß für eine eher kurzzeitig zurückliegende Exposition. Bei Erwachsenen werden Werte unter 2 μg/l als unauffällig, Werte zwischen 2 und 5 μg/l als erhöht und noch höhere als deutlich erhöht angesehen.

Stichproben aus Gruppen von 25 bis 69 jährigen Rauchern, eingeteilt nach der Stärke des täglichen Zigarettenkonsums, gaben die folgenden Cadmium-Werte. (Verteilungen nach Krause et al. 1996).

Tägliche Zigarettenzahl									
1-5		6-10		11-15		16-20		ab 21	
0.20	0.61	2.53	0.45	2.85	2.29	1.10	0.56	0.78	0.66
0.17	0.71	1.84	0.79	0.97	1.82	5.55	0.65	1.68	3.65
0.20	0.39	2.44	0.26	1.73	1.47	1.60	2.17	3.60	0.11
0.34	0.54	0.59	1.24	2.51	1.92	1.19	1.13	0.62	1.65
1.09	0.55	0.68	1.12	0.56	1.17	0.19	1.57	8.18	0.30
0.42	0.58	3.27	0.24	0.64	0.40	0.35	0.68	1.10	0.33
0.38	0.28	0.75	1.05	0.70	1.23	3.55	0.43	0.64	2.00
0.60	1.14	0.80	1.64	1.82	2.00	0.81	3.18	0.23	1.88
0.90	1.51	1.82	1.76	0.43	0.57	0.71	2.21	4.41	4.52
0.20	0.45	1.48	2.12	1.42	0.55	0.21	2.40	1.73	0.78

Die Box-Plots der Abbildung 5.3 zeigen, dass die Streuung der Stichproben unterschiedlich ist und mit dem Niveau zunimmt. Daher werden die Werte logarithmisch transformiert. Damit ist der Effekt praktisch beseitigt. Es ergibt sich:

```
Analysis of Variance Table
Response: lnCiB
               Df Sum Sq Mean Sq F value    Pr(>F)
factor(Gruppe)  4 11.801   2.950  4.3107  0.003008
Residuals      95 65.017   0.684
```

Insgesamt gibt es also einen signifikanten Unterschied. Die in der Abbildung 5.4 dargestellten 95%-Tukey-Intervalle sind:

Gruppen		Konfidenzgrenzen		Gruppen		Konfidenzgrenzen	
$i-j$	$\bar{y}_i - \bar{y}_j$	untere	obere	$i-j$	$\bar{y}_i - \bar{y}_j$	untere	obere
2-1	0.834	0.106	1.561	4-2	-0.037	-0.764	0.691
3-1	0.888	0.160	1.616	5-2	0.063	-0.664	0.791
4-1	0.797	0.069	1.524	4-3	-0.091	-0.819	0.636
5-1	0.897	0.170	1.625	5-3	0.009	-0.719	0.736
3-2	0.055	-0.673	0.782	5-4	0.100	-0.627	0.828

Cadmium im Blut nach Anzahl täglich gerauchter Zigaretten

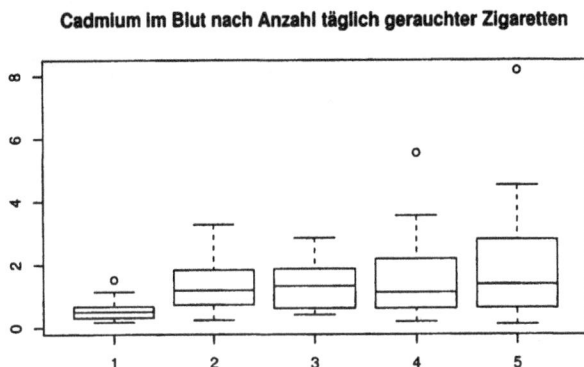

Abbildung 5.3: Cadmium im Blut nach Zigarettenkonsum

95% family-wise confidence level

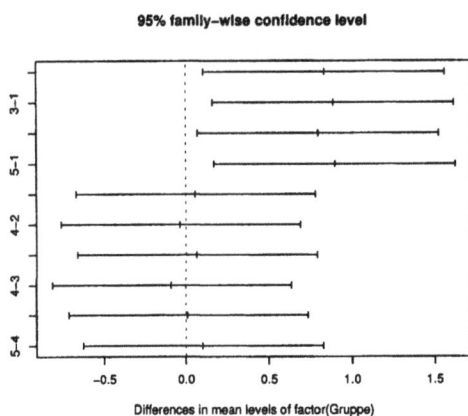

Differences in mean levels of factor(Gruppe)

Abbildung 5.4: Konfidenzintervalle für Erwartungswertdifferenzen von Cadmium im Blut nach Zigarettenkonsum

Dass die Gruppe 1 der gering Rauchenden mit 1-5 Zigaretten pro Tag sich signifikant von den anderen unterscheidet, wird auch an der grafischen Darstellung der Konfidenzintervalle deutlich. ∎

Für unbalancierte Versuchspläne (d.h. $n_i \not\equiv n$) stehen die approximativen *Tukey-Kramer-Intervalle* zur Verfügung. Mit einer Wahrscheinlichkeit von näherungsweise $1 - \alpha$ gilt

$$\mu_i - \mu_{i'} \in \bar{Y}_{i\cdot} - \bar{Y}_{i'\cdot} \pm q_{I,I(n-1);1-\alpha}\hat{\sigma}\sqrt{\frac{1}{2}\left(\frac{1}{n_i} + \frac{1}{n_{i'}}\right)} \text{ für alle } i, i'. \qquad (5.36)$$

Der Term unter der Quadratwurzel kann auf zwei Weisen interpretiert werden. Einmal taucht die Summe der Kehrwerte der Stichprobenumfänge bei der Varianz einer Differenz für Mittelwerte auf; hier wird sie mit dem Faktor 1/2 korrigiert, um sie zur studentisierten Spannweite umzuwandeln. Zum anderen als das für n eingesetzte harmonische Mittel von n_i und $n_{i'}$. Diese Intervalle wurden ursprünglich von Tukey (1953) und Kramer (1956) vorgeschlagen. Hayter (1984) hat bewiesen, dass die

Überdeckungswahrscheinlichkeit immer konservativ ist (d.h. $\geq 1 - \alpha$).

R-Code 5.5 (Tukey-Intervalle)

```
cib<-read.table("c:/daten/cadmiumiblut.txt",header=T)
attach(cib)
summary(erg <- aov(lnCiB ~ factor(Gruppe)))
TukeyHSD(erg,conf.level=0.95)
plot(TukeyHSD(erg,conf.level=0.95))
```

Wie man sieht, ist das Argument der Funktion TukeyHSD das unter **erg** abgespeicher-
te Ergebnis einer mit **aov** durchgeführten
Varianzanalyse. Der Plot-Befehl stellt die
Konfidenzintervalle grafisch dar. Bei nur gering unbalancierten Versuchen werden die
Tukey-Kramer-Intervalle bestimmt.

Dunnett-Methode

Bei den Tukey-Intervallen gehen alle paarweisen Vergleiche ein. Wie eingangs erwähnt ist die Situation recht häufig, dass man verschiedene Methoden nur mit einem
Standard vergleichen möchte. Dann sind nicht alle Differenzen $\mu_i - \mu_{i'}$ von Interesse,
sondern nur die $I - 1$ Differenzen $\mu_i - \mu_I$, $i = 1, \ldots, I - 1$, wenn die letzte Gruppe
als Standard unterstellt wird. Hierfür ergeben sich zu (5.35) gleichartige simultane
Konfidenzintervalle, die jedoch auf einer anderen Verteilung beruhen. Die p-Quantile
der *Dunnett-Verteilung* mit $I - 1$ und $N - I$ Freiheitsgraden werden mit $d_{I-1,N-I;p}$
bezeichnet.

Die *Dunnett-Intervalle* für gleiche Stichprobenumfänge n sind

$$\mu_i - \mu_I \in \bar{Y}_{i\cdot} - \bar{Y}_I \pm d_{I-1,N-I;1-\alpha}\hat{\sigma}\sqrt{\frac{2}{n}}. \qquad (5.37)$$

Dabei ist N wieder der gesamte Stichprobenumfang. Der entsprechende Test lehnt
alle Hypothesen $H_0^{(i)} : \mu_i = \mu_I$ ab, für die gilt:

$$\sqrt{\frac{n}{2}}\frac{|\bar{y}_i - \bar{y}_I|}{\hat{\sigma}} > d_{I-1,N-I;1-\alpha}. \qquad (5.38)$$

Hat man, was in der Praxis häufig vorkommt, für den Standard einen größeren
Stichprobenumfang n_I als für die Behandlungen, $n_I > n$, so ist ein Korrekturfaktor
zu berücksichtigen. $d_{I-1,N-I;1-\alpha}$ wird dann ersetzt durch

$$\left[1 + \frac{w_{I-1,N-I,\alpha}}{100}\left(1 - \frac{n}{n_I}\right)\right]d_{I-1,N-I;1-\alpha}.$$

Die Faktoren $w_{I-1,N-I,\alpha}$ sind in den Tafeln zum Dunnett-Test i.d.R. als hochgestellte
Zahlen neben den eigentlichen Koeffizienten angegeben, vgl. etwa Läuter & Pincus
(1989).

Tabellen der Dunnett-Verteilung sind nicht sehr verbreitet. Sie lassen sich aber über eine bei Ahner und Passing (1983) angegebene Vorgehensweise berechnen. Auch lassen sie sich leicht mittels Simulationen approximativ bestimmen. Dazu beachtet man, dass

$$\sqrt{\frac{n}{2}} \frac{|(\bar{y}_i - \bar{y}_I) - (\mu_i - \mu_I)|}{\hat{\sigma}} > d_{I-1,N-I;1-\alpha} \qquad (i = 1, \ldots, I-1)$$

genau dann gilt, wenn

$$\max_{i=1,\ldots,I-1} \sqrt{\frac{n}{2}} \frac{\left| \dfrac{\bar{y}_i - \mu_i}{\sigma} - \dfrac{\bar{y}_I - \mu_I}{\sigma} \right|}{\hat{\sigma}/\sigma} > d_{I-1,N-I;1-\alpha}.$$

Daher benötigt man nur die Standardnormalverteilung als Referenzverteilung. Mit dieser können einfach entsprechende Stichproben simuliert werden. Für jeden Durchgang ist die Statistik

$$\max_{i=1,\ldots,I-1} \sqrt{\frac{n}{2}} \frac{|\bar{z}_i - \bar{z}_I|}{\hat{\sigma}}$$

zu bestimmen. Das empirische $(1 - \alpha)$-Quantil, etwa aus $10\,000$ Stichproben, ergibt die Schätzung für $d_{I-1,N-I;1-\alpha}$. Über diesen Ansatz lässt sich auch die Situation ungleicher Stichprobenumfänge meistern.

Beispiel 5.14 (Gerinnungszeit von Blut)
Die Gerinnungszeit des Blutes von Ratten soll in Abhängigkeit von unterschiedlichen Diätformen untersucht werden. Hierzu werden vier Behandlungen (verschieden zusammengesetzte Nahrung) 28 Tieren zufällig zugeteilt. Die Behandlung 4 ist dabei die Kontrollbehandlung. Als Ergebnis des Experimentes erhält man folgende Blutgerinnungszeiten (sek) (Für die Daten danke ich J. Kaufmann.):

Behandlung	Blutgerinnungszeiten									
1	62	61	64	60	65	66				
2	63	67	71	64	65	66				
3	68	66	71	67	68	68				
4	55	61	59	60	62	63	62	58	57	58

Die Stichprobenmittelwerte und -umfänge sind:

	Behandlung 1	Behandlung 2	Behandlung 3	Kontrolle
$\bar{y}$	63	66	68	59.5
n_i	6	6	6	10

Die gemeinsame Varianz ist $\hat{\sigma}^2 = 5.85$.

Es sind $I - 1 = 3$ Behandlungen mit der Kontrollbehandlung zu vergleichen; die Freiheitsgrade sind $N - I = 24$. Die Berechnung des korrigierten kritischen Wertes ergibt:

$$d' = 2.51 \left[1 + \frac{2.3}{100} \cdot \left(1 - \frac{6}{10} \right) \right] = 2.53.$$

Damit ergeben sich dann für die Differenzen folgende simultane Konfidenzintervalle
zum Konfidenzniveau $1 - \alpha = 0.95$:

$$-6.7 \leq \mu_4 - \mu_1 \leq -0.3$$
$$-9.7 \leq \mu_4 - \mu_2 \leq -3.3$$
$$-11.7 \leq \mu_4 - \mu_3 \leq -5.3$$

Da keines der Intervalle die Null überdeckt, werden alle drei Nullhypothesen abgelehnt. Weiterhin ist $\mu_4 < \mu_i$, $i = 1, 2, 3$, da alle Intervalle links von 0 liegen. ∎

3.3 Multiple Tests

Natürlich wurde bereits im vorstehenden Abschnitt mit den simultanen Konfidenzintervallen multiples Testen betrieben. Die Intervalle können ja alle gemäß der Pivot-
Methode in zugehörige Tests umgeformt werden. Dass hier zusätzlich in einem eigenen Abschnitt weiter darauf eingegangen wird, hängt mit der verbreiteten Praxis
zusammen, P-Werte als Basis für Test-Entscheidungen zu nehmen.

Liegt ein multiples Testproblem vor und werden die Tests mit Teststatistiken und
kritischen Werten durchgeführt, so sind die Niveaus der einzelnen Test so zu wählen,
dass der multiple Fehler 1. Art unter Kontrolle gehalten wird. Man spricht dann von
α-*Adjustierung* Bei der Bonferroni-Methode sind die einzelnen Tests einfach zum
Niveau α/k durchzuführen.

Werden die Tests mittels P-Werten durchgeführt, müssen müssen die P-Werte entsprechend adjustiert werden. So sind bei der Bonferroni-Methode die P-Werte der
einzelnen Tests einfach mit der Anzahl der durchzuführenden Tests zu multiplizieren.

Der auf der Bonferroni-Ungleichung basierende Zugang kann noch verbessert werden.
Dazu wird von den einzelnen P-Werten der k betrachteten Teststatistiken ausgegangen. Seien diese der Größe nach geordnet, $p_{1:k} \leq p_{2:k} \leq \cdots \leq p_{k:k}$. Die zugehörigen Nullhypothesen werden in der gleichen Weise angeordnet, $H_0^{(1)}, H_0^{(2)}, \ldots, H_0^{(k)}$.
Der einfache Bonferroni-Ansatz führt zur Ablehnung aller Nullhypothesen, für die
$p_{i:k} \leq \alpha/k$ gilt. Die von Holm (1979) stammende Verbesserung ist nun in folgendem
Entscheidungsalgorithmus festgehalten.

Holm's sequentieller Ablehnungsalgorithmus

1. Setze $i = 0$.

2. Setze $i = i + 1$.

3. Ist $p_{i:k} > \alpha/(k+1-i)$, so werden die Nullhypothesen $H_0^{(i)}, \ldots, H_0^{(k)}$ beibehalten
   und zu Schritt 4 gegangen. Andernfalls wird $H_0^{(i)}$ abgelehnt und, sofern $i < k$
   gilt, zu Schritt 2 zurückgegangen.

4. Ende.

Hier wird sukzessive das Niveau der einzelnen Tests erhöht. Dies macht die Gesamtprozedur trennschärfer als die einfache Bonferroni-Prozedur.

Beispiel 5.15
Eine Sequenz von 5 Tests habe die P-Werte $p_1 = 0.008, p_2 = 0.010, p_3 = 0.012, p_4 = 0.02, p_5 = 0.04$ ergeben. Bei einem Gesamtniveau von $\alpha = 0.05$ ergibt der einfache Bonferroni-Ansatz zwei Ablehnungen, da die P-Werte mit $\alpha/5 = 0.01$ veglichen werden müssen. Die Bonferroni-Holm Prozedur bringt dagegen alle Hypothesen zur Ablehnung:

$$p_1 = 0.008 < \alpha/5 = 0.01$$
$$p_2 = 0.010 < \alpha/4 = 0.0125$$
$$p_3 = 0.012 < \alpha/3 = 0.0167$$
$$p_4 = 0.020 < \alpha/2 = 0.025$$
$$p_5 = 0.040 < \alpha/1 = 0.05$$

∎

Sollen nicht nur die Testentscheidungen angegeben werden, sondern zudem die *adjustierten P-Werte* , so ergibt der Algorithmus:

$$
\begin{aligned}
\tilde{p}_{1:k} &= kp_{1:k} \\
\tilde{p}_{2:k} &= \max\{\tilde{p}_{1:k}, (k-1)p_{2:k}\} \\
&\vdots \\
\tilde{p}_{j:k} &= \max\{\tilde{p}_{(j-1):k}, (k+1-j)p_{j:k}\} \\
&\vdots \\
\tilde{p}_{k:k} &= \max\{\tilde{p}_{(k-1):k}, p_{k:k}\}
\end{aligned}
$$

R-Code 5.6 (Paarweise t-Tests mit α-Adjustierung)

```
pairwise.t.test(x,g,p.adj="bonf",pool.sd=TRUE)
```

Die paarweisen Vergleiche auf der Basis des t-Tests werden mit der angegebenen Funktion durchgeführt. Als Adjustierungsmethoden stehen Bonferroni, "bonf", Holm, "holm" sowie zwei weitere zur Verfügung. Wahlweise wird die gepoolte Varianzschätzung verwendet (`pool.sd=TRUE`) oder es werden die einzelnen Varianzschätzungen genommen (`pool.sd=FALSE`).

Beispiel 5.16 (Cadmium im Blut - Fortsetzung)
Für die logarithmisch transformierten Cadmium-Werte des Beispiels 5.13 ergeben sich die in der folgenden Tabelle angegebenen P-Werte unter Verwendung des t-Tests und der einfachen Bonferroni- bzw. der Bonferroni-Holm-Adjustierung. Die Verbesserung von Holm führt hier zwar nicht zu anderen Signifikanzen, jedoch sind die P-Werte zum Teil deutlich kleiner.

Paarweise Vergleiche mittels t-Test (gepoolte Varianz)

	Bonferroni					Holm			
	1	2	3	4		1	2	3	4
2	0.020	-	-	-	2	0.016	-	-	-
3	0.010	1.000	-	-	3	0.009	1.000	-	-
4	0.030	1.000	1.000	-	4	0.021	1.000	1.000	-
5	0.009	1.000	1.000	1.000	5	0.009	1.000	1.000	1.000

4 Monotone Alternativen

Neben der fehlenden Detaillierung, wo gegebenenfalls die Unterschiede liegen, besteht ein weiterer Mangel des F-Tests darin, dass er nicht besonders sensitiv gegenüber Alternativen in einer bestimmten Richtung ist. Seine Güte ist konstant für alle Alternativen $(\mu_1, \ldots, \mu_I)$ mit jeweils gleichem Nichtzentralitätsparameter $\delta^2 = \sum_{i=1}^{I} n_i(\mu_i - \bar{\mu})^2/\sigma^2$, wobei $\bar{\mu} = \sum_{i=1}^{I} n_i\mu_i/N$ ist.

Gibt es vorab zusätzliche Informationen über die Richtung, in der die Alternative liegen mag, dann ist es sinnvoller, dies zu berücksichtigen und einen speziellen Test mit erhöhter Güte in dieser Richtung anzuwenden. Der globale F-Test kann mit Tests gegen eine spezielle Alternative nicht konkurrieren, wenn in Wahrheit diese spezielle Alternative stimmt. Wenn natürlich die spezielle Alternative falsch ausgesucht wurde, und eine andere, davon weit entfernt liegende Alternative zutrifft, wird der spezielle Test kläglich scheitern.

Mit einer eventuellen Änderung der ursprünglichen Indizes zur Kennzeichnung der Stichproben gelangt man zu *monotonen Alternativen*. Bei Nichtzutreffen von $\mu_1 = \mu_2 = \cdots = \mu_I$ sei die Alternative $\mu_1 \leq \mu_2 \leq \cdots \leq \mu_I$ (mit echten Ungleichheitszeichen an manchen Stellen). Eine solche Situation kann zum Beispiel vorliegen, wenn die Folge der Stichproben durch die ansteigende Sequenz von Dosierungen eines Medikamentes oder durch eine Abstufung der Krankheitsschwere bestimmt wird. Ist die Zusatzinformation, wie die Dosierung, quantitativer Art und werden die Stichproben i durch die Werte x_i festgelegt, dann ist es angemessen, eine Regressionsanalyse durchzuführen; diese wird in Kapitel 7 behandelt. Ist die Zusatzinformation jedoch qualitativ, wie bei der Abstufung bei Krankheiten, dann sollte ein für eine allgemeine monotone Alternative zugeschnittenes Verfahren verwendet werden, um die Güte zur Entdeckung eines Anstieges bei den Mittelwerten zu vergrößern.

Eine Möglichkeit, monotone Alternativen zu überprüfen, ist nach einem Vorschlag von Abelson und Tukey (1963) die Verwendung von linearen Kontrasten, welche sensitiv bezüglich der vermuteten Art von Alternative sind. Konkret sind als Kontraste solche Koeffizientenfolgen geeignet, die zur Schätzung der Steigung einer Regressionsgeraden bei gleichabständigen Werten der unabhängigen Variablen dienen können. Für $I = 3$ bis 7 sind die Koeffizienten $c_1, \ldots, c_I$ in (5.39) angegeben.

$$
\begin{array}{llrrrrrr}
I = 3: & & & & -1 & 0 & +1 \\
I = 4: & & & -3 & -1 & +1 & +3 \\
I = 5: & & -2 & -1 & 0 & +2 & +1 \\
I = 6: & -5 & -3 & -1 & +1 & +3 & +5 \\
I = 7: -3 & -2 & -1 & 0 & +1 & +2 & +3
\end{array}
\tag{5.39}
$$

Man kann die Extreme stärker gewichten, um ein leichtes Ansteigen besser zu entdecken.

Die mit dem Kontrast $c = (c_1, \ldots, c_I)'$ zusammenhängende t-Statistik lautet

$$
T = \frac{\sum_{i=1}^{I} c_i \bar{Y}_{i\cdot}}{\hat{\sigma} \sqrt{\sum_{i=1}^{I} \frac{c_i^2}{n_i}}},
\tag{5.40}
$$

wobei $\hat{\sigma}^2$ durch MS_{Fehler} gegeben ist. Die Statistik T hat eine nichtzentrale t-Verteilung mit $N - I$ Freiheitsgraden und Nichtzentralitätsparameter

$$
\delta = \frac{\sum_{i=1}^{I} c_i \mu_i}{\sigma \left(\sum_{i=1}^{I} \frac{c_i^2}{n_i} \right)^{1/2}}.
\tag{5.41}
$$

Im balancierten Fall kann man den Stichprobenumfang n aus der Summe des Nenners ausklammern. Für Alternativen $\mu = (\mu_1, \ldots, \mu_I)'$, für die die Summe $\sum_{i=1}^{I}(\mu_i - \bar{\mu})^2$ konstant ist, ist die Güte des Tests dann eine Funktion von

$$
r^2 = \frac{\left(\sum_{i=1}^{I} c_i \mu_i \right)^2}{\sum_{i=1}^{I}(\mu_i - \bar{\mu})^2 \sum_{i=1}^{I} c_i^2} = \delta^2 \frac{\sigma^2/n}{\sum_{i=1}^{I}(\mu_i - \bar{\mu})^2}.
\tag{5.42}
$$

Dies ist das Quadrat des Korrelationskoeffizienten zwischen der Richtung c, für die der Test angelegt ist, und der wahren Richtung μ.

Beispiel 5.17

Die Körpergrößen (in inch) der Sänger der 'New York Choral Society' sind in der folgenden Tabelle angegeben, vgl. Chambers et al. (1983). Um zu sehen, ob die Körpergröße mit der Stimmlage einhergeht, bietet sich ein linearer Kontrast der Form $-3, -1, 1, 3$ an.

Tenor 1			Tenor 2			Bass 1					Bass 2			
69	66	72	68	69	69	72	68	73	71	72	72	72	74	75	69
72	68	70	73	71	70	70	68	73	70	71	66	75	72	68	72
71	67	68	69	66	69	72	71	70	74	70	72	67	72	70	71
66	64	64	71	69	68	69	66	68	70	71	70	75	74	72	74
76	67	73	69	71	70	73	69	70	75	68		74	70	67	75
74	70	66	76	71	68	71	68	75	75	70		72	66	70	
71	65	68	71	71	69	72	71	68	69	75		72	68	70	

Das Ergebnis der Varianzanalyse ist:

Quelle	SS	FG	MS	F	P-Wert
Faktor	81.1147	3	27.0382	3.9465	0.0104
Rest	705.6703	103	6.8512		
Gesamt	786.7850				

Das 0.95-Konfidenzintervall für den Kontrast $-3, -1, 1, 3$, das auf die übliche Weise über die Teststatistik (5.40) gewonnen wird, lautet: 8.253 ± 4.780. Damit ist auch ein Anstieg der Körpergröße mit tieferer Stimmlage nachgewiesen.   ■

5   Theoretische Ergänzungen

5.1   Quadratische Formen

Neben den linearen Funktionen sind im Bereich der Varianzanalyse vor allem Summen quadrierter normalverteilter Zufallsvariablen von besonderem Interesse. Dabei berührt eine der wichtigsten Aussagen in diesem Kontext die Zerlegung von solchen Summen. Zum Beispiel ist

$$\sum \left(\frac{Y_v - \mu}{\sigma}\right)^2 = \sum \left(\frac{Y_v - \overline{Y}}{\sigma}\right)^2 + \left(\frac{\overline{Y} - \mu}{\sigma/\sqrt{n}}\right)^2 . \tag{5.43}$$

Sind die $Y_i \sim \mathcal{N}(\mu, \sigma^2)$, so liegt hier eine Zerlegung der Summe von quadrierten standardnormalverteilten Zufallsvariablen vor. Diese Summe ist χ_n^2-verteilt. Die beiden Summanden auf der rechten Seite sind nach Beispiel 1.30 unabhängig. Sie sind ebenfalls χ^2-verteilt, und zwar mit $n-1$ bzw. 1 Freiheitsgraden. Tatsächlich ist aber die Verteilung von $\sum(Y_i - \overline{Y})^2/\sigma^2$ in der bisherigen Darstellung nicht richtig nachgewiesen worden. Diese ergibt sich nun als Spezialfall einer allgemeinen Eigenschaft von Zerlegungen der Form $Q = Q_1 + Q_2$.

Verallgemeinerungen von Summen quadrierter Zufallsvariablen der Art $\sum Y_i^2$ sind *Quadratische Formen*. Dies sind Zufallsvariablen Q, die durch $Q = \mathbf{y}'\mathbf{A}\mathbf{y}$ definiert sind; dabei wird $\mathbf{A}$ als symmetrisch vorausgesetzt.

Der folgende Satz gibt eine hinreichende Bedingung für die Unabhängigkeit quadratischer Formen. Dabei wird die dritte Aussage des Satzes 1.28 bzgl. der Unabhängigkeit von Lineartransformationen auf quadratische Formen übertragen.

Satz 5.18 (Unabhängigkeit quadratischer Formen)
Es gelte $\mathbf{y} \sim \mathcal{N}(\mathbf{0}, \mathbf{\Sigma})$, und $Q_1 = \mathbf{y}'\mathbf{A}\mathbf{y}, Q_2 = \mathbf{y}'\mathbf{B}\mathbf{y}$ seien zwei quadratische Formen. Q_1 und Q_2 sind genau dann unabhängig, wenn

$$\mathbf{A}\mathbf{\Sigma}\mathbf{B} = \mathbf{0}.$$

          ■

Bzgl. der Zerlegung quadratischer Formen gilt nun das folgende Ergebnis.

Satz 5.19 (Satz von Cochran)
Sei $y \sim \mathcal{N}(\mu, \Sigma)$. Weiter sei $A = A_1 + \cdots + A_k$, wobei alle Matrizen symmetrisch seien. Dadurch werde die quadratischen Form $Q = y'Ay$ in eine Summe von quadratischen Formen zerlegt:

$$Q = y'Ay = y'(A_1 + \cdots + A_k)y$$
$$= y'A_1y + \cdots + y'A_ky = Q_1 + \cdots + Q_k. \qquad (5.44)$$

A habe den Rang r, und die A_j mögen jeweils den Rang r_j, $j = 1, \ldots, k$, haben. Gilt dann $A\Sigma = A\Sigma A\Sigma$, ist m.a.W. die Matrix $A\Sigma$ idempotent, dann sind die quadratischen Formen $Q_j = y'A_jy$, $j = 1, \ldots, k$, unabhängige nichtzentral χ^2-verteilte Zufallsvariablen

$$Q_j \sim \chi^2_{r_j, \lambda_j},$$

wobei der Nichtzentralitätsparameter jeweils gegeben ist durch $\lambda_j = \mu'A_j\mu$. Folglich hat dann auch $Q = y'Ay$ eine nichtzentrale χ^2-Verteilung, $Q \sim \chi^2_{r,\lambda}$, $\lambda = \mu'A\mu$. ∎

Beispiel 5.20 (χ^2-Verteilung von $\sum(Y_v - \bar{Y})^2$)
Für die oben angesprochene Zerlegung (5.43) reicht es, die standardisierten Zufallsvariablen $Z_v = (Y_v - \mu)/\sigma$ zu betrachten. Dann hat die Zerlegung die Form

$$\sum_{v=1}^{n} Z_v^2 = \sum_{v=1}^{n}(Z_v - \bar{Z})^2 + n \cdot \bar{Z}^2.$$

Diese Zerlegung lässt sich auch schreiben als

$$z'z = z'(I - \frac{1}{n}jj')z + z'(\frac{1}{n}jj')z.$$

Auf Grund der Eigenschaften von $A_1 = \left(I - \frac{1}{n}jj'\right)$ und $A_2 = \frac{1}{n}jj'$ ist der Satz hier anwendbar: Die Matrix A_1 ist genauso wie die Matrix A_2 idempotent und symmetrisch. Mit $A = I$ gilt auch $A = A_1 + A_2$.

Speziell ist daher $\sum(Y_v - \bar{Y})^2/\sigma^2$ χ^2-verteilt mit $n - 1$ Freiheitsgraden. ∎

Beispiel 5.21 (Einfache Varianzzerlegung)
Ein wesentlicher Teil der Varianzanalyse dreht sich um Varianzzerlegungen. Liegen I Stichproben vom Umfang n_i vor, so gilt, vgl. (5.17):

$$\sum_{i=1}^{I}\sum_{j=1}^{n_i}(Y_{ij} - \bar{Y}_{..})^2 = \sum_{i=1}^{I}\sum_{j=1}^{n_i}(Y_{ij} - \bar{Y}_{i.})^2 + \sum_{i=1}^{I} n_i(\bar{Y}_{i.} - \bar{Y}_{..})^2. \qquad (5.45)$$

Die links stehende Summe lässt sich als Matrizenprodukt darstellen:

$$(Y_{11}, \ldots, Y_{In_I}) \left(I - \frac{1}{N}jj'\right) \begin{pmatrix} Y_{11} \\ Y_{12} \\ \vdots \\ Y_{In_I} \end{pmatrix}.$$

Dabei wird wie im letzten Beispiel ausgenutzt, dass die Matrix $\mathbf{A} = \left(\mathbf{I} - \frac{1}{N}\mathbf{j}\mathbf{j}'\right)$ idempotent und symmetrisch ist.

Für die erste Summe auf der rechten Seite der Gleichung gilt mit der Matrix $\mathbf{A}_1$,

$$
\mathbf{A}_1 = \mathbf{I} - \begin{pmatrix} \frac{1}{n_1}\underbrace{\begin{pmatrix} 1 & \cdots & 1 \\ \vdots & & \vdots \\ 1 & \cdots & 1 \end{pmatrix}}_{n_1} & & & \\ & \frac{1}{n_2}\underbrace{\begin{pmatrix} 1 & \cdots & 1 \\ \vdots & & \vdots \\ 1 & \cdots & 1 \end{pmatrix}}_{n_2} & & \\ & & \ddots & \\ & & & \frac{1}{n_I}\underbrace{\begin{pmatrix} 1 & \cdots & 1 \\ \vdots & & \vdots \\ 1 & \cdots & 1 \end{pmatrix}}_{n_I} \end{pmatrix} ;
$$

$$
\sum_{i=1}^{I}\sum_{j=1}^{n_i}(Y_{ij} - \bar{Y}_i)^2 = \mathbf{y}'\mathbf{A}_1\mathbf{y}\,;
$$

denn auch diese Matrix ist symmetrisch und idempotent.

Die Differenz $\mathbf{A}_2 = \mathbf{A} - \mathbf{A}_1$ bildet gerade die für die dritte Summe benötigte Matrix, so dass die Bedingungen des Satzes von Cochran offensichtlich erfüllt sind. $\blacksquare$

Es ist ein in den verschiedenen Ausprägungen der Varianzanalyse immer wieder benutztes Ergebnis, dass auf Grund des Satzes von Cochran Unabhängigkeit zwischen den verschiedenen Abweichungsquadraten, *Sums of Squares*, *SS*, genau dann vorliegt, wenn sich die Ausgangssumme der quadrierten Abweichungen analog zu (5.45) in die einzelnen *SS* zerlegen lässt.

5.2 Das restringierte Zellenmittelmodell

Gemäß (5.26) kann die Gleichheit der μ_i in der Form $\mathbf{K}\boldsymbol{\mu} = \mathbf{0}$ formuliert werden; ausgeschrieben ist dies:

$$
\begin{pmatrix} 1 & -1 & 0 & \cdots & 0 & 0 \\ 0 & 1 & -1 & \cdots & 0 & 0 \\ \vdots & & & & \vdots & \vdots \\ 0 & \cdots & & & 1 & -1 \end{pmatrix} \begin{pmatrix} \mu_1 \\ \vdots \\ \mu_I \end{pmatrix} = \begin{pmatrix} 0 \\ \vdots \\ 0 \end{pmatrix} . \tag{5.46}
$$

Allgemein sind nun Beziehungen zwischen den Parametern von Interesse, die sich durch ein geeignetes System linearer Gleichungen $\mathbf{K}\mu = k$ ausdrücken lassen. Damit erhält man die restringierten linearen Modelle.

Definition 5.22
Das *restringierte lineare Zellenmittelmodell* wird geschrieben als

$$\mathbf{y} = \mathbf{X}\mu + \varepsilon \tag{5.47a}$$

mit den Restriktionen

$$\mathbf{K}\mu = k. \tag{5.47b}$$

Dabei ist $\mathbf{X}$ die übliche Designmatrix; $\mathbf{K}$ und k sind problemspezifisch. ∎

Das restringierte Schätzproblem lässt sich als Optimierungsproblem unter Nebenbedingungen mittels eines Lagrange-Multiplikator-Ansatzes formulieren. Dabei ist die Zielfunktion

$$\ell_{\text{restr.}}(\mu, \sigma^2, \delta) = \ell(\mu, \sigma^2, \delta) + \frac{1}{\sigma^2}\delta'(\mathbf{K}\mu - k) \tag{5.48}$$

bzgl. der Parameter μ, σ^2 und δ zu minimieren. Nullsetzen der partiellen Ableitungen ergibt die Gleichungen:

$$\mathbf{X}'\mathbf{X}\tilde{\mu} - \mathbf{K}'\tilde{\delta} = \mathbf{X}'\mathbf{y} \tag{5.49a}$$

$$\mathbf{K}\tilde{\mu} = \mathbf{k} \tag{5.49b}$$

$$\tilde{\sigma}^2 = \frac{1}{N}Q(\tilde{\mu}). \tag{5.49c}$$

$Q(\tilde{\mu})$ bezeichnet dabei die Summe der quadrierten Abweichungen der Y-Werte von $\tilde{\mu}$, vgl. 5.10. $Q(\tilde{\mu})/\sigma^2 = \sum_{i=1}^{I}\sum_{j=1}^{n_i}(Y_{ij} - \tilde{\mu}_i)^2/\sigma^2$ ist bei Gültigkeit des restringierten Modells χ_{N-1}^2-verteilt.

Die Lösung für $\tilde{\sigma}^2$ ist schon in der letzten Gleichung angegeben; die Lösung für $\tilde{\mu}$ ist für die Matrix $\mathbf{K}$ aus (5.46) gegeben durch $\tilde{\mu} = (\bar{Y}_{..}, \ldots, \bar{Y}_{..})'$.

Die Schätzungen im restringierten Modell lassen sich auch durch die nicht-restringierten Schätzer ausdrücken. Im einfachen Fall, dass die Bedingung die Gleichheit aller Erwartungswerte darstellt, ist

$$\begin{pmatrix} \bar{Y}_{..} \\ \vdots \\ \bar{Y}_{..} \end{pmatrix} = \begin{pmatrix} \frac{n_1}{N} & \frac{n_2}{N} & \cdots & \frac{n_I}{N} \\ \vdots & & & \vdots \\ \frac{n_1}{N} & \frac{n_2}{N} & \cdots & \frac{n_I}{N} \end{pmatrix} \begin{pmatrix} \bar{Y}_{1.} \\ \vdots \\ \bar{Y}_{I.} \end{pmatrix},$$

kurz $\tilde{\mu} = \mathbf{A}\hat{\mu}$. Wenn zugelassen wird, dass der Nebenbedingungsvektor k nicht der Nullvektor ist, lautet der Zusammenhang allgemein

$$\tilde{\mu} = \mathbf{A}\hat{\mu} + \mathbf{B}k; \tag{5.50a}$$

dabei gilt

$$\mathbf{B} = (\mathbf{X'X})^{-1}\mathbf{K'} \left(\mathbf{K}(\mathbf{X'X})^{-1}\mathbf{K'}\right)^{-1} \tag{5.50b}$$

$$\mathbf{A} = \mathbf{I} - \mathbf{BK}. \tag{5.50c}$$

Beispiel 5.23

Bei einem Versuch mit $n_1 = 15, n_2 = 20$ und $n_3 = 25$ sind

$$(\mathbf{X'X})^{-1} = \begin{pmatrix} \frac{1}{15} & 0 & 0 \\ 0 & \frac{1}{20} & 0 \\ 0 & 0 & \frac{1}{25} \end{pmatrix}, \mathbf{K} = \begin{pmatrix} 1 & -1 & 0 \\ 0 & 1 & -1 \end{pmatrix}.$$

Das ergibt:

$$\mathbf{A} = \begin{pmatrix} 0.2500 & 0.3333 & 0.4167 \\ 0.2500 & 0.3333 & 0.4167 \\ 0.2500 & 0.3333 & 0.4167 \end{pmatrix}.$$

In den Zeilen stehen gerade die Quotienten n_i/N; somit lässt sich die oben angegebene Beziehung unmittelbar nachvollziehen. ∎

Für die Residuenquadratsumme des restringierten Modells erhält man durch Einsetzen der Beziehungen aus (5.50):

$$Q(\tilde{\boldsymbol{\mu}}) = (\mathbf{y} - \mathbf{X}\tilde{\boldsymbol{\mu}})'(\mathbf{y} - \mathbf{X}\tilde{\boldsymbol{\mu}}) = Q(\hat{\boldsymbol{\mu}}) + (\mathbf{K}\hat{\boldsymbol{\mu}} - \mathbf{k})'\mathbf{B'X'XB}(\mathbf{K}\hat{\boldsymbol{\mu}} - \mathbf{k}). \tag{5.51}$$

Da der zweite Ausdruck auf der rechten Seite der Gleichungskette als Summe von Quadraten größer oder gleich null ist, gilt offensichtlich stets

$$Q(\tilde{\boldsymbol{\mu}}) \geq Q(\hat{\boldsymbol{\mu}}). \tag{5.52}$$

Zudem hat die innen stehende Matrix auf der rechten Seite von (5.51) eine interessante Interpretation. Es ist nämlich nach (5.12) wegen (1.34):

$$\mathbf{B'X'XB} = \left(\mathbf{K}(\mathbf{X'X})^{-1}\mathbf{K'}\right)^{-1} = \left(\frac{1}{\sigma^2}\mathrm{Var}(\mathbf{K}\hat{\boldsymbol{\mu}})\right)^{-1}. \tag{5.53}$$

Daher kann der Unterschied zwischen den Residuenquadratsummen des restringierten und dem nicht-restringierten Modell ausgedrückt werden durch

$$Q(\tilde{\boldsymbol{\mu}}) - Q(\hat{\boldsymbol{\mu}}) = (\mathbf{K}\hat{\boldsymbol{\mu}} - \mathbf{k})'\left(\frac{1}{\sigma^2}\mathrm{Var}(\mathbf{K}\hat{\boldsymbol{\mu}})\right)^{-1}(\mathbf{K}\hat{\boldsymbol{\mu}} - \mathbf{k}). \tag{5.54}$$

Eine andere Möglichkeit, den Annahmebereich des F-Tests anzugeben, ist also:

$$(\mathbf{K}\hat{\boldsymbol{\mu}})'(\mathbf{K}(\mathbf{X'X})^{-1}\mathbf{K})^{-1}(\mathbf{K}\hat{\boldsymbol{\mu}}) \leq (I-1)\hat{\sigma}^2 F_{I-1,N-I;1-\alpha}. \tag{5.55}$$

Beispiel 5.24 ('Hot Dogs' -Fortsetzung)
Im Beispiel 5.1 lautet das Modell

$$\mathbf{y} = \begin{pmatrix} \mathbf{j}_{n_1} & 0 & 0 \\ 0 & \mathbf{j}_{n_2} & 0 \\ 0 & 0 & \mathbf{j}_{n_3} \end{pmatrix} \begin{pmatrix} \mu_1 \\ \mu_2 \\ \mu_3 \end{pmatrix} + \boldsymbol{\varepsilon}.$$

Dabei sind $n_1 = 20, n_2 = 17, n_3 = 17$. Nach Beispiel 5.9 ist die Inverse von $\mathbf{K(X'X)^{-1}K'}$:

$$\frac{20 \cdot 17 \cdot 17}{20 + 17 + 17} \begin{pmatrix} \dfrac{20+17}{17^2} & \dfrac{1}{17} \\ \dfrac{1}{17} & \dfrac{17+17}{20 \cdot 17} \end{pmatrix} = \begin{pmatrix} 12.59 & 6.30 \\ 6.30 & 11.65 \end{pmatrix}.$$

Mit den ML-Schätzern $\hat{\mu}_i = \bar{Y}_{i\cdot}$, konkret $\bar{y}_1 = 156.85, \bar{y}_2 = 118.76, \bar{y}_3 = 158.71$ ergibt sich der Wert der nicht-standardisierten Differenz des Zählers der Teststatistik:

$$(\hat{\mu}_1 - \hat{\mu}_2, \hat{\mu}_2 - \hat{\mu}_3)(\mathbf{K(X'X)^{-1}K'})^{-1} \begin{pmatrix} \hat{\mu}_1 - \hat{\mu}_2 \\ \hat{\mu}_2 - \hat{\mu}_3 \end{pmatrix} = 17692.195$$

Das ist gerade der Wert, den auch die Differenz $SS_G - SS_E$ ergibt. ∎

5.3   Zu den Scheffé-Intervallen

Wie oben gezeigt wurde, lässt sich im Modell der einfachen Varianzanalyse der Annahmebereich des F-Tests auf Gleichheit aller Erwartungswerte in der folgenden Form angeben, vgl. (5.55):

$$(\mathbf{K}\hat{\boldsymbol{\mu}})' \left(\mathbf{K(X'X)^{-1}K'}\right)^{-1} (\mathbf{K}\hat{\boldsymbol{\mu}}) \leq (I-1)\hat{\sigma}^2 F_{I-1,N-I;1-\alpha}.$$

Dabei ist $\mathbf{K}$ die Matrix aus (5.26).

Auf der Grundlage dieser Form des Annahmebereiches kann man simultane Konfidenzintervalle für alle Differenzen $\mu_i - \mu_j$ gewinnen. Dies wurde schon in Abschnitt 3.2 angeführt. Hier soll die Ableitung etwas formaler vollzogen werden.

Die Basis ist die Pivot-Methode. Alle Vektoren $\mathbf{k}$, bei denen die Teststatistik

$$(\mathbf{K}\hat{\boldsymbol{\mu}} - \mathbf{k})' \left(\mathbf{K(X'X)^{-1}K'}\right)^{-1} (\mathbf{K}\hat{\boldsymbol{\mu}} - \mathbf{k}). \tag{5.56}$$

nicht zur Ablehnung der Nullhypothese $H_0 : \mathbf{K}\boldsymbol{\mu} = \mathbf{k}$ im Annahmebereich liegt, also kleiner oder gleich $(I-1)\hat{\sigma}^2 F_{I-1,N-I;1-\alpha}$ ist, bilden einen $(1-\alpha)$-Konfidenzbereich für $\mathbf{K}\boldsymbol{\mu}$, den Vektor der Erwartungswertdifferenzen $\mathbf{K}\boldsymbol{\mu} = \mathbf{k}$:

$$\left\{ \mathbf{K}\boldsymbol{\mu} \, \middle| \, (\mathbf{K}\hat{\boldsymbol{\mu}} - \mathbf{K}\boldsymbol{\mu})' \left(\mathbf{K(X'X)^{-1}K'}\right)^{-1} (\mathbf{K}\hat{\boldsymbol{\mu}} - \mathbf{K}\boldsymbol{\mu}) \leq (I-1)\hat{\sigma}^2 F_{I-1,N-I;1-\alpha} \right\} \tag{5.57}$$

Um mit diesem Konfidenzbereich simultane Konfidenzintervalle für reellwertige Parameterfunktionen zu erhalten, wird die folgende Ungleichung benötigt.

Lemma 5.25

Seien $\mathbf{a}$ und $\mathbf{z}$ zwei Spaltenvektoren und $\mathbf{B}$ eine positiv definite Matrix. Dann gilt

$$(\mathbf{a}'\mathbf{z})(\mathbf{a}'\mathbf{B}\mathbf{a})^{-1}(\mathbf{a}'\mathbf{z}) \leq \mathbf{z}'\mathbf{B}^{-1}\mathbf{z}. \tag{5.58}$$

Beweis: Da $\mathbf{B}$ positiv definit ist, gibt es eine Matrix $\mathbf{B}^{1/2}$, so dass $\mathbf{B} = \mathbf{B}^{1/2}\mathbf{B}^{1/2}$ und $\mathbf{B}^{-1} = \mathbf{B}^{-1/2}\mathbf{B}^{-1/2}$; dabei ist $\mathbf{B}^{-1/2} = (\mathbf{B}^{1/2})^{-1}$.

Seien nun $\tilde{\mathbf{z}} = \mathbf{B}^{-1/2}\mathbf{z}$ und $\tilde{\mathbf{a}} = \mathbf{B}^{1/2}\mathbf{a}$. Für diese Vektoren gilt die Cauchy-Schwarzsche Ungleichung

$$(\tilde{\mathbf{z}}'\tilde{\mathbf{a}})^2 \leq (\tilde{\mathbf{a}}'\tilde{\mathbf{a}})(\tilde{\mathbf{z}}'\tilde{\mathbf{z}}).$$

Mit der Definition von $\tilde{\mathbf{z}}$ und $\tilde{\mathbf{a}}$ gilt weiter

$$(\mathbf{z}'\mathbf{a})^2 \leq (\mathbf{a}'\mathbf{B}\mathbf{a})(\mathbf{z}'\mathbf{B}^{-1}\mathbf{z}).$$

Weil nun $(\mathbf{a}'\mathbf{B}\mathbf{a})$ eine reelle Zahl ist, kann sie einfach auf die andere Seite gebracht werden:

$$(\mathbf{a}'\mathbf{B}\mathbf{a})^{-1}(\mathbf{z}'\mathbf{a})^2 \leq (\mathbf{z}'\mathbf{B}^{-1}\mathbf{z}).$$

Weiter ist auch $\mathbf{z}'\mathbf{a}$ ein Skalar. Somit ist $(\mathbf{z}'\mathbf{a})^2 = (\mathbf{z}'\mathbf{a})(\mathbf{z}'\mathbf{a})$. Umstellen ergibt schließlich die gewünschte Gestalt. $\blacksquare$

Nach dem Lemma gilt mit $\mathbf{B} = \mathbf{K}(\mathbf{X}'\mathbf{X})^{-1}\mathbf{K}'$ und $\mathbf{z} = \mathbf{K}\hat{\mu} - \mathbf{k}$ für jeden Vektor $\mathbf{a}$:

$$(\mathbf{a}'\mathbf{K}\hat{\mu} - \mathbf{a}'\mathbf{k})' \left(\mathbf{a}'\mathbf{K}(\mathbf{X}'\mathbf{X})^{-1}\mathbf{K}'\mathbf{a}\right)^{-1} (\mathbf{a}'\mathbf{K}\hat{\mu} - \mathbf{a}'\mathbf{k})$$

$$\leq (\mathbf{K}\hat{\mu} - \mathbf{k})' \left(\mathbf{K}(\mathbf{X}'\mathbf{X})^{-1}\mathbf{K}'\right)^{-1} (\mathbf{K}\hat{\mu} - \mathbf{k}). \tag{5.59}$$

Ist also die rechte Seite in (5.59) kleiner oder gleich $(I-1)\hat{\sigma}^2 F_{I-1,N-I;1-\alpha}$, so gilt dies auch für alle linksstehenden Ausdrücke. Die Matrix in der Mitte des linksstehenden Ausdruckes ist bis auf den Faktor σ^2 die Varianz der reellwertigen Parameterfunktion $\mathbf{a}'\mathbf{K}\hat{\mu}$. Folglich gilt mit Wahrscheinlichkeit $1 - \alpha$ für alle Vektoren $\mathbf{a}$ simultan:

$$(\mathbf{a}'\mathbf{K}\hat{\mu} - a)' \left(\frac{1}{\sigma^2}\mathrm{Var}(\mathbf{a}'\mathbf{K}\hat{\mu})\right)^{-1} (\mathbf{a}'\mathbf{K}\hat{\mu} - a) \leq (I - 1)\hat{\sigma}^2 F_{I-1,N-I;1-\alpha}. \tag{5.60}$$

Somit können Konfidenzbereiche für reellwertige Parameterfunktionen von $\mathbf{K}\mu$ definiert werden, indem alle Werte a, bei denen die obige Ungleichung erfüllt ist, zusammengefasst werden.

Die simultanen Konfidenzintervalle können noch etwas umgeformt werden. Da $\mathbf{a}'\mathbf{K}\hat{\mu}$ eine skalare Größe ist, ist auch die Kovarianzmatrix zum Skalar 'entartet'. Damit führt der auf (5.60) basierende Annahmebereich zu dem Konfidenzintervall

$$\mathbf{a}'\mathbf{K}\mu \in \mathbf{a}'\mathbf{K}\hat{\mu} \pm \hat{\sigma}\sqrt{\frac{1}{\sigma^2}\mathrm{Var}(\mathbf{a}'\mathbf{K}\hat{\mu})(I - 1)F_{I-1,N-I,1-\alpha}}. \tag{5.61}$$

Dabei ist

$$\frac{1}{\sigma^2}\mathrm{Var}(\mathbf{a}'\mathbf{K}\hat{\mu}) = \mathbf{a}'\mathbf{K}(\mathbf{X}'\mathbf{X})^{-1}\mathbf{K}'\mathbf{a}.$$

σ^2 muss also nicht bekannt sein, um die Intervalle zu bestimmen.

Die simultanen Konfidenzintervalle für die Parameterfunktionen der Differenzen sind wegen der oben angegebenen Korrespondenz zugleich simultane Konfidenzintervalle für alle linearen Kontraste. Konkret erhält man die in (5.29) und (5.30) angegebenen Intervalle.

6 Nichtparametrische Verfahren[1]

Ausgangspunkt sind I Stichproben, bestehend aus unabhängigen Stichprobenvariablen Y_{iv}, $v = 1, \ldots, n_i$, die jeweils die Verteilungsfunktion $F_i(y)$ haben, $i = 1, \ldots, I$. Analog zur Formulierung von Hypothesen über die Erwartungswerte im Normalverteilungsmodell beziehen sich die nichtparametrischen Hypothesen auf die Verteilungsfunktionen bzw. die relativen Effekte. Im ersten Fall ist die Nullhypothese die Gleichheit aller Verteilungen, $H_0^F : F_1 = F_2 \cdots = F_I$. Dies kann auch mittels $H_0^F : F_i = \bar{F}$, $i = 1 \cdots = I$ ausgedrückt werden, wobei $\bar{F} = \sum_{i=1}^{I} F_i / I$ das ungewichtete Mittel der Verteilungsfunktionen ist.

Für die Formulierung der Nullhypothese mittels relativer Effekte ist zunächst die Definition aus Abschnitt 4.2 zu erweitern. Hat man wie hier mehr als zwei Gruppen, so wird der mittlere relative Effekt von Y_i zu $Y_1, \ldots, Y_I$ definiert als:

$$p_i = \frac{1}{I} \sum_{j=1}^{I} \left[P(Y_j < Y_i) + \frac{1}{2} P(Y_j = Y_i) \right] . \tag{5.62}$$

Interpretiert werden können die relativen Effekte als Tendenzen bzgl. einer mittleren Verteilung mit der gewichteten mittleren Verteilungsfunktion

$$H(y) = \frac{1}{N} \sum_{i=1}^{I} n_i F_i(y) ; \tag{5.63}$$

dabei ist $N = \sum_{i=1}^{I} n_i$ der Gesamtstichprobenumfang. $p_i < p_j$ bedeutet dann, dass die Beobachtungen in der i-ten Stichprobe tendenziell kleiner sind als in der j-ten bezogen auf die durch $H(y)$ gegebene durchschnittliche Tendenz aller Beobachtungen. Die relativen Effekte können daher als Behandlungseffekte (relativ zu $H(y)$) interpretiert werden.

Geschätzt werden können die relativen Effekte p_i mit den Statistiken $\hat{p}_i = \frac{1}{N} \left(\bar{R}_{i\cdot} - \frac{1}{2} \right)$. Dabei wird jeder Stichprobenvariablen Y_{iv} ihr Rang R_{iv} in der kombinierten Stichprobe von $N = \sum_{i=1}^{I} n_i$ Beobachtungen zugeordnet. Die $\bar{R}_{i\cdot}$ sind die für die einzelnen Stichproben gebildeten durchschnittlichen Rangscores $\bar{R}_{i\cdot} = \frac{1}{n_i} \sum_{v=1}^{n_i} R_{iv}$. Die Schätzer $\hat{p}_i$ sind erwartungstreu und konsistent.

---

[1]Diese Diskussion fußt wesentlich auf Brunner & Munzel, S. 100f.

Beispiel 5.26 (Ausschusskontrolle)

Bei fünf Zulieferern für die Fa. Levi-Strauss in Albuquerque wurde jeweils der Anteil an ausgelaufenen Farben in den Stoffen festgestellt. Die Angaben werden in Beziehung gesetzt zu dem, was mit einem Computer-basierten System erreicht werden konnte. Dabei sind negative Werte der interessierenden Variablen möglich; sie signalisieren, dass die Angestellten der Zulieferer bei der Ausschusskontrolle besser waren als das Computer-System, siehe Koopmans (1987).

1			2			3		4			5	
1.2	-3.2	2.8	16.4	4.3	4.3	12.1	3.9 3.4	11.5	2.7	5.2	24.0	22.3
10.1	-1.7	13.0	-6.0	10.4	19.7	9.7	3.6 -0.8	10.2	5.1	7.3	-3.7	3.1
-2.0	2.4	42.7	-11.6	4.2	3.0	7.4	9.6 -3.9	3.8	11.2	7.1	8.2	16.8
1.5	0.3	1.4	-1.3	8.5	7.6	-2.1	9.8	8.3	5.9		9.2	11.3
-3.0	3.5	3.0	4.0	6.3	70.2	10.1	6.5	6.6	13.0		-9.3	12.3
-0.7	-0.8	2.4	17.0	9.0	8.5	4.7	5.7	10.2	6.8		8.0	
3.2	19.4		3.8	7.1		4.6	5.1	8.8	14.5		15.8	
2.7	1.3		2.9	6.0		1.5	0.9	3.4	0.7		16.9	

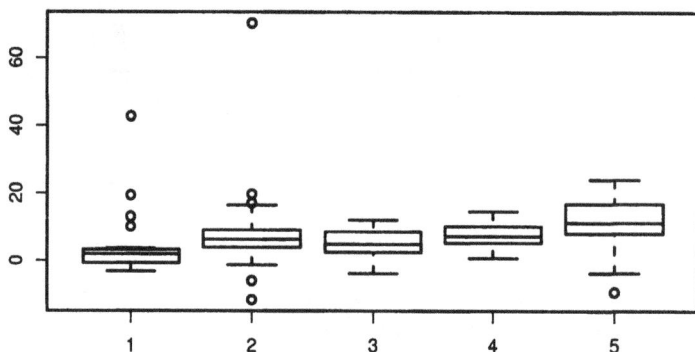

Abbildung 5.5: Qualitätskontrolle (Levi-Strauss)

Von Interesse ist ein Vergleich der Zulieferer. Die Box-Plots zeigen, dass einige Ausreißer vorhanden sind; dies macht den Einsatz der normalverteilungsbasierten Verfahren zweifelhaft.

Für die relativen Effekte erhält man die Schätzungen:

$$\hat{p}_1 \quad \hat{p}_2 \quad \hat{p}_3 \quad \hat{p}_4 \quad \hat{p}_5$$
$$0.323 \quad 0.535 \quad 0.455 \quad 0.594 \quad 0.669$$

Damit weist der Zulieferer 1 tendenziell die kleinsten Werte auf, Zulieferer 5 tendenziell die größten. Die Zwischenstellung der anderen kann man sich gut anhand der Box-Plots veranschaulichen.   ∎

Die zu den relativen Effekten gehörige Nullhypothese verallgemeinert die im Abschnitt 4.2 formulierte Tendenzhypothese; sie lautet $H_0^p : p_i = \bar{p}$, $i = 1 \cdots = I$, mit $\bar{p} = \sum_{i=1}^{I} p_i / I$. Um den Unterschied der Hypothesen H_0^F und H_0^p zu verdeutlichen, sei auf die Normalverteilungssituation zurückgegriffen. Dort bedeutet die Hypothese der Gleichheit aller Verteilungen, dass von gleichen Varianzen ausgegangen wird, $Y_{iv} \sim \mathcal{N}(\mu_i, \sigma^2)$. Abweichungen von der Nullhypothese sind nur bzgl. der Erwartungswerte zugelassen. Bei der Formulierung mit relativen Effekten dürfen im Prinzip auch die Varianzen verschieden sein, $Y_{iv} \sim \mathcal{N}(\mu_i, \sigma_i^2)$.

Hier wird nur der am häufigsten bei nichtnormalverteilten Variablen eingesetzte Test dargestellt. Der *Kruskal-Wallis-Test* ist ein Test für die Nullhypothese H_0^F. Er setzt also gleiche Varianzen voraus. Die Teststatistik basiert darauf, dass unter der Nullhypothese H_0^F alle relativen Effekte p_i gleich $1/2$ sind. Wegen $\hat{p}_i = \frac{1}{N}(\bar{R}_{i\cdot} - \frac{1}{2})$ können auch die mittleren Ränge mit ihrem Erwartungswert unter H_0^F, $(N+1)/2$, verglichen werden. Da jetzt mehr als zwei Stichproben zu berücksichtigen sind, ist die Teststatistik analog zu der des F-Tests aufgebaut:

$$Q_{KW} = \frac{N-1}{\sum_{i=1}^{I} \sum_{v=1}^{n_i} \left(R_{iv} - \frac{N+1}{2} \right)^2} \sum_{i=1}^{I} n_i \left(\bar{R}_{i\cdot} - \frac{N+1}{2} \right)^2. \qquad (5.64)$$

Wenn der Gesamtstichprobenumfang größer wird, $N \to \infty$, wobei keine Einzelstichprobe einen zu geringen Umfang hat, $N/n_i \leq N_0 < \infty$, gilt unter der Nullhypothese $H_0: F_1(y) = \cdots = F_I(y)$: $Q_{KW} \overset{\sim}{\sim} \chi^2_{I-1}$. Hier ist es den Arbeiten von Brunner et al. zu verdanken, dass auf die bislang übliche Angabe von Varianzkorrekturformeln bei Bindungen verzichtet werden kann.

Falls keine Bindungen vorhanden sind, vereinfacht sich die Statistik Q_{KW} zu

$$Q_{KW} = \left(\frac{12}{N(N+1)} \sum_{i=1}^{I} n_i \bar{R}_{i\cdot}^2 \right) - 3(N+1). \qquad (5.65)$$

Beispiel 5.27 (Ausschusskontrolle - Fortsetzung)
Der Kruskal-Wallis-Test zum Überprüfen der Nullhypothese gleicher Verteilungen des Anteils an ausgelaufenen Farben in den Stoffen bei fünf Zulieferern für die Fa. Levi-Strauss ergibt die Teststatistik $KW = 15.32$. Bei 4 Freiheitsgraden ergibt dies einen P-Wert von 0.004. Damit wird die Nullhypothese abgelehnt. ∎

R-Code 5.7 (Nichtparametrische Einweg-Varianzanalyse)

```
kruskal.test(x, g)
pairwise.wilcox.test(x,g,p.adj="bonf",pool.sd=TRUE)
```

In dem Vektor **x** sind die Messwerte, im gleichlangen Vektor **g** die Gruppenzugehörigkeiten enthalten. Ausgegeben wird der Wert der Teststatistik und der P-Wert. Intern werden die Ränge berechnet und ggf. mittlere Ränge vergeben. Auch in dieser Bibliothek steht die Funktion zur Durchführung der paarweisen Wilcoxon-Rangsummentests. Die paarweisen Vergleiche auf der Basis des Wilcoxon-Rangsummentests laufen genau so wie die auf der Basis des t-Tests. Es stehen die gleichen Adjustierungsmethoden wie dort zur Verfügung, speziell Bonferroni, "bonf" und Holm, "holm".

Auch der Kruskal-Wallis-Test unterstellt *Homoskedastizität*, d.h. gleiche Varianzen. Diese Voraussetzung kann nichtparametrisch mit dem *Levene-Test* geprüft werden. Dazu berechnet man für jede Gruppe die absoluten Differenzen der Abweichungen vom Gruppenmittel, $|y_{iv} - \bar{y}_i|, v = 1, \ldots, n_i, i = 1, \ldots, I$, und wendet hierauf den Kruskal-Wallis-Test an. Es sei aber wieder auf die auf Seite 110 angeführten Gegenargumente gegen die Vortestung bzgl. der Varianzgleichheit hingewiesen.

Simultane Vergleiche können nichtparametrisch unter Verwendung des Wilcoxon-Tests unter Berücksichtigung der Bonferroni-Adjustierung durchgeführt werden. Dabei ist auch die Holm-Verbesserung anwendbar.

Eine zweite Möglichkeit, paarweise Vergleiche bei nichtnormalverteilten Beobachtungen simultan durchzuführen, bietet das Bootstrap-Verfahren. Dazu werden im homoskedastischen Fall die Residuen im Modell

$$Y_{iv} = \mu_i + \varepsilon_{ij} \qquad (v = 1, \ldots, n_i, i = 1, \ldots, I) \tag{5.66}$$

als identisch verteilt unterstellt mit der Verteilungsfunktion G.

Zur Durchführung der Vergleiche werden simultane Konfidenzintervalle für die paarweisen Differenzen bestimmt. Ausgangspunkt bilden die Statistiken

$$T_{ii'} = \frac{\bar{Y}_{i\cdot} - \bar{Y}_{i'\cdot}}{\hat{\sigma}\sqrt{\frac{1}{n_i} + \frac{1}{n_{i'}}}},$$

wobei $\hat{\sigma}^2 = \dfrac{1}{N-I}\sum\sum(Y_{ij} - \bar{Y}_{i\cdot})^2$. Das Konfidenzintervall ist von der Gestalt

$$\bar{Y}_{i\cdot} - \bar{Y}_{i'\cdot} \pm q_{G;1-\alpha}\hat{\sigma}\sqrt{\frac{1}{n_i} + \frac{1}{n_{i'}}}. \tag{5.67}$$

Dabei ist $q_{G;1-\alpha}$ das $(1-\alpha)$-Quantil der Verteilung von $\max_{1 \le i < i' \le I}|T_{ii'}|$. Dieses Quantil wird durch $\hat{q}_{\hat{G};1-\alpha}$ geschätzt.

Zur Bestimmung von $\hat{q}_{\hat{G};1-\alpha}$ werden die Bootstrap-Stichproben aus den Residuen $e_{ij} = y_{ij} - \bar{y}_{i\cdot}$ gezogen und daraus die Teststatistiken berechnet.

Bootstrap-Algorithmus zur Bestimmung simultaner Konfidenzintervalle für Mittelwertdifferenzen

1. Bestimme $\bar{y}_{i\cdot} - \bar{y}_{j\cdot}$, $1 \leq i < j \leq I$ sowie $\hat{\sigma}^2 = \dfrac{1}{N-I}\sum\sum(y_{iv} - \bar{y}_{i\cdot})^2$.

2. Bestimme die Residuen $e_{iv} = y_{iv} - \bar{y}_{i\cdot}$, $v = 1, \ldots, n_i$, $i = 1, \ldots, I$.

3. Setze $b = 1$.

4. Ziehe eine Stichprobe (mit Zurücklegen) $e_1^*, \ldots, e_N^*$ vom Umfang $N = \sum n_i$ aus den Residuen. Dies gibt die b-te Bootstrap-Stichprobe $y_{iv,b}^* = e_{n_1 + \cdots + n_{i-1} + v}^*$.

5. Bestimme die Teststatistiken $t_{ij,b}^* = (\bar{y}_{i\cdot,b}^* - \bar{y}_{j\cdot,b}^*)/\sqrt{\hat{\sigma}_b^{*2}(1/n_i + 1/n_j)}$ und speichere das Maximum $\max_{1 \leq i < i' \leq I}|t_{ii',b}^*|$.

6. Setze $b = b + 1$. Für $b \leq B$ gehe zurück nach 4.

7. Das geschätzte $(1-\alpha)$-Quantil $\hat{q}_{\hat{G};1-\alpha}$ ist der $(1-\alpha)\cdot B$-te Wert der geordneten $\max_{1 \leq i < i' \leq I}|t_{ii',b}^*|$.

8. Bestimme die Konfidenzintervalle 5.67 unter Verwendung der geschätzten Quantile $\hat{q}_{\hat{G};1-\alpha}$.

Zu weiteren Ausführungen und Algorithmen bzgl. des Bootstrapverfahrens sei auf Westfall & Young (1993) sowie Davison & Hinkley (1997) verwiesen.

7 Zufällige Effekte

Das in diesem Kapitel betrachtete Modell für eine Einwegklassifikation ist

$$Y_{iv} = \mu_i + \varepsilon_{iv} = \mu + \alpha_i + \varepsilon_{iv}, \qquad (5.68)$$

wobei μ das Gesamtmittel und $\mu_i = \mu + \alpha_i$ das Mittel der i-ten Faktorstufe oder Population bezeichnet; ε_{iv} ist die zufällige (unerklärte) Variation.

Alle Rückschlüsse zielen auf die den I Stichproben des Experimentes zugrundeliegenden Populationen ab. Dies gilt etwa wie im Beispiel 5.26 für die Zulieferer eines Unternehmens, die miteinander verglichen werden sollen. Dann beziehen sich die Schlussfolgerungen der statistischen Analyse auf genau die einbezogenen Zulieferer. Ein anderes Beispiel dafür ist ein Experiment, in dem der Effekt von drei Medikamenten verglichen wird. Sind alle drei neuentwickelte Präparate, so wünscht man Information über den relativen Effekt dieser drei.

In anderen Situationen können die Stufen des Faktors selbst als *zufällig* angesehen werden. Der Grund liegt darin, dass die für das Experiment ausgewählten als an sich nicht so wichtig angesehen werden. Sie dienen vielmehr als Repräsentanten der gesamten Klasse von Gruppen der entsprechenden Untersuchungseinheiten. Auf ihnen basierende Schlussfolgerungen werden auf die ganze Klasse übertragen.

Beispiel 5.28

An verschiedenen geisteswissenschaftlichen Fakultäten einiger britischer Universitäten wurden Studierende einem Vokabeltest unterzogen. Hier geht es weniger um Aussagen, wie 'die Studierenden der Anglistik-Fakultäten der Universitäten A, B, C sind besser als die der philosophischen Fakultäten', als um eine entsprechende Generalisierung auf alle Universitäten des Landes.   ∎

Generell hängt es davon ab, wie weitreichend die Schlussfolgerungen sein sollen, ob ein Faktor als fest oder zufällig behandelt werden soll. Es werden beispielsweise Messungen von fünf verschiedenen Laborhelfern verglichen. Sind diese fünf die einzigen, die in dem Labor angestellt sind, und ist die Vergleichbarkeit ihrer Ergebnisse alles, was den Laborleiter interessiert, dann sollte der Faktor mit den fünf Stufen als fest angesehen werden. Wurden andererseits diese fünf ausgewählt, um die Übereinstimmung bei der Durchführung dieser Messungen zwischen Laborhelfern im Allgemeinen zu untersuchen, dann geht die Schlussfolgerung über diese fünf hinaus; sie sollten daher als zufällig angesehen werden.

Bei der experimentellen Arbeit werden die Untersuchungseinheiten, Personen, Tiere, Tage, etc. oft nicht wirklich zufällig aus einer größeren Population ausgewählt. Sie sind das, was dem Wissenschaftler zu der Zeit des Experimentes zur Verfügung steht. Üblicherweise ist man auf der sicheren Seite, wenn man annimmt, dass ihre Verfügbarkeit das Ergebnis eines genügend beliebigen Prozesses ist, um sicherzustellen, dass kein Bias auftritt. Ist jedoch ihre Repräsentativität fragwürdig, so können sie nicht für eine Schätzung der Klassencharakteristika herangezogen werden.

Das Einweg-Varianzanalysemodell mit zufälligen Effekten lautet

$$Y_{iv} = \mu + a_i + \varepsilon_{iv} \quad (i = 1, \ldots, I, \ v = 1, \ldots, n_i), \tag{5.69a}$$

wobei für die Verteilungen der Zufallsvariablen a_i und ε_{iv} folgende Voraussetzungen gemacht werden:

$$a_i \sim \mathcal{N}(0, \sigma_a^2),$$
$$\varepsilon_{iv} \sim \mathcal{N}(0, \sigma_\varepsilon^2), \tag{5.69b}$$

alle Zufallsvariablen sind voneinander unabhängig.

Während sich im Modell mit festen Effekten die Analyse auf das Schätzen und Testen der Populationsdifferenzen $\mu_i - \mu_{i'} = \alpha_i - \alpha_{i'}$ konzentriert, sind bei dem Modell mit zufälligen Effekten das Schätzen und Testen der *Varianzkomponenten* σ_a^2 und σ_ε^2 normalerweise das Hauptanliegen. In manchen Fällen wird auch ein Schätzwert für μ gewünscht.

Der klassische Ansatz der *Schätzung von Varianzkomponenten* besteht darin, die Erwartungswerte der mittleren Quadrate der ANOVA-Tafel (Tabelle 5.1) unter dem Modell mit zufälligen Effekten und σ_ε^2 und σ_a^2 mit der *Momentenmethode* zu schätzen. Diese Methode wird als *Varianzanalysemethode* bezeichnet. Es gibt verschiedene andere Schätzmethoden, natürlich gehört die ML-Schätzung dazu. Die ML-

Schätzung wird nicht um die Freiheitsgrade korrigiert, die durch die Schätzung fester Effekte 'verloren' gehen; dem trägt die *eingeschränkte ML-* oder *REML-Methode* (restricted ML-Methode) Rechnung, siehe Searle et al. (1992). Sicherlich ist die REML-Methode heutzutage das Standardverfahren; es ist auch in Softwarepaketen implementiert. Da der benötigte formale Apparat zur adäquaten Darstellung aber recht aufwendig ist, wird im Folgenden nur auf die Momentenmethode eingegangen. Eine Diskussion der verschiedenen Schätzer findet sich auch bei Rasch (1995).

Eine einfache Rechnung zeigt, dass

$$\mathrm{E}(MS_A) = \sigma_\varepsilon^2 + \frac{1}{N(I-1)}\left(N^2 - \sum_{i=1}^{I} n_i^2\right)\sigma_a^2, \qquad (5.70a)$$

$$\mathrm{E}(MS_E) = \sigma_\varepsilon^2. \qquad (5.70b)$$

Gleichsetzen der Momente mit den beobachteten mittleren Quadraten und Auflösen der beiden Gleichungen ergibt

$$\hat{\sigma}_\varepsilon^2 = MS_E,$$
$$\hat{\sigma}_a^2 = \frac{N(I-1)[MS_A - MS_E]}{N^2 - \sum_{i=1}^{I} n_i^2}. \qquad (5.71)$$

Für einen balancierten Versuchsplan (d.h. $n_i \equiv n$) vereinfachen sich die Schätzungen zu

$$\hat{\sigma}_\varepsilon^2 = MS_E,$$
$$\hat{\sigma}_a^2 = \frac{MS_A - MS_E}{n}. \qquad (5.72)$$

$\hat{\sigma}_a^2$ kann negativ werden. Dann wird die Schätzung durch Null ersetzt.

Ein geläufiges Anliegen besteht darin, das Vorhandensein der Faktorvariabilität zu testen, d.h. $H_0 : \sigma_a^2 = 0$ gegen $H_1 : \sigma_a^2 > 0$. Im balancierten Fall $n_i = n$ besteht unter normalverteilungstheoretischen Annahmen ein Test, der fast der Likelihood-Quotienten-Test ist und einige Optimalitätseigenschaften hat, darin, H_0 für große Werte von MS_A/MS_E abzulehnen. Unter H_0 hat der Quotient eine F-Verteilung mit $I-1$ und $I(n-1)$ df für Zähler bzw. Nenner. Unter der Alternative H_1 ist die Verteilung keine nichtzentrale F-Verteilung, wie im Modell mit festen Effekten. Stattdessen ist er verteilt wie

$$\left(1 + \frac{n\sigma_a^2}{\sigma_\varepsilon^2}\right)\cdot U, \quad \text{wobei } U \sim F_{I-1,I(n-1)}. \qquad (5.73)$$

Der Parameter σ_a^2 kommt durch einen multiplikativen Faktor für eine zentrale F-verteilte Zufallsvariable ins Spiel, anstatt über einen Nichtzentralitätsparameter. Güteberechnungen kann man daher unter Verwendung von Tabellen der zentralen F- oder Beta-Verteilungen durchführen.

Im unbalancierten Fall kann der Quotient MS_A/MS_E weiterhin zum Testen von $H_0 : \sigma_a^2 = 0$ verwendet werden; er hat unter H_0 eine $F_{I-1,N-I}$-Verteilung. Unter der Alternative ist die Verteilung jedoch komplizierter als bei balancierten Stichproben.

Beispiel 5.29
Die Gesamtpunktezahlen im Abitur von Studienanfängern an den Philosophischen Fakultäten dreier Universitäten sind in der folgenden Tabelle aufgelistet.

Uni 1	Uni 2	Uni 3
401 436 448 464 576	508 663 599 608 384	373 387 395 464 556
607 616 642 779 798	387 456 464 613 630	566 574 591 512 536
521 532 554 575 689	638 641 527 555 565	538 538 642 665 671
693 742 767 649 672	683 706 729 749 585	507 606 546 553 702
486 643 487 502		

Die Varianzanalysetafel stellt sich wie folgt dar:

Quelle	SS	FG	MS
Faktor	27939.85	2	13969.93
Rest	671259.76	61	11004.26
Gesamt	699199.61		

Damit lauten die Schätzungen für die Varianzkomponenten:

$$\hat{\sigma}_\varepsilon^2 = 11004.26, \quad \hat{\sigma}_a^2 = \frac{64 \cdot 2 \cdot (13969.93 - 11004.23)}{64^2 - 24^2 - 20^2 - 20^2} = 139.56.$$

Die entsprechenden REML-Schätzungen unterscheiden sich nur wenig: $\hat{\sigma}_\varepsilon^2 = 11004.09$ und $\hat{\sigma}_a^2 = 104.90$.

Die Varianzkomponente $\hat{\sigma}_a^2$ ist also im Vergleich zur Varianz des Fehlers sehr klein. Ein Test würde die Nullhypothese $H_0 : \sigma_a^2 = 0$ zu keinem der üblichen Niveaus ablehnen.   ∎

R-Code 5.8 (Zufällige Effekte)

```
dat<-read.table("c:/daten/philfak.txt",header=T)
attach(dat)
Uni<-factor(Uni)
library(nlme)
modell<-lme(Punkte~1,random = ~1|Uni)
print(modell)
```

Die Funktion lme kann für eine Varianzanalyse mit zufälligen Effekten eingesetzt werden. Sie befindet sich in dem Paket nlme. Diese muss mittels library(nlme) einbezogen werden, damit R die Funktion findet. Das Schwierigste bei der Verwendung dieser Funktion ist die Formulierung des Modells. Im Fall eines einzelnen Zufallseffektes ist nur der Erwartungswert als fest anzusehen. Dies führt zu dem ersten Teil der Modellspezifikation, der stets den festen Effekt angibt; hier ist dies Punkte~1.

Der zufällige Effekt erfasst die Variabilität der Mittelwerte der einzelnen Stufen
des Faktors oder der Gruppierungsvaria-
blen; um dies zu modellieren, wird für jede der Stufen des Faktors das arithmetische
Mittel als zufällig angesehen. Dies wird mit
dem Teil `random = ~1|Uni` spezifiziert.
Standardmäßig wird die REML-Methode
verwendet. Alternativ kann man mit
`method="ML"` die ML-Schätzung anfordern.

8 Aufgaben

Aufgabe 1
Im Rahmen einer Untersuchung war die Frage, wie sich ein unterschiedlicher Dün-
gungsmitteleinsatz beim Weinbau auf den Ertrag auswirken würde. Dazu wurde der
Ertrag pro Rebe ($=Y$) untersucht.

Man erhielt folgende Ergebnisse:

	Düngemitteleinsatz		
	gering	mittel	hoch
Anzahl Reben (n_i)	41	51	51
mittlerer Ertrag pro Rebe ($\bar{y}_i$)	5.3	5.8	6.5
empirische Varianz (s_i^2)	3.1	2.8	2.6

1. Ist der Unterschied signifikant ($\alpha = 0.01$)?

2. Können Sie ggf. sagen, welche Düngerstufen sich signifikant unterscheiden?

Aufgabe 2
Als Faustregel wird gesagt, dass Kleinkinder erst mit 14 Monaten selbst laufen.
In einer Studie wurde die Möglichkeit untersucht, mittels geeigneter Programme
diesen Zeitpunkt nach vorne zu verlagern. Dazu wurden vier Gruppen von Kindern
betrachtet:

Die Kinder der Gruppe A erhielten ein spezielles Lauftraining von zwölf Minuten
pro Tag. Die der Gruppe B hatten ebenfalls eine zwölfminütige Übung pro Tag,
jedoch ohne spezielles Programm. Die Gruppen C und D erhielten keine zusätzliche
Animation zum Laufen. In der Tabelle sind die Lebensmonate angegeben, zu denen
die Kinder anfingen, selbständig zu laufen.

1. Zeichnen Sie die Boxplots und interpretieren Sie sie bzgl. einer durchzuführenden Varianzanalyse.

2. Zeigt der F-Test einen signifikanten Unterschied an ($\alpha = 0.05$)?

3. Wenn der F-Test zur Ablehnung der Gleichheit aller Erwartungswerte kommt,
   woher rührt dann die Ablehnung?

4. Unterscheiden sich die Gruppen A und B vom gemeinsamen durchschnittlichen Lauflernalter der Gruppen C und D?

5. Formulieren Sie eine geeignete monotone Hypothese und testen Sie sie ($\alpha = 0.05$).

	Gruppe A	Gruppe B	Gruppe C	Gruppe D
	9.00	11.00	11.50	13.25
	9.50	10.00	12.00	11.50
	9.75	10.00	9.00	12.00
	10.00	11.75	11.50	13.50
	13.00	10.50	13.25	11.50
	9.50	15.00	13.00	
$\sum_v y_{vj}$	60.75	68.25	70.25	61.75
$\bar{y}_{\cdot j}$	10.12	11.38	11.71	12.35

Aufgabe 3

Forscher der Purdue Universität führten ein Experiment durch, um drei Methoden des Unterrichtens im Lesen zu vergleichen. Kinder wurden zufällig den Unterrichtsmethoden (Basal, DRTA, oder Strat) zugeteilt; ihre Lesefähigkeit wurde vor Beginn und nach Abschluss des Kurses festgestellt. In der folgenden Tabelle sind die Differenzen der Scores (Nachher - Vorher) dargestellt; sie ist Moore & McCabe (1989) entnommen.

Basal				DRTA				Strat			
2.0	1.0	0.0	-3.0	4.0	-2.0	3.0	0.0	5.0	0.0	3.0	3.0
1.0	0.0	2.0	-2.0	0.0	2.0	-2.0	4.0	2.0	4.0	6.0	3.0
6.0	-1.0	-1.0	4.0	-1.0	0.0	0.0	2.0	4.0	-7.0	5.0	3.0
2.0	-1.0	1.0	-1.0	6.0	3.0	-2.0	3.0	2.0	5.0	6.0	5.0
0.0	4.0	2.0	-3.0	-1.0	7.0	-1.0	0.0	3.0	10.0	7.0	3.0
-2.0	-5.0			-1.0	1.0			0.0	3.0		

1. Entscheiden Sie zunächst, ob Sie

    (a) den globalen F-Test einsetzen können;

    (b) die Daten nichtparametrisch auswerten sollten;

    (c) die Daten für eine Varianzanalyse transformieren müssen.

2. Wenn der (von Ihnen schließlich ausgewählte) globale Test signifikant (zum Niveau $\alpha = 0.05$) ist, wo rühren dann die Unterschiede her?

Aufgabe 4

Koopmans (1987) berichtet über das Alter von Selbstmördern in Albuquerque im Jahre 1978. Eingeteilt nach Weißen ('Kaukasiern'), Lateinamerikanern und eingeborenen Nordamerikanern sind dies:

	Weiße				Lateinamerikaner				eingeborene Nordamerikaner	
21	28	31	52	27	27	50	45	38	26	23
55	24	31	27	58	22	31	57	18	17	25
42	53	32	76	79	20	29	22	43	24	23
25	66	43	44	46	51	21	48	24	22	22
48	90	57	35	53	60	27	48	68	16	20
22	27	42	32	62	15	34	14	28	21	35
42	48	34	26	21	19	76	52	17	36	
53	47	39	51	31	24	35	29		18	
21	49	24	19		24	55	21		48	

Setzen Sie das Instrumentarium der Varianzanalyse ein, um zu untersuchen, ob sich die Gruppen bzgl. des Alters unterscheiden.

Können Sie gleich mit den Originaldaten arbeiten, oder müssen Sie sie transformieren bzw. einen nichtparametrischen Test verwenden?

Aufgabe 5

Dreißig Magazine wurden nach dem Bildungsniveau ihrer Leserschaft eingeteilt. Je drei Magazine wurden dann zufällig aus den Gruppen der anspruchvollsten, der mittleren und der am wenigsten anspruchsvollen Magazine ausgewählt. Für jeweils sechs zufällig bestimmte Anzeigen aus jedem der Magazine wurden die Anzahlen der Wörter mit drei und mehr Silben ausgezählt. Die Daten sind Shuptrine & McVicker, D.D. (1981) entnommen.

Gruppe 1: 1. Scientific American, 2. Fortune, 3. The New Yorker;
Gruppe 2: 4. Sports Illustrated, 5. Newsweek, 6. People;
Gruppe 3: 7. National Enquirer, 8. Grit, 9. True Confessions.

Die Ergebnisse sind wie folgt:

Gruppe 1			Gruppe 2			Gruppe 3		
34	18	5	13	4	15	16	13	32
21	32	6	22	29	3	9	1	24
37	17	6	25	26	8	10	9	15
31	3	39	3	5	9	3	43	10
10	10	10	5	5	3	12	13	11
24	6	17	2	24	0	10	14	12

1. Bestimmen Sie eine geeignete Transformation auf der Basis eines QQ-Diagramms für die Residuen, so dass die transformierten Daten als normalverteilt angesehen werden können.

2. Führen Sie eine geeignete Varianzanalyse durch, um zu sehen, ob die Wortlänge in den Anzeigen mit dem Bildungsniveau der Leserschaft variiert.

Kapitel 6

Zweiweg-Varianzanalyse

1   Grundlegendes

Schon um Kosten zu senken, wird man Experimente so planen, dass die Aussagege-
nauigkeit bzw. die Aussagemöglichkeiten eines Versuchs möglichst hoch sind. Dazu
ist die Varianz des Fehlers möglichst klein zu halten. Denn die Güte des F-Testes
wird durch die Varianz σ_ε^2 stark beeinflusst.

Zwei Hauptursachen kann man für die Varianz verantwortlich machen. Die erste ist
die natürliche Variabilität der unterschiedlichen experimentellen Versuchseinheiten,
z.B. die Patienten eines Krankenhauses, denen die Behandlungen zufällig zugeteilt
werden. Neben der natürlichen Variation gibt es zudem eine Variation, die durch
eine inhomogene Zusammensetzung der Versuchseinheiten bewirkt wird.

Wenn man bei der Einwegklassifikation die Population der Versuchseinheiten so in
Subpopulationen unterteilt, dass eine geringere Variabilität in der ungruppierten
Population auftritt, spricht man von einer *Block-Anlage*. Eine natürliche Aufteilung in Subpopulationen können z.B. die Individuen von gleichem Geschlecht, Alter
oder Gewicht, die Nachkommen eines Wurfes eines Muttertieres, die zusammenhängenden Parzellen eines Ackers oder die Produktionsstücke einer Maschine sein. Ein
Vergleich von J Behandlungen unter Berücksichtigung der Blockstruktur ist effizienter als die einfache Einwegklassifikation, wenn die Streuung innerhalb der Blöcke
geringer ist als zwischen den Blöcken. Somit stellt die Blockbildung einen wichtigen
Ansatz zur Verringerung der Streuung dar. Der andere Weg, die Vergrößerung des
Stichprobenumfanges, ist ja oft nicht gangbar.

Eine Versuchsanlage heißt *randomisierte vollständige Block-Anlage*, falls in jedem
Block alle J Behandlungen, die bei einem Experiment beteiligt sind, den Versuchs-
einheiten zufällig zugeteilt werden. Sind dies z.B. I Blöcke (Subpopulationen) und J
Behandlungen, dann gilt für die Beobachtungen Y_{ijv} die folgende Modellgleichung:

$$Y_{ijv} = \mu_{ij} + \varepsilon_{ijk} \quad (i = 1, \ldots, I, \, j = 1, \ldots, J, \, v = 1, \ldots, n_{ij}). \tag{6.1}$$

Dabei ist μ_{ij} der Erwartungswert der (i,j)-ten 'Population', also die Kombination der j-ten Behandlung mit dem i-ten Block.

Wenn die Anzahl der Versuchseinheiten in jedem Block kleiner als die Anzahl der vorgesehenen Behandlungen ist, dann spricht man von einer *unvollständigen Block-Anlage*.

Beispiel 6.1 (randomisierte vollständige Block-Anlage)

In einer klinischen Prüfung sollen die Nebenwirkungen an Probanden untersucht werden, wenn diese unterschiedliche Dosierungen eines Präparates verabreicht bekommen. Als Block wird das Gewicht gewählt, da die Aufnahme und Verarbeitung von Medikamenten bekanntlich vom Körpergewicht abhängt. Es werden Gewichtsklassen gebildet: zur Stufe 1 werden z.B. die 30 bis 50kg schweren Probanden gerechnet, zur Stufe 2 die 51 bis 70kg schweren Probanden und zur Stufe 3 die 71 bis 90kg schweren Probanden.

Der Einflussfaktor Behandlung besteht aus 4 Stufen, je nachdem, wie viel von einer Substanz verabreicht wird. Bei der Stufe 1 ist es z.B. 1 Tablette, bei Stufe 2 sind es $1\frac{1}{2}$ Tabletten, bei der dritten Stufe sind es 2 Tabletten und der Stufe 4 schließlich $2\frac{1}{2}$ Tabletten. Gemessen wird der verbleibende Rest der Substanz im Blut 24 Stunden nach Einnahme der Tabletten.

Dies entspricht einer randomisierten vollständigen Block-Anlage.   ∎

Zu dem formal gleichen Modell gelangt man, wenn man von vornherein zwei Einflussfaktoren betrachtet. Durch die Berücksichtigung von mehr als einem Einflussfaktor wird die Aussagemöglichkeit erweitert. Denn dann können zugleich Wechselwirkungen zwischen den Einflussfaktoren, wie z.B. Weizensorten und Düngemittel, untersucht werden.

Die beiden Einflussfaktoren werden mit A und B bezeichnet. A geht mit I und B mit J Faktorstufen in das Experiment ein. Die Faktorstufen werden als fest unterstellt, so dass die Aussagen auf die zugehörigen $(I \times J)$ Populationen zielen. Für die Beobachtung Y_{ijk} erhält man folgende Modellgleichung

$$Y_{ijv} = \mu_{ij} + \varepsilon_{ijv} \quad (i = 1, \ldots, I, \, j = 1, \ldots, J, \, v = 1, \ldots, n_{ij}). \tag{6.2}$$

Der Erwartungswert μ_{ij} der (i,j)-ten Population entspricht dann der Kombination der i-ten Stufe des Faktors A mit der j-ten Stufe des Faktors B. Die mehrfachen Indizes sind dabei eine Orientierung, welche Faktorkombination (erster Index für die Stufe des Zeilen-, zweiter für die des Spaltenfaktors) und welche Wiederholung (dritter Index) jeweils betrachtet wird.

Falls alle Kombinationen, die durch die verschiedenen Faktorstufen gebildet werden können, als Behandlungen den Versuchseinheiten zufällig zugeteilt werden, so heißt dies eine *vollständig randomisierte faktorielle Versuchsanlage*.

Beispiel 6.2 (randomisierte faktorielle Versuchsanlage)

An einem Fahrsimulator wird die Reaktionszeit unter der Einnahme eines Medikamentes und der Einnahme von Alkohol getestet. Das Medikament wird in den

Dosierungen 0.0 mg, 0.5 mg und 1.0 mg verabreicht, der Alkohol in solchen Dosen gegeben, dass 0 %, 0.3 % und 0.8 % Alkohol im Blut erreicht werden. Die Gruppe mit 0.0 mg Medikamentendosis und 0 % Alkohol dient also als Kontrollgruppe. Die neun Kombinationen können dann den Versuchspersonen zufällig zugeordnet werden.
Dies entspricht einer vollständig randomisierten faktoriellen Versuchsanlage. ∎

Den beiden Versuchsanlagen, der Block-Anlage und der faktoriellen Versuchsanlage, liegen meist sehr unterschiedliche Fragestellungen zu Grunde. Obwohl die Modelle für beide Anlagen vollständig äquivalent sind, sind die Interpretationen der Blockfaktoren und sonstigen Einflussfaktoren verschieden. Da aber mit den Modellgleichungen auch die Auswertungsmethoden gleich sind, wird im Folgenden auf diese Unterscheidung nicht weiter eingegangen.

Die Daten der Block-Anlagen und der faktoriellen Versuchsanlagen mit zwei Faktoren können in einer zweidimensionalen Tafel angeordnet werden. Die I Zeilen werden den Stufen des Blockes oder des einen Faktors A und die J Spalten den Stufen des Faktors B zugeordnet. Es resultiert dann ein Schema der Form wie in Tabelle 6.1 angegeben.

Tabelle 6.1: Beobachtungen der Zweiweg-Varianzanalyse

Faktor A	Faktor B			
	1	2	...	J
1	y_{111} $\vdots$ $y_{11n_{11}}$	y_{121} $\vdots$ $y_{12n_{12}}$	$\cdots$ $\cdots$	y_{1J1} $\vdots$ $y_{1Jn_{1J}}$
2	y_{211} $\vdots$ $y_{21n_{21}}$	y_{221} $\vdots$ $y_{22n_{22}}$	$\cdots$ $\cdots$	y_{2J1} $\vdots$ $y_{2Jn_{2J}}$
$\vdots$	$\vdots$	$\vdots$		$\vdots$
I	y_{I11} $\vdots$ $y_{I1n_{I1}}$	y_{I21} $\vdots$ $y_{I2n_{I2}}$	$\cdots$ $\cdots$	y_{IJ1} $\vdots$ $y_{IJn_{IJ}}$

In Abhängigkeit von der Struktur der Häufigkeiten n_{ij} werden vier Situationen unterschieden. Dabei sind $N = \sum_i \sum_j n_{ij}$, $n_{\bullet j} = \sum_i n_{ij}$, und $n_{i\bullet} = \sum_j n_{ij}$:

1. Die balancierte Situation liegt vor, wenn alle Zellhäufigkeiten gleich sind, $n_{ij} = n$ für alle i, j.

2. Bei $n_{ij} = n_{i\bullet} n_{\bullet j}/N$ für alle i, j spricht man von proportionalen Zellhäufigkeiten.

3. Ungleiche, aber von Null verschiedene Zellhäufigkeiten $n_{ij} > 0$ für alle i, j.

4. Die Situation leerer Zellen, $n_{ij} = 0$ für einige i, j, erfordert besondere Überlegungen.

Außer im ersten Fall spricht man von *unbalancierten Datenstrukturen*. Für die Anwendung ist wohl der Typ 3 von größter Bedeutung; trotz bester Planung wird es nämlich selten gelingen, dass am Ende eines Experimentes noch alle geplanten Versuchseinheiten zur Auswertung zur Verfügung stehen.

Zunächst wird hier die Mittelwertkodierung verwendetet. Dann führen die Modellgleichungen (6.1) und (6.2) zu der folgenden Modellformulierung. Für eine kompaktere Schreibweise wird $\mathbf{y}_{ij} = (Y_{ij1}, \ldots, Y_{ijn_i})'$ gesetzt und mit den Störungen ebenso verfahren:

$$
\begin{pmatrix} \mathbf{y}_{11} \\ \vdots \\ \mathbf{y}_{1J} \\ \mathbf{y}_{21} \\ \vdots \\ \mathbf{y}_{IJ} \end{pmatrix} = \begin{pmatrix} \mathbf{j}_{n_{11}} & \cdots & 0 & 0 & \cdots & 0 \\ \vdots & \ddots & \vdots & & \ddots & \vdots \\ 0 & \cdots & \mathbf{j}_{n_{1J}} & 0 & \cdots & 0 \\ 0 & \cdots & 0 & \mathbf{j}_{n_{21}} & \cdots & 0 \\ \vdots & & \vdots & & \ddots & \vdots \\ 0 & \cdots & 0 & 0 & \cdots & \mathbf{j}_{n_{IJ}} \end{pmatrix} \begin{pmatrix} \mu_{11} \\ \vdots \\ \mu_{1J} \\ \mu_{21} \\ \vdots \\ \mu_{IJ} \end{pmatrix} + \begin{pmatrix} \varepsilon_{11} \\ \vdots \\ \varepsilon_{1J} \\ \varepsilon_{21} \\ \vdots \\ \varepsilon_{IJ} \end{pmatrix}. \quad (6.3)
$$

Beispiel 6.3 (Marketing-Strategie)
Ein Unternehmen führt eine Marketing-Strategie durch. Dazu werden in verschiedenen Städten in der Fernsehwerbung bzw. in den lokalen Zeitungen Anzeigen geschaltet. Dort wird jeweils einer von drei unterschiedlichen Aspekten hervorgehoben: bequeme Erlangbarkeit, Qualität und Preis. Von Interesse ist die Absatzsteigerung nach einer festgelegten Zeitspanne. (Nach Department of Statistics , The Wharton School, University of Pennsylvania, www-stat.wharton.upenn.edu/~dsmall/stat102/lecture/lecture16.ppt)

		Fernsehen						Zeitung					
	E	479	624	546	444	582	672	528	670	534	657	557	474
Strategie	Q	683	760	690	548	579	644	576	836	628	798	497	841
	P	478	650	583	536	579	795	812	565	708	546	619	587

Das zughörige Modell vom Typ (6.3) ist in der Abbildung 6.1 ausführlich ausgeschrieben.   ∎

Von Interesse ist nun nicht das *saturierte Modell*, bei dem für alle Zellen die Erwartungswerte getrennt betrachtet werden. Vielmehr interessieren die Effekte der Faktoren und ihr Zusammenspiel, die sogenannten *Wechselwirkungen*. Das Problem der Wechselwirkungen verdeutlicht das folgende Beispiel.

Beispiel 6.4 (Wechselwirkungen)
Die beiden folgenden hypothetischen Situationen sind Searle (1971, S.150 ff.) entnommen.

$$
\begin{pmatrix} Y_{111} \\ \vdots \\ Y_{116} \\ Y_{121} \\ \vdots \\ Y_{126} \\ Y_{211} \\ \vdots \\ \vdots \\ Y_{316} \\ Y_{321} \\ \vdots \\ Y_{326} \end{pmatrix} = \begin{pmatrix} 1 & 0 & \cdots\cdots & 0 & 0 \\ \vdots & \vdots & & \vdots & \vdots \\ 1 & 0 & \cdots\cdots & 0 & 0 \\ 0 & 1 & \cdots\cdots & 0 & 0 \\ \vdots & \vdots & & \vdots & \vdots \\ 0 & 1 & \cdots\cdots & 0 & 0 \\ \vdots & \vdots & & \vdots & \vdots \\ \vdots & \vdots & & \vdots & \vdots \\ 0 & 0 & \cdots\cdots & 1 & 0 \\ 0 & 0 & \cdots\cdots & 1 & 0 \\ 0 & 0 & \cdots\cdots & 0 & 1 \\ \vdots & \vdots & & \vdots & \vdots \\ 0 & 0 & \cdots\cdots & 0 & 1 \end{pmatrix} \begin{pmatrix} \mu_{11} \\ \mu_{12} \\ \mu_{21} \\ \mu_{22} \\ \mu_{31} \\ \mu_{32} \end{pmatrix} + \begin{pmatrix} \varepsilon_{111} \\ \vdots \\ \varepsilon_{116} \\ \varepsilon_{121} \\ \vdots \\ \varepsilon_{126} \\ \vdots \\ \varepsilon_{316} \\ \vdots \\ \varepsilon_{321} \\ \varepsilon_{326} \end{pmatrix}
$$

Abbildung 6.1: Das Modell zum Beispiel 6.3

| | Experiment 1 | | | Experiment 2 | |
| | Faktor B | | | Faktor B | |
Faktor A	1	2	Faktor A	1	2
1	$\mu_{11} = 9$	$\mu_{12} = 12$	1	$\mu_{11} = 8$	$\mu_{12} = 13$
2	$\mu_{21} = 11$	$\mu_{22} = 14$	2	$\mu_{21} = 11$	$\mu_{22} = 9$
3	$\mu_{31} = 10$	$\mu_{32} = 13$	3	$\mu_{31} = 8$	$\mu_{32} = 10$

Wie man aus der grafischen Darstellung in der Abbildung 6.2, einem sogenannten *Interaktionsplot* erkennen kann, unterscheiden sich die beiden Situationen sehr deutlich voneinander. Im ersten Experiment sind die unterschiedlichen Effekte der Faktorstufen von B unabhängig von den Faktorstufen A. In diesem Fall gibt es keine Wechselwirkung zwischen den Ursachen A und B. Die Ursachen wirken unabhängig voneinander.

Im zweiten Experiment sind die unterschiedlichen Effekte der beiden Faktorstufen von B abhängig von den Faktorstufen von A. In diesem Fall gibt es eine Wechselwirkung zwischen den Ursachen A und B. Die Ursachen wirken nicht mehr unabhängig voneinander.

In den beiden unteren Teilgrafiken der Abbildung 6.2 sind die Faktoren gegenüber den oberen vertauscht. Hieraus entnimmt man, dass die Wechselwirkung symmetrisch in den Faktoren A und B ist. D.h. genau dann sind die *Profilkurven* in der oberen Darstellung parallel, wenn sie es in der unteren auch sind. ∎

Die Parallelität der Linienzüge in der Situation des Beispiels bedeutet formal gesehen:

$$\mu_{11} - \mu_{12} = \mu_{21} - \mu_{22} = \mu_{31} - \mu_{32}.$$

Diese Gleichheit gilt in der zweiten Situation nicht. Daher dient sie als Grundlage

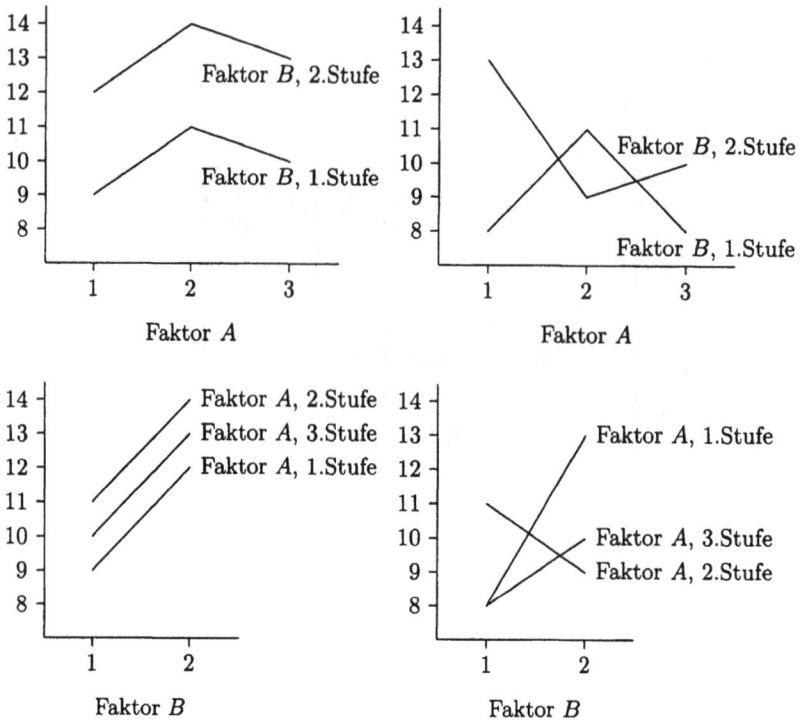

Abbildung 6.2: Interaktionsplot

für die Definition von Wechselwirkungen.

Definition 6.5 (Wechselwirkungen)
In der Zweiweg-Varianzanalyse sind *Wechselwirkungen* definiert durch

$$\gamma(i,j,i',j') := (\mu_{ij} - \mu_{ij'}) - (\mu_{i'j} - \mu_{i'j'}) \quad (i,i'=1,\dots,I;\ j,j'=1,\dots,J). \quad (6.4)$$

Zwischen zwei Faktoren A und B besteht keine Wechselwirkung, wenn $\gamma(i,j,i',j') = 0$ für alle zulässigen Indizes i,i',j,j'. ∎

R-Code 6.1 (Interaktionsplot)

```
interaction.plot(x,z,y)
```

Mit dem Befehl erhält man einen Interaktionsplot entsprechend der obigen Darstellung. Hierbei ist y die Response-Variable; x und z sind die beiden Faktoren. Wenn ein Faktor, etwa x, nichtnumerische Stufen hat, sind diese für die Darstellung mittels as.integer(x) in numerische zu verwandeln.

Lemma 6.6 (Bedingungen für das Fehlen von Wechselwirkungen)
Jede der folgenden Bedingungen ist gleichwertig damit, dass zwischen den Faktoren A und B keine Wechselwirkung besteht:

1. $\mu_{ij} - \bar{\mu}_{i\bullet} - \bar{\mu}_{\bullet j} + \bar{\mu}_{\bullet\bullet} = 0$ für alle zulässigen Indizes i, j.

2. $\sum_{j=1}^{J} d_j \mu_{ij} = \sum_{j=1}^{J} d_j \mu_{i'j}$ für jede Folge $(d_1, \ldots, d_J)$ mit $\sum_{j=1}^{J} d_j = 0$ und für alle zulässigen Indizes i, i'.

3. $\sum_{i=1}^{I} c_i \mu_{ij} = \sum_{i=1}^{I} c_i \mu_{ij'}$ für jede Folge $(c_1, \ldots, c_I)$ mit $\sum_{i=1}^{I} c_j = 0$ und für alle zulässigen Indizes j, j'.

Dabei sind $\bar{\mu}_{i\bullet}, \bar{\mu}_{\bullet j}, \bar{\mu}_{\bullet\bullet}$ folgendermaßen definiert:

$$\bar{\mu}_{i\bullet} = \frac{1}{J} \sum_{j=1}^{J} \mu_{ij} \quad (i = 1, \ldots, I),$$

$$\bar{\mu}_{\bullet j} = \frac{1}{I} \sum_{i=1}^{I} \mu_{ij} \quad (j = 1, \ldots, J), \tag{6.5}$$

$$\bar{\mu}_{\bullet\bullet} = \frac{1}{IJ} \sum_{j=1}^{J} \sum_{i=1}^{I} \mu_{ij}.$$

∎

Die Nichtexistenz von Wechselwirkungen besagt nach Punkt 1 des Lemmas, dass für den Erwartungswert der (i, j)-ten Zelle gilt:

$$\mu_{ij} = \bar{\mu}_{i\bullet} + \bar{\mu}_{\bullet j} - \bar{\mu}_{\bullet\bullet}. \tag{6.6}$$

Dieser Erwartungswert setzt sich also additiv aus den mittleren Effekten der i-ten Faktorstufe des Faktors A und der j-ten Faktorstufe des Faktors B sowie einer generellen Konstanten zusammen.

Im Allgemeinen gilt nun die Identität

$$\mu_{ij} = \bar{\mu}_{\bullet\bullet} + (\bar{\mu}_{i\bullet} - \bar{\mu}_{\bullet\bullet}) + (\bar{\mu}_{\bullet j} - \bar{\mu}_{\bullet\bullet}) + (\mu_{ij} - \bar{\mu}_{i\bullet} - \bar{\mu}_{\bullet j} + \bar{\mu}_{\bullet\bullet}). \tag{6.7}$$

Mit

$$\mu_{ij} = \underbrace{\bar{\mu}_{\bullet\bullet}}_{= \mu} + \underbrace{(\bar{\mu}_{i\bullet} - \bar{\mu}_{\bullet\bullet})}_{= \alpha_i} + \underbrace{(\bar{\mu}_{\bullet j} - \bar{\mu}_{\bullet\bullet})}_{= \beta_j} + \underbrace{(\mu_{ij} - \bar{\mu}_{i\bullet} - \bar{\mu}_{\bullet j} + \bar{\mu}_{\bullet\bullet})}_{= \alpha\beta_{ij}}$$

können die $I \cdot J$ Erwartungswerte μ_{ij} also auch in der Form

$$\mu_{ij} = \mu + \alpha_i + \beta_j + \alpha\beta_{ij} \tag{6.8}$$

ausgedrückt werden. Dies ist die *Effekt-Kodierung* der Zweiweg-Varianzanalyse. Die Bezeichnung $\alpha\beta_{ij}$ ist üblich und darf nicht als das Produkt $\alpha_i\beta_j$ fehlinterpretiert werden.

Da bei dieser Parametrisierung die Parameter α, β und $\alpha\beta$ linear abhängig und somit nicht identifizierbar sind, führt man *Reparametrisierungsbedingungen* ein:

$$\sum_{i=1}^{I} \alpha_i = 0, \quad \sum_{j=1}^{J} \beta_j = 0,$$

$$\sum_{i=1}^{I} \alpha\beta_{ij} = 0 \text{ für alle } j, \quad \sum_{j=1}^{J} \alpha\beta_{ij} = 0 \text{ für alle } i.$$

$$(6.9)$$

Die Beziehung (6.6) ist dann gleichwertig mit $\alpha\beta_{ij} = 0$ für alle i, j.

Auch die *modifizierten Reparametrisierungsbedingungen* sind üblich:

$$\sum_{i=1}^{I} n_{i\bullet}\alpha_i = 0, \quad \sum_{j=1}^{J} n_{\bullet j}\beta_j = 0,$$

$$\sum_{i=1}^{I} n_{ij}\alpha\beta_{ij} = 0 \text{ für alle } j, \quad \sum_{j=1}^{J} n_{ij}\alpha\beta_{ij} = 0 \text{ für alle } i.$$

$$(6.10)$$

Die Effektkodierung ergibt sich aus der Zellenmittelkodierung wieder als Lineartransformation der Form

$$\boldsymbol{\theta} = \mathbf{M}\boldsymbol{\mu}.$$

Mit $\boldsymbol{\theta}$ wird dabei der Vektor aller Koeffizienten der Effektkodierung bezeichnet. Damit die Matrix $\mathbf{M}$ regulär wird, sind die Reparametrisierungsbedingungen zu berücksichtigen. $\mathbf{M}$ muss dazu ja quadratisch sein; m. a. W. darf $\boldsymbol{\theta}$ dafür nur so viele Komponenten haben wie der Vektor $\boldsymbol{\mu}$.

Die Effektkodierung mit den Effekten α_i, β_j und den Wechselwirkungen $\alpha\beta_{ij}$ hat den großen Vorteil, dass die Form des (Zusammen-) Wirkens der Faktorstufen deutlich zu erkennen ist. Der einfachste Fall ist natürlich der, bei dem die Wechselwirkungen alle Null sind. Dann überlagern sich die Effekte der beiden Faktoren additiv.

Beispiel 6.7 (Reparametrisierungsbedingungen)
Um die Relationen zwischen den verschiedenen Kodierungen zu betrachten, wird eine Situation mit nur zwei Stufen des Faktors A und drei Stufen des Faktors B betrachtet.

Für die einzelnen Variablen gilt dann die Gleichung

$$Y_{ijv} = \mu_{ij} + \varepsilon_{ijv} = \mu + \alpha_i + \beta_j + \alpha\beta_{ij} + \varepsilon_{ijv}.$$

Die Reparametrisierungsbedingungen (6.9) bewirken hier:

$$\alpha_2 = -\alpha_1 \qquad\qquad \beta_3 = -(\beta_1 + \beta_2)$$
$$\alpha\beta_{12} = -\alpha\beta_{11} \qquad\qquad \alpha\beta_{22} = -\alpha\beta_{21}$$

$$\alpha\beta_{31} = -(\alpha\beta_{11} + \alpha\beta_{21}) \qquad\qquad \alpha\beta_{32} = -(\alpha\beta_{12} + \alpha\beta_{22})\,.$$

Es ist einfacher, zunächst die inverse Transformation zu betrachten:

$$
\begin{pmatrix} \mu_{11} \\ \mu_{12} \\ \mu_{13} \\ \mu_{21} \\ \mu_{22} \\ \mu_{23} \end{pmatrix}
=
\begin{pmatrix}
\mu & +\alpha_1 & +\beta_1 & & +\alpha\beta_{11} \\
\mu & +\alpha_1 & +\beta_2 & & +\alpha\beta_{12} \\
\mu & +\alpha_1 & -\beta_1-\beta_2 & & -\alpha\beta_{11}-\alpha\beta_{12} \\
\mu & -\alpha_1 & +\beta_1 & & -\alpha\beta_{11} \\
\mu & -\alpha_1 & +\beta_2 & & -\alpha\beta_{12} \\
\mu & -\alpha_1 & -\beta_1-\beta_2 & & +\alpha\beta_{11}+\alpha\beta_{12}
\end{pmatrix}
$$

$$
=
\begin{pmatrix}
1 & 1 & 1 & 0 & 1 & 0 \\
1 & 1 & 0 & 1 & 0 & 1 \\
1 & 1 & -1 & -1 & -1 & -1 \\
1 & -1 & 1 & 0 & -1 & 0 \\
1 & -1 & 0 & 1 & 0 & -1 \\
1 & -1 & -1 & -1 & 1 & 1
\end{pmatrix}
\begin{pmatrix} \mu \\ \alpha_1 \\ \beta_1 \\ \beta_2 \\ \alpha\beta_{11} \\ \alpha\beta_{12} \end{pmatrix}
$$

Damit hat man die Inverse $\mathbf{M}^{-1}$. Die Matrix $\mathbf{M}$ erhält man daraus zu

$$
\frac{1}{6}
\begin{pmatrix}
1 & 1 & 1 & 1 & 1 & 1 \\
1 & 1 & 1 & -1 & -1 & -1 \\
2 & -1 & -1 & 2 & -1 & -1 \\
-1 & 2 & -1 & -1 & 2 & -1 \\
2 & -1 & -1 & -2 & 1 & 1 \\
-1 & 2 & -1 & 1 & -2 & 1
\end{pmatrix}\,.
$$

■

Die Parameterschätzung nach der ML-Methode ist wieder geradeaus. Die Loglike-lihoodfunktion hat die gleiche Gestalt wie bei der einfaktoriellen Varianzanalyse, vgl. (5.7):

$$\ln f(\mathbf{y}) = -\frac{N}{2}\ln(2\pi) - \frac{N}{2}\ln(\sigma^2) - \frac{1}{2\sigma^2}(\mathbf{y}-\mathbf{X}\boldsymbol{\theta})'(\mathbf{y}-\mathbf{X}\boldsymbol{\theta})\,. \tag{6.11}$$

Nullsetzen der partiellen Ableitungen ergibt dementsprechend die gleichen Normalgleichungen (5.8), $\mathbf{X}'\mathbf{X}\hat{\boldsymbol{\mu}} = \mathbf{X}'\mathbf{y}$. Mit

$$
\mathbf{X}'\mathbf{X} =
\begin{pmatrix}
n_{11} & 0 & \cdots & 0 \\
0 & n_{12} & \cdots & 0 \\
\vdots & & \ddots & 0 \\
0 & & & n_{IJ}
\end{pmatrix}, \qquad
\mathbf{X}'\mathbf{y} =
\begin{pmatrix}
\sum_{k=1}^{n_{11}} y_{11k} \\
\vdots \\
\sum_{k=1}^{n_{IJ}} y_{IJk}
\end{pmatrix}
$$

und der Regularität von $\mathbf{X}'\mathbf{X}$, ergibt dies die Lösung

$$\hat{\boldsymbol{\mu}} = (\mathbf{X}'\mathbf{X})^{-1}\mathbf{X}'\mathbf{y}\,. \tag{6.12}$$

Die Schätzer sind einfach die Mittelwerte der entsprechenden Gruppen, $\hat{\mu}_{ij} = \bar{Y}_{ij\bullet}$.

Die ML-Schätzer der Parameter nach Reparametrisierungen ergeben sich wieder aus den gefundenen ML-Schätzern für die Zellenmittelwerte gemäß $\hat{\boldsymbol{\theta}} = \mathbf{M}\hat{\boldsymbol{\mu}}$. Wie bei der Einweg-Varianzanalyse erhält man je nach Reparametrisierung verschiedene Schätzer.

Bei balancierten Daten, $n_{ij} = n$, fallen beide Reparametrisierungen zusammen. Man erhält:

$$\begin{aligned}
\hat{\mu} &= \bar{Y}_{\bullet\bullet\bullet} \\
\hat{\alpha}_i &= \bar{Y}_{i\bullet\bullet} - \bar{Y}_{\bullet\bullet\bullet} \\
\hat{\beta}_j &= \bar{Y}_{\bullet j\bullet} - \bar{Y}_{\bullet\bullet\bullet} \\
\widehat{\alpha\beta}_{ij} &= \bar{Y}_{ij\bullet} - \bar{Y}_{i\bullet\bullet} - \bar{Y}_{\bullet j\bullet} + \bar{Y}_{\bullet\bullet\bullet} \, .
\end{aligned} \tag{6.13}$$

Bei nichtbalancierten Daten sind die Schätzer nicht so leicht allgemein anzugeben. Nur für die Sondersituation proportionaler Zellhäufigkeiten, $n_{ij} = n_{i\bullet}n_{\bullet j}/N$, erhält man mit den modifizierten Reparametrisierungsbedingungen (6.10) die gleichen Schätzer wie im balancierten Fall. Zu beachten ist hier aber, dass die Mittelwerte über unterschiedliche Anzahlen von Beobachtungen gebildet werden. Zudem sind die Nebenbedingungen von der Versuchsdurchführung abhängig, d.h. von der aktuellen Anzahl der am Ende vorliegenden Zellenbesetzungen.

Die Matrix $\mathbf{M}$ ist zwar für $n_{ij} \neq 0$ regulär, so dass zwischen den Formen der Reparametrisierung beliebig gewählt werden kann, aber die Matrixinversion ist nicht trivial. Für den Fall, dass $n_{ij} = 0$ für einzelne Zellen gilt, sei auf die Literatur, speziell Hocking (1996) und Werner (1997), verwiesen.

Die Hypothesen bzgl. der Haupteffekte der beiden Faktoren sind natürlich, dass sie nicht vorhanden sind. Bei balancierten Daten kann man dies mit (6.5) einfach folgendermaßen formulieren:

$$H_{0A} : \bar{\mu}_{i\bullet} = \bar{\mu}_{I\bullet} \quad (i = 1, \dots, I - 1) \tag{6.14a}$$

$$H_{0B} : \bar{\mu}_{\bullet j} = \bar{\mu}_{\bullet J} \quad (j = 1, \dots, J - 1) \tag{6.14b}$$

Bei unbalancierten Daten ist es nicht so einfach. Denn für unterschiedliche Situationen lässt sich das Fehlen eines Effektes verschiedenartig fassen. Man unterscheidet drei Typen von Hypothesen.

Die Nullhypothesen aus der balancierten Varianzanalyse stellen den Typ III dar. Hier werden die ungewichteten Mittel der Erwartungswerte der Zellen betrachtet. Wie im balancierten Fall gibt es keinen Unterschied in den Stufen des Faktors A, wenn über die Stufen des Faktors B gemittelt wird. Insbesondere wird von diesen Hypothesen ausgegangen, wenn die Zellenhäufigkeiten lediglich auf Grund von Zufallseinflüssen verschieden sind.

Zwei weitere Typen ergeben sich dadurch, dass gewichtete Mittel der Erwartungswerte μ_{ij} betrachtet werden. Die Gewichte sind dabei Funktionen der Zellhäufigkeiten. Dies reflektiert die Tatsache, dass Erwartungswerte bei mehr Beobachtungen exakter geschätzt werden können; sie sind bei weiterer Mittelung also auch verstärkt zu berücksichtigen. Für die gewichteten Mittel der Erwartungswerte werden folgende Notationen verwendet:

$$\mu_{i*} = \sum_j \frac{n_{ij}}{n_{i\bullet}}\mu_{ij}, \qquad \mu_{*j} = \sum_i \frac{n_{ij}}{n_{\bullet j}}\mu_{ij}.$$

Dann lauten die Hypothesen:

$$\text{Typ I:} \quad H_{0A} : \mu_{i*} = \mu_{I*} \quad (i = 1, \ldots, I-1) \tag{6.15a}$$
$$H_{0B} : \mu_{*j} = \mu_{*j} \quad (j = 1, \ldots, J-1) \tag{6.15b}$$

$$\text{Typ II:} \quad H_{0A} : \mu_{i*} = \sum_{j=1}^{J} \frac{n_{ij}}{n_{i\bullet}}\mu_{*j} \quad (i = 1, \ldots, I-1) \tag{6.16a}$$

$$H_{0B} : \mu_{*j} = \sum_{i=1}^{I} \frac{n_{ij}}{n_{\bullet j}}\mu_{i*} \quad (j = 1, \ldots, J-1) \tag{6.16b}$$

Bei den Hypothesen des Typs I sind die Gewichte durch die Anteile der Zellenhäufigkeiten gegeben. Diese Hypothesen sind immer dann relevant, wenn aus sachlichen Gründen die Zellenhäufigkeiten unterschiedlich sind. So etwa bei multizentrischen Studien, bei denen die Stichprobenumfänge der Zentren in aller Regel verschieden sind. Diese Gewichtung sorgt dafür, dass die Zeilen- (bzw. Spalten-) Mittelwerte als einfache Mittelwerte bzw. Erwartungswerte aller Beobachtungen einer Zeile (bzw. Spalte) berechnet werden.

Für den Typ II werden die gewichteten Mittel der μ_{ij} zeilenweise mit den entsprechend gewichteten Mitteln der Spaltenmittel μ_{*j} verglichen. Analoges gilt für die Spalteneffekte. Auch hier braucht der Index i nur bis $I-1$ (und j bis $J-1$) zu gehen; die letzte Gleichung ist redundant. Für die erste Zeile ist der zugehörige Hypothesenteil in der folgenden Tabelle illustriert.

$$\text{Vergleich von } \mu_{1*} \text{ mit } \frac{n_{11}}{n_{1\bullet}}\mu_{*1} + \frac{n_{12}}{n_{1\bullet}}\mu_{*2}$$

μ_{11}	μ_{12}	$\mu_{1*} = \frac{n_{11}}{n_{1\bullet}}\mu_{11} + \frac{n_{12}}{n_{1\bullet}}\mu_{12}$
μ_{21}	μ_{22}	$\uparrow$
μ_{31}	μ_{32}	$\downarrow$
$\mu_{*1} = \dfrac{n_{11}\mu_{11} + n_{21}\mu_{21} + n_{31}\mu_{31}}{n_{\bullet 1}}$	$\mu_{*1} = \dfrac{n_{12}\mu_{12} + n_{22}\mu_{22} + n_{32}\mu_{32}}{n_{\bullet 2}}$	$\dfrac{n_{11}}{n_{1\bullet}}\mu_{*1} + \dfrac{n_{12}}{n_{1\bullet}}\mu_{*2}$

Zur nicht so einfachen Formulierung und Interpretation der Hypothesen in der Effektkodierung sei auf Werner(1997, S.336 ff.) verwiesen. Für balancierte Versuche stimmen die verschiedenen Hypothesen alle überein.

Wenn man das Modell ohne Wechselwirkungen für die Analyse auswählt, wird der Struktur der μ_{ij} eine starke Einschränkung auferlegt. Ob die zu Grunde liegende Annahme streng additiver Faktoren bei einem Experiment gerechtfertigt ist, muss daher gründlich überdacht werden. In der Regel wird man von dem allgemeineren Ansatz ausgehen und die Annahme fehlender Wechselwirkungen erst einmal testen. Die entsprechende Hypothese lautet im Zellmittelmodell:

$$H_{0AB} : \gamma(i, j, i', j') = (\mu_{ij} - \mu_{ij'}) - (\mu_{i'j} - \mu_{i'j'}) = 0 \text{ für alle } i, j, i', j'. \qquad (6.17)$$

Wegen Lemma 6.6 ist es gerechtfertigt, stattdessen die Formulierung

$$H_{0AB} : \mu_{ij} - \bar{\mu}_{i\bullet} - \bar{\mu}_{\bullet j} - \bar{\mu}_{\bullet\bullet} = 0 \text{ für alle } i, j, i', j'. \qquad (6.18)$$

zu wählen. Dabei ist es auf Grund der im Lemma angegebenen Äquivalenzen egal, welchen Typ von Hypothesen man für die Haupteffekte wählt. Die Hypothese H_{0AB} ist jeweils die gleiche. Wenn die Hypothese, dass die Wechselwirkungen Null sind, nicht verworfen werden kann, wird davon ausgegangen, dass sie nicht vorhanden sind. Dann kann man in die Interpretation der Faktoren im Sinne additiver Einflüsse einsteigen.

2 ANOVA bei Normalverteilung

2.1 Balancierte Versuche

Es sei das balancierte vollständige Modell

$$Y_{ijv} = \mu + \alpha_i + \beta_j + \alpha\beta_{ij} + \varepsilon_{ijv} \qquad (6.19)$$

mit n Beobachtungswiederholungen pro Zelle gegeben, d.h. $v = 1, \ldots, n$. Die Nullhypothesen (6.18), (6.14a) und (6.14b) sind dann in der Effekt-Kodierung eindeutig auszudrücken durch

$$H_{0AB} : \alpha\beta_{ij} \equiv 0, \quad H_{0A} : \alpha_i \equiv 0, \quad H_{0B} : \beta_j \equiv 0. \qquad (6.20)$$

In diesem balancierten Versuchsplan ist eine *orthogonale Zerlegung der Varianz* möglich. Es gilt:

$$\sum_{i=1}^{I}\sum_{j=1}^{J}\sum_{v=1}^{n}(Y_{ijv} - \bar{Y}_{\bullet\bullet\bullet})^2 =$$
$$nJ\sum_{i=1}^{I}(\bar{Y}_{i\bullet\bullet} - \bar{Y}_{\bullet\bullet\bullet})^2 + nI\sum_{j=1}^{J}(\bar{Y}_{\bullet j\bullet} - \bar{Y}_{\bullet\bullet\bullet})^2 \qquad (6.21)$$
$$+n\sum_{i=1}^{I}\sum_{j=1}^{J}(\bar{Y}_{ij\bullet} - \bar{Y}_{i\bullet\bullet} - \bar{Y}_{\bullet j\bullet} + \bar{Y}_{\bullet\bullet\bullet})^2 + \sum_{i=1}^{I}\sum_{j=1}^{J}\sum_{v=1}^{n}(Y_{ijv} - \bar{Y}_{ij\bullet})^2.$$

Der Ansatz der Likelihood-Quotienten-Tests zur Überprüfung führt daher zu der
in Tabelle 6.2 dargestellten Varianzanalyse. Normalerweise werden bei statistischen
Auswertungsprogrammen zusätzlich die F-Quotienten und die P-Werte mit in der
ANOVA-Tafel angegeben.

Tabelle 6.2: ANOVA-Tafel für eine balancierte Zweiwegklassifikation

Quelle	df	SS	MS
Faktor A	$I-1$	$nJ \sum_{i=1}^{I} (\bar{Y}_{i\bullet\bullet} - \bar{Y}_{\bullet\bullet\bullet})^2$	$\dfrac{SS_A}{I-1}$
Faktor B	$J-1$	$nI \sum_{j=1}^{J} (\bar{Y}_{\bullet j\bullet} - \bar{Y}_{\bullet\bullet\bullet})^2$	$\dfrac{SS_B}{J-1}$
Wechsel-wirkungen AB	$(I-1)(J-1)$	$n \sum_{i=1}^{I}\sum_{j=1}^{J} (\bar{Y}_{ij\bullet} - \bar{Y}_{i\bullet\bullet} - \bar{Y}_{\bullet j\bullet} + \bar{Y}_{\bullet\bullet\bullet})^2$	$\dfrac{SS_{AB}}{(I-1)(J-1)}$
Fehler E	$IJ(n-1)$	$\sum_{i=1}^{I}\sum_{j=1}^{J}\sum_{v=1}^{n} (Y_{ijv} - \bar{Y}_{ij\bullet})^2$	$\dfrac{SS_E}{IJ(n-1)}$
Gesamt G	$IJn-1$	$\sum_{i=1}^{I}\sum_{j=1}^{J}\sum_{v=1}^{n} (Y_{ijv} - \bar{Y}_{\bullet\bullet\bullet})^2$	

Die üblichen Berechnungsweisen der Quadratsummen sind:

$$SS_A = \left(nJ \sum_{i=1}^{I} \bar{Y}_{i\bullet\bullet}^2 \right) - nIJ\bar{Y}_{\bullet\bullet\bullet}^2, \quad SS_B = \left(nI \sum_{j=1}^{J} \bar{Y}_{\bullet j\bullet}^2 \right) - nIJ\bar{Y}_{\bullet\bullet\bullet}^2,$$

$$SS_E = \left(\sum_{i=1}^{I}\sum_{j=1}^{J}\sum_{k=1}^{n} Y_{ijk}^2 \right) - \left(n \sum_{i=1}^{I}\sum_{j=1}^{J} \bar{Y}_{ij\bullet}^2 \right);$$

SS_{AB} erhält man dann durch Subtraktion.

Die Verteilungstheorie für die Quadratsummen in Tabelle 6.2 ist der Einwegklassifikation sehr ähnlich. Mit $Z \sim \sigma^2\chi^2$ wird ausgedrückt, dass die Zufallsvariable Z/σ^2
χ^2-verteilt ist; dann gilt:

$$SS_A \sim \sigma^2\chi^2_{I-1,\lambda_A} \text{ mit } \lambda_A = \left(\frac{nJ \sum_{i=1}^{I} \alpha_i^2}{\sigma^2} \right),$$

$$SS_B \sim \sigma^2\chi^2_{J-1,\lambda_B} \text{ mit } \lambda_B = \left(\frac{nI \sum_{j=1}^{J} \beta_j^2}{\sigma^2} \right),$$

$$SS_{AB} \sim \sigma^2\chi^2_{(I-1)(J-1),\lambda_{AB}} \text{ mit } \lambda_{AB} = \left(\frac{n \sum_{i=1}^{I} \sum_{j=1}^{J} (\alpha\beta_{ij})^2}{\sigma^2} \right),$$

$$SS_E \sim \sigma^2\chi^2_{IJ(n-1)},$$

(6.22)

und die vier Quadratsummen sind unabhängig. Die Erwartungswerte der mittleren Quadrate sind:

$$\mathrm{E}(MS_A) = \sigma^2 + \frac{nJ \sum_{i=1}^{I} \alpha_i^2}{(I-1)\sigma^2},$$

$$\mathrm{E}(MS_B) = \sigma^2 + \frac{nI \sum_{j=1}^{J} \beta_j^2}{(J-1)\sigma^2}, \tag{6.23}$$

$$\mathrm{E}(MS_{AB}) = \sigma^2 + \frac{n \sum_{i=1}^{I} \sum_{j=1}^{J} \alpha\beta_{ij}^2}{(I-1)(J-1)\sigma^2},$$

$$\mathrm{E}(MS_E) = \sigma^2.$$

Die entsprechenden F-Statistiken zum Testen der Nullhypothesen (6.20) bzw. (6.14a), (6.14b) und (6.18), die den Likelihood- Quotienten-Tests jeweils äquivalent sind, lauten:

$$F = \frac{MS_{AB}}{MS_E}, \quad F = \frac{MS_B}{MS_E} \quad \text{und} \quad F = \frac{MS_A}{MS_E}. \tag{6.24}$$

In ihren Zählern haben die F-Statistiken jeweils $(I-1)(J-1)$, $(J-1)$ beziehungsweise $(I-1)$ Freiheitsgrade; ihr gemeinsamer Nenner hat $IJ(n-1)$ Freiheitsgrade. Jede F-Statistik in (6.24) hat unter der damit in Verbindung stehenden Nullhypothese eine zentrale F-Verteilung und eine nichtzentrale F-Verteilung unter der Alternative. Die Tests lehnen natürlich wieder für große Werte von F ab.

Definition 6.8 (Nichtzentrale F-Verteilung)
Seien $Z_1 \sim \chi^2_{d_1, \lambda}$, $Z_2 \sim \chi^2_{d_2}$ unabhängig. Dann hat der Quotient

$$F = \frac{Z_1/d_1}{Z_2/d_2}$$

eine *nichtzentrale F-Verteilung* mit d_1 Freiheitsgraden des Zählers und d_2 Freiheitsgraden des Nenners, kurz mit d_1, d_2 df (=Freiheitsgraden), und Nichtzentralitätsparameter λ.   ∎

Beispiel 6.9 (Marketing-Strategie - Fortsetzung)
Die im Beispiel 6.3 angegebenen Daten führen zu der folgenden Varianzanalysetafel:

```
Analysis of Variance Table
Response: Steigerung
```

	Df	Sum Sq	Mean Sq	F value	Pr(>F)
Medium	1	8742	8742	0.8213	0.37202
Strategie	2	71898	35949	3.3774	0.04755
Medium:Strategie	2	1755	878	0.0824	0.92107
Residuals	30	319323	10644		

Bei dem hohen P-Wert kann getrost davon ausgegangen werden, dass Wechselwirkungen nicht vorhanden sind. Dies wird auch anhand des *Interaktionsplots* 6.3 erkennbar. Insgesamt unterscheiden sich die Werbeträger (Zeitung und Fernsehen) praktisch nicht, die Strategien unterscheiden sich signifikant zum Niveau 0.05.   ∎

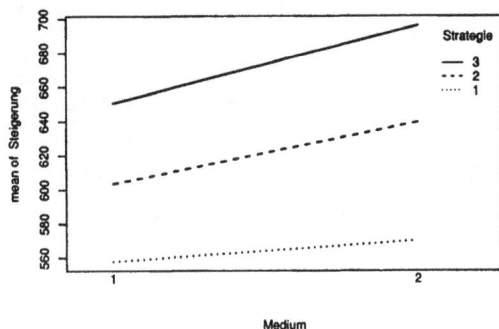

Abbildung 6.3: Interaktionsplot für das Stahlproduktion-Beispiel

Sind die geschätzten Wechselwirkungseffekte (d.h. $\widehat{\alpha\beta}_{ij} = \bar{y}_{ij\bullet} - \bar{y}_{i\bullet\bullet} - \bar{y}_{\bullet j\bullet} + \bar{y}_{\bullet\bullet\bullet}$) statistisch signifikant, dann läuft die Interpretation der Haupteffekte (d.h. $\hat{\alpha}_i = \bar{y}_{i\bullet\bullet} - \bar{y}_{\bullet\bullet\bullet}$ und $\hat{\beta}_j = \bar{y}_{\bullet j\bullet} - \bar{y}_{\bullet\bullet\bullet}$) weniger geradlinig als bei nichtsignifikanten Wechselwirkungen. Das Vorliegen von Wechselwirkungen heißt zum Beispiel, dass ein Behandlungseffekt (d.h. eine Stufe von Faktor A) im Rahmen von Bedingungen an Patienten oder in Bezug auf Patiententypen (d.h. einer Stufe von Faktor B), auf die er angewandt werden soll, herausgearbeitet werden muss. Die Wechselwirkungen können so groß sein, dass die Behandlung der Wahl abhängig von den jeweiligen Bedingungen oder Patienten vertauscht werden muss. Bloße statistische Signifikanz der geschätzten Haupteffekte reicht nicht aus, um die Überlegenheit einer oder mehrerer Behandlungen zu untermauern. Andererseits können die geschätzten Wechselwirkungen statistisch signifikant sein, aber verglichen mit den geschätzten Haupteffekten von so geringer Größenordnung, dass für die praktische Konsequenz weiterhin von einer (fast) additiven Überlagerung ausgegangen werden kann. Konkret muss man sowohl die Schätzwerte $\hat{\alpha}_i$, $\hat{\beta}_j$ und $\widehat{\alpha\beta}_{ij}$, wie auch die Quadratsummen untersuchen.

Beispiel 6.10 (Chemischer Prozess)
Ein Hersteller war bei seinem Produktionsprozess mit dem Produktionsergebnis unzufrieden. Eine Möglichkeit der Verbesserung wurde in der Änderung des verwendeten chemischen Katalysators gesehen. Daher wurde eine Untersuchung durchgeführt. Hierbei wurden je zweimal die Produktionsergebnisse für alle Kombinationen von 3 Katalysatoren und 4 Ausgangssubstanzen ermittelt.

		Ausgangssubstanzen							
		1		2		3		4	
	1	4	6	6	4	13	15	12	12
Katalysator	2	11	7	13	15	15	9	12	14
	3	5	9	9	7	13	13	7	9

Bei der Untersuchung des Zusammenwirkens von Katalysator und Ausgangssubstanz erweisen sich beide Faktoren als relevant; zudem gibt es Wechselwirkungen. Eine Entscheidung für Katalysator und Reagenzie kann nicht separat erfolgen, es muss vielmehr die geeignetste Kombination ausgewählt werden.

```
Analysis of Variance Table
Response: Y
          Df Sum Sq Mean Sq F value   Pr(>F)
Ausg       3    120      40    10.0 0.001386
Kat        2     48      24     6.0 0.015625
Ausg:Kat   6     84      14     3.5 0.030802
Residuals 12     48       4
```

■

R-Code 6.2 (Zweiwegvarianzanalyse - balanciert)

```
Ausg <- factor(Ausg)
Kat <- factor(Kat)
erg <- lm(Y~Ausg*Kat)
anova(erg)
summary(erg1 <- aov(Y~Ausg*Kat))
anova(erg1)
```

Die Variablen Y, Ausg und Kat mögen im Speicher vorhanden sein, vgl. Beispiel 6.10. Zur korrekten Analyse müssen Reag und Kat als Argument von lm bzw. aov Faktoren sein. Sofern sie im ursprünglichen Datensatz einfache Variablen oder Vektoren waren, sind sie mit der Funktion factor in einen Faktor zu verwandeln.

Zum Schätzen der Effekte ist wie bei der Einwegvarianzanalyse die Funktion lm einzusetzen. Dabei werden die Faktoren mit einem Pluszeichen verbunden. Dass Haupteffekte und Wechselwirkungen berücksichtigt werden sollen, wird durch Ausg*Kat ausgedrückt. Dies ist eine Kurzform für Ausg+Kat+Ausg:Kat.

Interessiert erst einmal nur das summarische Ergebnis, so kann die Funktion aov verwendet werden.

Gibt es nur *eine einzige Beobachtung pro Zelle* (d.h. $n_{ij} \equiv n = 1$), so reduziert sich die Varianzanalyse in Tabelle 6.2 zu der in Tabelle 6.3.

Die Zeile für Fehler ist aus dieser Tabelle verschwunden, weil es keine wiederholten Beobachtungen zum Messen von Fehlern gibt. Damit existieren zunächst auch die Nenner MS_E der F-Statistiken in (6.24) nicht mehr. Um zu geeigneten F-Tests zu gelangen, gibt es zwei Ansätze.

Der erste geht davon aus, dass es keine Wechselwirkungen gibt. In manchen Fällen mag eine synergistische Reaktion zwischen den Faktoren undenkbar sein, so dass die Annahme $\alpha\beta \equiv 0$ gerechtfertigt ist. Dann kann man SS_{AB} als Fehlerquadratsumme verwenden. Dies führt dazu, dass

$$F = \frac{MS_B}{MS_{AB}} \quad \text{und} \quad F = \frac{MS_A}{MS_{AB}} \tag{6.25}$$

als Teststatistiken für die letzten beiden Nullhypothesen in (6.20) verwendet werden.

Tabelle 6.3: ANOVA-Tafel für eine Zweiwegklassifikation mit einer Beobachtung pro Zelle

Quelle	df	SS	MS
Faktor A	$I - 1$	$J \sum_{i=1}^{I} (\bar{Y}_{i\bullet} - \bar{Y}_{\bullet\bullet})^2$	$\dfrac{SS_A}{I - 1}$
Faktor B	$J - 1$	$I \sum_{j=1}^{J} (\bar{Y}_{\bullet j} - \bar{Y}_{\bullet\bullet})^2$	$\dfrac{SS_B}{J - 1}$
Wechsel-wirkungen AB	$(I-1)(J-1)$	$\sum_{i=1}^{I} \sum_{j=1}^{J} (\bar{Y}_{ij} - \bar{Y}_{i\bullet} - \bar{Y}_{\bullet j} + \bar{Y}_{\bullet\bullet})^2$	$\dfrac{SS_{AB}}{(I-1)(J-1)}$
Gesamt G	$IJ - 1$	$\sum_{i=1}^{I} \sum_{j=1}^{J} (Y_{ij} - \bar{Y}_{\bullet\bullet})^2$	

Gibt es keine Wechselwirkungen, so haben die Quotienten in (6.25) unter der Nullhypothese jeweils eine zentrale und unter der Alternative eine nichtzentrale F-Verteilung mit $J - 1$ bzw. $I - 1$ df des Zählers und $(I - 1)(J - 1)$ Freiheitsgrade des Nenners.

Wenn jedoch Wechselwirkungen tatsächlich vorhanden sind, blähen sie die Quadratsumme im Nenner auf und dämpfen im übertriebenen Maße die Signifikanz der Quadratsumme des Zählers. Auf alle Fälle ist es dann unsinnig, P-Werte aus einer F-Verteilung zu berechnen. Denn dann hat SS_{AB} eine nichtzentrale χ^2-Verteilung, und die Quotienten in (6.25) haben doppelt nichtzentrale F-Verteilungen.[1]

Der andere, auf Tukey (1949) zurückgehende Ansatz, besteht darin, SS_{AB} in zwei Teile aufzuteilen, von denen einer den größten Teil der Wechselwirkungseffekte aufnimmt, und der andere hauptsächlich reiner Fehler ist. Dieses Vorgehen wird mit "ein Freiheitsgrad für Nichtadditivität" tituliert.

Wenn die Erwartungswerte μ_{ij} quadratisch von den Haupteffekten abhängen, d.h.

$$\mu_{ij} \propto (\mu + \alpha_i + \beta_j)^2, \tag{6.26}$$

liefert das Ausmultiplizieren und das Umstellen von Termen

$$\mu_{ij} \propto \mu^2 + (2\mu\alpha_i + \alpha_i^2) + (2\mu\beta_j + \beta_j^2) + 2\alpha_i\beta_j. \tag{6.27}$$

Folglich ist dann die Wechselwirkung $\alpha_i\beta_j$ multiplikativer Natur. Im Allgemeinen wird dies nur eine Approximation sein, jedoch kann man hoffen, dass das Produkt $\alpha_i\beta_j$ den größten Teil der Wechselwirkungseffekte enthält.

---

[1]Eine doppelt nichtzentrale F-Verteilung ergibt sich als Quotient zweier unabhängiger nichtzentral χ^2-verteilter Zufallsvariablen.

Folgender quadratischer Term ist sensitiv bezüglich Wechselwirkungen dieser Art:

$$SS_1 = \frac{\left(\sum\limits_{i=1}^{I}\sum\limits_{j=1}^{J}\hat{\alpha}_i\hat{\beta}_jY_{ij}\right)^2}{\left(\sum\limits_{i=1}^{I}\hat{\alpha}_i^2\right)\cdot\left(\sum\limits_{j=1}^{J}\hat{\beta}_j^2\right)}. \tag{6.28}$$

Scheffé (1959, Abschnitt 4.8) liefert eine formale Ableitung der Statistik (6.28) und zeigt, dass SS_1 und $SS_{AB} - SS_1$ stochastisch unabhängig sind und χ^2-Verteilungen mit jeweils 1 und $(I-1)(J-1)-1$ Freiheitsgraden haben, wenn es keine Wechselwirkungen gibt. Daher besteht der *Additivitätstest von Tukey* darin, den Quotienten

$$\frac{SS_1}{(SS_{AB} - SS_1)/((I-1)(J-1)-1)} \tag{6.29}$$

mit den kritischen Werten einer F-Verteilung mit 1 und $(I-1)(J-1)-1$ Freiheitsgraden zu vergleichen. Falls Wechselwirkungen vorhanden und im Wesentlichen von multiplikativer Natur sind, sollten sie zum größten Teil durch SS_1 erfasst werden, und $SS_{AB} - SS_1$ sollte von ihnen relativ unbeeinflusst bleiben. Somit ist es dann möglich, die Differenz $SS_{AB} - SS_1$ als Nenner der Teststatistiken zum Testen der Haupteffekte zu verwenden.

Beispiel 6.11
Sir Ronald A. Fisher, auf den die Varianzanalyse (und anderes) zurückgeht, wirkte in der landwirtschaftlichen Versuchanstalt in Rothamstead, England. In einem Versuch zur Ertragssteigerung von Kartoffeln wurde dort der Einfluss von zwei Behandlungsfaktoren, die Zugabe von Ammonium- und Kalium-Sulfat in je vier Stufen, untersucht. Die erste Stufe bestand jeweils in der Zugabe keiner der beiden Behandlungen, die dritte und vierte waren jeweils die Verdoppelung der vorangehenden Stufe. Die Daten sind Stahel (2000) entnommen.

		\multicolumn{4}{c}{Kalium-Sulfat (K)}			
		1	2	3	4
	1	404	308	356	439
Ammonium-	2	318	434	402	422
Sulfat (N)	3	456	544	484	504
	4	468	534	500	562

Man erhält die folgende ANOVA-Tafel:

Quelle	SS	FG	MS
Faktor N	60002.19	3	20000.73
Faktor K	10638.19	3	3546.06
Wechselw.	16468.56	9	1829.8
Gesamt	87108.94	15	

Mit $\hat{\alpha} = (-69.188, -51.938, 51.063, 70.063)'$ und $\hat{\beta} = (-34.438, 9.063, -10.438, 35.813)'$ lautet der quadratische Term, der bezüglich der Wechselwirkungen sensitiv ist:

$$SS_1 = \frac{104241.34^2}{39894657.56} = 272.37.$$

Die Teststatistik des Additivitätstests von Tukey ist daher

$$\frac{272.37}{(16468.56 - 272.37)/(3 \cdot 3 - 1)} = 0.1345.$$

Somit kann davon ausgegangen werden, dass keine Wechselwirkungen vorliegen. Dann sind die Teststatistiken für die Relevanz der Faktoren:

$$\text{Faktor N:} \quad \frac{20000.73}{1829.84} = 10.93, \qquad \text{Faktor K:} \quad \frac{3546.06}{1829.84} = 1.94.$$

Offensichtlich ist der Faktor N (Ammonium-Sulfat) signifikant, nicht aber der Faktor K (Kalium-Sulfat). ∎

R-Code 6.3 (Additivitätstest von Tukey)

```
ertrag<-read.table("c:/daten/ertrag.txt")
y<-ertrag[,1]
Am<-factor(ertrag[,2])
Ka<-factor(ertrag[,3])
options(contrasts=c("contr.sum","contr.poly"))
anova(ertrag.lm<-lm(y ~ Am*Ka))
coeff<-as.numeric(ertrag.lm$coefficients)
a<-c(coeff[2:4],-sum(coeff[2:4]))
b<-c(coeff[5:7],-sum(coeff[5:7]))
h<-sum(a%o%b*y)^2/(sum(a^2)*sum(b^2))
ssw<-as.vector(unlist(anova(ertrag.lm)))
(3*3-1)*h/(ssw[7]-h)
```

Die Berechnung der Teststatistik zur Überprüfung von Nichtlinearität bei jeweils einer Beobachtung pro Zelle wird anhand des letzten Beispiels illustriert. Wichtig ist einmal, das Am und Ka als Faktoren festgelegt werden. Zudem ist die Option `contr.sum` bzgl. der Reparametrisierungsbedingung wesentlich, da sonst nicht die korrekten Werte zur Bestimmung der Teststatistik ausgegeben werden. Schließlich werden die Schätzungen selbst benötigt. Das wird durch `as.numeric(ertrag.lm$coefficients)` bzw. `as.vector(unlist(anova(ertrag.lm)))` erreicht. Die Berechnung erfolgt dann entsprechend der Formel für die Teststatistik. Dabei wird vom äußeren Produkt `%o%` Gebrauch gemacht. Dieses erzeugt die Matrix der komponentenweisen Produkte. Die nachträgliche Multiplikation mit dem Vektor y führt dazu, dass die i-te Zeile der Matrix mit `y[i]` multipliziert wird.

2.2   Unbalancierte Versuche

Es wird nun der Fall eines unbalancierten Versuchsplanes betrachtet, bei dem sich die Zahl der Wiederholungen n_{ij} in Zelle (i,j) von Zelle zu Zelle unterscheidet. Es sei $n_{ij} \geq 1$ für alle Zellen vorausgesetzt.

Hier können unter Verwendung der bereits bekannten Mittelwerte

$$\bar{Y}_{\cdots} = \frac{1}{N} \sum_{i=1}^{I} \sum_{j=1}^{J} \sum_{v=1}^{n_{ij}} Y_{ijv}, \qquad \bar{Y}_{i\cdots} = \frac{1}{n_{i\cdot}} \sum_{j=1}^{J} \sum_{v=1}^{n_{ij}} Y_{ijv},$$

$$\bar{Y}_{\cdot j\cdot} = \frac{1}{n_{\cdot j}} \sum_{i=1}^{I} \sum_{v=1}^{n_{ij}} Y_{ijv}, \qquad \bar{Y}_{ij\cdot} = \frac{1}{n_{ij}} \sum_{v=1}^{n_{ij}} Y_{ijv},$$

die aus dem balancierten Fall definierten Quadratsummen SS_A, SS_B, SS_{AB} und SS_E formal übertragen werden. Zum Beispiel ist

$$SS_A = \sum_{i=1}^{I} n_{i\cdot} (\bar{Y}_{i\cdots} - \bar{Y}_{\cdots})^2 \,.$$

Die Quadratsummen SS_A und SS_B sind jedoch i.a. nicht unabhängig und auch die Zerlegung (6.21) gilt nicht, $SS_A + SS_B + SS_{AB} + SS_E$ gibt nicht die Gesamtsumme SS_G.

Die Nichtorthogonalität führt dazu, dass die Reihenfolge, in welcher die Hypothesen getestet werden, einen Unterschied macht. Der P-Wert für den nachfolgenden Faktor ist so zu interpretieren, dass er angibt, welche Erklärungskraft er zusätzlich zu dem bereits im Modell berücksichtigten hat. Zudem greift das Problem der Auswahl der angemessenen Nullhypothese, siehe Seite 194. Programmpakete wie SAS offerieren standardmäßig Varianzanalysetafeln für alle drei Typen von Hypothesen.

Beispiel 6.12 (Kontrastmittel und Leberenzym)
In einer klinischen Studie wurde die Auswirkung zweier Kontrastmittel auf ein Leberenzym (logarithmisch transformierte Werte) untersucht. Der zweite Faktor ist gegeben durch den Ausgangswert. Hier wurde festgehalten, ob der Leberwert gegenüber dem Normalwert verschlechtert war oder nicht. (Für die Daten danke ich Dr. J. Kaufmann.)

	B	
T	1	2
1	1.00 1.00 0.85 0.85 0.85 0.85 0.90 0.90 0.95 0.95 0.95 0.95 0.95 0.95 1.08 1.08 1.11 1.11 1.15 1.18 1.26 1.28 1.30 1.30 1.32 1.34 1.36	1.04 1.15 1.15 1.20 1.32 1.40 1.43 1.43 1.49 1.52 1.53 1.64
2	1.00 1.00 1.00 1.00 1.00 1.00 1.00 1.00 1.00 0.70 0.85 0.90 0.90 0.90 0.90 0.90 0.90 0.90 0.95 0.95 0.95 1.04 1.04 1.04 1.04 1.08 1.08 1.11 1.15 1.15 1.26 1.28	1.00 1.15 1.18 1.34 1.36 1.46 1.60

Die Varianzanalysetafeln für die drei Typen von Hypothesen sind:

```
Anova Table (Type I tests)
Response: y
          Df  Sum Sq Mean Sq F value      Pr(>F)
T          1 0.20616 0.20616  8.4127    0.004903
B          1 1.22720 1.22720 50.0792 7.072e-10
T:B        1 0.00015 0.00015  0.0063    0.937057
Residuals 74 1.81339 0.02451


Anova Table (Type II tests)
Response: y
           Sum Sq Df F value      Pr(>F)
T         0.08038  1  3.2802     0.07418
B         1.22720  1 50.0792 7.072e-10
T:B       0.00015  1  0.0063     0.93706
Residuals 1.81339 74


Anova Table (Type III tests)
Response: y
              Sum Sq Df   F value      Pr(>F)
(Intercept)   75.703  1 3089.2448  < 2.2e-16
T              0.054  1    2.2089     0.1415
B              1.191  1   48.6130 1.107e-09
T:B        0.0001539  1    0.0063     0.9371
Residuals      1.813 74
```

Somit ergeben sich für die unterschiedlich formulierte Nullhypothese bzgl. des hauptsächlich interessierenden Effektes des Faktors T unterschiedliche Ergebnisse. Sie reichen von signifikant bei Typ I über 'fast signifikant' bei Typ II bis 'eindeutig' nicht signifikant bei Typ III. Dabei ist von der Fragestellung her der Typ III hier wohl die adäquate Hypothesenwahl. ∎

R-Code 6.4 (Zweiwegvarianzanalyse (unbalanciert))

```
dat<-read.table("c:/daten/joergbsp.dat",header=T)
attach(dat)
T <- factor(T)
B <- factor(B)
erg <- lm(y~T*B)
anova(erg)
library(car)
Anova(out)
Anova(out,type="III")
```

Mit der R-Standardfunktion **anova** werden die Hypothesen vom Typ I getestet. Um die anderen Typen von Hypothesen zu testen, ist die Bibliothek **car** zu laden. Sie ist extra vom CRAN-Server herunterzuladen. Mit der Funktion **Anova**, die sich al- so äußerlich nur durch das groß geschriebe- ne **A** von der Standardfunktion unterschei- det, werden per Voreinstellung die Hypo- thesen vom Typ II überprüft. Mit der Opti- on **type="III"** bekommt man auch die letz- te Form der Hypothesen.

Im Folgenden wird eine approximative Analyse beschrieben, die u.U. ausreicht. Ob- wohl sie nur näherungsweise gültig ist, ist sie leicht durchzuführen und zu interpretie- ren. Rankin (1974) hat gezeigt, dass sie keine irreführenden Resultate liefert, solange die Verhältnisse der Stichprobenumfänge zueinander den Wert 3 nicht überschreiten.

Die Zellenmittel $\bar{Y}_{ij\bullet}$ werden wie üblich aus allen Beobachtungen in der Zelle berech- net und ebenso die Fehlerquadratsumme aus allen Beobachtungen in den Zellen der Zweiwegklassifikation:

$$SS_E = \sum_{i=1}^{I}\sum_{j=1}^{J}\sum_{v=1}^{n_{ij}}(Y_{ijv} - \bar{Y}_{ij\bullet})^2 = \sum_{i=1}^{I}\sum_{j=1}^{J}\sum_{v=1}^{n_{ij}}Y_{ijv}^2 - \sum_{i=1}^{I}\sum_{j=1}^{J}n_{ij}\bar{Y}_{ij\bullet}^2 \,. \qquad (6.30)$$

Bei der Berechnung der anderen Einträge in die ANOVA Tafel werden die zugehö- rigen Mittelwerte jedoch als ungewichtete Mittel aus den $\bar{Y}_{ij\bullet}$ bestimmt:

$$\bar{Y}_{i\bullet\bullet}^* = \frac{1}{J}\sum_{j=1}^{J}\bar{Y}_{ij\bullet}, \ \ \bar{Y}_{\bullet j\bullet}^* = \frac{1}{I}\sum_{i=1}^{I}\bar{Y}_{ij\bullet}, \ \ \bar{Y}_{\bullet\bullet\bullet}^* = \frac{1}{IJ}\sum_{i=1}^{I}\sum_{j=1}^{J}\bar{Y}_{ij\bullet} \,.$$

Analog zur ANOVA-Tafel 6.2 sind die resultierenden Quadratsummen dann mit ei- ner durchschnittlichen Beobachtungszahl n^* zu multiplizieren. Dafür wird das har- monische Mittel der n_{ij} genommen. Zu diesem Mittel wird man über den Ansatz geführt, dass die Normierungen der Mittelwerte $\bar{Y}_{ij\bullet}$ mittels $1/n_{ij}$ über einen kostan- ten Faktor n^* wieder aufgehoben werden soll:

$$n^*\left(\frac{1}{n_{11}} + \cdots + \frac{1}{n_{IJ}}\right) \overset{!}{=} IJ \ \ \Rightarrow \ \ n^* = \left(\frac{1}{IJ}\sum_{i=1}^{I}\sum_{j=1}^{J}n_{ij}^{-1}\right)^{-1} \,. \qquad (6.31)$$

Damit kann dieser Ansatz so interpretiert werden, als seien die $\bar{Y}_{ij\bullet} = \frac{1}{n_{ij}}\sum_{v=1}^{n_{ij}}y_{ijv}$ Durchschnitte von n^* Beobachtungen. Damit ergibt sich die in Tabelle 6.5 darge- stellte näherungsweise Varianzanalyse.

Die Quadratsummen in Tabelle 6.5 fügen sich nicht genau zur gesamten Quadrat- summe zusammen, aber die Diskrepanz sollte nicht zu groß sein. Nur SS_E/σ^2 hat genau eine χ^2-Verteilung. Alle anderen Quadratsummen (geteilt durch σ^2) haben näherungsweise nichtzentrale (bzw. zentrale unter H_0) χ^2-Verteilungen. Die Qua- dratsumme SS_E ist von dem Rest unabhängig, doch verlieren die anderen ihre gegenseitige Unabhängigkeit. Die approximativen F-Tests verwenden die üblichen Quotienten.

Tabelle 6.5: Näherungsweise ANOVA für eine unbalancierte Zweiwegklassifikation

Quelle	df	SS
Faktor (A)	$I - 1$	$n^* J \sum_{i=1}^{I} (\bar{Y}_{i\bullet\bullet}^* - \bar{Y}_{\bullet\bullet\bullet}^*)^2$
Faktor (B)	$J - 1$	$n^* I \sum_{j=1}^{J} (\bar{Y}_{\bullet j \bullet}^* - \bar{Y}_{\bullet\bullet\bullet}^*)^2$
Wechsel-wirkungen (AB)	$(I-1)(J-1)$	$n^* \sum_{i=1}^{I} \sum_{j=1}^{J} (\bar{Y}_{ij\bullet} - \bar{Y}_{i\bullet\bullet}^* - \bar{Y}_{\bullet j\bullet}^* + \bar{Y}_{\bullet\bullet\bullet}^*)^2$
Fehler (E)	$N - IJ$	$\sum_{i=1}^{I} \sum_{j=1}^{J} \sum_{v=1}^{n_{ij}} (Y_{ijv} - \bar{Y}_{ij\bullet})^2$

Beispiel 6.13 (Blutdruck)
Es wird der Anstieg des systolischen Blutdrucks in Abhängigkeit von vier unterschiedlichen Behandlungen bei drei Diätformen untersucht. Dies ist eine vollständig randomisierte zweifaktorielle Versuchsanlage mit der Ursache A (Behandlung) in vier Stufen und der Ursache B (Diäten) in drei Stufen. Die Daten von Kutner (1974) wurden zur Verdeutlichung modifiziert.

Behandlung (A)	Diät (B)								
	1			2			3		
1	42	41	19	33	21	33	31	25	-3
	36	16	22	26			25	24	
2	28	34	40	33	36	31	5	26	4
	23	15		34			28	30	16
3	1	19	29	9	7	11	21	9	1
				1	-6		3		
4	24	22	-2	25	12	16	22	7	12
	9	15		12	-3	15	25	5	

Es soll eine näherungsweise Analyse der Untersuchung zum Anstieg des systolischen Blutdrucks in Abhängigkeit von vier unterschiedlichen Behandlungen bei drei Diätformen durchgeführt werden.

Man erhält die folgende ANOVA-Tafel:

Quelle	SS	FG	MS	F	P-Wert
Faktor A	3085.7423	3.0000	1028.5808	10.3379	0.0000
Faktor B	409.7396	2.0000	204.8698	2.0591	0.1392
Wechselw	717.5594	6.0000	119.5932	1.2020	0.3224
Rest	4576.8167	46.0000	99.4960		
Gesamt	8836.5302	57.0000			

Damit sind die Wechselwirkungen nicht signifikant, der Einfluss des Faktors A ist deutlich.   ■

2.3   Modellbildung

Die Zweiwegsvarianzanalyse bietet eine Einstiegsmöglichkeit in den Bereich der *Modellbildung*. Hierunter wird das Bemühen verstanden, ein Modell zu bestimmen, das einerseits die Daten gut erfasst und andererseits so wenige Parameter aufweist wie möglich. Dieses Sparsamkeitsprinzip wird bisweilen auch als *Occams Rasiermesser*[1] bezeichnet, geht man doch i.d.R. so vor, dass erst eine volle Varianzanalyse gerechnet wird und dann die nichtsignifikanten Terme sukzessive weggelassen werden.

Sind beispielsweise die geschätzten Wechselwirkungseffekte (d.h. $\widehat{\alpha\beta}_{ij} = \bar{y}_{ij\bullet} - \bar{y}_{i\bullet\bullet} - \bar{y}_{\bullet j\bullet} + \bar{y}_{\bullet\bullet\bullet}$) statistisch nicht signifikant, so wird man in einem zweiten Durchgang das Modell ohne Wechselwirkungen anpassen.

Das Testen zweier Modelle gegeneinander ist mit dem F-Test möglich. Dazu wird die folgende Teststatistik verwendet, bei der das Modell M1 mehr Parameter als das Modell M2 enthält:

$$F = \frac{(SS_{\text{Fehler M2}} - SS_{\text{Fehler M1}})/(df_{\text{M2}} - df_{\text{M1}})}{SS_{\text{Fehler M1}}/df_{\text{M1}}}.$$

Nur bei balancierten Versuchen ist der resultierende Wert dieser F-Teststatistik sowie der P-Wert notwendig der gleiche wie der entsprechende F-Test für diesen Term im größeren Modell.

Beispiel 6.14 (Stahlproduktion - Fortsetzung)
Bei der Analyse des Einflusses unterschiedlicher Walzanlagen auf die Qualität des produzierten Stahls wurde im Beispiel 6.9 festgestellt, dass die Wechselwirkungen nicht signifikant waren:

```
Analysis of Variance Table
Response: y
             Df Sum Sq Mean Sq F value     Pr(>F)
Liefer        2 4.9361  2.4680  7.8961  0.0034523
Masch         2 7.3335  3.6667 11.7312  0.0005477
Liefer:Masch  4 0.6131  0.1533  0.4904  0.7427983
Residuals    18 5.6261  0.3126
```

Wird nun für das Modell ohne Wechselwirkungen eine Varianzanalyse durchgeführt, so ergibt sich:

```
Analysis of Variance Table
Response: y
```

---

[1]Dem Philosophen William von Occam (1280?-1347?) wird der Ausspruch nachgesagt, dass Dinge nicht unnötig vervielfacht werden sollten. (Entia non sunt multiplicanda praeter necessitatem.)

```
            Df Sum Sq Mean Sq F value    Pr(>F)
Liefer       2 4.9361  2.4680  8.7024 0.0016429
Masch        2 7.3335  3.6667 12.9291 0.0001937
Residuals 22 6.2393  0.2836
```

Der angesprochene Test für den Modellvergleich ergibt die Teststatistik

$$F = \frac{(6.2393 - 5.6261)/4}{5.6261/18} = 0.490.$$

Dies ist genau der Wert, der sich im Modell mit Wechselwirkungen für die entsprechende Teststatistik ergeben hat. Da auch die Freiheitsgrade gleich sind, stimmen die F-Werte ebenfalls überein.   ∎

Beispiel 6.15 (Blutdruck - Fortsetzung)
Im vorletzten Beispiel wurde der Einfluss von Behandlung und Diätform auf den (systolischen) Blutdruck untersucht. Da erwiesen sich die Wechselwirkungen als nicht signifikant. Das Modell ohne Wechselwirkungen führt zu:

```
Analysis of Variance Table
Response: Druck
            Df Sum Sq Mean Sq F value    Pr(>F)
A            3 3133.2  1044.4 10.2779 2.029e-05
B            2  418.8   209.4  2.0608    0.1376
Residuals 52 5284.1   101.6
```

Da auch der Faktor B nicht signifikant ist, wird das Modell mit dem Faktor A allein geschätzt:

```
Analysis of Variance Table
Response: Druck
            Df Sum Sq Mean Sq F value    Pr(>F)
A            3 3133.2  1044.4  9.8894 2.679e-05
Residuals 54 5702.9   105.6
```

Hier erhält man für den Vergleich der Modelle mit bzw. ohne den Faktor B:

$$F = \frac{(5702.9 - 5284.1)/2}{5284.1/52} = 1.185.$$

Dieser Wert unterscheidet aufgrund der Unbalanciertheit sich von der F-Teststatistik im umfassenderen Modell.

Schließlich soll noch das volle Modell mit dem verglichen werden, bei dem nur der Faktor A berücksichtigt wird:

$$F = \frac{(5702.9 - 4576.8)/8}{4576.8/46} = 1.4148.$$

Der P-Wert ist 0.2159. Die Modelle unterscheiden sich nicht signifikant; also ist das Modell ausreichend, das nur die Behandlung berücksichtigt.   ∎

R-Code 6.5 (Modellvergleich)

```
lm1<-lm(y~f1+f2+f1:f2)
lm2<-update(lm1, .~.-f1:f2)
anova(lm2,lm1)
```

Zuerst wird ein Modell mit zwei Faktoren und Wechselwirkungen angepasst. Mit der Funktion update kann das angepasste Modell verändert werden. Die üblichen Änderungen betreffen das Hinzunehmen bzw. Weglassen von Termen bei dem zuvor angepassten Modell.

Mit dem letzten Befehl wird ein Vergleich der beiden Modelle (F-Test) durchgeführt. Dabei ist das kleinere Modell als erstes Argument einzugeben.

2.4   Multiple Vergleiche

Im Prinzip können alle im entsprechenden Abschnitt der Einwegsvarianzanalyse eingeführten Methoden auf die Zweiwegklassifikation erweitert werden; der einzige Unterschied besteht darin, welcher Schätzer für $\hat{\sigma}^2$ verwendet wird.

Gibt es mehr als eine Beobachtung in allen oder wenigstens einigen Zellen, dann ist

$$\hat{\sigma}^2 = \frac{SS_E}{N - IJ}, \tag{6.32}$$

wobei SS_E die Anzahl $\nu = N - IJ$ Freiheitsgrade hat und $N = \sum_{i=1}^{I} \sum_{j=1}^{J} n_{ij}$ ist. Bei nur einer Beobachtung in jeder Zelle ist dann

$$\hat{\sigma}^2 = \frac{SS_{AB}}{(I-1)(J-1)} \tag{6.33}$$

mit $(I-1)(J-1)$ Freiheitsgraden. Bei der Verwendung von $SS_{AB} - SS_1$ an Stelle von SS_{AB} sind der Nenner und die Anzahl der Freiheitsgrade um 1 zu reduzieren.

Im Folgenden werden simultane Konfidenzintervalle für die Effekte des Faktors A betrachtet. Intervalle für den Faktor B können analog konstruiert werden. Man substituiert dazu lediglich die Symbole β, j und J für α, i und I.

Getrennt sind die folgenden Aussagen sowohl für den einen wie für den anderen Faktor gültig. Die anzugebenden Grenzen sind aber nicht mehr korrekt, wenn für beide Faktoren A und B multiple Vergleiche durchgeführt werden. Dann ist die Wahrscheinlichkeit für eine simultane Überdeckung nicht mehr mindestens $1 - \alpha$. Es ist jedoch selten, dass multiple Vergleiche für beide Faktoren interessieren und noch seltener ist das Interesse an simultanen Konfidenzintervallen für Kontraste beider Faktoren.

Für einen balancierten Versuchsplan (d.h. $n_i \equiv n$) sind die *Tukey-Intervalle*

$$\alpha_i - \alpha_{i'} \in \bar{Y}_{i\bullet\bullet} - \bar{Y}_{i'\bullet\bullet} \pm q_{I,\nu;1-\alpha} \frac{\hat{\sigma}}{\sqrt{nJ}}, \tag{6.34}$$

zu verwenden, wobei $q_{I,\nu;1-\alpha}$ das $(1-\alpha)$-Quantil einer studentisierten Spannweiten-Verteilung für I Zählervariablen und ν Freiheitsgraden im Nenner ist, und $\hat{\sigma}$ eine der durch oben angegebenen Formeln definierte Schätzung ist. Ist ein Versuchsplan leicht unbalanciert und wird die in Tabelle 6.5 angegebene näherungsweise Analyse verwendet, so kann man (6.34) anwenden, wobei n durch n^* ersetzt wird. Die Überdeckungswahrscheinlichkeit aus (6.34) für alle Paare i und i' ist im balancierten Fall genau $1-\alpha$ und ungefähr gleich $1-\alpha$ im unbalancierten Fall. Je unbalancierter der Versuchsplan wird, desto mehr verschlechtert sich die Überdeckungswahrscheinlichkeit.

Für stark unbalancierte Versuchspläne bieten sich die *Scheffé-Intervalle* an. Dazu sei $\mathbf{c}_{ii'}$ der Vektor $(0, \ldots, 1, 0, \ldots, 0, -1, 0, \ldots, 0)'$, der gerade den Kontrast $\alpha_i - \alpha_{i'}$ ergibt. Dann gilt

$$\alpha_i - \alpha_{i'} \in \hat{\alpha}_i - \hat{\alpha}_{i'} \pm [(I-1)F_{I-1,\nu;1-\alpha}]^{1/2}\hat{\sigma}[\mathbf{c}'_{ii'}(\mathbf{X}'\mathbf{X})^{-1}\mathbf{c}_{ii'}]^{1/2}. \qquad (6.35)$$

Die Fehlervarianz $\hat{\sigma}^2$ ist die Abweichungsquadratsumme, geteilt durch die Freiheitsgrade $N - IJ$ oder $N - 1 - (I-1) - (J-1)$, je nachdem, ob Wechselwirkungen in dem Modell berücksichtigt wurden oder nicht.

Bonferroni-Intervalle erhält man, indem man $t_{\nu;1-\alpha/2K}$ mit $K = \binom{I}{2}$ für $((I-1)F_{I-1,\nu;1-\alpha})^{1/2}$ in (6.35) einsetzt; diese können kürzer als die Scheffé-Intervalle sein.

Auch monotone Kontraste können in der Zweiwegklassifikation betrachtet werden; dazu sei auf die Literatur verwiesen.

3   Abweichungen von den Annahmen

3.1   Effekt und Erkennung von Nichtnormalverteilung

Bzgl. der Effekte der Nichtnormalverteilung in einer Zweiwegklassifikation bestehen nur geringe oder gar keine Unterschiede zu denen in der Einwegklassifikation. In der balancierten oder fast balancierten Zweiwegklassifikation sind die Tests für Zeilen-(oder Spalten-) Effekte im Wesentlichen dieselben wie die Einwegtests; nur die Fehlerquadratsumme wird korrigiert, um die Spalten- (oder Zeilen-) Effekte und, bei $n_{ij} > 1$, auch Wechselwirkungen zu beseitigen. Im Grunde hat Nichtnormalverteilung auf die F-, studentisierten Spannweiten-, und lineare Kontraste-Tests einen sehr geringen Effekt, solange die Größe des Versuchsplans (also IJn) nicht zu klein ist.

Die eben formulierten optimistischen Bemerkungen sind jedoch für schlecht balancierte Experimente nicht mehr aufrecht zu erhalten. Einzelne sehr extreme Beobachtungen in den schwach besetzten Teilen des Versuchsplans können die Tests und Schätzwerte verzerren. Solche Beobachtungen können durch Verteilungen, die viel Wahrscheinlichkeitsmasse in den Flanken haben, ebenso erzeugt werden wie durch verschmutzte Verteilungen. Letztere sind Modelle für Beobachtungen, die im zentralen Bereich eher als normalverteilt angesehen werden können, aber an den Flanken mehr extreme Werte aufweisen als unter der Normalverteilung vorhergesagt werden. Ein Beispiel ist die Huber-Verteilung, siehe 3.36. Ein anderes Modell ist die *kontaminierte Normalverteilung*:

$$f(y) = \frac{1-\epsilon}{\sigma_1} \phi \left(\frac{y - \mu_1}{\sigma_1} \right) + \frac{\epsilon}{\sigma_2} \phi \left(\frac{y - \mu_2}{\sigma_2} \right) . \qquad (6.36)$$

Hier ist ϵ ein kleiner Anteil; stimmen μ_1 und μ_2 überein und ist σ_2 sehr viel größer als σ_1, so spricht man von einer *Skalenkontamination*.

Es ist schwieriger, Abweichungen von der Normalverteilung in der Zweiwegklassifikation zu entdecken, als in der Einwegklassifikation oder in Ein- und Zweistichprobensituationen. Das Problem liegt darin, dass jede Zelle in der Zweifachanordnung eine andere Stichprobe repräsentiert, so dass man nur wenige, bisweilen gar nur eine Beobachtung pro Stichprobe hat.

Gibt es multiple Beobachtungen pro Zelle, so kann man die Residuen aus allen Zellen poolen. Dann werden die N Differenzen $r_{ijv} = y_{ijv} - \bar{y}_{ij\bullet}$ für die Erstellung eines einzigen QQ-Diagramms verwendet.

Bei nur einer Beobachtung pro Zelle gibt es dagegen keine Möglichkeiten, zwischen Nichtnormalverteilung und Wechselwirkungen zu unterscheiden.

3.2 Alternativen

Es ist auch in der Zweiwegklassifikation möglich, Transformationen durchzuführen, um die Beobachtungen normalverteilter aussehen zu lassen. Doch wird dies nicht oft eingesetzt. Der Grund dafür liegt darin, dass das Transformieren der Daten das additive lineare Modell zerstören und Wechselwirkungen an Stellen schaffen kann, an denen vorher keine waren.

Bei ungleichen Varianzen kann man entweder asymptotische Verfahren verwenden (vgl. Arnold 1981), oder für kleinere Stichproben eine gute Approximation verwenden, siehe Brunner, Dette und Munk (1997).

4 Nichtparametrische Verfahren

Im nichtparametrischen Ansatz der Zweiwege-Varianzanalyse unterstellt man unabhängige Zufallsvariablen

$$Y_{ijv} \sim F_{ij}, \quad (i = 1, \ldots, I; j = 1, \ldots, J; v = 1, \ldots, n_{ij})$$

und beschreibt die Haupteffekte und Wechselwirkungen mithilfe der Verteilungsfunktionen F_{ij}. Dazu bezeichnet man mit $\bar{F}_{i\bullet}(y) = \frac{1}{J} \sum_{j=1}^{J} F_{ij}(y)$ und $\bar{F}_{\bullet j}(y) = \frac{1}{I} \sum_{i=1}^{I} F_{ij}(y)$ die Zeilen- und Spaltenmittel und mit $\bar{F}_{\bullet\bullet}(y) = \frac{1}{IJ} \sum_{i=1}^{I} \sum_{i=1}^{I} F_{ij}(y)$ das Gesamtmittel der Verteilungsfunktionen.

Die den Effekten α_i, β_j und $\alpha\beta_{ij}$ des klassischen ANOVA-Modells entsprechenden Größen sind dann, vergleiche (6.7):

$$
\begin{array}{ll}
A_i(y) = \bar{F}_{i\bullet}(y) - \bar{F}_{\bullet\bullet}(y) \quad (i = 1, \ldots, I) & \text{Zeileneffekt,} \\
B_j(y) = \bar{F}_{\bullet j}(y) - \bar{F}_{\bullet\bullet}(y) \quad (j = 1, \ldots, J) & \text{Spalteneffekt,} \\
W_{ij}(y) = F_{ij} - \bar{F}_{i\bullet}(y) - \bar{F}_{\bullet j}(y) + \bar{F}_{\bullet\bullet}(y) \quad (i = 1, \ldots, I; j = 1, \ldots, J) & \\
& \text{Wechselwirkung.}
\end{array}
$$

Diese Effekte sind eher unanschaulich. Zu bevorzugen ist die Interpretation mittels der relativen Effekte p_{ij}, die hier die Tendenzen bzgl. der gewichteten mittleren Verteilungsfunktion $H(y) = \frac{1}{IJ} \sum_{i=1}^{I} \sum_{j=1}^{J} F_{ij}(y)$ beschreiben. Auf dieser Basis bedeutet dann der relative Haupteffekt A folgendes: Falls $\bar{p}i\bullet - \bar{p}_{\bullet\bullet} < \bar{p}i'\bullet - \bar{p}_{\bullet\bullet}$, dann tendieren mit Bezug auf die mittlere Verteilungsfunktion die Beobachtungen Y_{ijv} auf der i-ten Stufe des Faktors A zu kleineren Werten als auf der Stufe i'. Eine Wechselwirkung heißt, dass die Differenzen $p_{ij} - \bar{p}_{i\bullet}$ von den Stufen des Faktors A abhängen und nicht alle gleich sind; natürlich sind dann auch die $p_{ij} - \bar{p}_{\bullet j}$ nicht alle gleich.

Teststatistiken basieren wieder auf Schätzern der relativen Effekte. Seien dazu R_{ijv} die Rangwerte aus allen N Beobachtungen, $\bar{R}_{ij\bullet} = \sum_{v=1}^{n_{ij}} R_{ijv}/n_{ij}$ die arithmetischen Mittel der Ränge in den einzelnen Zellen, sowie

$$
\tilde{R}_{i\bullet\bullet} = \frac{1}{J} \sum_{j=1}^{J} \bar{R}_{ij\bullet}, \quad \tilde{R}_{\bullet j\bullet} = \frac{1}{I} \sum_{i=1}^{I} \bar{R}_{ij\bullet}, \quad \tilde{R}_{\bullet\bullet\bullet} = \frac{1}{IJ} \sum_{i=1}^{I} \sum_{j=1}^{J} \bar{R}_{ij\bullet} \tag{6.37}
$$

die verschiedenen ungewichteten Mittelwerte. Mit

$$
S_0^2 = \frac{1}{n_{ij}(n_{ij}-1)} \sum_{i=1}^{I} \sum_{j=1}^{J} \sum_{v=1}^{n_{ij}} (R_{ijk} - \bar{R}_{ij\bullet})^2 \tag{6.38}
$$

sind dann die Teststatistiken vom ANOVA-Typ:

Test auf den Haupteffekt A:

$$
F_N = \frac{IJ^2}{(I-1)S_0^2} \sum_{i=1}^{I} (\tilde{R}_{i\bullet\bullet} - \tilde{R}_{\bullet\bullet\bullet})^2; \tag{6.39}
$$

Test auf den Haupteffekt B:

$$
F_N = \frac{JI^2}{(J-1)S_0^2} \sum_{j=1}^{J} (\tilde{R}_{\bullet j\bullet} - \tilde{R}_{\bullet\bullet\bullet})^2; \tag{6.40}
$$

Test auf Wechselwirkungen W:

$$
F_N = \frac{JI}{(I-1)(J-1)S_0^2} \sum_{i=1}^{I} \sum_{j=1}^{J} (\tilde{R}_{ij\bullet} - \tilde{R}_{i\bullet\bullet} - \tilde{R}_{\bullet j\bullet} + \tilde{R}_{\bullet\bullet\bullet})^2. \tag{6.41}
$$

Alle Teststatistiken sind unter den jeweiligen Nullhypothesen approximativ F- verteilt. Jedoch sind die Freiheitsgrade abhängig vom Versuchsplan und recht aufwendig; ohne weitergehenden Matrizenkalkül sind sie nicht aufschreibbar, siehe Brunner & Munzel (2002, S. 148 ff). Da die Durchführung dieser Tests wohl kaum ohne Rechner erfolgen wird, wird auf ihre Angabe verzichtet.

Es soll noch kurz der bekannteste nichtparametrische Test für die Zweiweg-Varianzanalyse vorgestellt werden. Auch an den starken Einschränkungen, die für den Test getroffen werden müssen, wird deutlich, welch bedeutsamen Fortschritte die nichtparametrischen Theorie gemacht hat.

Bei dem *Friedman-Test* wird von einer einzigen Beobachtung pro Zelle ausgegangen (d.h. $n_{ij} \equiv 1$). Gibt es mehr als eine Beobachtung pro Zelle, dann wird die Analyse für die Zellenmittel $\bar{y}_{ij\bullet}$ durchgeführt und jegliche Information aus der Variation innerhalb der Zellen ignoriert. Außerdem setzt die Analyse voraus, dass keine Wechselwirkungen vorliegen. Mit diesen Einschränkungen geht die Analyse zum Nachweis von Zeileneffekten so vor, dass sie jede Beobachtung y_{ij} in der j-ten Spalte durch ihren Rangwert R_{ij} unter den I Beobachtungen in Spalte j ersetzt. Dann ist die Teststatistik

$$
\begin{aligned}
Q &= \frac{12J}{I(I+1)} \sum_{i=1}^{I} (\bar{R}_{i\bullet} - \bar{R}_{\bullet\bullet})^2 \\
&= \left(\frac{12J}{I(I+1)} \sum_{i=1}^{I} \bar{R}_{i\bullet}^2 \right) - 3J(I+1),
\end{aligned}
\tag{6.42}
$$

wobei $\bar{R}_{i\bullet} = \sum_{j=1}^{J} R_{ij}/J$ und $\bar{R}_{\bullet\bullet} = \sum_{i=1}^{I} \bar{R}_{i\bullet}/I = (I+1)/2$ ist. Die Statistik (6.42) ist gerade die für die Ränge berechnete übliche Zeilenquadratsumme. Der Skalierungsfaktor im Nenner stellt sicher, dass sie asymptotisch eine χ^2-Verteilung mit $I-1$ Freiheitgraden hat, wenn die Zahl der Spalten gegen unendlich geht.

Gibt es Bindungen, dann kann man mittlere Ränge verwenden. Bei extrem vielen Bindungen kann der Nenner von Q so modifiziert werden, dass dies mit einbezogen wird.

Will man Spalteneffekte untersuchen, so ist einfach die transformierte Datenmatrix zu betrachten.

Beispiel 6.16 (Bevorzugung von Marken)
Verschiedene Personen wurden von einem Marktforschungsunternemen befragt, welche von drei Marken, M_1, M_2, M_3, sie bei einem Produkt bevorzugen würden. Die Angabe sollte als Note mittels der Werte 1 bis 3 erfolgen. Bei gleichem Gewicht durften gleiche Werte vergeben werden.

Person	M_1	M_2	M_3	R_1	R_2	R_3
1	1	3	2	1	3	2
2	2	2	1	2.5	2.5	1
3	2	3	1	2	3	1
4	2	3	1	2	3	1
5	1	2	1	1.5	3	1.5
6	3	2	1	3	2	1
7	2	3	1	2	3	1
8	3	2	1	3	2	1
9	2	2	1	2.5	2.5	1
10	2	3	1	2	3	1
11	2	3	1	2	3	1
12	3	2	1	3	2	1
13	3	2	1	3	2	1
14	3	1	2	3	1	2
15	2	2	1	2.5	2.5	1
16	2	3	1	2	3	1
17	2	3	1	2	3	1
18	2	3	1	2	3	1
19	3	2	1	3	2	1
20	3	2	1	3	2	1
21	3	1	2	3	1	2
22	1	3	2	1	3	2
23	2	3	1	2	3	1
24	3	2	1	3	2	1
Mittel				2.3333	2.4792	1.1875

Hier sind die Spalteneffekte von Interesse. Die zugehörige Teststatistik ist

$$Q = \frac{12I}{J(J+1)} \sum_{j=1}^{J} (\bar{R}_{\bullet j} - \bar{R}_{\bullet\bullet})^2$$
$$= \frac{12 \cdot 24}{3 \cdot 4} [(2.3333 - 2)^2 + (2.4792 - 2)^2 + (1.1875 - 2)^2] = 24.021 \,.$$

Bei 2 Freiheitsgraden ist der P-Wert 0.0202. Damit ist der Unterschied zwischen den Marken deutlich. ∎

5   Gemischte Effekte

Man spricht von *gemischten Effekten*, wenn eine Effekt zufällig und der andere fest ist. Die Ziele einer Analyse gemischter Effekte sind denen der festen Effekte ähnlich. Das Hauptinteresse konzentriert sich i.d.R. auf das Testen der Gleichheit der verschiedenen Stufen des Faktors mit festen Effekten; diese stellen verschiedene Behandlungen, Produkte, etc. dar. Der andere Faktor ist eher ein Störfaktor, wie zum Beispiel Subjekte, Tage und Parzellen; seine Stufen werden als zufällig angesehen, weil sie Repräsentanten einer potenziell größeren Gruppe sind. In Bezug auf den zufälligen Faktor sind Schätzungen und Tests ohne besonderem Interesse.

Hier wird lediglich die *Normalverteilungstheorie* behandelt. Das ist auch dadurch gerechtfertigt, dass praktisch nichts über die Auswirkungen diverser Abweichungen von den Modellannahmen für das Modell mit gemischten Effekten veröffentlicht wurde. Alternativen zur Normalverteilungssituation sind nicht bekannt.

Beispiel 6.17 (Hörhilfen)
Hörhilfen müssen individuell angepasst werden. Ein üblicher Weg, um zu testen, ob ein spezielles Hörgerät für einen Patienten geeignet ist, besteht darin, ein Tonband mit einer 50 Wörter umfassenden Liste vorzuspielen. Die Wörter sind deutlich ausgesprochen, aber werden leise abgespielt. Die Patienten werden gebeten, jedes Wort unmittelbar nach dem Vorspielen zu wiederholen. Es gibt unterschiedliche Listen; dabei besteht die Frage, ob sie unterschiedlich schwierig sind.

Um dies zu überprüfen, wurden 24 normal hörenden Personen 4 Listen (in jeweils zufälliger Reihenfolge) bei einigem Hintergrundgeräusch vorgespielt, vgl. Loven (1981). Die Personen interessieren dabei nicht weiter. Andererseits ist natürlich die Hörfähigkeit individuell unterschiedlich ausgelegt. Dementsprechend werden sie als Stufen eines zufälligen Faktors berücksichtigt.   ∎

Das Modell lautet

$$Y_{ijv} = \mu + \alpha_i + b_j + \alpha b_{ij} + \varepsilon_{ijv}, \qquad (6.43a)$$

für $i = 1, \ldots, I$; $j = 1, \ldots, J$; $v = 1, \ldots, n_{ij}$. Um die Identifizierbarkeit sicher zu stellen, wird für die festen Effekte α_i die Nebenbedingung $\sum_{i=1}^{I} \alpha_i = 0$ unterstellt. Die Verteilungsannahmen lauten:

$$b_j \sim \mathcal{N}\left(0, \sigma_b^2\right), \text{ unabhängig}$$
$$\varepsilon_{ijv} \sim \mathcal{N}\left(0, \sigma_\varepsilon^2\right), \text{ unabhängig}$$
$$b_j \text{ unabhängig von } \varepsilon_{ijv}, \qquad (6.43b)$$
$$\alpha b_{ij} \sim \mathcal{N}\left(0, \sigma_{\alpha b}^2\right),$$
$$\alpha b_{ij} \text{ unabhängig von } \varepsilon_{ijv} \text{ und von } b_j.$$

Dass für die Wechselwirkungen untereinander nicht die Unabhängigkeit gefordert wird, hängt mit der Nebenbedingung $\sum_{i=1}^{I} \alpha b_{ij} = 0$ für jedes j zusammen. Diese beiden Bedingungen sind ja einander ausschließend. Letztere wird aber zur Identifizierung benötigt. Mit der Annahme, dass die αb_{ij} identisch verteilt sind, ergibt dies die Kovarianzstruktur

$$\begin{aligned} \text{Var}(\alpha b_{ij}) &= \left(1 - \frac{1}{I}\right) \sigma_{\alpha b}^2, \\ \text{Cov}(\alpha b_{ij}, \alpha b_{i'j}) &= -\frac{1}{I} \sigma_{\alpha b}^2 \text{ für } i \neq i'. \end{aligned} \qquad (6.44)$$

Der moderne Schätzansatz für Modelle mit gemischten Effekten ist die *eingeschränkte ML-* oder *REML-Methode*, vgl. Seite 179. Sie kann als Schätzung der Varianzkomponenten auf der Basis der Residuen einer Kleinste-Quadrate Schätzung des Modellteils für die festen Effekte angesehen werden. Wie bereits im letzten Kapitel wird hier aber auf eine Darstellung wegen des formalen Aufwandes verzichtet. Stattdessen wird der eher traditionelle ANOVA-Zugang beschrieben. Dies ist auch dadurch gerechtfertigt, dass die Diskussion noch nicht zu Ende und wohl auch nicht entscheidbar ist, welchen Schätzer man jeweils nehmen sollte, vgl. Searle et al. (1992, S.254).

In der Varianzanalyse mit gemischten Effekten kann man bei einem balancierten Versuchsplan (d.h. $n_{ij} \equiv n$) die ANOVA Tafel 6.2 beibehalten. Die zugehörigen Verteilungen sind

$$
\begin{aligned}
SS_A &\sim (\sigma_\varepsilon^2 + n\sigma_{ab}^2) \cdot \chi_{I-1}^2 \left(\frac{nJ \sum_{i=1}^{I} \alpha_i^2}{\sigma_\varepsilon^2 + n\sigma_{ab}^2} \right), \\
SS_B &\sim (\sigma_\varepsilon^2 + nI\sigma_b^2) \cdot \chi_{J-1}^2, \\
SS_{AB} &\sim (\sigma_\varepsilon^2 + n\sigma_{ab}^2) \cdot \chi_{(I-1)(J-1)}^2, \\
SS_E &\sim \sigma_\varepsilon^2 \cdot \chi_{IJ(n-1)}^2.
\end{aligned}
\tag{6.45}
$$

Die vier Quadratsummen sind unabhängig.

Die Nullhypothesen, dass keine Wechselwirkungen bzw. keine (Spalten-) Effekte des Faktors B vorhanden sind, wird jetzt im Rahmen der Varianzkomponenten formuliert; sie lauten nunmehr $H_0 : \sigma_{ab}^2 = 0$ bzw. $H_0 : \sigma_b^2 = 0$. Für diese beiden Hypothesen verwendet man die gleichen F-Quotienten wie im Fall fester Effekte, nämlich

$$
F = \frac{MS_{AB}}{MS_E} \quad \text{und} \quad F = \frac{MS_B}{MS_E}.
\tag{6.46}
$$

Der einzige Unterschied zum Fall fester Effekte liegt in der Berechnung der Güte. Unter den Alternativhypothesen gilt

$$
\begin{aligned}
\frac{MS_{AB}}{MS_E} &\sim \left(1 + \frac{n\sigma_{ab}^2}{\sigma_\varepsilon^2} \right) \mathcal{F}_{(I-1)(J-1),IJ(n-1)}, \\
\frac{MS_B}{MS_E} &\sim \left(1 + \frac{nI\sigma_b^2}{\sigma_\varepsilon^2} \right) \mathcal{F}_{J-1,IJ(n-1)},
\end{aligned}
\tag{6.47}
$$

wobei die Verteilungen jeweils zentrale F-Verteilungen mit den zugehörigen Freiheitsgraden sind. Hingegen hätten diese Quotienten für feste Effekte nichtzentrale F-Verteilungen an Stelle der multiplikativen Faktoren.

Für das Testen der Nullhypothese, dass der Faktor A keinen (Zeilen-) Effekt hat, $H_0 : \alpha_i \equiv 0$, unterscheidet sich die Teststatistik von dem Quotienten MS_A/MS_E bei festen Effekten. Wegen des multiplikativen Faktors $\sigma_\varepsilon^2 + n\sigma_{ab}^2$ in der Verteilung von SS_A, siehe (6.45), ist es notwendig, durch eine Quadratsumme mit demselben

Faktor zu teilen. Die Verteilung der Wechselwirkungsquadratsumme SS_{AB} hat diesen Faktor, so dass die geeignete Teststatistik der folgende Quotient ist:

$$F = \frac{MS_A}{MS_{AB}}. \tag{6.48}$$

Unter H_0 hat (6.48) eine zentrale F-Verteilung mit $I - 1, (I - 1)(J - 1)$ Freiheitsgraden für Zähler bzw. Nenner, und unter der Alternativhypothese folgt er einer nichtzentralen F-Verteilung mit Nichtzentralitätsparameter $nJ \sum_{i=1}^{I} \alpha_i^2 / (\sigma_e^2 + n\sigma_{\alpha b}^2)$.

Ist man sich ziemlich sicher, dass keine Wechselwirkungen vorhanden sind (d.h. $\sigma_{\alpha b}^2 = 0$), dann ist es möglich, den Quotienten MS_A/MS_E aus dem Modell mit festen Effekten zum Testen von $H_0 : \alpha_i \equiv 0$ zu verwenden. Dies lässt üblicherweise mehr Freiheitsgrade für den Nenner zu. Man könnte sogar die SS_{AB} und SS_E poolen, wenn Freiheitsgrade knapp sind. Um dies zu tun, müsste MS_{AB} annähernd gleich MS_E sein; bloße Nichtsignifikanz von MS_{AB}/MS_E ist sicherlich nicht ausreichend.

Die obige Analyse des Modells mit gemischten Effekten basiert auf der Annahme eines balancierten Versuchsplanes. Wenn die n_{ij} nicht alle gleich sind, die Unbalanciertheit aber gering ist, kann man die Verwendung der in Tabelle 6.5 angegebenen, näherungsweisen ANOVA, wobei n^* durch (6.31) gegeben ist, in Verbindung mit der obigen Analyse für ein gemischtes Modell empfehlen. Für stark unbalancierte Versuchspläne mit zufälligen Block- und Wechselwirkungseffekten sei auf Searle (1971, Kapitel 10 und 11) verwiesen.

Der Versuchsplan mit $n_{ij} \equiv n = 1$ führt für das Modell gemischter Effekte zu einem weniger großen Dilemma als für das Modell mit festen Effekten. Bei dem Modell mit gemischten Effekten ist die mittlere Quadratsumme für Wechselwirkungen, MS_{AB}, der angemessene Nenner des F-Quotienten zum Testen der primär interessierenden Nullhypothese $H_0 : \alpha_i = 0$. Im Modell mit festen Effekten bildete sie einen Ersatz für das nicht erhältliche MS_E. Bei festen Effekten erwies sich die Verwendung von MS_{AB} im Nenner fragwürdig, aber bei gemischten Effekten ist dies der Nenner, der gerade gewünscht ist.

Beispiel 6.18 (Hörhilfen - Fortsetzung)
Im Beispiel 6.17 ergibt sich eine Zweiwegvarianzanalyse mit den Faktoren A = Code für jede vorgespielte Wortliste (1 bis 4) und B = Nummer für jede Person (1 bis 24). Die Zielgröße ist der Score Y, der beim Hörtest erreicht wurde.

						B						
A	1	2	3	4	5	6	7	8	9	10	11	12
1	28	24	32	30	34	30	36	32	48	32	32	38
2	20	16	38	20	34	30	30	28	42	36	32	36
3	24	32	20	14	32	22	20	26	26	38	30	16
4	26	24	22	18	24	30	22	28	30	16	18	34

$$B$$

A	13	14	15	16	17	18	19	20	21	22	23	24
1	32	40	28	48	34	28	40	18	20	26	36	40
2	28	38	36	28	34	16	34	22	20	30	20	44
3	36	32	38	14	26	14	38	20	14	18	22	34
4	32	34	32	18	20	20	40	26	14	14	30	42

Man erhält die folgende ANOVA-Tafel.

Quelle	SS	FG	MS
Faktor A	3231.63	23	140.51
Faktor B	920.46	3	306.82
Wechselw	2506.54	69	36.33
Gesamt	6658.63	95	

Der Test des Haupteffektes A basiert nun auf der Teststatistik $F = MS_A/MS_{AB}$. Dies ergibt hier $F = 140.51/36.33 = 3.87$; das $(1-0.05)$-Quantil der F-Verteilung mit 23 und 69 Freiheitsgraden ist 1.687 so dass der interessierende Haupteffekt signifikant ist. Da nur eine Beobachtung pro Zelle vorliegt, kann SS_E nicht bestimmt werden. Ob Tukeys Idee, einen Freiheitsgrad für Nichtadditivität abzutrennen hier anwendbar ist, muss bezweifelt werden. ∎

Im Modell mit gemischten Effekten lassen sich *multiple Vergleiche* zwischen den α_i ebenfalls durchführen. Der einzige Unterschied zu dem Modell mit festen Effekten besteht darin, dass MS_{AB} als Schätzer für σ_ε^2 verwendet wird. Insbesondere lauten die Tukey-Intervalle für einen balancierten Versuchsplan

$$\alpha_i - \alpha_{i'} \in \bar{Y}_{i\bullet\bullet} - \bar{Y}_{i'\bullet\bullet} \pm q_{I,(I-1)(J-1);1-\alpha}\sqrt{\frac{MS_{AB}}{nJ}}, \tag{6.49}$$

wobei $q_{I,(I-1)(J-1);1-\alpha}$ das $1 - \alpha$-Quantil einer studentisierten Spannweitenverteilung für I Variablen mit $(I - 1)(J - 1)$ Freiheitsgraden ist. Für ein leicht unbalanciertes Design kann die näherungsweise gültige mittlere Quadratsumme MS_{AB} aus Tabelle 6.5 in (6.49) verwendet werden, wobei das harmonische Mittel n^* aus (6.31) für n und $\bar{Y}_{i\bullet\bullet}^*$ für $\bar{Y}_{i\bullet\bullet}$ eingesetzt wird. Die Überdeckungswahrscheinlichkeit $1 - \alpha$ für alle Intervalle (6.49) mit $i \neq i'$ wird sich mit wachsender Unbalanciertheit verringern, wenn das harmonische Mittel n^* verwendet wird.

Für eine begrenzte Anzahl K von Vergleichen kann man wieder auf die *Bonferroni-Intervalle* zurückgreifen. Diese verwenden $t_{(I-1)(J-1);1-\alpha/2K}\sqrt{2}$ an Stelle der Quantile $q_{I,(I-1)(J-1);1-\alpha}$; für $K < \binom{I}{2}$ können sie kürzer als die Tukey-Intervalle sein.

Simultane Konfidenzintervalle sind ebenfalls für allgemeinere Kontraste bestimmbar. Die Scheffé- oder Tukey-Intervalle können mit MS_{AB} für $\hat{\sigma}^2$, nJ für n und $(I-1)(J-1)$ für die Freiheitsgrade berechnet werden.

R-Code 6.6 (Gemischte Effekte)

```
dat<-read.table("c:/daten/hoerhilf.txt",header=T)
attach(dat)
library(nlme)
P<-factor(Person)
L<-factor(Liste)
modell<-lme(Score ~ L,random = ~ 1|P)
summary(modell)
anova(modell)
```

Die Funktion lme zur Schätzung von gemischten Effekten befindet sich in dem Paket nlme. Diese wird mit dem Befehl library(nlme) aktiviert; somit kann R die Funktion finden.

Zuerst wird der Modellteil mit dem festen Faktor spezifiziert. Dann wird festgelegt, dass der Faktor P zufällig ist. Dazu wird P als Gruppierungsvariable angegeben; dies geschieht mit dem Teil |P. Zufällig sind die Niveaus der Gruppen; das wird mit random = ~ 1 vor dem senkrechten Strich umgesetzt.

Mit dem Befehl summary(modell) erhält man die verschiedenen Aspekte der Schätzung. Einmal wird dafür die *REML-Methode*, die restringierte Maximum-Likelihood-Methode, entsprechend der Standardeinstellung verwendet. Alternativ kann man mit method="ML" die ML-Schätzung anfordern.

anova(modell) gibt den F-Test für den Faktor mit den festen Effekten aus. Zusätzlich wird ein Test für das allgemeine Mittel berechnet.

Pinheiro & Bates (2000) geben eine ausführliche Darstellung der Analyse von gemischten Modellen mit S-Plus, die weitgehend auch für R gilt.

6 Aufgaben

Aufgabe 1

Es sollte untersucht werden, wie sich der Kaffeegenuss beim nächtlichen Wachhalten auf die Fähigkeit auswirkt, gewisse Aufgaben zu erledigen. Dazu wurden neun weibliche und neun männliche Studierende der Psychologie jeweils zufällig auf zwei Gruppen aufgeteilt; eine erhielt Kaffee, die andere bekam ein Placebo, d.h. ein unwirksames Mittel, das wie Kaffee aussah und schmeckte. Die insgesamt zwei mal zwei Gruppen waren dann bzgl. der Effizienz beim Lösen von 320 Aufgaben zu vergleichen. Die Effizienz wurde dabei gemessen durch

$$\text{Effizienz} = \frac{1}{2} \cdot \left(\frac{\text{Anzahl korrekt gelöste Aufgaben}}{\text{Anzahl gelöste Aufgaben}} + \frac{\text{Anzahl gelöste Aufgaben}}{320} \right).$$

Damit liegt die Effizienz zwischen 0 und 1; sie ist genau dann gleich 1, wenn alle Aufgaben korrekt gelöst wurden. Die Bearbeitung der Aufgaben fand um 1.00 Uhr nachts statt. Hat der Kaffeegenuss einen signifikanten Einfluss? ($\alpha = 0.05$) Die Daten führten zu folgenden Zwischenergebnissen, vgl. Linde (1995):

Dabei sind:

	Frauen ohne K.	Frauen mit K.	Männer ohne K.	Männer mit K.
n_i	4	4	5	5
$\bar{y}_i$	0.87	0.95	0.91	0.94
s_i	0.15	0.06	0.08	0.04

1. Gibt es Wechselwirkungseffekte?
2. Hat der Kaffee einen nachweisbaren Einfluss?

Aufgabe 2

In einem Feld-Experiment wurde die Eignung von drei Sorten von Erdbeeren zum Anbau in Venezuela untersucht. Die Gesamterträge (in Kilogramm) von jeweils vier benachbarten Beeten über eine Periode von zwei Wochen waren:

	Sorte		
Block	A	B	C
1	6.3	10.1	8.4
2	6.9	10.8	9.4
3	5.3	9.8	9.0
4	6.2	10.5	9.2

Gibt es Wechselwirkungen?

Ist der Sorteneffekt deutlich ($\alpha = 0.01$)?

Aufgabe 3

Beim Testen des Wohlgeschmacks von Lebensmitteln verwendete die Firma General Foods eine 7 Punkte-Skala, die von -3 (schrecklich) bis +3 (exzellent) reicht. 0 repräsentiert die Einstufung 'durchschnittlich'. Ihre Standardmethode für das Testen von Wohlgeschmack bestand darin, einen Geschmackstest mit 50 Personen - 25 Frauen und 25 Männern - durchzuführen und einen Summenscore aus diesen 50 Werten zu bestimmen. In dem hier vorliegenden Datensatz aus Street & Carroll (1972) wurde der Effekt des Einsatzes eines Filters (0=grob, 1=fein) sowie die Konzentration einer zugegebenen Flüssigkeit (0=niedrig, 1=hoch) untersucht. Die Testpersonen wurden von lokalen Kirchengemeinden und Vereinen rekrutiert; sie wurden den vier Versuchsgruppen zufällig zugeordnet. Das Experiment wurde 16 mal wiederholt, so dass insgesamt 16 Gruppen von je 50 Personen im Gesamtexperiment beteiligt waren. Als Ergebnis liegen dann 16 Summenscores vor.

Führen Sie eine Varianzanalyse durch! - Welche Begründung haben Sie für die Unterstellung normalverteilter Residuen?

Score	Fi.	Flüss.	Score	Fi.	Flüss.	Score	Fi.	Flüss.	Score	Fi.	Flüss.
35	0	0	24	0	1	104	1	0	65	1	1
39	0	0	21	0	1	129	1	0	94	1	1
77	0	0	39	0	1	97	1	0	86	1	1
16	0	0	60	0	1	84	1	0	64	1	1

Aufgabe 4

"Schnelle Beats erhöhen Unfallrisiko" lautete eine Zeitungsmeldung. Den Hintergrund für diese Meldung bildete ein Experiment von Forschern um Warren Brodsky von der Ben- Gurion-Universität in Beer-Sheva. Sie ließen 28 Studenten virtuell Runden durch die Straßen Chicagos drehen. Zeitweise hörten sie beim Fahren Musik, zeitweise fuhren sie ohne musikalische Untermalung. Die Musikstile reichten von langsamen Balladen George Bensons bis zu dröhnender Discomusik mit 120 Beats pro Minute und mehr. Um den Effekt zu maximieren, war die Musik sehr laut. Beide Gruppen hatten eine durchschnittliche Fahrpraxis von sieben Jahren.

Für die Fahrer wurde festgehalten, welche Musik sie gerade hörten und wieviele Verkehrsverstöße sie begingen. Hier seien nur die übersehenen roten Ampeln betrachtet.

Für die Musikbeeinflussung wurde die folgende Kodierung gewählt:

	Musik		
NM	MUS1	MUS2	MUS3
keine	langsame	mittlere	schnelle

Untersuchen Sie mit einem geeigneten Ansatz, ob die Musik das Fahrverhalten beeinflusst.

Die nach der Veröffentlichung rekonstruierten Daten sind, siehe Brodsky (2002):

Prob.	NM	MUS1	MUS2	MUS3	Prob.	NM	MUS1	MUS2	MUS3
1	0	1	0	1	15	0	0	2	1
2	0	1	1	3	16	0	0	0	0
3	2	0	1	0	17	0	0	0	3
4	1	0	0	0	18	2	1	0	0
5	0	0	0	1	19	0	0	1	1
6	1	0	0	1	20	2	0	0	1
7	0	0	4	1	21	1	1	0	0
8	2	1	0	3	22	0	0	0	3
9	0	2	1	3	23	0	1	0	3
10	0	3	0	0	24	1	0	3	1
11	0	0	0	3	25	1	1	3	0
12	0	3	0	3	26	0	1	1	1
13	1	1	2	0	27	1	1	1	0
14	0	2	1	1	28	2	0	1	0

Aufgabe 5

In einer Surf-Gesundheitsstudie in New-South-Wales wurden im Jahre 1990 Schwimmer, die häufig geschwommen waren, nach der Anzahl der bisher von ihnen festgestellten Gehörgangsentzündungen befragt. Die Schwimmer wurden nach drei Altersgruppen und ferner danach unterteilt, ob sie im Strandgebiet oder in anderen Gebieten geschwommen waren. Die Anzahl der Schwimmer mit je k berichteten

Entzündungen sind in der Tabelle aufgelistet. (Nach Hand u. a. 1994, S.266.)

| | Anzahl der Schwimmer mit k Entzündungen | | | | | |
| | 15 - 19 Jahre | | 20 - 24 Jahre | | 25 - 29 Jahre | |
Anzahl der Entzündungen	Strand- gebiet	anderes Gebiet	Strand- gebiet	anderes Gebiet	Strand- gebiet	anderes Gebiet
0	18	20	12	10	7	15
1	3	4	4	5	3	1
2	5	7	2	1	0	5
3	5	1	3	0	2	0
4	3	0	0	0	0	0
5	1	1	0	1	0	0
6	1	0	0	0	0	0
10	0	1	0	0	0	0

Überlegen Sie sich einen Ansatz, um die Unterschiede zwischen den Altersgruppen und den Schwimm-Gebieten zu testen.

Aufgabe 6
Zufällig ausgewählte Patienten wurden als starke (=1), mittlere (=2) und geringere (=3) Raucher (R) eingestuft; zur Durchführung der Raucherentwöhnung stehen drei Therapien (T) zur Verfügung. Überprüfen Sie den Behandlungserfolg im Zusammenhang mit der Raucherintensität. Der Behandlungserfolg Y ist mittels eines verschiedene Aspekte zusammenfassenden Scores definiert. Macht es einen Unterschied, in welcher Reihenfolge Sie die Faktoren im Modell aufführen?

Y	T	R	Y	T	R	Y	T	R	Y	T	R
13.4	1	1	8.4	2	1	18.1	2	3	9.1	1	3
13.4	1	1	11.3	2	1	8.6	2	3	7.4	1	3
12.4	1	1	8.8	2	1	9.5	2	3	4.3	1	3
19.3	1	1	6.5	2	2	14.0	3	1	7.1	2	1
15.2	1	1	5.1	2	2	7.5	3	1	10.3	2	1
14.8	1	1	12.5	2	2	6.9	3	1	8.4	2	1
19.9	1	1	12.7	2	2	12.5	3	1	13.6	2	2
13.8	1	1	7.3	2	2	10.4	3	1	14.2	2	2
16.2	1	1	12.6	2	2	11.4	3	2	11.8	2	2
18.6	1	1	14.0	2	2	7.0	3	2	12.6	2	3
14.5	1	2	12.8	2	2	11.4	3	2	5.3	2	3
13.6	1	2	3.7	2	2	8.4	3	2	9.8	2	3
9.7	1	2	7.9	2	2	16.1	3	3	14.3	3	3
14.1	1	2	12.4	2	2	15.5	3	3	13.3	3	3
11.4	1	3	5.1	2	2	14.0	3	3	16.0	3	3
3.1	1	3	3.3	2	2	14.3	3	3	10.2	3	3
2.4	1	3	7.5	2	2	17.4	3	3			
5.2	1	3	12.6	2	2	13.5	3	3			

Aufgabe 7

Fünf unterschiedliche Typen von Elektroden wurden darauhin untersucht, ob sie vergleichbare Ergebnisse bei der Messung am menschlichen Körper lieferten. Dazu wurden sie bei 15 Probanden am Arm angelegt und es wurde der Widerstand gemessen (in Kiloohm). Überprüfen Sie zum Niveau $\alpha = 0.05$, ob ein Unterschied zu erkennen ist. Betrachten Sie die Personen als zufälligen Faktor. (Die Daten stammen aus Berry 1987.)

Person	Elektroden-Typ				
	1	2	3	4	5
1	500	400	98	200	250
2	660	600	600	75	310
3	250	370	220	250	220
4	72	140	240	33	54
5	135	300	450	430	70
6	27	84	135	190	180
7	100	50	82	73	78
8	105	180	32	58	32
9	90	180	220	34	64
10	200	290	320	280	135
11	15	45	75	88	80
12	160	200	300	300	220
13	250	400	50	50	92
14	170	310	230	20	150
15	107	48	26	45	51

Kapitel 7

Lineare Regression

In der Zellmittelwertkodierung kann das Modell der Varianzanalyse in der kompakten Form

$$\mathbf{y} = \mathbf{X}\boldsymbol{\mu} + \boldsymbol{\varepsilon}$$

angegeben werden, wobei die Designmatrix aus Nullen und Einsen besteht. Die Zahl der Spalten entspricht gerade der Anzahl der Untersuchungsgruppen und die Einsen geben die Zugehörigkeit zu der entsprechenden Untersuchungsgruppe an.

Zu einem anderen großen Anwendungsbereich, der sich allgemein in dieser Form angeben lässt, gelangt man, wenn in den Spalten der Designmatrix Werte metrisch skalierter Variablen stehen. Dann befindet man sich im Gebiet der linearen Regression. Die zu Grunde liegende Frage ist die Modellierung der Abhängigkeit der Variablen Y, der *zu erklärenden Variablen* oder dem *Regressanden*, von den Variablen X_i, die als *erklärende Variablen* oder *Regressoren* bezeichnet werden, und die Überprüfung von Abhängigkeiten.

Die Werte der erklärenden Variablen werden als vorgegeben oder fest vorausgesetzt. In manchen Fällen würde man sie eher als Realisationen von Zufallsvariablen ansehen. Dies trifft etwa immer zu, wenn die Werte der X-Variablen zusammen mit denen von Y erhoben werden; aber auch dann werden sie für die Analyse als fest vorgegeben angesehen. Die Interpretation von Tests und Konfidenzintervallen ist unter diesen Gegebenheiten als bedingte Interpretation zu verstehen; die entsprechenden Schlussfolgerungen werden für die Situation der beobachteten X-Werte vorgenommen.

1 Normalverteilungstheorie

Es ist üblich, im Regressionsmodell den Koeffizientenvektor mit $\boldsymbol{\beta}$ zu bezeichnen. Damit lautet das Modell

$$\mathbf{y} = \mathbf{X}\boldsymbol{\beta} + \boldsymbol{\varepsilon}. \tag{7.1}$$

Für die Fehler ε_v wird unterstellt, dass sie bei Null zentriert sind, $E(\varepsilon_v) = 0$, eine konstante Varianz σ^2 haben und untereinander unkorreliert sind, $Cov(\varepsilon_u, \varepsilon_v) = 0$. Die Anzahl der Spalten der Matrix $\mathbf{X}$ wird im Folgenden mit p bezeichnet. I.d.R. besteht dabei die erste Spalte aus Einsen, um das Niveau zu adjustieren, mit anderen Worten den Achsenabschnitt einzubeziehen.

Bei nur einem einzelnen Regressor spricht man von der einfachen linearen Regression. Hier lassen sich die Konzepte und Analyseschritte noch ausführlich angeben. So ist im Modell

$$Y_v = \beta_0 + \beta_1 x_v + \varepsilon_v \qquad (v = 1, \ldots, n)$$

der Parameter β_0 der Schnittpunkt mit der y-Achse bei $X = 0$; β_1 ist die Steigung der Regressionsgeraden. Der Bereich von x-Werten, für den die lineare Beziehung als gültig unterstellt wird, kann durchaus beschränkt sein.

1.1 Schätzung der Koeffizienten

1.1.1 Maximum-Likelihood-Schätzer

Im Normalverteilungsfall führt die strukturelle Ähnlichkeit des Modells mit den bereits behandelten der Varianzanalyse bei der ML-Schätzung der Koeffizienten zu gleich aussehenden Ergebnissen. Die Likelihoodfunktion des Vektors $\mathbf{y}$ der Beobachtungen ist:

$$L(\boldsymbol{\beta}, \sigma^2) = (2\pi\sigma^2)^{-n/2} \exp\left[-\frac{1}{2\sigma^2}(\mathbf{y} - \mathbf{X}\boldsymbol{\beta})'(\mathbf{y} - \mathbf{X}\boldsymbol{\beta})\right],$$

und mit der Schreibweise

$$Q(\boldsymbol{\beta}) = (\mathbf{y} - \mathbf{X}\boldsymbol{\beta})'(\mathbf{y} - \mathbf{X}\boldsymbol{\beta}) \tag{7.2}$$

lautet die Loglikelihoodfunktion:

$$\mathcal{L}(\boldsymbol{\beta}, \sigma^2) = -\frac{n}{2}\ln(2\pi) - \frac{n}{2}\ln(\sigma^2) - \frac{1}{2\sigma^2}Q(\boldsymbol{\beta}). \tag{7.3}$$

Nullsetzen der partiellen Ableitungen der Loglikelihoodfunktion führt wie in der Varianzanalyse auf das System der *Normalgleichungen*

$$(\mathbf{X}'\mathbf{X})\hat{\boldsymbol{\beta}} = \mathbf{X}'\mathbf{y}, \tag{7.4}$$

deren Lösung die Schätzer für $\boldsymbol{\beta}$ ergibt. Zusätzlich erhält man die Schätzgleichung für σ^2 mit dem Ergebnis:

$$\hat{\sigma}^2_{\mathrm{ML}} = \frac{1}{n}(\mathbf{y} - \mathbf{X}\hat{\boldsymbol{\beta}})'(\mathbf{y} - \mathbf{X}\hat{\boldsymbol{\beta}}) = \frac{1}{n}Q(\hat{\boldsymbol{\beta}}). \tag{7.5}$$

Die Varianzschätzung ist also die mittlere Summe der *quadrierten Residuen* $y_v - \hat{y}_v$. An Stelle dieses ML-Schätzers verwendet man wieder den erwartungstreuen Varianzschätzer

$$\hat{\sigma}^2 = \frac{1}{n - p}Q(\hat{\boldsymbol{\beta}}). \tag{7.6}$$

Beispiel 7.1 (Einfache lineare Regression)

Im Modell der einfachen linearen Regression ist $\mathbf{X} = [\mathbf{j}_n \vdots \mathbf{x}]$. Folglich ist

$$\mathbf{X'X} = \begin{pmatrix} n & n\bar{x} \\ n\bar{x} & \mathbf{x'x} \end{pmatrix},$$

so dass die Normalgleichungen die folgende Gestalt annehmen:

$$\begin{pmatrix} n & n\bar{x} \\ n\bar{x} & \mathbf{x'x} \end{pmatrix} \begin{pmatrix} \hat{\beta}_0 \\ \hat{\beta}_1 \end{pmatrix} = \begin{pmatrix} n\bar{y} \\ \mathbf{x'y} \end{pmatrix}.$$

Ausmultiplizieren ergibt:

$$n\hat{\beta}_0 + n\bar{x}\hat{\beta}_1 = n\bar{y}$$
$$n\bar{x}\hat{\beta}_0 + \mathbf{x'x}\hat{\beta}_1 = \mathbf{x'y}.$$

Falls nicht alle Werte des Regressors X identisch sind, ist $\mathbf{X'X}$ regulär und es gilt

$$\hat{\boldsymbol{\beta}} = (\mathbf{X'X})^{-1}\mathbf{X'y}.$$

Die inverse Matrix ist

$$(\mathbf{X'X})^{-1} = \begin{pmatrix} \left(\dfrac{1}{n} + \dfrac{\bar{x}^2}{SS(x)}\right) & -\dfrac{\bar{x}}{SS(x)} \\ -\dfrac{\bar{x}}{SS(x)} & \dfrac{1}{SS(x)} \end{pmatrix},$$

wobei $SS(x) = \sum_{v=1}^{n}(x_v - \bar{x})^2$. Mit $SS(xY) = \sum_{v=1}^{n}(x_v - \bar{x})(Y_v - \bar{Y})$ ergibt sich daraus für die Schätzer der Regressionskoeffizienten:

$$\hat{\beta}_0 = \bar{Y} - \hat{\beta}_1\bar{x} \quad \text{und} \quad \hat{\beta}_1 = \frac{SS(xY)}{SS(x)}.$$

∎

Allgemein gilt, dass die Matrix $\mathbf{X'X}$ invertierbar ist, wenn ihr Rang der Anzahl der Spalten (bzw. der Zeilen) entspricht. Dann hat wegen $\text{Rang}(\mathbf{X}) = \text{Rang}(\mathbf{X'X})$ die Matrix $\mathbf{X}$ vollen Spaltenrang. In diesem Fall ist der ML-Schätzer des Vektors der Regressionskoeffizienten analog zu dem im Beispiel 7.1 angegeben Koeffizientenschätzer der einfachen linearen Regression gegeben; dabei hat $\hat{\boldsymbol{\beta}}$ nun p Koeffizienten:

$$\hat{\boldsymbol{\beta}} = (\mathbf{X'X})^{-1}\mathbf{X'y}. \tag{7.7}$$

Die übliche 'ceteris paribus' Interpretation eines Koeffizienten $\hat{\beta}_i$ besagt, dass die Veränderung des zugehörigen Regressors X_i um eine Einheit eine Veränderung der zu erklärenden Variablen Y um $\hat{\beta}_i$ bewirkt. Dabei sind alle anderen Regressoren als festgehalten zu denken.

Die Verteilung der Schätzfunktionen im linearen Modell mit normalverteilten Fehlern erhält man mit den bereitgestellten Ergebnissen über lineare Transformationen multivariat normalverteilter Zufallsvektoren und über quadratische Formen. Dabei wird vorausgesetzt, dass die Design-Matrix $\mathbf{X}$ vollen Spaltenrang p hat. Dann folgt nach den Überlegungen im Kapitel 4 für den Erwartungswertvektor und die Kovarianzmatrix der Koeffizientenschätzer $\hat{\boldsymbol{\beta}} = (\mathbf{X}'\mathbf{X})^{-1}\mathbf{X}'\mathbf{y}$:

$$
\begin{aligned}
\mathrm{E}(\hat{\boldsymbol{\beta}}) &= \mathrm{E}((\mathbf{X}'\mathbf{X})^{-1}\mathbf{X}'\mathbf{y}) = (\mathbf{X}'\mathbf{X})^{-1}\mathbf{X}'\mathrm{E}(\mathbf{y}) \\
&= (\mathbf{X}'\mathbf{X})^{-1}\mathbf{X}'\mathbf{X}\boldsymbol{\beta} = \boldsymbol{\beta} \qquad\qquad\qquad (7.8\mathrm{a}) \\
\mathrm{Var}(\hat{\boldsymbol{\beta}}) &= \mathrm{Var}((\mathbf{X}'\mathbf{X})^{-1}\mathbf{X}'\mathbf{y}) \\
&= \sigma^2 (\mathbf{X}'\mathbf{X})^{-1}\mathbf{X}'\mathbf{I}((\mathbf{X}'\mathbf{X})^{-1}\mathbf{X}')' \qquad\quad (7.8\mathrm{b}) \\
&= \sigma^2 (\mathbf{X}'\mathbf{X})^{-1}.
\end{aligned}
$$

Satz 7.2 (ML-Schätzer der Regressionskoeffizienten)
Hat im Regressionsmodell $\mathbf{y} = \mathbf{X}\boldsymbol{\beta} + \boldsymbol{\varepsilon}$ mit normalverteilten Fehlern $\boldsymbol{\varepsilon}$ die Matrix $\mathbf{X}$ vollen Spaltenrang, so gilt für die ML-Schätzer (7.7) der Regressionskoeffizienten:

$$
\hat{\boldsymbol{\beta}} \sim \mathcal{N}(\boldsymbol{\beta}, \sigma^2 (\mathbf{X}'\mathbf{X})^{-1}).
$$

Beweis: Die Parameter sind nach den vorstehenden Ausführungen klar. Die Normalverteilung folgt sofort aus der Tatsache, dass $\hat{\boldsymbol{\beta}}$ eine lineare Transformation gemeinsam normalverteilter Zufallsvariablen ist.   ∎

Beispiel 7.3 (Einfache lineare Regression - Fortsetzung)
Bei der einfachen linearen Regression lauten die Varianzen und die Kovarianz unter Verwendung der expliziten Form von $(\mathbf{X}'\mathbf{X})^{-1}$ aus dem letzten Beispiel:

$$
\mathrm{Var}(\hat{\beta}_0) = \sigma^2 \left(\frac{1}{n} + \frac{\bar{x}^2}{SS(x)} \right), \quad \mathrm{Var}(\hat{\beta}_1) = \sigma^2 \frac{1}{SS(x)}, \quad \mathrm{Cov}(\hat{\beta}_0, \hat{\beta}_1) = -\sigma^2 \frac{\bar{x}}{SS(x)}.
$$
∎

Beispiel 7.4 (Informatik-Fachbereiche)
Im Spiegel-Ranking der deutschen Universitäten wurden auch die Informatik- Fachbereiche bewertet (Spiegel Nr.15/1999). Aufgelistet wurden die Fachbereiche nach

1. Y =Note
2. X_1=Dozentenverhalten
3. X_2=Überfüllung von Lehrv.
4. X_3=Inhalte des Studiums

5. X_4=Ausstattung
6. X_5=Studiendauer (Sem.)
7. X_6=Studenten pro Professor
8. X_7=Ab- und Zuwanderung in Prozent .

Die Werte selbst sind (fehlende Angaben sind durch einen Punkt gekennzeichnet):

Nr.	Universität	Y	X_1	X_2	X_3	X_4	X_5	X_6	X_7
1	Uni Magdeburg	1.73	2.0	1.6	1.9	1.7	10.5	16	-43
2	TU Clausthal	1.87	1.8	1.7	2.3	1.8	11.5	26	-35
3	Uni Jena	1.91	2.0	1.3	2.5	1.9	11.2	14	-57
4	Uni Bremen	1.94	2.0	1.5	2.3	2.0	12.9	.	.
5	Uni Rostock	2.02	2.0	1.4	2.5	2.2	11.8	21	-58

6	TU Ilmenau	2.06	2.3	1.4	2.3	2.2	10.9	35	-53
7	Uni Kaiserslautern	2.06	2.2	1.5	2.4	2.1	13.7	19	-44
8	Uni Hannover	2.09	2.1	1.4	2.8	2.2	11.8	.	-61
9	Uni Koblenz/Landau	2.10	2.3	1.5	2.4	2.2	14.5	26	-53
10	Uni Freiburg	2.12	2.2	1.5	2.7	2.2	.	9	.
11	TU Chemnitz	2.14	2.5	1.5	2.5	2.1	10.5	22	-18
12	Uni Saarbrücken	2.15	2.3	1.7	2.7	2.0	13.9	36	-14
13	Uni Passau	2.19	2.2	1.7	2.8	2.2	12.5	22	-12
14	Uni Potsdam	2.20	2.2	1.6	2.5	2.4	.	15	.
15	Uni Erlangen-N.	2.21	2.5	1.3	2.7	2.3	12.3	35	-31
16	Uni Hamburg	2.24	2.7	1.5	2.7	2.1	15.1	41	-75
17	HU Berlin	2.31	2.3	1.7	2.9	2.4	11.8	20	-71
18	Uni Karlsruhe	2.32	2.7	1.5	2.5	2.5	12.8	28	-32
19	Uni München	2.33	2.6	1.5	2.7	2.4	9.8	42	-81
20	Uni Oldenburg	2.34	2.5	1.5	2.9	2.5	13.1	31	-24
21	Tu Darmstadt	2.35	2.9	1.7	2.6	2.3	12.5	30	-39
22	UniFrankfurt/M.	2.38	2.7	1.6	3.0	2.3	14.8	26	-59
23	Uni Tübingen	2.39	2.3	1.5	2.7	2.7	12.3	23	-71
24	Uni Ulm	2.39	2.4	1.3	2.9	2.7	12.1	29	-77
25	Uni.Leipzig	2.47	2.8	1.6	3.1	2.4	11.3	28	-58
26	TU München	2.47	2.8	1.5	2.9	2.6	12.0	38	-3
27	Uni Stuttgart	2.47	2.7	2.1	2.9	2.3	13.1	35	-40
28	UniMarburg	2.49	2.4	2.1	3.1	2.5	.	45	.
29	TU Dresden	2.50	2.6	1.7	2.6	2.8	10.5	23	-14
30	Uni Bielefeld	2.53	3.2	1.5	3.2	2.4	11.3	36	-35
31	TH Achen	2.57	3.0	1.9	3.0	2.5	12.8	70	-15
32	TU Braunschweig	2.57	2.9	1.8	2.8	2.8	13.3	31	-20
33	Uni Bonn	2.62	2.5	1.8	2.9	3.0	14.3	60	-57
34	Uni Dortmund	2.68	3.0	2.0	3.0	2.7	14.3	69	-50
35	Uni Würzburg	2.78	3.3	2.0	3.0	2.8	12.5	28	-61
36	Uni Kiel	2.98	3.3	2.4	3.4	2.9	12.7	.	-62
37	U/GH Paderborn	3.05	2.9	2.2	3.7	3.2	14.3	34	-45
38	TU Berlin	3.07	3.3	2.3	3.3	3.1	14.4	32	-44
39	FU Berlin	3.62	3.4	3.7	3.3	3.8	.	27	.

Wenn Angaben zu einzelnen Variablen fehlen, werden die FB's gänzlich aus der Analyse herausgelassen. Daher bleiben nur 32 Beobachtungen übrig. Dies ergibt folgende Schätzungen:

	Estimate	Std. Error
(Intercept)	-1.101e-01	3.787e-02
DOZENT	2.172e-01	1.460e-02
VOLL	2.185e-01	1.845e-02
INHALT	2.175e-01	1.780e-02
AUSSTAT	3.841e-01	1.548e-02
DAUER	6.417e-04	2.868e-03
STUDPROF	-7.761e-05	3.133e-04
WANDER	-2.623e-04	1.730e-04

Die Koeffizienten sind zumindest vom Vorzeichen her leicht zu interpretieren. So ergibt sich tendenziell ein umso größerer (d.h. schlechterer) Wert der Note, je voller die Veranstaltungen sind. Für die Variable X_6 ist der Standardfehler so groß, dass von eine Interpretation des Vorzeichens Abstand genommen wird.

Die Interpretation der Beträge der Koeffizienten ist insgesamt nicht so leicht; somit bleibt unklar, wie die Noten errechnet wurden.   ■

R-Code 7.1 (Schätzung der Regressionskoeffizienten)

```
modell <- lm(y ~ x1 + x2 + x3 )
print(modell)
```

Mit der Funktion lm lässt sich leicht die Schätzung durchführen. Wie schon im Rahmen der Varianzanalyse angegeben, wird die zu erklärende Variable y auf der linken Seite des Tilde-Symbols " ~ " angegeben; die zu berücksichtigenden Regressoren, hier x1, x2 und x3, werden durch ein Pluszeichen verbunden auf der rechten Seite nach dem Tilde-Zeichen aufgeführt. Der Achsenabschnitt wird per Voreinstellung berücksichtigt; will man eine Regression ohne Achsenabschnitt, so ist er durch die Angabe von -1 auszuschließen.

Das Ergebnis mit allen Details ist in der Variablen modell gespeichert. Wird es aber wie hier einfach ausgedruckt, so bekommt man die 'nackten' Koeffizientenschätzungen.

Eine Regressionsanalyse weist als erstes Ergebnis die Schätzungen der Koeffizienten des Regressionsmodells aus. Diese können bereits Anhaltspunkte für die unterschiedliche Stärke des Zusammenhanges zwischen Regressoren und Regressand geben. Je größer der geschätzte Regressionskoeffizient betragsmäßig ist, desto stärker ist der vermutete Einfluss auf die zu erklärende Variable. Allerdings sind die numerischen Werte nicht ohne weiteres vergleichbar, da die zu Grunde liegenden Variablen möglicherweise in unterschiedlichen Skalen gemessen werden. Eine geeignete Umformulierung des Modells mit dem Ziel, eine direkte Vergleichbarkeit der numerischen Werte der Regressionskoeffizienten herzustellen, führt auf die *standardisierten Regressionskoeffizienten* β^*. Durch die Standardisierung werden die unterschiedlichen Messdimensionen der Variablen, die sich in den Regressionskoeffizienten niederschlagen, eliminiert und diese somit vergleichbar gemacht.

Die *Standardisierung* der Regressoren bedeutet den Übergang zu

$$x_{iv}^* = \frac{x_{iv} - \bar{x}_i}{\sqrt{s_{X_i}^2}} \,. \tag{7.9}$$

Hier ergibt sich für die Maximum-Likelihood-Schätzer

$$\hat{\beta}_i^* = \hat{\beta}_i \sqrt{s_{X_i}^2} \quad (i = 1, \dots, p-1)$$
$$\hat{\beta}_0^* = \bar{Y} \,. \tag{7.10}$$

Die standardisierten Koeffizientenschätzer sind unabhängig. Ein weiterer Vorteil der Standardisierung besteht darin, dass nunmehr der Achsenabschnitt in dem Bereich liegt, in dem das Modell als gültig unterstellt wird.

Die Formel und Verteilungstheorie für $\hat{\sigma}^2$ bleiben von dieser Umformulierung unberührt.

1.1.2 KQ-Schätzer

Auch ohne die Voraussetzung der Normalverteilung der Fehler haben die mit der ML-Methode gewonnenen Schätzer ihre Rechtfertigung. Sie sind nämlich *Kleinste-Quadrate-Schätzfunktionen*. Das Zielkriterium der *KQ-Methode* lautet:

$$Q(\boldsymbol{\beta}) = \sum_{v=1}^{n}(Y_v - \beta_0 - \beta_1 x_{1v} - \cdots - \beta_{p-1} x_{p-1,v})^2 \overset{!}{=} \min \qquad (7.11)$$

Um die zugehörigen KQ-Schätzfunktionen zu finden, wird die Funktion $Q(\boldsymbol{\beta})$ partiell nach den β_j abgeleitet und die partiellen Ableitungen werden null gesetzt. Man erhält damit die Normalgleichungen

$$\mathbf{X'X}\hat{\boldsymbol{\beta}} = \mathbf{X'y}. \qquad (7.12)$$

Dieses Gleichungssystem stimmt mit den Normalgleichungen der ML-Methode überein. Dort wurde aber die Normalverteilung vorausgesetzt, während sich bei der KQ-Methode das Gleichungssystem ohne jede Verteilungsannahme ergibt.

Unter sehr schwachen Bedingungen haben die KQ-Schätzer günstige Eigenschaften.

Satz 7.5 (Eigenschaften der KQ-Schätzer)
Für das Regressionsmodell $\mathbf{y} = \mathbf{X}\boldsymbol{\beta} + \boldsymbol{\varepsilon}$ wird vorausgesetzt:

$$\boldsymbol{\varepsilon} \sim (\mathbf{0}, \sigma^2\mathbf{I}),$$

d.h. die Fehler sind alle bei null zentriert, haben die gleiche Varianz und sind unkorreliert.
Dann sind die KQ-Schätzer erwartungstreu, $\mathrm{E}(\hat{\boldsymbol{\beta}}) = \boldsymbol{\beta}$. Für die Kovarianzmatrix von $\hat{\boldsymbol{\beta}}$ gilt $\mathrm{Var}(\hat{\boldsymbol{\beta}}) = \sigma^2(\mathbf{X'X})^{-1}$.

Beweis: Das Normalgleichungssystem (7.12) für die KQ-Schätzer ist identisch mit dem Normalgleichungssssystem (7.4) für die ML-Schätzer unter Normalverteilung. Da die angesprochenen Eigenschaften nicht auf der Normalverteilung basieren, ergeben sich die Eigenschaften entsprechend zu denen der ML-Schätzer. ∎

Nun gilt, dass die KQ-Schätzer $\hat{\boldsymbol{\beta}}$ diejenigen sind, die zu den linearen Schätzern von Parameterkombinationen $\mathbf{a'}\boldsymbol{\beta}$ führen, welche varianzminimal sind. Genauer gilt:

Satz 7.6 (Gauß-Markoff-Theorem)
Im linearen Modell mit $\mathrm{E}(\boldsymbol{\varepsilon}) = \mathbf{0}$ und $\mathrm{Var}(\boldsymbol{\varepsilon}) = \sigma^2\mathbf{I}$ sei die Linearkombination $\lambda = \mathbf{a'}\boldsymbol{\beta}$ der Koeffizienten zu schätzen; dabei ist $\mathbf{a}$ ein (Spalten-) Vektor der Länge p von Konstanten.

Da $\hat{\boldsymbol{\beta}}$ linear in $\mathbf{y}$ ist, gibt es zu $\mathbf{a}$ einen Vektor $\mathbf{d}$ der Länge n, so dass gilt: $\mathbf{d'y} = \mathbf{a'}\boldsymbol{\beta}$.

Dann hat die Schätzfunktion $\mathbf{d'y} = \boldsymbol{a'}\hat{\boldsymbol{\beta}}$ die minimale Varianz unter allen unverfälschten linearen Schätzern $\mathbf{b'y}$ für $\lambda = \mathbf{a'}\boldsymbol{\beta}$. ∎

1.2 Konfidenzintervalle und Tests

Das zentrale Testproblem im einfachen linearen Regressionsmodell ist die Überprüfung von Hypothesen bzgl. der Steigung der Geraden. Die spezielle Nullhypothese, dass die Steigung null ist, bedeutet, dass der Erwartungswert von Y nicht von der Variablen X abhängt. Denn β_1 repräsentiert ja gerade die mittlere Änderung von Y, wenn sich X um eine Einheit ändert. Dann hat das Modell keinen Erklärungswert, bzgl. einer Aussage über Y ist es nicht hilfreich, X heranzuziehen.

Zum Testen der Hypothese $H_0 : \beta_1 = \beta_1^{(0)}$ ist nach den Ergebnissen zu den Parameterschätzungen der Quotient

$$\frac{\hat{\beta}_1 - \beta_1^{(0)}}{\sqrt{\hat{\sigma}^2/SS(x)}} \tag{7.13}$$

geeignet. Unter H_0 hat der Quotient eine t-Verteilung mit $n-2$ Freiheitsgraden.

Das entsprechende Konfidenzintervall ergibt sich mit der Pivot-Methode zu:

$$\hat{\beta}_1 - t_{n-2;1-\alpha/2} \cdot \frac{\hat{\sigma}}{\sqrt{SS(x)}} \leq \beta_1 \leq \hat{\beta}_1 + t_{n-2;1-\alpha/2} \cdot \frac{\hat{\sigma}}{\sqrt{SS(x)}} \tag{7.14}$$

Beispiel 7.7 (Informatik-Fachbereiche - Fortsetzung)
Hier soll separat der Einfluss der Ausstattung des jeweiligen Fachbereiches auf die Gesamtnote des Fachbereichs untersucht werden. Das Streudiagramm ist aus der Abbildung 7.1 zu ersehen.

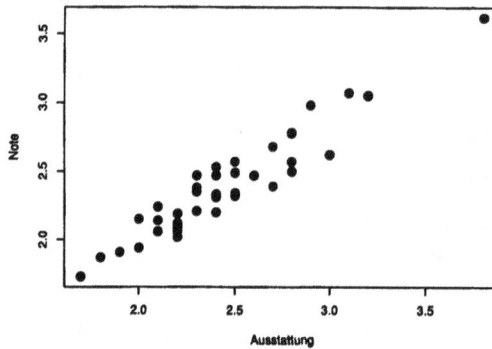

Abbildung 7.1: Ausstattung und Bewertung von Informatik-Fachbereichen

Der Ansatz $Note = \beta_0 + \beta_1 Ausstattung + \varepsilon$ ergibt folgenden Computerausdruck der relevanten Regressionsgrößen.

```
Coefficients:
            Estimate Std. Error t value Pr(>|t|)
(Intercept)  0.31092    0.12086   2.573   0.0142
AUSSTAT      0.84647    0.04884  17.332   <2e-16
---

Residual standard error: 0.1239 on 37 degrees of freedom
```

Der t-Test auf $H_0 : \beta_1 = 0$ hat einen extrem niedrigen P-Wert. Die Ausstattung ist entsprechend bedeutsam für die Beurteilung. ∎

Bei mehr als einer unabhängigen Variablen zielt die Frage, ob ein zu einer erklärenden Variablen gehöriger Koeffizient des Parametervektors β null ist, anders als bei der linearen Einfachregression nicht gleich auf die Relevanz des Modells. Vielmehr ist dies schon ein Teil des noch zu diskutierenden Bereiches der Auswahl geeigneter erklärender Variablen aus einer Menge von möglichen.

Bei normalverteilten Fehlern sind die einzelnen Koeffizientenschätzer normalverteilt. Werden sie durch ihre zugehörigen Standardfehler dividiert, so sind die Quotienten unter der jeweiligen Nullhypothese $H_0 : \beta_i = 0$ t-verteilt. Somit können sie auf null getestet werden. Dabei ist zu beachten, dass die Standardisierung der Teststatistik unter Verwendung von $\hat{\sigma}^2(\mathbf{X}'\mathbf{X})^{-1}$ erfolgt. Der jeweilige t-Test erfolgt also unter Berücksichtigung aller im Modell einbezogenen Variablen; sie werden nicht ignoriert.

Beispiel 7.8 (Informatik-Fachbereiche - Fortsetzung)
Für die 32 Informatik-Fachbereiche des Beispiels 7.4, bei denen die Beobachtungen vollständig sind, ergibt die Durchführung der Regression den folgenden Ausdruck:

```
Coefficients:
                Estimate Std. Error t value Pr(>|t|)
(Intercept) -1.101e-01  3.787e-02  -2.908    0.0077
DOZENT       2.172e-01  1.460e-02  14.877  1.30e-13
VOLL         2.185e-01  1.845e-02  11.842  1.64e-11
INHALT       2.175e-01  1.780e-02  12.221  8.55e-12
AUSSTAT      3.841e-01  1.548e-02  24.818   < 2e-16
DAUER        6.417e-04  2.868e-03   0.224    0.8248
STUDPROF    -7.761e-05  3.133e-04  -0.248    0.8065
WANDER      -2.623e-04  1.730e-04  -1.516    0.1425
---
```

Offensichtlich sind die 'Studiendauer', die 'Studenten pro Professor' und die 'Ab- und Zuwanderung in %' nicht signifikant von null verschieden, so dass man versuchen kann, diese beiden aus dem Ansatz wegzulassen. ∎

Die Bedeutung des Regressionsmodells insgesamt wird im allgemeinen Fall daran gemessen, ob überhaupt einer der Koeffizienten $\beta_1, \ldots, \beta_{p-1}$ von null verschieden ist, ob also die Nullhypothese $H_0 : \beta_1 = \cdots = \beta_{p-1} = 0$ abgelehnt werden kann. Dies lässt sich mit einem geeigneten F-Test überprüfen:

$$F = \frac{(SS(Y) - SS_E)/(p-1)}{SS_E/(n-p)} \tag{7.15}$$

Dabei sind $SS(Y) = \sum_{v=1}^{n}(Y_v - \bar{Y})^2$, $SS_E = Q(\hat{\beta})$ und somit $SS_E/(n-p) = \hat{\sigma}^2$. Unter H_0 hat F eine F-Verteilung mit $p-1$ und $n-p$ Freiheitsgraden.

Die Rechtfertigung des F-Tests ergibt sich wieder mit dem Satz von Cochran. Es gilt nämlich eine entsprechende Varianzzerlegung. Zunächst sei $\hat{y}$ der Vektor der angepassten y-Werte,

$$\hat{\mathbf{y}} = \mathbf{X}\hat{\boldsymbol{\beta}} = \mathbf{X}(\mathbf{X}'\mathbf{X})^{-1}\mathbf{X}'\mathbf{y} = \mathbf{H}\mathbf{y}. \tag{7.16}$$

Die Matrix $\mathbf{H}$ wird im angelsächsischen Sprachraum als 'hat'-Matrix bezeichnet, weil sie den Beobachtungen $\mathbf{y}$ den "Hut aufsetzt". Hier wird sie als *'Dach'-Matrix* bezeichnet. $\mathbf{H}$ ist symmetrisch und idempotent:

$$\mathbf{H} = \mathbf{H}', \quad \mathbf{HH} = \mathbf{H}.$$

Satz 7.9 (Varianzzerlegung in der Regression)
Mit den nach der ML-Methode geschätzten Koeffizienten $\hat{\boldsymbol{\beta}}$ des Regressionsmodells $\mathbf{y} = \mathbf{X}\boldsymbol{\beta} + \boldsymbol{\varepsilon}$ gilt

$$\sum_{v=1}^{n}(y_v - \bar{y})^2 = \sum_{v=1}^{n}(y_v - \hat{y}_v)^2 + \sum_{v=1}^{n}(\hat{y}_v - \bar{y})^2. \tag{7.17}$$

Beweis: Auf Grund der Eigenschaften von $\mathbf{H}$ erhält man für $\hat{\mathbf{y}} = \mathbf{H}\mathbf{y}$:

$$\hat{\mathbf{y}}'\hat{\mathbf{y}} = (\mathbf{H}\mathbf{y})'\mathbf{H}\mathbf{y} = \mathbf{y}'\mathbf{H}'\mathbf{H}\mathbf{y} = \mathbf{y}'\mathbf{H}\mathbf{y} = \mathbf{y}'\hat{\mathbf{y}}. \tag{7.18}$$

Wird weiter $\sum_{v=1}^{n}(y_v - \beta_0 - \beta_1 x_{1v} - \cdots - \beta_{p-1}x_{p-1,v})^2$ nach β_0 differenziert, so ergibt sich eine der Normalgleichungen für $\hat{\boldsymbol{\beta}}$, nämlich

$$\sum_{v=1}^{n}(y_v - \hat{\beta}_0 - \hat{\beta}_1 x_{1v} - \cdots - \hat{\beta}_{p-1}x_{p-1,v}) = 0.$$

Folglich ist

$$\sum_{v=1}^{n}(y_v - \hat{y}_v) = 0. \tag{7.19}$$

Nun gilt

$$\sum_{v=1}^{n}(y_v - \bar{y})^2 = \sum_{v=1}^{n}(y_v - \hat{y}_v + \hat{y}_v - \bar{y})^2$$

$$= \sum_{v=1}^{n}(y_v - \hat{y}_v)^2 + \sum_{v=1}^{n}(\hat{y}_v - \bar{y})^2 + 2\sum_{v=1}^{n}(y_v - \hat{y}_v)(\hat{y}_v - \bar{y}).$$

Die Behauptung folgt daher aus

$$\sum_{v=1}^{n}(y_v - \hat{y}_v)(\hat{y}_v - \bar{y}) = \sum_{v=1}^{n}(y_v - \hat{y}_v)\hat{y}_v - \sum_{v=1}^{n}(y_v - \hat{y}_v)\bar{y}$$

$$= \sum_{v=1}^{n}(y_v - \hat{y}_v)\hat{y}_v \qquad \text{[wegen (7.19)]}$$

$$= (\mathbf{y} - \hat{\mathbf{y}})'\hat{\mathbf{y}} = \mathbf{y}'\hat{\mathbf{y}} - \hat{\mathbf{y}}'\hat{\mathbf{y}}$$
$$= 0. \qquad\qquad \text{[wegen (7.18)]} \quad \blacksquare$$

Für die linke Seite von (7.17) wird $SS(Y)$ geschrieben und entsprechend $SS(\hat{\varepsilon})$ bzw. $SS(\hat{Y})$ für die beiden Summen auf der rechten Seite dieser Gleichung. Dann kann man mit $SS(\hat{Y}) = SS(Y) - SS(\hat{\varepsilon})$ das Ergebnis in der Varianzanalysetafel 7.2 zusammenstellen.

Tabelle 7.2: ANOVA-Tafel für das Gesamtmodell der multiplen Regression ($p - 1$ Regressoren plus konstanter Term)

Quelle	df	SS	MS	F
Regression	$p - 1$	$SS(\hat{Y})$	$SS(\hat{Y})/(p-1)$	$MS(\hat{Y})/\hat{\sigma}^2$
Fehler	$n - p$	$SS(\hat{\varepsilon})$	$\hat{\sigma}^2$	
Gesamt	$n - 1$	$SS(Y)$		

Die Varianzzerlegung (7.17) führt auf das *Bestimmtheitsmaß*, das den Anteil der erklärten an der gesamten Abweichungsquadratsumme von Y angibt:

$$R^2 = \frac{SS(\hat{Y})}{SS(Y)} = 1 - \frac{SS(\hat{\varepsilon})}{SS(Y)}. \qquad (7.20)$$

Das Bestimmtheitsmaß ist ein zentrales Beurteilungskriterium in der Regressionsanalyse. Bei der einfachen linearen Regression ist es gleich dem quadrierten Korrelationskoeffizienten. Bei der multiplen Regression ist das Bestimmtheitsmaß gleich dem quadrierten *multiplen Korrelationskoeffizienten*. Dies ist die maximale Korrelation von $\mathbf{y}$ mit allen Linearkombinationen $\hat{Y} = \mathbf{Xa}$:

$$R^2 = \max_{\mathbf{a}} \operatorname{Cor}(\mathbf{Xa}, \mathbf{y}).$$

Es ist nicht verwunderlich, dass dies gerade die Korrelation zwischen den beobachteten und den vorhergesagten Y-Werten ist.

Das *adjustierte Bestimmtheitsmaß* R^2_{adj} entspringt zwar nicht der schönen Zerlegungsformel, ist aber inhaltlich adäquater, da hier die Varianzschätzer ins Verhältnis gesetzt werden:

$$R^2_{\text{adj}} = 1 - \frac{SS(\hat{\varepsilon})/(n-p)}{SS(Y)/(n-1)} = 1 - \frac{\hat{\sigma}^2_\varepsilon}{\hat{\sigma}^2_Y}. \qquad (7.21)$$

Die Normierungen entsprechen der Multiplikation von $SS(\hat{\varepsilon})/SS(Y)$ mit dem Faktor $(n-1)/(n-p)$. Daher ist das adjustierte Bestimmtheitsmaß für die multiple Regression i.d.R. kleiner als das einfache Bestimmtheitsmaß. Insbesondere können auch zusätzliche Regressoren zu kleineren Werten des adjustierten Bestimmtheitsmaßes führen; dies ist beim einfachen nicht möglich.

Beispiel 7.10 (Informatik-Fachbereiche - Fortsetzung)
Für die 32 Informatik-Fachbereiche des Beispiels 7.4 wird die Varianzanalysetafel
für die einzelnen Variablen aufgebrochen:

```
Analysis of Variance Table
Response: NOTE
            Df  Sum Sq Mean Sq   F value Pr(>F)
DOZENT       1 2.06891 2.06891 5396.8524 <2e-16
VOLL         1 0.24464 0.24464  638.1469 <2e-16
INHALT       1 0.29940 0.29940  780.9874 <2e-16
AUSSTAT      1 0.24325 0.24325  634.5161 <2e-16
DAUER        1 0.00004 0.00004    0.0983 0.7565
STUDPROF     1 0.00004 0.00004    0.1002 0.7543
WANDER       1 0.00088 0.00088    2.2994 0.1425
Residuals   24 0.00920 0.00038
---
Residual standard error: 0.01958 on 24 degrees of freedom
Multiple R-Squared: 0.9968,      Adjusted R-squared: 0.9959
F-statistic:  1065 on 7 and 24 DF,  p-value: < 2.2e-16
```

An dem hohen Wert des Bestimmtheitsmaßes wird deutlich, dass die Regression fast
die gesamte Variabilität der Noten erklärt. ($R^2 = 0.997$ und $R^2_{adj} = 0.996$.) Da sich
die 'Note' der Fachbereiche ja aus den als Regressoren verwendeten Beurteilungskri-
terien ergibt, ist das Ergebnis nicht ganz verwunderlich.

Ganz deutlich wird hier, dass es zwei Gruppen von Regressoren gibt. Die erste ist
deutlich relevant, während die Regressoren der zweiten offensichtlich keinen Beitrag
zur Erklärung der Noten liefern.   ∎

R-Code 7.2 (Regressionsschätzung - Gesamtergebnis)

```
dat<-read.table("c:/daten/inffb.txt",na.strings=".",header=T)
modell<-lm(NOTE~.,data=dat)
summary(modell)
anova(modell)
```

Die Daten enthalten fehlende Werte, die
durch einen Punkt charakterisiert sind; dies
muss beim Einlesen durch na.strings="."
angegeben werden.
Anstatt die erklärenden Variablen einzeln
anzuführen, also DOZENT+VOLL+INHALT+
AUSSTAT+DAUER+STUDPROF+WANDER anzugeben, reicht es, einen Punkt zu setzen und

den Datensatz zu spezifizieren.
Mit summary erhält man ein ausführli-
ches Ergebnis. Die Varianzanalysetafel wird
nicht summarisch ausgegeben, sondern auf
einzelne Variablen heruntergebrochen. Da
die Regressoren i.d.R. korreliert sind, macht
es einen Unterschied, in welcher Reihenfolge
sie im Modell aufgenommen werden.

Die allgemeine lineare Hypothese

Nicht nur die Hypothese, dass alle Koeffizienten (bis auf β_0) null sind, lässt sich als lineare Hypothese schreiben. Ein zu den t-Tests äquivalenter Ansatz zur Überprüfung der einzelnen Koeffizienten ist ein Spezialfall der *allgemeinen lineare Hypothese* für den Parametervektor $\boldsymbol{\beta}$. Diese wird angegeben durch

$$H_0 : \mathbf{K}\boldsymbol{\beta} = \mathbf{k}. \tag{7.22}$$

Die Alternative lautet: $H_1 : \mathbf{K}\boldsymbol{\beta} \neq \mathbf{k}$. Die *Hypothesenmatrix* $\mathbf{K}$ wird als bekannt vorausgesetzt. $\mathbf{K}$ ist eine $v \times p$ Matrix vom Rang v; $\mathbf{k}$ ist ein ebenfalls bekannter Vektor der Länge v.

Im Allgemeinen wird nur die "zweiseitige" Hypothese betrachtet. Lediglich, wenn die Fragestellung auf einen einzelnen Koeffizienten ausgerichtet ist, und bisweilen im Fall des Vergleichs zweier Koeffizienten werden auch einseitige Hypothesen in Betracht gezogen.

Die sich über den Ansatz der Likelihood-Quotiententests ergebenden Teststatistiken lassen sich transformieren in die Quotienten

$$F = \frac{(Q(\tilde{\boldsymbol{\beta}}) - Q(\hat{\boldsymbol{\beta}}))/v}{Q(\hat{\boldsymbol{\beta}})/(n-p)}. \tag{7.23}$$

Dabei ist $\tilde{\boldsymbol{\beta}}$ der ML-Schätzer unter den Restriktionen der jeweiligen Nullhypothese und $\hat{\boldsymbol{\beta}}$ der ML-Schätzer ohne Einschränkungen an das Modell. Dieser Zusammenhang entspricht den im Abschnitt 5.2 dargelegten Beziehungen.

Wie sich zeigen lässt, sind Zähler und Nenner auf Grund des Satzes 5.18 stochastisch unabhängig. Damit sind die Quotienten F-verteilt.

Added Variablen-Plots

Der zu dem t-Test für den Koeffizienten β_i äquivalente F-Test der Hypothese

$$H_0 : (0, \ldots, 0, 1, 0, \ldots, 0) \begin{pmatrix} \beta_0 \\ \beta_1 \\ \vdots \\ \beta_i \\ \vdots \\ \beta_{p-1} \end{pmatrix} = 0$$

hat die Gestalt

$$\frac{(Q(\tilde{\boldsymbol{\beta}}) - Q(\hat{\boldsymbol{\beta}}))/1}{Q(\hat{\boldsymbol{\beta}})/(n-p)} = \frac{SS(\hat{\varepsilon}| \text{ ohne } X_i) - SS(\hat{\varepsilon}| \text{ mit } X_i)}{SS(\hat{\varepsilon}| \text{ mit } X_i)/(n-p)}$$

$$= \frac{(SS(Y) - SS(\hat{Y}| \text{ ohne } X_i)) - (SS(Y) - SS(\hat{Y}| \text{ mit } X_i))}{SS(\hat{\varepsilon}| \text{ mit } X_i)/(n-p)}$$

$$= \frac{SS(\hat{Y}| \text{ mit } X_i) - SS(\hat{Y}| \text{ ohne } X_i)}{SS(\hat{\varepsilon}| \text{ mit } X_i)/(n-p)}$$

$$= \frac{SS(\hat{Y}|X_i \text{ nach den anderen})}{SS(\hat{\varepsilon}| \text{ mit } X_i)/(n-p)}.$$

Die Schreibweise "X_i nach den anderen" soll näher erläutert werden. Dazu wird von einem Modell mit zwei Regressoren ausgegangen. Getrennt betrachtet ergeben sie die Modelle

$$Y_v = \beta_{01} + \beta_{11} x_{1v} + \varepsilon_v,$$

$$Y_v = \beta_{02} + \beta_{12} x_{2v} + \eta_v.$$

Die üblichen ML-Schätzer führen in beiden Modellen zu einem gewissen Anteil erklärter Varianz. Seien dies $R_1^2 = 0.4886$ und $R_2^2 = 0.2037$. Die Frage ist nun, ob die Hinzunahme des zweiten Regressors zu dem ersten zu einem Anteil der erklärten Varianz führt, der sich einfach aus der Summe der beiden R^2 ergibt. Tatsächlich wird sich das bei Schätzung von

$$Y_v = \beta_0 + \beta_1 x_{1v} + \beta_2 x_{2v} + \varepsilon_v$$

ergebende R^2 von der Summe der beiden einzelnen unterscheiden. Der Grund liegt darin, dass X_1 auch einen Teil von X_2 "erklärt", so dass dieser Teil schon verbraucht ist. Um dies zu verdeutlichen, verwendet man so genannte *Added Variable Plots*. In dem Fall zweier Regressoren werden dazu die Residuen der Regression

$$X_{2v} = \gamma_0 + \gamma_1 x_{1v} + \varepsilon_v,$$

bestimmt. Diese seien mit $\hat{\varepsilon}_{X_2,v}(X_1)$ bezeichnet. Die Residuen von

$$Y_v = \beta_{01} + \beta_{11} x_{1v} + \varepsilon_v$$

seien $\hat{\varepsilon}_{Y,v}(X_1)$. Der Added Variable Plot ist dann die Darstellung der $\hat{\varepsilon}_{Y,v}(X_1)$ in Abhängigkeit von $\hat{\varepsilon}_{X_2,v}(X_1)$. Der Achsenabschnitt ist null, wenn bei den Regressionen jeweils ein Absolutglied enthalten ist. Die sich entsprechend der Grafik ergebende Steigung bei einer Regression der $\hat{\varepsilon}_{Y,v}(X_1)$ in Abhängigkeit von $\hat{\varepsilon}_{X_2,v}(X_1)$ ist exakt die gleiche wie der β-Koeffizient im gemeinsamen Modell. Auch die Residuen sind die gleichen wie im vollen Modell. Man sagt, dass dieser Plot die Relation zwischen Y und X_2 nach Adjustierung der anderen Variablen widergibt.

Beispiel 7.11 (Informatik-Fachbereiche - Fortsetzung)
Es soll untersucht werden, was die Variable 'Dozentenverhalten' für die Erklärung der 'Noten' der Informatikfachbereiche zu der Variablen 'Ausstattung' zusätzlich bringt.

Man erhält die folgenden Regressionsbeziehungen:

(1) $\widehat{\text{Note}} = 0.3109 + 0.8465 \cdot \text{Ausstattung}, \quad R^2 = 0.890$

(2) $\widehat{\text{Note}} = 0.4238 + 0.7633 \cdot \text{Dozentenverh}, \quad R^2 = 0.749$

(3) $\widehat{\text{Dozentenverh}} = 0.7472 + 0.7422 \cdot \text{Ausstattung}, \quad R^2 = 0.533$

(4) $\widehat{\text{Resid}}_{(1)} = 0.0000 + 0.3335 \cdot \widehat{\text{Resid}}_{(3)}, \quad R^2 = 0.609$

(5) $\widehat{\text{Note}} = 0.0617 + 0.5990 \cdot \text{Ausstattung} + 0.33350 \cdot \text{Dozentenverh}, \quad R^2 = 0.957$

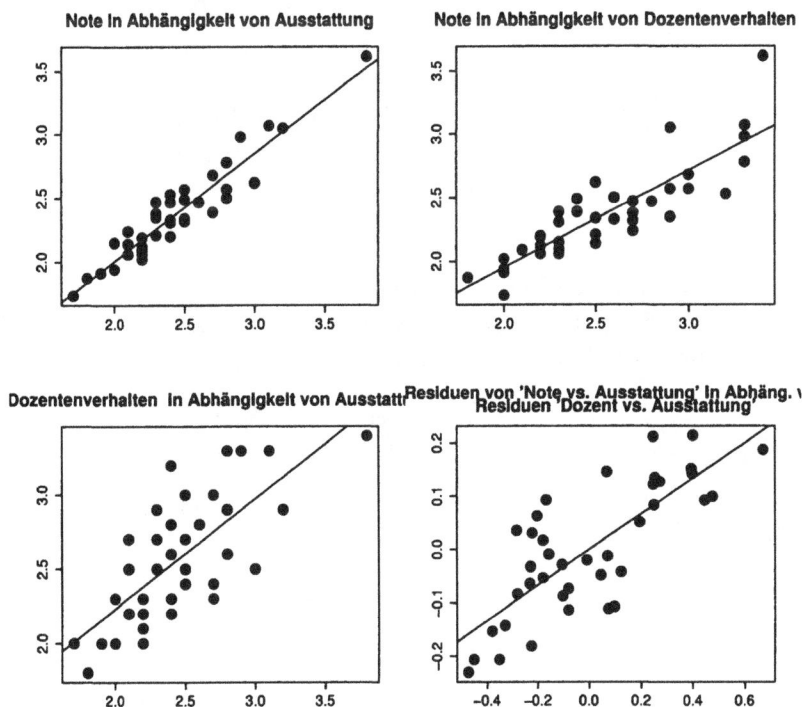

Abbildung 7.2: Beurteilung von Informatik-Fachbereichen

Offensichtlich erklären beide Variablen, die 'Ausstattung' und das 'Dozentenverhalten' für sich einen großen Teil der Varianz. Aber die Regression (3) zeigt, dass auch die beiden erklärenden Variablen stark korreliert sind. Dementsprechend addiert sich die Erklärungskraft nicht; der zur 'Ausstattung' hinzukommende Teil, der durch den Koeffizienten von 'Dozentenverhalten' in der Regression (5) ausgedrückt wird, ist kleiner als der Koeffizient der Variablen in der einfachen Regression (2). Er ist gerade gleich der Steigung der Regressionsgeraden in (4).

Die zugehörigen Abbildungen sind in 7.2 angegeben. Das vierte Bild ist dabei der 'Added Variable Plot'. ∎

R-Code 7.3 (Added Variable Plot)

```
dat<-read.table("c:/daten/inffb.txt",na.strings=".",header=T)
attach(dat)
ergebnis1<-lm(Note~Ausstat)
ergebnis2<-lm(Dozent~Ausstat)
plot(ergebnis2$residuals,ergebnis1$residuals,type="p")
```

Für einen Added Variable Plot sind zwei Regressionen zu rechnen. Die Residuen bekommt man jeweils durch die Angabe des Namens, unter dem das Ergebnis der Anwendung von lm gespeichert ist, mit nachgestelltem $residuals.

Konfidenzbänder

Vor allem im Rahmen der einfachen linearen Regression ist man bisweilen an einem *Konfidenzband* für die gesamte Regressionsgerade interessiert. Um ein solches zu gewinnen, geht man von dem Testproblem

$$H_0 : \begin{pmatrix} 1 & 0 \\ 0 & 1 \end{pmatrix} \begin{pmatrix} \beta_0 \\ \beta_1 \end{pmatrix} = \begin{pmatrix} \beta_0^* \\ \beta_1^* \end{pmatrix}$$

aus. Wie bei den multiplen Vergleichen der Varianzanalyse erhält man, dass für alle Vektoren **b** mit Wahrscheinlichkeit $1 - \alpha$ simultan gilt:

$$(\mathbf{b}'\mathbf{K}\hat{\beta} - \mathbf{b}'\mathbf{k})'\text{Var}(\mathbf{b}'\mathbf{K}\hat{\beta})^{-1}(\mathbf{b}'\mathbf{K}\hat{\beta} - \mathbf{b}'\mathbf{k}) \leq 2F_{2,n-2;1-\alpha}\hat{\sigma}^2 \, . \tag{7.24}$$

Da nur ein Regressor vorliegt, wird $\mathbf{b} = (1 \ x)'$ gewählt und $\mu(x) = \beta_0 + \beta_1 x$ gesetzt. Mit

$$\text{Var}(\mathbf{b}'\mathbf{K}\hat{\beta}) = (1 \ x) \begin{pmatrix} \left(\dfrac{1}{n} + \dfrac{\bar{x}^2}{SS(x)} \right) & -\dfrac{\bar{x}}{SS(x)} \\ -\dfrac{\bar{x}}{SS(x)} & \dfrac{1}{SS(x)} \end{pmatrix} \begin{pmatrix} 1 \\ x \end{pmatrix}$$

$$= \left(\frac{1}{n} + \frac{(x - \bar{x})^2}{SS(x)} \right)$$

folgt dann:

$$(\hat{\beta}_0 + \hat{\beta}_1 x - \mu(x)) \left(\frac{1}{n} + \frac{(x - \bar{x})^2}{SS(x)} \right)^{-1} (\hat{\beta}_0 + \hat{\beta}_1 x - \mu(x)) \leq 2\hat{\sigma}^2 F_{2,n-2;1-\alpha} \, .$$

Ausrechnen führt nun auf die $(1 - \alpha)$-Konfidenzintervalle für $\mu(x)$, die simultan für alle x gelten, also das gewünschte Konfidenzband ergeben:

$$\hat{\beta}_0 + \hat{\beta}_1 x - \sqrt{2\hat{\sigma}^2 F_{2,n-2;1-\alpha} \left(\frac{1}{n} + \frac{(x - \bar{x})^2}{SS(x)} \right)}$$

$$\leq \mu(x) \leq \hat{\beta}_0 + \hat{\beta}_1 x + \sqrt{2\hat{\sigma}^2 F_{2,n-2;1-\alpha}\left(\frac{1}{n} + \frac{(x-\bar{x})^2}{SS(x)}\right)}. \qquad (7.25)$$

Beispiel 7.12 (Informatik-Fachbereiche - Fortsetzung)
Das letzte Beispiel wird fortgesetzt. In der Abbildung 7.3 ist das 95%-Konfidenzband der linearen Regression mit eingezeichnet. Man erkennt die typische Form des Bandes: Je weiter der X-Wert von dem arithmetischen Mittel $\bar{x}$ entfernt ist, desto breiter wird das Band. Dies bewirkt der Term $(x-\bar{x})^2/SS(x)$ unter dem Wurzelzeichen.

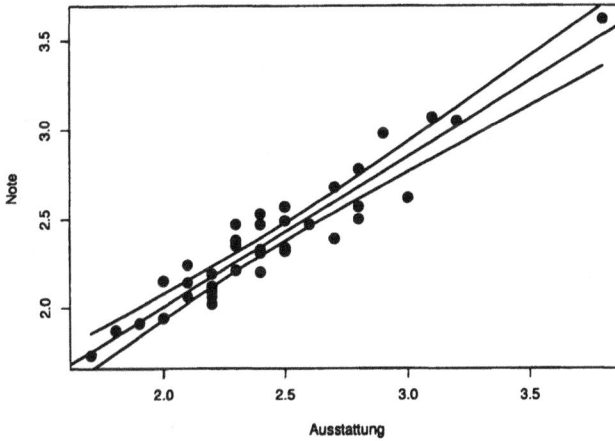

Abbildung 7.3: Regressionsgerade mit Konfidenzband für die Beurteilung von Informatikfachbereichen ∎

1.3   Variablenselektion

Alle Teilregressionen

Eine natürliche Möglichkeit, bei einer gegebenen Menge von Prädiktoren die beste Teilmenge auszuwählen, besteht in der Berechnung aller Regressionen für alle Teilmengen. Auch wenn dies eine erkleckliche Anzahl sein kann, gibt es heute ausgefeilte Algorithmen, mit denen Probleme mit bis zu 20 Regressoren effizient bearbeitet werden können. Zur Auswahl der 'besten' Regressionsbeziehung wird i.d.R. die C_p-*Statistik von Mallows* eingesetzt.

Die C_p-Statistik basiert auf der folgenden Überlegung. Ist ein reduziertes Modell ausreichend, um die aktuelle Regressionshyperfläche

$$z = \beta_0 + \beta_1 x_1 + \beta_2 x_2 + \cdots + \beta_p x_{p-1}$$

zu schätzen, so sollte die standardisierte Summe der quadrierten Residuen des reduzierten Modells mit $q < p$ erklärenden Variablen (einschließlich Konstante) die Residualvarianz σ^2 erwartungstreu schätzen. Ist das reduzierte Modell nicht adäquat, so sollte auf Grund des Bias die zugehörige Quadratsumme eher größer ausfallen. Daher kann eine Überprüfung des Weglassens von Regressoren auf dem Vergleich mit der Schätzung von σ^2 aus dem vollen Modell aufgebaut werden. Konkret geschieht er mit der C_p-Statistik, die gegeben ist durch

$$C_p(q) = \frac{SS(\hat{\varepsilon}|q)}{MS(\hat{\varepsilon}|p)} - (n - 2q). \qquad (7.26)$$

Dabei ist $SS(\hat{\varepsilon}|q)$ die Summe der Fehlerquadrate für das Modell mit q Regressoren und $MS(\hat{\varepsilon}|p)$ die Schätzung für σ^2 im vollen Modell. Ist der Bias des reduzierten Modells Null, schätzt also $MS(\hat{\varepsilon}|q)$ ebenfalls σ^2, so gilt

$$\mathrm{E}(C_p(q)|\mathrm{Bias} = 0) = \frac{(n - q)\sigma^2}{\sigma^2} - (n - 2q) = q.$$

Werden folglich in einem C_p-*Diagramm* $C_p(q)$ für verschiedene q in Abhängigkeit von q in ein Diagramm eingetragen, so zeigt der Punkt, der am dichtesten an der Winkelhalbierenden liegt, das beste Modell.

Da bei der multiplen Regression die Regressionshyperfläche mit der für die Prognose übereinstimmt, stellt ein Modell mit einer kleinen Anzahl von Prädiktoren und einem akzeptablen Wert von $C_p(q)$ eine Modellreduktion dar, die für die Prognose geeigneter ist. Diese Überlegungen gelten natürlich nur im Bereich der zur Anpassung verwendeten $\mathbf{x}_i$.

Alternativ können moderne Informationskriterien wie das AIC oder BIC verwendet werden. Zwischen AIC und Mallows C_p-Kriterium besteht aber ein enger Zusammenhang.

R-Code 7.4 (Alle Teilregressionen)

```
library(leaps)
da<-read.table("c:/daten/inffb.txt",na.strings=".", header=T)
da<-na.omit(da)
NOTE<-da[,1]
N<-c("DOZENT","VOLL","INHALT","AUSSTAT","DAUER","STUDPROF","WANDER")
l<-leaps(x=da[,2:8],y=NOTE,names=N,method="Cp")
cbind(l$which,l$Cp)
```

Das Paket leaps ist die Implementierung von Verfahren, die in Miller (1990) beschrieben sind. Es ist nicht Bestandteil des Basispaketes, sondern muss extra heruntergeladen und installiert werden. Mit den hier angegebenen Befehlszeilen werden alle Regressionen gerechnet.

Da bei der Funktion fehlende Werte nicht zugelassen sind, müssen sie vorab aus dem Datensatz entfernt werden. Zuvor sind sie im Befehl read.table mittels na.strings="." als Punkte identifiziert worden. Von der Funktion leaps werden die Regressoren als Matrix eingelesen; daher müssen die Namen der Variablen noch einmal extra übergeben werden.

Zu jedem Modell wird der zugehörige Wert von Mallows C_p-Kriterium bestimmt. Da-

neben sind noch das Bestimmtheitsmaß und das adjustierte Bestimmtheitsmaß als Kriterien möglich.
Die in der letzten Zeile angeforderte Ausgabe gibt dann in der ersten Spalte die Anzahl der Regressoren an; es folgen Spalten, die als Indikator eine 1 enthalten, wenn die Variable im Modell enthalten ist und eine 0 sonst. Als letztes wird der C_p-Wert angegeben.

Beispiel 7.13 (Informatik-Fachbereiche - Fortsetzung)

Bei der Beurteilung der Informatik-Fachbereiche werden nur die erklärenden Variablen X_1 = 'Dozentenverhalten', X_2 = 'Überfüllung v. Lehrveranstaltungen', X_3 = 'Inhalt' und X_4 = 'Ausstattung' berücksichtigt. Unter Berücksichtigung eines konstanten Gliedes werden alle Regressionen gerechnet. Die wichtigsten summarischen Ergebnisse sind in der folgenden Tabelle aufgelistet.

Nr.	Anz.Regr.	q	Regressoren	$SS_E(q)$	$R^2(q)$	$R^2_{adj}(q)$	$MS_E(q)$	$C_p(q)$
1	1	2	X_1	1.30085	0.7488	0.7420	0.03516	3480.81
2	1	2	X_2	1.62893	0.6854	0.6769	0.04403	4367.51
3	1	2	X_3	1.45701	0.7186	0.7110	0.03938	3902.86
4	1	2	X_4	0.56786	0.8903	0.8874	0.01535	1499.75
5	2	3	X_1, X_2	0.57092	0.8897	0.8364	0.01586	1510.02
6	2	3	X_1, X_3	0.80233	0.8451	0.8364	0.02229	2135.45
7	2	3	X_1, X_4	0.22204	0.9571	0.9547	0.00617	567.10
8	2	3	X_2, X_3	0.56618	0.8907	0.8846	0.01573	1497.21
9	2	3	X_2, X_4	0.34700	0.9330	0.9293	0.00964	904.83
10	2	3	X_3, X_4	0.32534	0.9372	0.9337	0.00904	846.29
11	3	4	X_1, X_2, X_3	0.29871	0.9423	0.9374	0.00853	776.32
12	3	4	X_1, X_2, X_4	0.08441	0.9837	0.9823	0.00241	197.13
13	3	4	X_1, X_3, X_4	0.15009	0.9710	0.9685	0.00429	374.64
14	3	4	X_2, X_3, X_4	0.13726	0.9735	0.9712	0.00392	339.97
15	4	5	X_1, X_2, X_3, X_4	0.01257	0.9976	0.9973	0.00037	5.00

Auch wenn das Bestimmtheitsmaß für die Modelle 12 bis 14 zufriedenstellend groß erscheint, reichen sie in der Prognosegüte bei weitem nicht an das volle Modell heran. Dementsprechend wird man hier das Modell mit allen vier Regressoren auswählen.

Es ist übrigens nicht nur hier der Fall, sondern häufig so, dass die Statistik C_p nicht monoton in q ist. Dies kommt meist dadurch, dass eine einzelne Variable einen großen Einfluß hat; wenn sie im Modell berücksichtigt wird, ist dann die Anpassung überdurchschnittlich gut.   ∎

Vorwärtsselektion

Bei der *Vorwärtsselektion* versucht man, mit einer geeigneten Strategie die Last der Berechnung aller Regressionen zu umgehen.

Hier wird erst einmal von allen Modellen mit nur einem Prädiktor ausgegangen. Es gibt verschiedene Kriterien, die als Basis für die Auswahl von Variablen dienen können. Eines ist der Wert der t-Statistik. Dies ist aber das sicherlich schlechteste Kriterium. Ein zweites ist das Bestimmtheitsmaß. Der Prädiktor wird in das Modell aufgenommen, dessen R^2 am größten ist, also der, der am meisten erklärt. Dann werden die anderen daraufhin untersucht, welcher den größten Zuwachs an Erklärung bringt. Man nimmt die Variable in die Regressionsgleichung auf, bei der also der Wert der entsprechenden F-Statistik am größten ist oder die den größten Zuwachs des Bestimmtheitsmaßes bringt. Wenn bereits q Regressoren ins Modell aufgenommen wurden und die Entscheidung bzgl. der $(q+1)$ten Variablen ansteht, lautet die Teststatistik

$$F = \frac{SS(\hat{\varepsilon}|q) - SS(\hat{\varepsilon}|q+1)}{SS(\hat{\varepsilon}|q+1)/(n-q-2)}. \tag{7.27}$$

Falls der Test für keine der restlichen $p - q$ Regressoren zu einem vorab festgelegten Niveau signifikant ist, wird der Prozess ohne Erweiterung der Regressoren gestoppt.

Rückwärtselimination

Ähnlich wie bei der Vorwärtsselektion geht man bei der *Rückwärtselimination* Prädiktor für Prädiktor einzeln durch. Jedoch startet man mit dem Modell, das alle Prädiktoren enthält. Diejenigen Variablen werden aus dem Modell entfernt, die den minimalen Erklärungswert haben. Bei der Verwendung von F-Tests wird der Regressor aus der Menge der Kandidaten entfernt, bei dem die entsprechende F-Statistik

$$F = \frac{SS(\hat{\varepsilon}|q-1) - SS(\hat{\varepsilon}|q)}{SS(\hat{\varepsilon}|q)/(n-q-1)} \tag{7.28}$$

am kleinsten ist. Sind alle F-Statistiken signifikant zu einem vorher festgelegten Niveau, so wird natürlich kein Regressor mehr entfernt.

Beispiel 7.14 (Informatik-Fachbereiche - Fortsetzung)
Geht man im Beispiel der Benotung der Informatik-Fachbereiche von allen sieben erklärenden Variablen aus, so werden drei Variablen, 'Dauer', 'Studenten pro Professor' und 'Ab- und Zuwanderung', aus dem Modell entfernt. Natürlich bleiben die jeweiligen F-Statistiken nicht konstant.

Variable	Ausgangsbeziehung		1. Schritt		2. Schritt	
	F-Wert	P-Wert	F-Wert	P-Wert	F-Wert	P-Wert
Konstante	8.46	0.0077	11.61	0.0022	12.14	0.0018
Dozent	221.32	<.0001	231.48	<.0001	255.20	<.0001
Voll	140.24	<.0001	157.72	<.0001	164.72	<.0001
Inhalt	149.36	<.0001	161.88	<.0001	168.02	<.0001
Ausstat	615.91	<.0001	640.56	<.0001	666.21	<.0001
Dauer	0.05	0.8248	-	-	-	-
Studprof	0.06	0.8065	0.04	0.8366	-	-
Wander	2.30	0.1425	2.48	0.1276	2.60	0.1192

Im dritten Schritt wird dann die Variable 'Wander' aus der Regression entfernt. Alle anderen Regressoren sind signifikant zum Niveau 0.005. Zusammengefasst ergibt sich:

Schritt	q	eliminierte Regressoren	R^2	$C_p(q)$	F-Wert	P-Wert
0	8	-	0.9968	8.00		
1	7	Dauer	0.9968	6.05	0.05	0.8248
2	6	StudProf	0.9968	4.09	0.04	0.8366
3	5	Wander	0.9965	4.50	2.60	0.1192

Das Bestimmtheitsmaß ändert sich minimal; Mallows C_p-Statistik liegt beim letzten Schritt näher bei q als bei Schritt 1 und 2.   ∎

Schrittweises Vorgehen

Diese Variante ist so ähnlich wie die Vorwärtsselektion. Dabei werden aber die bereits im Modell befindlichen Regressoren noch einmal auf ihre Relevanz hin untersucht und gegebenenfalls wieder herausgenommen.

Beispiel 7.15 (Lohn und Arbeitsangebot)
Aus den USA stammen die folgenden Stichproben-Daten des Jahres 1966, an denen Vorschläge zu einem garantierten jährlichen Mindesteinkommen (negative income tax) untersucht werden sollten. In die ursprüngliche Stichprobe wurden 6000 Haushalte mit weniger als \$ 15 000 Jahreseinkommen aufgenommen. Die Daten wurden in 39 demographische Gruppen eingeteilt; für die Gruppen wurden summarische Größen bestimmt, die den vorliegenden Datensatz ergeben. Hier galt das Interesse speziell der Auswirkung eines steigenden Stundenlohnes auf die mittlere wöchentliche Zahl von Arbeitsstunden als Indikator des Arbeitsangebotes, siehe Greenberg & Kosters (1970).

Die Variablen sind:

HRS:	Average hours worked during the year
WAGE:	Average hourly wage (\$)
ERSP:	Average yearly earnings of spouse (\$)
ERNO:	Average yearly earnings of other family members (\$)
NEIN:	Average yearly non-earned income
ASSET:	Average family asset holdings (Bank account, etc.) (\$)
AGE:	Average age of respondent
DEP:	Average number of dependents
RACE:	Percent of white respondents
SCHOOL:	Average highest grade of school completed

Die Datenmatrix lautet wie folgt:

HRS	RATE	ERSP	ERNO	NEIN	ASSET	AGE	DEP	RACE	SCHOOL
2157	2.905	1121	291	380	7250	38.5	2.340	32.1	10.5
2174	2.970	1128	301	398	7744	39.3	2.335	31.2	10.5
2062	2.350	1214	326	185	3068	40.1	2.851	.	8.9
2111	2.511	1203	49	117	1632	22.4	1.159	27.5	11.5
2134	2.791	1013	594	730	12710	57.7	1.229	32.5	8.8
2185	3.040	1135	287	382	7706	38.6	2.602	31.4	10.7
2210	3.222	1100	295	474	9338	39.0	2.187	10.1	11.2
2105	2.493	1180	310	255	4730	39.9	2.616	71.1	9.3
2267	2.838	1298	252	431	8317	38.9	2.024	9.7	11.1
2205	2.356	885	264	373	6789	38.8	2.662	25.2	9.5
2121	2.922	1251	328	312	5907	39.8	2.287	51.1	10.3
2109	2.499	1207	347	271	5069	39.7	3.193	.	8.9
2108	2.796	1036	300	259	4614	38.2	2.040	.	9.2
2047	2.453	1213	297	139	1987	40.3	2.545	.	9.1
2174	3.582	1141	414	498	10239	40.0	2.064	.	11.7
2067	2.909	1805	290	239	4439	39.1	2.301	.	10.5
2159	2.511	1075	289	308	5621	39.3	2.486	43.6	9.5
2257	2.516	1093	176	392	7293	37.9	2.042	.	10.1
1985	1.423	553	381	146	1866	40.6	3.833	.	6.6
2184	3.636	1091	291	560	11240	39.1	2.328	13.6	11.6
2084	2.983	1327	331	296	5653	39.8	2.208	58.4	10.2
2051	2.573	1194	279	172	2806	40.0	2.362	77.9	9.1
2127	3.262	1226	314	408	8042	39.5	2.259	39.2	10.8
2102	3.234	1188	414	352	7557	39.8	2.019	29.8	10.7
2098	2.280	973	364	272	4400	40.6	2.661	53.6	8.4
2042	2.304	1085	328	140	1739	41.8	2.444	83.1	8.2
2181	2.912	1072	304	383	7340	39.0	2.337	30.2	10.2
2186	3.015	1122	30	352	7292	37.2	2.046	29.5	10.9
2108	2.786	1757	.	506	9658	43.4	.	32.6	10.2
2188	3.010	990	366	374	7325	38.4	2.847	30.9	10.6
2203	3.273	.	.	430	8221	38.2	2.324	22.1	11.0
2077	1.901	350	209	95	1370	37.4	4.158	61.3	8.2
2196	3.009	947	294	342	6888	37.5	3.047	31.8	10.6
2093	1.899	342	311	120	1425	37.5	4.512	62.8	8.1
2173	2.959	1116	296	387	7625	39.2	2.342	31.0	10.5
2179	2.971	1128	312	397	7779	39.4	2.341	31.2	10.5
2200	2.980	1126	204	393	7885	39.2	2.341	31.0	10.6
2052	2.630	.	.	154	3331	40.5	.	45.8	10.3
2197	3.413	1078	300	512	10450	39.1	2.297	15.5	11.3

In der folgenden Tabelle ist das Ergebnis des schrittweisen Vorgehens zusammengefasst. Zunächst werden verschiedene Variablen aufgenommen. Im letzten Schritt wird die Variable *School* wieder aus dem Modell entfernt, da sie aufgrund der Korrelation mit anderen Prädiktoren überflüssig geworden ist.

Bei sechs Regressoren und dem Achsenabschnitt ist $p = 7$. Auch wenn der Wert der C_p- Statistik für das ausgewählte Modell ohne 'SCHOOL' mit 5.3 weniger gut mit dem geforderten Wert 7 übereinstimmt als das in Schritt 7 erhaltene mit seinem Wert 8, kann er als durchaus akzeptabel angesehen werden. Denn es darf nicht vergessen werden, dass C_p ja eine Zufallsvariable ist, so dass eine perfekte Übereinstimmung definitionsgemäß nur bei Berücksichtigung aller Regressoren zu erwarten ist.

Step	Variable Entered	Removed	Number In	R^2	$C(p)$	F	P-Wert
1	RACE		1	0.7529	61.1928	79.2296	0.0001
2	DEP		2	0.7789	54.2413	2.9353	0.0990
3	ERSP		3	0.8271	39.6181	6.6919	0.0162
4	SCHOOL		4	0.8643	28.7733	6.3162	0.0194
5	ERNO		5	0.8929	20.9232	5.8690	0.0241
6	NEIN		6	0.9182	14.1898	6.5060	0.0186
7	RATE		7	0.9442	7.2523	9.2846	0.0064
8		SCHOOL	6	0.9439	5.3312	0.0819	0.7776

Der abschließende Lauf mit diesen Variablen ergibt die folgende Varianzanalysetafel für die Regression. Dabei ist zu beachten, dass die Beobachtungen mit fehlenden Werten aus der Analyse weggelassen wurden. Das Bestimmtheitsmaß ist $R^2 = 0.9439$, das adjustierte $R^2_{adj} = 0.9279$.

Analysis of Variance

Quelle	DF	SS	MS	F	P-Wert
Modell	6	75391.15	12565.2	58.93	0.0001
Fehler	21	4477.84	213.2		
Total	27	79869.00			

R-Code 7.5 (Modellselektion)

```
library(leaps)
da<-read.table("c:/daten/inffb.txt",na.strings=".", header=T)
da<-na.omit(da)
NOTE<-da[,1]
l<-regsubsets(x=da[,2:8],y=NOTE,method="forward")
summary(l)
plot(l)
```

Wie bei der Funktion für alle Teilregressionen ist auch die Funktion **regsubsets** Bestandteil des Paketes **leaps**, vgl. den R-Code 7.4. Neben der Vorwärtselektion können "exhaustive","backward" und "seqrep" als Auswahlmethoden angegeben werden. Das Ergebnis wird mit **summary(l)** betrachtet. Wenn zu viele Teilregressionen berechnet wurden, so empfiehlt es sich, dies mittels einer implementierten Funktion grafisch anzuschauen. Dazu braucht einfach **plot(l)** aufgerufen zu werden.

2 Abweichungen von den Annahmen

Im ersten Abschnitt wurde vorausgesetzt, dass das Modell mit der unterstellten Normalverteilung korrekt spezifiziert worden ist, so dass die Schätzungen, Konfidenzintervalle und Tests adäquat sind. Diese Grundvoraussetzung sollte aber bei jeder Regressionsanalyse überprüft werden. Speziell sind die folgenden Fragen zu klären:

1. Ist die Unterstellung eines linearen Zusammenhanges für den Erwartungswert des Regressanden angemessen, zumindest im Bereich der beobachteten Daten?

2. Ist die Varianz der Fehler über den gesamten Bereich der X-Werte konstant?

3. Ist die Unterstellung der Normalverteilung gerechtfertigt?

Es wurde schon dargestellt, dass sich die Koeffizientenschätzer auch über den Zugang der Methode der Kleinsten Quadrate ergeben. Bei dieser wird keine Verteilungsannahme gemacht. Dennoch bleibt die Frage der Normalverteilung wesentlich. Ohne sie gelten die Tests und Konfidenzintervalle nicht ohne weiteres. Zudem wird schon anhand des Zielkriteriums des KQ-Ansatzes deutlich, dass einzelne extreme Werte zu Verzerrungen führen können. Diese haben natürlich auch Auswirkungen auf die Schätzungen.

2.1   Die Residuen

Das Hauptinstrument zum Abklären der angegebenen Fragen bilden die Residuen $\hat{\varepsilon}_v = y_v - \hat{y}_v$ des angepassten Regressionsmodells. Man spricht in diesem Zusammenhang auch von einer *Regressionsdiagnose*.

Beispiel 7.16 (Chromatographie)
Gas-Chromatographie ist eine Methode, die eingesetzt wird, um sehr kleine Mengen einer Substanz nachzuweisen. In einer Untersuchung wurden je 5 Messungen an 4 Prüfstücken durchgeführt, die unterschiedliche Gehalte an einer Substanz aufwiesen. Der Gehalt wurde jeweils vor dem Experiment bestimmt; das Ergebnis war die Gehaltsbestimmung durch den Chromatographen.

Mit X = 'Gehalt der Substanz in der Probe' (Nanogramm) und Y = 'Ausgabe des Gas-Chromatographen' ergaben sich die folgenden, Moore & McCabe (1989) entnommenen Werte:

x_v	y_v	x_v	y_v	x_v	y_v	x_v	y_v
0.25	6.55	1.00	29.7	5.00	211	20.00	929
0.25	7.98	1.00	30.0	5.00	204	20.00	905
0.25	6.54	1.00	30.1	5.00	212	20.00	922
0.25	6.37	1.00	29.5	5.00	213	20.00	928
0.25	7.96	1.00	29.1	5.00	205	20.00	919

Wie die Abbildung 7.4 zeigt, lassen sich Verletzungen der Annahmen hier kaum aus dem Streudiagramm mit eingezeichneter Regressionsgeraden erkennen. Das Residuendiagramm zeigt jedoch, dass der lineare Ansatz zweifelhaft ist. Nur bei den größten X-Werten streuen die Residuen für jeweils festes X um Null. Zudem ist offensichtlich die Streuung der Messwerte nicht konstant. ∎

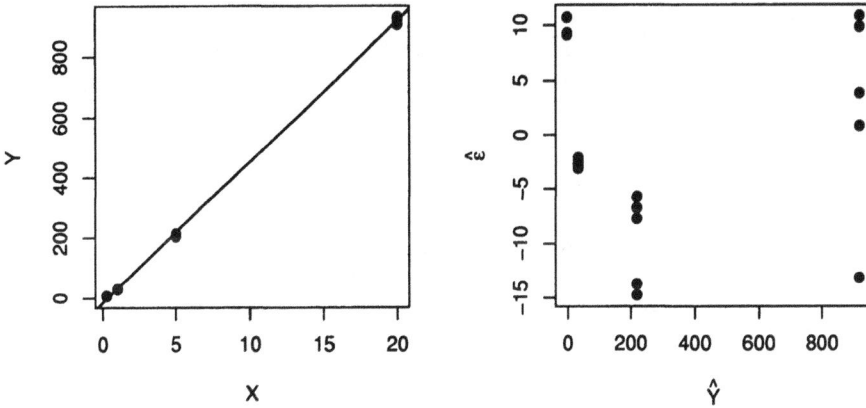

Abbildung 7.4: Chromotograph-Daten

Für die Residuen $\hat{\varepsilon}_v = y_v - \hat{y}_v$ gilt, wenn sie unter Verwendung der Matrix $\mathbf{H}$ als Vektor geschrieben werden, $\mathbf{H} = \mathbf{X}(\mathbf{X'X})^{-1}\mathbf{X'}$, siehe (7.16):

$$\hat{\varepsilon} = (\mathbf{I} - \mathbf{H})\mathbf{y} = (\mathbf{I} - \mathbf{H})\mathbf{X}\beta + (\mathbf{I} - \mathbf{H})\varepsilon = (\mathbf{I} - \mathbf{H})\varepsilon.$$

Die Eigenschaften der Residuen ergeben sich mit den Eigenschaften der Matrizen $(\mathbf{I} - \mathbf{H})$ und $\mathbf{H}$. Wie $\mathbf{H}$ ist auch $(\mathbf{I} - \mathbf{H})$ symmetrisch und idempotent:

$$(\mathbf{I} - \mathbf{H})' = \mathbf{I} - \mathbf{H} \qquad (\mathbf{I} - \mathbf{H})(\mathbf{I} - \mathbf{H}) = \mathbf{I} - \mathbf{H}.$$

Satz 7.17 (Eigenschaften der Residuen)
Für den Vektor $\hat{\varepsilon}$ der Residuen gilt:

1. $\mathrm{Var}(\hat{\varepsilon}) = \sigma^2(\mathbf{I} - \mathbf{H})$.

2. $\hat{\varepsilon}$ ist unabhängig von dem Vektor $\hat{y}$ der angepassten Y-Werte.

Beweis: Um die zweite Eigenschaft zu sehen, werden die beiden Vektoren untereinander geschrieben:

$$\begin{pmatrix} \hat{y} \\ \hat{\varepsilon} \end{pmatrix} = \begin{pmatrix} \mathbf{H} \\ \mathbf{I} - \mathbf{H} \end{pmatrix} \mathbf{y} = \mathbf{B}\mathbf{y}. \tag{7.29}$$

Wegen $\mathbf{B}\mathbf{y} \sim \mathcal{N}(\mathbf{B}\mathbf{X}\beta, \sigma^2\mathbf{B}\mathbf{B'})$ ist nur zu zeigen, dass alle Komponenten von $\hat{y}$ mit allen von $\hat{\varepsilon}$ unkorreliert sind. Dann sind sie auch unabhängig, da sie gemeinsam multivariat normalverteilt sind. Die Unkorreliertheit folgt aus

$$\mathbf{B}\mathbf{B'} = \begin{pmatrix} \mathbf{H} \\ \mathbf{I} - \mathbf{H} \end{pmatrix} (\mathbf{H'}|(\mathbf{I} - \mathbf{H})') = \begin{pmatrix} \mathbf{H}\mathbf{H} & \mathbf{H}(\mathbf{I} - \mathbf{H}) \\ (\mathbf{I} - \mathbf{H})\mathbf{H} & (\mathbf{I} - \mathbf{H})(\mathbf{I} - \mathbf{H}) \end{pmatrix}$$

$$= \begin{pmatrix} \mathbf{H}\mathbf{H} & \mathbf{0} \\ \mathbf{0} & (\mathbf{I} - \mathbf{H}) \end{pmatrix}.$$

Zudem ersieht man aus (7.29), dass

$$\mathrm{Var}(\hat{\mathbf{y}}) = \sigma^2 \mathbf{H} \quad \text{und} \quad \mathrm{Var}(\hat{\boldsymbol{\varepsilon}}) = \sigma^2 (\mathbf{I} - \mathbf{H}) . \tag{7.30}$$

∎

Sei h_{vv} das v-te Diagonalelement von $\mathbf{H}$,

$$h_{vv} = \mathbf{x}_v (\mathbf{X}'\mathbf{X})^{-1} \mathbf{x}_v' ,$$

wobei $\mathbf{x}_v$ der v-te Zeilenvektor von $\mathbf{X}$ ist. Dann erhält man:

$$\mathrm{Var}(\hat{\varepsilon}_v) = \sigma^2 (1 - h_{vv}) .$$

Für die lineare Einfachregression mit konstantem Glied spezifiziert sich dies zu:

$$\mathrm{Var}(\hat{\varepsilon}_v) = \sigma^2 \left(1 - \frac{1}{n} - \frac{(x_v - \bar{x})^2}{SS(x)} \right) .$$

Da die Varianzen also sehr unterschiedlich sein können, betrachtet man auch die *standardisierten Residuen*

$$r_v = \frac{\hat{\varepsilon}_v}{\sqrt{\hat{\sigma}^2 (1 - h_{vv})}} \qquad (v = 1, \dots, n) \tag{7.31}$$

oder die *studentisierten Residuen*:

$$t_v = \frac{y_v - \hat{y}_{v(v)}}{\sqrt{\widehat{\mathrm{Var}}(y_v - \hat{y}_{v(v)})}} \qquad (v = 1, \dots, n) . \tag{7.32}$$

Hierbei erhält man $\hat{y}_{v(v)}$, indem erst die v-te Beobachtung aus dem Datensatz entfernt und dann mit der so geschätzten Regressionsgeraden der Wert von Y an der Stelle x_v prognostiziert wird. Der Vorteil dieses Vorgehens liegt darin, dass ein möglicherweise extremer Wert die Regressionsschätzung und folglich das Residuum nicht beeinflusst. Die studentisierten Residuen t_v lassen sich auch in der folgenden Form ausdrücken:

$$t_v = \frac{\hat{\varepsilon}_v}{\sqrt{\hat{\sigma}^2_{(v)} (1 - h_{vv})}} .$$

Dabei ist $\hat{\sigma}^2_{(v)}$ die aus dem um die v-te Beobachtung reduzierten Datensatz ermittelte Varianzschätzung. Man erhält sie aus den Größen der Regression mit dem vollen Datensatzes gemäß:

$$\hat{\sigma}^2_{(v)} = \frac{n-2}{n-3} \hat{\sigma}^2 - \left(\frac{1}{n-3} \right) \frac{\hat{\varepsilon}_v^2}{\hat{\sigma}^2 (1 - h_{vv})} .$$

Beispiel 7.18 (Wiederbeschaffung von Büchern)

Für Hausratsversicherungen muss bisweilen abgeschätzt werden, was es kosten würde, wenn vorhandene Gegenstände ersetzt werden müssten. Um den Wert einer Pri-
vatbibliothek von über 1500 Büchern abzuschätzen, wurde untersucht, inwieweit aus
der Dicke der Bücher (im mm) der Preis bestimmbar ist. Eine (Teil-) Stichprobe von
20 Büchern aus den in Hand (1994, Datensatz 142) veröffentlichten Angaben ergab
die folgenden Daten.

Nr. (v)	Dicke	Preis	Nr. (v)	Dicke	Preis	Nr. (v)	Dicke	Preis
1	24	995	8	28	295	15	8	150
2	13	1250	9	10	295	16	13	595
3	33	295	10	12	250	17	3	100
4	2	295	11	4	250	18	8	695
5	11	250	12	30	1495	19	18	995
6	7	150	13	15	295	20	68	1225
7	4	30	14	11	175			

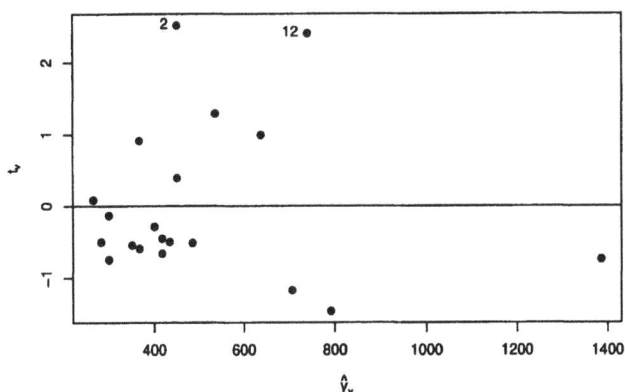

Abbildung 7.5: Wiederbeschaffungswert von Büchern

In der Abbildung sind die standardisierten Residuen gegen die vorhergesagten Werte
aufgetragen. Die Punkte mit den Nummern 2 und 12 haben sehr große Residuen. ∎

R-Code 7.6 (Diagnostische Größen der Regression)

```
buch <- read.table("c:/daten/buchdick.txt",header=T)
attach(buch)
modell<-lm(Preis ~ Dicke)
influence(modell)
yhat<-Preis-modell$resid
sresid<-rstudent(modell)
plot(yhat,sresid,type="p",pch=16,
        xlab=expression(hat(y)[v]),ylab=expression(t[v]))
identify(yhat,sresid,Nr)
```

Der Aufruf `influence(modell)` ergibt eine Liste mit dem Vektor der Diagonalelemente h_{vv} der Hat-Matrix, die Matrix der Koeffizientenschätzungen und den Vektor der Standardabweichungen unter Auslassen jeweils einer Beobachtung sowie den Vektor der Residuen.

Die üblichen Residuen erhält man auch, indem an den Namen des Ergebnisses ein Dollarzeichen mit dem nachfolgenden `resid` angegeben wird. `rstudent(modell)` ergibt die studentisierten Residuen.

Speziell ist die Funktion `identify`. Sie erlaubt, Punkte in einem Plot interaktiv zu identifizieren. Dazu müssen die Variablen der x- und der y-Koordinate angegeben werden sowie ein weiterer Vektor, dessen zugehöriger Wert dann jeweils bei dem Punkt platziert wird, wenn er mit der linken Maustaste angeklickt wird. Mit der rechten Maustaste öffnet sich ein Menü, mit dem sich der interaktive Modus ausschalten lässt.

2.2   Nichtlinearität

Ist die Abhängigkeit der Variablen Y aus modellmäßigen Gründen nichtlinear, so gibt es zwei Möglichkeiten. Einmal können die Variablen entsprechend dem Modell-Zusammenhang transformiert werden, so dass sich mit den transformierten Variablen ein linearer Regressionsansatz formulieren lässt. Für die einfache lineare Regression führt das zu

$$h(Y_v) = \beta_0 + \beta_1 \cdot g(x_v) + \varepsilon_v \, . \tag{7.33}$$

Bei dieser Art von Transformation gibt es also im Prinzip nichts Neues.

Beispiel 7.19 (Gewichtsmessung von Rindern)
(Nach Strutz und Hümmer 2002.) Auf weiten Flächen in der Dritten Welt ist keine andere Nutzung der Landschaft möglich als durch Weide. Traditionsgemäß richtet sich dort das soziale Ansehen eines Züchters nach der Anzahl seiner Tiere. Oft führt jedoch die Überbewertung der Tierzahl durch zu viele unproduktive Tiere zu Überweidung. Das Beachten der Gewichtszunahme jedes einzelnen Tieres ist dagegen ein erster Schritt in Richtung wirtschaftlicher Tierhaltung. Eine Viehwaage ist i.d.R. zu teuer und wäre auch zu aufwändig. Eine Möglichkeit, das Gewicht von Rindern möglichst genau und möglichst billig zu schätzen, bietet die Messung des Brustumfangs.

Nun ist das Gewicht eines Rindes wesentlich durch sein Körpervolumen bestimmt. Vereinfachend braucht nur der Rumpf betrachtet zu werden. Hier ist das Volumen - weiter vereinfacht - im Wesentlichen das Volumen eines Zylinders:

$$\text{Volumen} = \text{Länge} \cdot \text{Radius}^2 \cdot \pi \quad \text{bzw. Volumen} = \text{Länge} \cdot \frac{\text{Umfang}^2}{4\pi},$$

wobei die bekannte Beziehung   Umfang$=2\pi\cdot$Radius   ausgenutzt wurde. Auch die Länge des (Tier-) Zylinders muss in einem Verhältnis zum Radius - und somit zum Umfang - des Tier-Rumpfes stehen: Länge $= c \cdot$ Radius. Zusammen ergibt sich:

$$\text{Volumen} = \frac{c}{8\pi^2}\text{Umfang}.$$

Eine logarithmische Transformation ergibt folglich, wenn das Volumen mit V und der Umfang mit U bezeichnet werden:

$$\ln(V) = \beta_0 + 3\ln(U) + \varepsilon.$$

Dieser Ansatz sollte in etwa auch für das Gewicht G (in kg) an Stelle von V gelten. Der konkrete Wert 3 bei der Steigung wird allgemein durch β_1 ersetzt; dies bringt zum Ausdruck, dass die Überlegungen vereinfachend sind und die Steigung somit erst durch die Analyse der transformierten Daten bestimmt werden sollte. β_1 sollte aber in Nähe des Wertes 3 liegen.

Konkrete Messwerte für 'F1 Fleckvieh X Cebu-Criollo'-Jungbullen sind in der folgenden Tabelle angegeben.

cm	kg	cm	kg	cm	kg	cm	kg	cm	kg	cm	kg	cm	kg
115	128	142	200	153	240	160	318	167	280	172	429	182	455
134	190	142	218	153	275	160	318	167	395	172	313	183	518
134	175	143	243	154	263	160	323	167	376	173	396	183	475
135	185	143	240	155	303	161	285	167	371	173	435	183	452
135	193	145	233	155	248	162	310	167	443	174	400	184	440
137	203	145	215	155	333	162	345	167	318	174	362	185	483
138	198	145	233	155	268	162	265	168	383	175	350	187	509
140	208	148	223	156	310	163	320	169	424	175	378	194	573
140	205	148	238	158	283	165	382	169	387	177	459	195	545
140	180	148	230	158	260	165	373	170	358	178	421	205	690
140	240	150	283	159	306	165	313	170	340	179	412		
140	205	150	278	160	298	166	308	171	394	179	454		
141	213	151	275	160	290	166	354	171	391	179	410		
141	198	152	273	160	328	166	354	171	380	180	323		

Die Regression ergibt die Beziehung, wobei unter den Koeffizienten die Standardfehler angegeben sind:

$$\widehat{\ln(G)} = \underset{(2.94)}{-9.19} + \underset{(0.09)}{2.94} \cdot \ln(U).$$

Das Bestimmtheitsmaß ist $R^2 = 0.92$. Somit ist der Ansatz durchaus akzeptabel. ∎

Die andere Möglichkeit bei einer durch ein Modell gegebenen nichtlinearen Beziehung ist, dass man die Form der Nichtlinearität kennt, aber keine einfache Transformation zur Herstellung der Linearität existiert. Dann kann man eine nichtlineare Regressionsanalyse durchführen. Diese beruht auf der approximativen Linearisierung und führt über Iterationsverfahren zu geeigneten Schätzungen.

Falls jedoch die Nichtlinearität nicht von vornherein klar ist, so kann man sie am ehesten aus dem Streudiagramm oder einem Residuendiagramm erkennen. Dabei werden die Residuen gegen die vorhergesagten Werte $\hat{y}$ gezeichnet.

Anders als bei der einfachen linearen Regression ist es bei mehreren Regressoren nicht möglich, aus einem Residuendiagramm alle wesentlichen Fehlerquellen, speziell die Nichtlinearität, zu erkennen. Daher ist es von besonderer Bedeutung, sich schon zuvor anzuschauen, welche Formen der Abhängigkeit die zu erklärende Variable mit den Regressoren aufweist. Dies geschieht am sinnvollsten mit einzelnen Streudiagrammen, in denen Y jeweils gegen die X_i aufgetragen wird. Bisweilen können dann die einzelnen Regressoren in der eben erwähnten Weise transformiert werden.

Wenn nun (erst) aus dem Residuendiagramm eine nichtlineare Form der Abhängigkeit erkannt wird, so kann man versuchen, mit einer Box-Cox-Transformation der abhängigen Variablen die Linearität herzustellen. Dabei stellt sich das Problem, den Parameter λ der Box-Cox-Transformation geeignet zu bestimmen.

Die *Methode von Atkinson* geht aus von der modifizierten Transformation:

$$
z(\lambda) = \left\{
\begin{array}{ll}
\dfrac{y^\lambda - 1}{\lambda \bar{y}_g^{\lambda-1}} & \text{für} \quad \lambda \neq 0 \\[2mm]
\bar{y}_g \ln(y) & \text{für} \quad \lambda = 0 \,.
\end{array}
\right.
$$

Hierbei ist $\bar{y}_g = \sqrt[N]{y_1 \cdots y_N}$ das *geometrische Mittel* der beobachteten Y-Werte. Diese Transformation hat den Vorteil, dass die Modellresiduen bei verschiedenen λ vergleichbar sind. Die Transformation wird mit Hilfe der Taylor-Formel im Punkt $\lambda = 1$ linear approximiert:

$$
z(\lambda) \approx z(1) + z'(1)(\lambda - 1) = y - 1 + z'(1)(\lambda - 1),
$$

wobei gilt:

$$
z'(1) = y \left(\ln\left(\frac{y}{\bar{y}_g}\right) - 1 \right) + (1 + \ln(\bar{y}_g)) \,.
$$

Werden die konstanten Terme in c zusammengefasst, ergibt die Approximation somit:

$$
z(\lambda) \doteq c + y + (\lambda - 1)y \left\{ \ln\left(\frac{y}{\bar{y}_g}\right) - 1 \right\} . \tag{7.34}
$$

Wird der Ausdruck in den geschweiften Klammern gleich u gesetzt, so ergibt diese Beziehung durch Einsetzen in das unterstellte Modell

$$
\mathbf{z}(\lambda) = \mathbf{X}\boldsymbol{\beta} + \boldsymbol{\varepsilon} \tag{7.35}
$$

die approximative Beziehung

$$
\mathbf{y} = \mathbf{X}\boldsymbol{\beta} + \mathbf{u}\gamma + \boldsymbol{\varepsilon} \,. \tag{7.36}
$$

Dabei ist $\gamma = -(\lambda - 1)$. Das Modell kann nun auf die übliche Weise geschätzt werden. Damit erhält man auch gleich eine Schätzung $\hat{\lambda} = 1 - \hat{\gamma}$. Ein Standardtest auf $H_0 : \gamma = 0$ zeigt zudem, ob eine Transformation tatsächlich nötig ist.

Beispiel 7.20 (Chromatographie - Fortsetzung)
Für die Chromatographie-Daten hat sich in Beispiel 7.16 gezeigt, dass die Abhängigkeit der 'Ausgabe des Gas-Chromatographen' (Y) vom 'Gehalt der Substanz in der Probe' (X) nichtlinear ist. Die Regression mit der zusätzlichen Variablen $U = Y(\ln(Y) - \ln(\bar{y}_g) - 1)$ unterstellt das Modell

$$y_v = \beta_0 + \beta_1 x_v + \gamma y_v \left\{ \ln\left(\frac{y_v}{\bar{y}_g}\right) - 1 \right\} + \varepsilon_v \qquad (v = 1, \dots, n).$$

Für den Koeffizienten γ ergibt sich der signifikante Wert $\hat{\gamma} = 0.056$. Das legt die Transformation $z = y^{1-0.056}$ nahe. Aus der Regression $Y^{0.94}$ gegen X resultiert das Residuendiagramm 7.6. Es ist eine Verbesserung zu erkennen; jedoch ist die

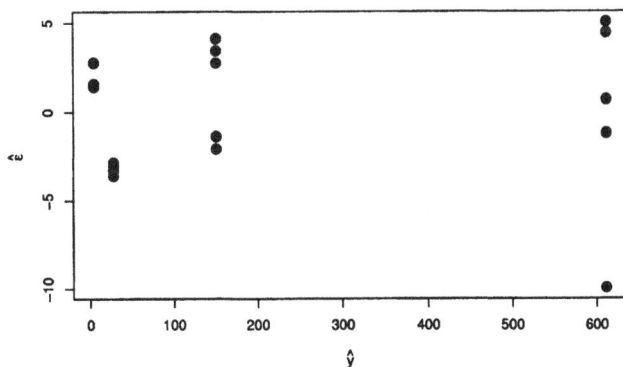

Abbildung 7.6: Chromatograph-Daten, Residuen nach Transformation

Nichtlinearität offenbar nicht durch eine Box-Cox-Transformation in den Griff zu bekommen.   ∎

2.3 Ungleiche Varianzen

Standardmäßig stützt sich die lineare Regressionsanalyse auf die Annahme, dass die Fehler ε_v alle die gleiche Varianz σ^2 haben. Diese Voraussetzung ist natürlich nicht stets erfüllt. Obwohl jede Form von *Heteroskedastizität* möglich ist, kommt es häufig vor, dass dann die Streuung monoton mit dem Niveau steigt. Solche Formen ungleicher Varianzen der Störungen erkennt man anhand der Residuendiagramme. Es ergeben sich trichterförmige Streudiagramme.

Die Auswirkungen der Nichthomogenität der Varianzen sind normalerweise nicht dramatisch, es sei denn, der Unterschied zwischen den Varianzen ist stark ausgeprägt. Selbst bei ungleichen Varianzen sind die üblichen Kleinste-Quadrate-Schätzer unverfälscht und unter milden Annahmen konsistent. Sie haben jedoch dann keine Optimalitätseigenschaften mehr.

Zwei Wege sind möglich, mit dem Problem der Heteroskedastizität fertig zu werden. Dies sind die so genannte gewichtete KQ-Methode und die Anwendung einer varianzstabilisierenden Transformation.

Wenn die Varianzen der Störungen sich in der Form $\text{Var}(\varepsilon_v) = w_v\sigma^2$ angeben lassen, so kann das Modell derart transformiert werden, dass wieder optimale Schätzungen erhältlich sind. Für das einfache lineare Regressionsmodell

$$Y_v = \beta_0 + \beta_1 x_v + \varepsilon_v, \qquad (v = 1, \ldots, n),$$

führt die Divison mit $\sqrt{w_i}$ zu

$$Z_v = \frac{Y_v}{\sqrt{w_v}} = \frac{\beta_0 + \beta_1 x_v}{\sqrt{w_v}} + \frac{\varepsilon_v}{\sqrt{w_v}} \qquad (v = 1, \ldots, n).$$

Dann ist $\text{Var}(\varepsilon_v/\sqrt{w_v}) = \sigma^2$ und die Z_v erfüllen die Voraussetzungen an das Regressionsmodell. Die Methode der Kleinsten Quadrate führt dann auf das Zielkriterium

$$\sum_{v=1}^{n} \frac{1}{w_v}(y_v - \beta_0 - \beta_1 x_v)^2 \overset{!}{=} \min.$$

Aus offensichtlichen Gründen spricht man hier von einer *gewichteten Kleinste-Quadrate-Schätzung*. Mit der Gewichtsmatrix $\mathbf{W}$, die auf der Hauptdiagonalen die Gewichte w_v^{-1} hat und sonst aus Nullen besteht, $\mathbf{W} = \text{diag}(w_1^{-1}, \ldots, w_n^{-1})$, lautet das Zielkriterium in Matrixschreibweise:

$$(\mathbf{y} - \mathbf{X}\boldsymbol{\beta})'\mathbf{W}(\mathbf{y} - \mathbf{X}\boldsymbol{\beta}) \overset{!}{=} \min. \tag{7.37}$$

Die Lösung erfüllt die Normalgleichungen

$$\mathbf{X}'\mathbf{W}\mathbf{X}\hat{\boldsymbol{\beta}}_w = \mathbf{X}'\mathbf{W}\mathbf{y},$$

und der resultierende Schätzer hat die Kovarianzmatrix

$$\text{Var}(\hat{\boldsymbol{\beta}}_w) = (\mathbf{X}'\mathbf{W}\mathbf{X})^{-1}\mathbf{X}'\mathbf{W}\text{Var}(\mathbf{y})\mathbf{W}\mathbf{X}(\mathbf{X}'\mathbf{W}\mathbf{X})^{-1}.$$

Sofern die bei der Minimierung verwendeten Gewichte mit den wahren Faktoren von σ^2 übereinstimmen, vereinfacht sich dies zu

$$\text{Var}(\hat{\boldsymbol{\beta}}_w) = \sigma^2(\mathbf{X}'\mathbf{W}\mathbf{X})^{-1}.$$

Zudem ist $\hat{\sigma}^2 = Q_w(\hat{\boldsymbol{\beta}}_w)/(n-2)$.

Mit dieser GKQ-Methode lässt sich auch die Situation korrelierter Störungen meistern, sofern die Kovarianzmatrix $\mathbf{V}$ der Störungen bis auf einen konstanten Faktor σ^2 bekannt ist. Dann braucht nur $\mathbf{V}^{-1}$ für die Gewichtsmatrix $\mathbf{W}$ eingesetzt zu werden.

Definition 7.21
Im (verallgemeinerten) linearen Modell mit $\text{E}(\mathbf{y}) = \mathbf{X}\boldsymbol{\beta}$ und $\text{Var}(\mathbf{y}) = \sigma^2\mathbf{V}$ ist der *generalisierte Kleinste-Quadrate-Schätzer* gegeben durch

$$\hat{\boldsymbol{\beta}} = (\mathbf{X}'\mathbf{V}^{-1}\mathbf{X})^{-1}\mathbf{X}'\mathbf{V}^{-1}\mathbf{y}. \tag{7.38}$$

Der Schätzer für σ^2 ist wie oben angegeben $\hat{\sigma}^2 = Q_w(\hat{\boldsymbol{\beta}}_w)/(n-2)$; dabei ist $\mathbf{W}$ durch $\mathbf{V}^{-1}$ zu ersetzen. ∎

Beispiel 7.22

Viele Ideen der Regressionsanalyse erscheinen zuerst in den Arbeiten von Sir Francis Galton. Im Rahmen der Diskussion der genetischen Vererbungslehre betrachtete er auch die folgenden Daten über die Größe von Erbsen. Die Erbsen wurden nach ihren Durchmessern in verschiedene Gruppen eingeteilt. Daraus wurden neue Pflanzen gezogen, und die Durchmesser der Erbsen der nachfolgenden Generation wurden ermittelt. Nur die mittleren Durchmesser und Standardabweichungen der Erbsen der zweiten Generation in den einzelnen Gruppen wurden mitgeteilt (nach Weisberg 1985). Die Angaben sind in 1/100 inch.

Durchmesser der Erbsen der Elterngeneration	Mittlerer Durchmesser der Erbsen der Tochtergeneration	Standard-abweichung
21	17.16	1.988
20	17.07	1.938
19	16.37	1.896
18	16.40	2.037
17	16.13	1.654
16	16.17	1.594
15	15.98	1.763

Da zu jedem x mehrere Y-Werte gehören, für die auch die Streuungen mitgeteilt sind, ist im Rahmen des Ansatzes

$$Y_v = \beta_0 + \beta_1 x_v + \varepsilon_v$$
$$\mathrm{Var}(\varepsilon_v) = w_v \sigma^2 \qquad v = 1, \ldots, 7$$

sinnvoll, für $\mathbf{W}$ die Diagonalmatrix mit den Kehrwerten der empirischen Varianzen zu wählen. ∎

Varianzstabilisierende Transformationen sind notwendig nichtlinear, so dass sie eine vorhandene lineare Relation zerstören. Nur in seltenen Fällen wird man mit einer solchen Transformation (etwa aus der Familie der Box-Cox-Transformationen) sowohl die Varianz stabilisieren, als auch Linearität herstellen.

R-Code 7.7 (Gewichtete KQ-Schätzung)

```
modell<-lm(y~x,weights=w)
```

Eine gewichtete Regression von y in Abhängigkeit der durch den Vektor oder die Matrix x gegebenen Variablen erhält man dadurch, dass man den optionalen Parameter weights spezifiziert. w ist ein Vektor von Gewichten, der genauso lang ist wie y. Minimiert wird dann $\sum w_v (y_v - \hat{y})^2$.

2.4 Nichtnormalverteilung und extreme Beobachtungen

2.4.1 Auswirkungen und Erkennen von Nichtnormalverteilungen und Ausreißern

Zunächst kann man sich die Auswirkungen von Nichtnormalverteilungen der Fehler anhand der einfachen Regression klar machen. Hier sind zunächst die Effekte, die sich aus dem Ziehen von Stichproben aus zu Grunde liegenden Verteilungen der Fehler mit von Null verschiedenen Exzessen auf die Schätzungen der Regressionskoeffizienten und deren Verteilungen ergeben, relativ unbedeutend. Die Auswirkung von Verteilungen, deren Flanken etwas stärker oder kürzer als die der Normalverteilung sind, oder die schief sind, ist dem Einstichprobenproblem ähnlich.

Ausreißer können ein wirkliches Problem darstellen. Es spielt keine Rolle, ob sie durch eine Verteilung mit viel Wahrscheinlichkeitsmasse in den Flanken, wie die Cauchy-Verteilung, entstehen oder einfach als einzelne extreme Werte angesehen werden. Gibt es Punkte, die in einer gewissen Entfernung von dem Hauptteil der Daten liegen, können diese einen übermäßigen Einfluss auf die Schätzungen ausüben. Dies trifft besonders auf die Steigungsschätzung $\hat{\beta}_1$ zu. Eine entscheidende Rolle spielt dabei die relative Position der zugehörigen X Werte. Ein Punkt (x_v, y_v), dessen X-Wert nahe an einem der beiden Ränder des Bereiches der X-Werte liegt, vergrößert bzw. verkleinert $\hat{\beta}_1$ übermäßig, wenn der zughörige Y-Wert ein Ausreißer ist. Auf der anderen Seite haben Ausreißer mit X-Werten nahe der Mitte des Bereiches eine sehr geringe Wirkung auf $\hat{\beta}_1$. Sie können jedoch $\hat{\beta}_0$ beeinflussen.

Diese qualitativen Behauptungen über Ausreißer können quantifiziert werden, indem man den Effekt untersucht, den das Weglassen einer Beobachtung hat. Für ein lineares Regressionsmodell $\mathbf{y} = \mathbf{X}\boldsymbol{\beta} + \boldsymbol{\varepsilon}$, bei der die Design-Matrix vollem Rang hat, gilt für den Schätzer $\hat{\boldsymbol{\beta}}_{(v)}$, bei dem die v-te Beobachtung $(\mathbf{x}_v, y_v)$ weggelassen wird:

$$\hat{\boldsymbol{\beta}} - \hat{\boldsymbol{\beta}}_{(v)} = \frac{\hat{\varepsilon}_v}{1 - h_{vv}} (\mathbf{X}'\mathbf{X})^{-1}\mathbf{x}_v'. \tag{7.39}$$

Hierbei ist $\mathbf{x}_v$ die v-te Zeile der Design-Matrix $\mathbf{X}$ und $\hat{\boldsymbol{\beta}}$ der Schätzer aus dem vollständigen Datensatz. $h_{vv} = \mathbf{x}_v(\mathbf{X}'\mathbf{X})^{-1}\mathbf{x}_v'$ ist das v-te diagonale Element der 'Dach'matrix $\mathbf{H}$.

Im Fall der einfachen linearen Regression nimmt dies die spezielle Gestalt an:

$$\hat{\beta}_0 - \hat{\beta}_{0(v)} = \frac{\hat{\varepsilon}_v}{1 - h_{vv}} \left(\frac{1}{n} - \frac{(x_v - \bar{x})\bar{x}}{SS(x)} \right),$$

$$\hat{\beta}_1 - \hat{\beta}_{1(v)} = \frac{\hat{\varepsilon}_v}{1 - h_{vv}} \left(\frac{x_v - \bar{x}}{SS(x)} \right),$$

Der Unterschied zwischen $\hat{\beta}_{j(v)}$ zu $\hat{\beta}_j$ ist leicht zu interpretieren. Je größer der Betrag des Residuums $\hat{\varepsilon}_v$ ist, desto größer wird der Unterschied sein; jedoch wird die Größe des Unterschiedes durch die Lage von x_v relativ zu $\bar{x}$ beeinflusst. Dies wird sowohl durch $(x_v - \bar{x})/SS(x)$ als auch durch $1 - h_{vv}$ bewirkt. Je größer $|x_v - \bar{x}|$ ist, umso größer wird der Unterschied sein, wobei es an der Stelle $x_v = \bar{x}$ überhaupt keinen Unterschied bei dem Steigungsparameter gibt.

Die h_{vv} werden oft selbst als Maßzahlen für den Einfluss einer Stützstelle $\mathbf{x}_v$ verwendet. Belsley, Kuh und Welsch (1980) propagieren eine Grenze von $2p/n$, ab der die entsprechende Beobachtung darauf hin zu untersuchen ist, ob sie korrekt erhoben wurde oder etwa aus inhaltlichen Gründen nicht mit dem Regressionsmodell übereinstimmt.

Ein verbreitetes Kriterium zur Beurteilung des Einflusses der v-ten Beobachtung ist die Größe *DFFITS*:

$$DFFITS_v = \frac{\hat{y}_v - \hat{y}_{v(v)}}{\sqrt{\hat{\sigma}^2_{(v)} h_{vv}}}. \tag{7.40}$$

DFFITS misst den standardisierten Fehler, den man bei der Prognose macht, wenn der um den Punkt v reduzierte Datensatz verwendet wird, um genau den v-ten Wert zu prognostizieren. Ein (absolut gesehen) großer Wert weist auf eine *einflussreiche Beobachtung* hin. Als Faustregel wird die Grenze $2\sqrt{p/n}$ angegeben. p ist dabei die Anzahl der zu schätzenden Parameter.

Diese Größen hängen eng mit dem *Cook-Abstand* zusammen, bei dem die nichtkorrigierte Varianzschätzung verwendet wird:

$$D_v = \frac{(\hat{\beta} - \hat{\beta}_{(v)})'(\mathbf{X}'\mathbf{X})(\hat{\beta} - \hat{\beta}_{(v)})}{p\hat{\sigma}^2} = \frac{\hat{\varepsilon}^2_v h_{vv}}{(1 - h_{vv})^2 p\hat{\sigma}^2}. \tag{7.41}$$

Dabei ist $\hat{\sigma}^2$ im Allgemeinen gleich $\varepsilon'\varepsilon/(n-p) = \mathbf{y}'(\mathbf{I} - \mathbf{H})\mathbf{y}/(n-p)$. D_v wird von den Größenordnungen des Residuums $\hat{\varepsilon}_v$ sowie von $h_{vv}/(1 - h_{vv})$ beeinflusst. Dieser Faktor misst, inwieweit der Wert x_v zentral liegt. Punkte mit großer *Hebelwirkung* auf die Schätzungen sind solche, für die dieser Ausdruck groß ist. Das ist gerade bei großen h_{vv} der Fall.

Beispiel 7.23 (Wiederbeschaffung von Büchern - Fortsetzung)
Für die Daten der Wiederbeschaffung von Büchern, vgl. das Beispiel 7.18, erhält man:

Nr.	Dicke	Preis	h_{vv}	$DFFITS$	$\hat{\beta}_0 - \hat{\beta}_{0(v)}$	$\hat{\beta}_1 - \hat{\beta}_{1(v)}$
1	24	995	0.0642	0.2603	0.0653	0.1226
2	13	1250	0.0522	0.5908	0.4806	-0.1211
3	33	295	0.1152	-0.5290	0.0569	-0.3979
4	2	295	0.0954	0.0274	0.0273	-0.0189
5	11	250	0.0559	-0.1105	-0.0972	0.0360
6	7	150	0.0689	-0.1485	-0.1428	0.0777
7	4	30	0.0834	-0.2251	-0.2228	0.1424
8	28	295	0.0823	-0.3500	-0.0233	-0.2193
9	10	295	0.0585	-0.0710	-0.0644	0.0271
10	12	250	0.0538	-0.1193	-0.1012	0.0318

11	4	250	0.0834	-0.0399	-0.0395	0.0253
12	30	1495	0.0941	0.7748	-0.0080	0.5303
13	15	295	0.0503	-0.1186	-0.0865	0.0088
14	11	175	0.0559	-0.1610	-0.1417	0.0524
15	8	150	0.0650	-0.1561	-0.1478	0.0749
16	13	595	0.0522	0.0911	0.0741	-0.0187
17	3	100	0.0891	-0.1569	-0.1560	0.1040
18	8	695	0.0650	0.2403	0.2276	-0.1154
19	18	995	0.0508	0.2991	0.1728	0.0381
20	68	1225	0.6644	-1.0410	0.5436	-1.0010

Die oben angegebene Grenze für den Wert von $DFFITS$ ist $2 \cdot \sqrt{2/n} = 2 \cdot \sqrt{2/20} = 0.6325$; demgemäß ist die Beobachtung 20 als einflussreich einzustufen. Auch die Grenze $2p/n = 2 \cdot 2/20 = 0.2$ für h_{vv} führt dazu, dass die 20ste Beobachtung genauer angeschaut werden sollte.   ∎

R-Code 7.8 (Influenzmaße)

```
influence.measures(modell)
```

In modell sei das Resultat eines Aufrufs der Funktion lm gespeichert. Dann gibt influence.measures(modell) eine Matrix mit Influenzmaßen aus, speziell dffit und cooks.distance, also $DFFITS$ und den Cook-Abstand.

2.4.2 Robuste Regression

Beim Einstichprobenproblem wurden zur Behandlung von Ausreißern M-Schätzer für Lageparameter eingeführt. Geht man von (3.38) auf Seite 99 aus, so lässt sich dieser Ansatz leicht auf das Regressionsproblem verallgemeinern. Das Zielkriterium lautet:

$$\sum_{v=1}^{n} \rho \left(\frac{y_v - \mathbf{x}_v \beta}{\tau} \right) \overset{!}{=} \min, \tag{7.42}$$

wobei $\mathbf{x}_v$ der v-te Zeilenvektor von $\mathbf{X}$ ist. Die bei der Lageschätzung entwickelte Idee der iterativ neu gewichteten KQ-Schätzung lässt sich auch hier einsetzen. Aus den sich bei Nullsetzen der partiellen Ableitungen ergebenden 'Normalgleichungen'

$$\sum \psi \left(\frac{y_v - \mathbf{x}_v \beta}{\tau} \right) \mathbf{x}_v' = 0$$

wird mit $w(u) = \psi(u)/u$ und $w_v = w\left((y_v - \mathbf{x}_v \beta)/\tau \right)$:

$$\sum (y_v - \mathbf{x}_v \beta) w_v \mathbf{x}_v' = 0 \,.$$

Umordnen dieser Gleichung führt zu

$$\sum \mathbf{x}'_v w_v \mathbf{x}_v \boldsymbol{\beta} = \sum \mathbf{x}'_v w_v y_v \,.$$

In Matrizenschreibweise wird daraus, wenn $\mathbf{W} = \text{diag}(w_1, \ldots, w_n)$ gesetzt wird:

$$\mathbf{X}'\mathbf{W}\mathbf{X}\boldsymbol{\beta} = \mathbf{X}'\mathbf{W}\mathbf{y} \,. \tag{7.43}$$

Das sind gerade die Normalgleichungen einer gewichteten Kleinste-Quadrate-Regression. Dabei sind natürlich die Gewichte abhängig von den Residuen. Somit kann $\boldsymbol{\beta}$ über die iterative Durchführung von Regressionen berechnet werden, bei denen in jedem Schritt die Residuen r_v des letzten Schrittes zur Bestimmung der Gewichte verwendet werden. Begonnen wird mit einer geeigneten Startschätzung $\hat{\boldsymbol{\beta}}^{(0)}$; hier wird meist die KQ-Schätzung genommen.

Weite Verbreitung hat der Vorschlag von Welsch für die Wahl der Gewichtung:

$$w_v = \min\left\{\frac{1}{|d_v|}, 1\right\} \,; \tag{7.44}$$

dabei ist $d_v = DFFITS_v$. Hier werden offensichtlich diejenigen Beobachtungen heruntergewichtet, deren Einfluss größer als die vorgegebene Grenze c ist.

Für den Skalenparameter τ wird man eine robuste Schätzung der Streuung der Residuen einsetzen, etwa aus einer vorgeschalteten KQ-Regression.

Für die gewichteten Kleinsten-Quadrate-Schätzer gibt es Ausdrücke für die asymptotische Kovarianzmatrix $\hat{\mathbf{V}}/n$ wobei $\hat{\mathbf{V}} = \hat{\mathbf{M}}^{-1}\hat{\mathbf{Q}}\hat{\mathbf{M}}^{-1}$. Die beiden Matrizen können, wenn der Vorschlag von Welsch zu Grunde gelegt ist, folgendermaßen geschätzt werden, vgl. Staudte & Sheather (1990, S.259):

$$\hat{\mathbf{M}} = \frac{1}{n}\sum_{v=1}^{n} \psi'(d_v)\mathbf{x}'_v\mathbf{x}_v \,,$$

$$\hat{\mathbf{Q}} = \frac{1}{n}\sum_{v=1}^{n} r_v^2 w_v^2 \mathbf{x}'_v\mathbf{x}_v \,.$$

Offenbar muss die verwendete Psi-Funktion differenzierbar sein, damit dies einen Sinn macht.

Huber hat alternativ vorgeschlagen, zur iterativen Berechnung von der Darstellung des ML-Schätzers bei Normalverteilung auszugehen. Aus

$$\hat{\boldsymbol{\beta}} = (\mathbf{X}'\mathbf{X})^{-1}\mathbf{X}'\mathbf{y} \quad \text{und} \quad \hat{\mathbf{y}} = \mathbf{X}\hat{\boldsymbol{\beta}}$$

gewinnt man die Identität

$$\hat{\boldsymbol{\beta}} = \hat{\boldsymbol{\beta}} + (\mathbf{X}'\mathbf{X})^{-1}\mathbf{X}'(\mathbf{y} - \hat{\mathbf{y}}) \,.$$

Auch dies kann dazu benutzt werden, eine Startschätzung $\hat{\beta}^{(0)}$, etwa die KQ-Schätzung, rekursiv zu verbessern:

$$\hat{\beta}^{(k+1)} = \hat{\beta}^{(k)} + (\mathbf{X}'\mathbf{X})^{-1}\mathbf{X}'\psi\left(\frac{\mathbf{y} - \mathbf{X}\hat{\mathbf{y}}^{(k)}}{\tau}\right) \tag{7.45}$$

Beispiel 7.24 (Gehalt von Bankangestellten)
Für Angestellte einer Bank wurde das (logarithmierte) Gehalt in Abhängigkeit von verschiedenen erklärenden Variablen untersucht. Dazu gehörten u.a.:
LSTART = (logarithmiertes) Anfangsgehalt
SENIOR = Maßzahl für die Dauer der Zugehörigkeit zur Bank
AGE = Alter
Die Daten sind Jobson (1992) entnommen. Von Interesse ist die Erklärung des derzeitigen Gehaltes mittels der anderen Variablen.

Es wurden drei Schätzungen durchgeführt: die KQ-Schätzung, die KQ-Schätzung, bei der die Beobachtung mit dem extremsten Residuum gestrichen wurde und eine M-Schätzung.

KQ-Schätzung:

```
Coefficients:
              Estimate Std. Error t value Pr(>|t|)
(Intercept)   0.821675   0.483545   1.699  0.09251
LSTART        0.959043   0.048929  19.601  < 2e-16
SENIOR        0.005524   0.001838   3.005  0.00339
AGE          -0.005038   0.001594  -3.161  0.00211
```

KQ-Schätzung bei Weglassen einer Beobachtung:

```
Coefficients:
                              Estimate Std. Error t value Pr(>|t|)
(Intercept)                   0.670222   0.475093   1.411  0.16159
LSTART[LCURRENT != 9.5359]    0.975363   0.048127  20.266  < 2e-16
SENIOR[LCURRENT != 9.5359]    0.005584   0.001791   3.118  0.00241
AGE[LCURRENT != 9.5359]      -0.004863   0.001555  -3.128  0.00234
```

M-Schätzung:

```
Coefficients:
              Value   Std. Error t value
(Intercept)   0.7437  0.3956      1.8801
LSTART        0.9667  0.0400     24.1509
SENIOR        0.0051  0.0015      3.3647
AGE          -0.0043  0.0013     -3.2628
```

Die Ergebnisse zeigen leichte Unterschiede. Für die M-Schätzung liegen sie großteils zwischen denen der beiden anderen Regressionen. Die Standardfehler sind bei der M-Schätzung deutlich niedriger als bei den anderen beiden Schätzungen. ∎

R-Code 7.9 (Robuste Regression)

```
library(MASS)
modell <- rlm(y ~ x+z)
summary(modell)
library(lqs)
lqs(x,y,method="lts")
```

Das Package MASS enthält die in dem Buch 'Modern Applied Statistics with S-Plus' von Venables & Ripley beschriebenen Funktionen. Hierzu gehört auch die M-Schätzung. Sie wird über iterativ neu gewichtete KQ-Schätzungen realisiert. Der Aufruf geschieht ganz analog zu dem bei lm. Dieses Package wird standardmäßig mit installiert.

Eine weitere Funktion zur resistenten Regression befindet sich im ebenfalls standardmäßig mitinstallierten Package lqs. Es wird die so genannte LTS-Schätzung durchgeführt. Dabei werden die Summe der quadrierten Residuen minimiert, wobei ca. 50% der größten Residuen getrimmt werden. Asymptotisch ist diese Methode äquivalent zur M-Schätzung mit Hubers Psi-Funktion.

2.5 Abhängigkeit

Insbesondere wenn die erklärende Variable die Zeit ist, sollten die Residuen stets auf *serielle Abhängigkeit* hin geprüft werrden. Denn obwohl die Schätzer der Regressionskoeffizienten unverfälscht bleiben, können die gewöhnlichen Varianzschätzungen ziemlich ungenau sein, vgl. die Diskussion in Kapitel 2.2.

Unter Verwendung der Residuen kann hier die Unabhängigkeit mit dem *Durbin-Watson-Test* getestet werden:

$$DW = \frac{\sum_{v=1}^{n-1}(\hat{\varepsilon}_{v+1} - \hat{\varepsilon}_v)^2}{\sum_{v=1}^{n}\hat{\varepsilon}_v^2}. \tag{7.46}$$

Zu seiner Anwendung muss die Regressionsbeziehung ein konstantes Glied enthalten. Die Alternative zu der Nullhypothese, dass aufeinanderfolgende Störungen unkorreliert sind, ist die spezielle Abhängigkeitsstruktur $\mathrm{Cor}(\varepsilon_v, \varepsilon_u) = \rho^{|v-u|}$. Bei Gültigkeit der Nullhypothese ist ein Wert bei 2 zu erwarten, bei positiver Korrelation ein Wert in der Nähe von 0 und bei negativer einer in der Nähe von 4.

Die Residuen sind nun wegen der vorgeschalteten Schätzung stets korreliert. Durbin und Watson haben die Verteilung der Teststatistik soweit bestimmt, dass nur die Anzahl der Regressoren von Bedeutung ist. Jedoch ergibt sich bei ihrer Bestimmung neben dem Ablehn- und dem Annahmebereich auch ein Unentscheidbarkeitsbereich, da die Korrelationsstruktur von der jeweiligen Designmatrix abhängt. Dies ist heute kein Problem mehr, da mit Monte-Carlo-Techniken der Test für jede konkrete Situation durchführbar ist.

Beispiel 7.25 (Bevölkerung von Bielefeld)
Im Rahmen eines Projektes in der Region Bielefeld wurden Daten zur Migration und Industrialisierung erhoben. Die Daten stammen aus dem Stadtarchiv Bielefeld und geben die Verhältnisse von 1879 bis 1914 wieder.

Die Bevölkerung ist in diesen Zeiten wie folgt:

30657	31110	31796	32902	33862	34931	35747	36334	37340	38981
39950	41358	42703	44122	45704	47455	47873	51106	54188	55757
63046	63118	64524	65678	67297	71952	71860	73245	74835	75483
78334	78687	80603	81435	82617					

Die Entwicklung lässt sich mit einem Polynom dritten Grades recht gut erfassen.

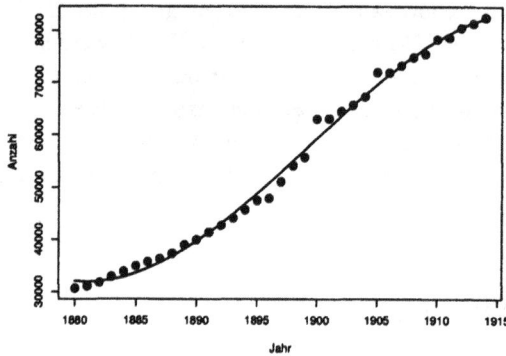

Abbildung 7.7: Bevölkerung von Bielefeld

Für den Durbin-Watson-Test ergibt sich, wenn der P-Wert mittels der Bootstrap-Methode bestimmt wird:

Lag	Autocorrelation	D-W-Statistik	P-Wert
1	0.4528756	1.054945	2e-04

Damit ist die Voraussetzung der Unabhängigkeit verletzt. Die Ergebnisse, insbesondere die Standardfehler und P-Werte, sind nicht als gültig anzusehen. ∎

R-Code 7.10 (Durbin-Watson-Test)

```
library(car)
durbin.watson(modell,method="resample",reps=10000,
          alternative="positive")
```

Eine Funktion zum Durchführen des Durbin-Watson-Tests befindet sich in dem nicht standardmäßig mitinstallierten Package car. Das Argument modell ist das Ergebnis eines Aufrufs von lm, vgl. den R-Code 7.1. Man sollte keine zu kleine Anzahl von Simulationen mittels reps angeben. Sonst sind die P-Werte zu ungenau. Als Alternative kann auch "two.sided" bzw. "negative" gewählt werden.

3 Kollinearität

3.1 Das Kollinearitätsproblem

Häufig sind bei der linearen Regression mit vielen Regressoren einige Regressoren hoch korreliert. Allgemeiner gesprochen mag es eine fast lineare Beziehung zwischen den Regressoren geben. Dann spricht man von *Multikollinearität*. Diesem Komplex wendet man sich besonders zu, da Multikollinearität zu verschiedenartigen Problemen führt.

Ein Regressionskoeffizient wird in der Regel als ein Maß für die Änderung der abhängigen Variablen interpretiert, wenn die entsprechende erklärende Variable um eine Einheit wächst und alle anderen erklärenden Variablen konstant gehalten werden. Zwar ist es gedanklich immer möglich, den Wert einer Variablen in einer geschätzten Regressionsgleichung bei Konstanz aller anderen zu vergrößern. Wenn es aber zwischen den erklärenden Variablen eine enge lineare Beziehungen gibt, kann es praktisch unsinnig sein, 'alle anderen Variablen festzuhalten'. Dann ist es also typischerweise kaum möglich, die separaten Wirkungen der einzelnen Variablen in der Regressionsgleichung abzuschätzen. Dies macht die Interpretation schwierig. Multikollinearität macht es insbesondere schwer, festzustellen, welche Variablen man im Modell behalten soll und welche man weglassen darf.

Liegt Multikollinearität vor, so haben die Regressionskoeffizienten dann auch große Stichprobenfehler, was sich sowohl auf die statistischen Schlüsse als auch auf die mit Hilfe des Regressionsmodells durchgeführten Prognosen auswirkt.

Beispiel 7.26 (Kollinearität bei zwei Regressoren)
Ein einfaches Beispiel mit zwei Regressoren kann schon verdeutlichen, dass die Stichprobenfehler der Schätzungen der Regressionskoeffizienten sehr groß werden können, wenn die Regressoren hoch korreliert sind.

Sei das Modell

$$Y_v = \beta_1 x_{1v} + \beta_2 x_{2v} + \varepsilon_v \qquad (v = 1, \dots, n)$$

gegeben. Dann ist die Kovarianzmatrix der Koeffizientenschätzer $\hat{\beta}$ gegeben durch $\sigma^2 (\mathbf{X'X})^{-1}$. Mit

$$\mathbf{X'X} = \begin{pmatrix} \sum x_{1v}^2 & \sum x_{1v} x_{2v} \\ \sum x_{1v} x_{2v} & \sum x_{2v}^2 \end{pmatrix}$$

ergibt sich

$$(\mathbf{X'X})^{-1} = \frac{1}{1 - r_{X1X2}^2} \begin{pmatrix} 1/\sum x_{1v}^2 & -\sum x_{1v} x_{2v} / (\sum x_{1v}^2 x_{2v}^2) \\ -\sum x_{1v} x_{2v} / (\sum x_{1v}^2 x_{2v}^2) & 1/\sum x_{2v}^2 \end{pmatrix}.$$

Dabei ist $r_{X_1 X_2}$ der Korrelationskoeffizient von X_1 und X_2. Hier ist es ganz offensichtlich, dass ein Wert von $r_{X_1 X_2}$ in der Nähe von eins einen großen Standardfehler bewirkt. ∎

Weiter ergeben sich bei stark korrelierten Regressoren große Änderungen, wenn die Daten geringfügig geändert oder erklärende Variablen eingefügt bzw. weggelassen werden. Diesen Effekt zeigt die Abbildung 7.8. Für die beiden Regressionsflächen wurde nur ein Punkt geringfügig geändert. Da die Punkte in der (x_1, x_2)-Ebene fast auf einer Geraden liegen, reicht dies, um eine andere Ausrichtung der Ebene zu bewirken. Diese Instabilität geht u.a. mit einem Wechsel des Vorzeichens mindestens eines Koeffizienten einher. Dabei bedeutet die Änderung eines Vorzeichens inhaltlich eine Umkehrung des sachlogischen Zusammenhanges.

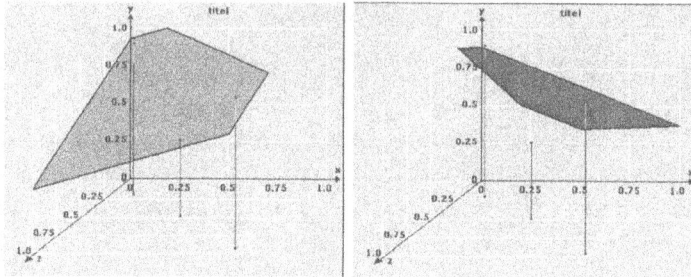

Abbildung 7.8: Kollinearität

Bei Vorliegen von Multikollinearität ist bei allen wesentlichen auf der Regressionsanalyse basierenden Schlüssen extreme Vorsichtig angebracht.

3.2 Varianzinflationsfaktor

Insbesondere bei einer größeren Anzahl von Regressoren sollte eine Diagnose der Kollinearität erfolgen. Denn die oben angesprochenen Effekte sind bei einer empirischen Regressionsanalyse ja nicht einfach zu sehen.

Eine diagnostische Größe hierzu ist der *Varianzinflationsfaktor* des i-ten Regressors, VIF_i. Dies ist die Varianz des Schätzers des zugehörigen Koeffizienten dividiert durch seine Varianz bei Unterstellung orthogonaler Regressoren. Sind alle Variablen zentriert und standardisiert, wäre dann $\mathbf{X'X} = \mathbf{I}$, so dass sich in diesem Fall ergäbe: $\mathrm{Var}(\hat{\boldsymbol{\beta}}) = \sigma^2 (\mathbf{X'X})^{-1} = \sigma^2 \mathbf{I}$. Dies führt zu der Definition der Varianzinflationsfaktoren VIF_i:

$$VIF_i = \frac{\mathrm{Var}(\hat{\beta}_i)}{\sigma^2} = r^{ii} \qquad (i = 1, \ldots, p - 1).$$

Dabei ist r^{ii} das i-te Diagonalelement der Inversen von $\mathbf{X'X}$.

Die Varianzinflationsfaktoren stehen mit der Summe der erwarteten quadrierten Abweichungen der KQ-Schätzer der einzelnen Koeffizienten in folgendem Zusammenhang. Sei $\mathbf{X}_s$ die Designmatrix, $\boldsymbol{\beta}_s$ der Koeffizientenvektor des standardisierten Modells und sei $\hat{\boldsymbol{\beta}}_s$ der zugehörige KQ-Schätzer, siehe (7.9) und (7.10). Dann gilt, wenn mit der *Spur einer Matrix* die Summe ihrer Hauptdiagonalelemente bezeichnet wird:

$$E((\hat{\boldsymbol{\beta}}_s - \boldsymbol{\beta}_s)'(\hat{\boldsymbol{\beta}}_s - \boldsymbol{\beta}_s)) = \text{Spur}\left(E((\hat{\boldsymbol{\beta}}_s - \boldsymbol{\beta}_s)(\hat{\boldsymbol{\beta}}_s - \boldsymbol{\beta}_s)')\right)$$

$$= \text{Spur}\left(\text{Var}(\hat{\boldsymbol{\beta}}_s)\right) = \sigma^2 \text{Spur}\left((\mathbf{X}_s'\mathbf{X}_s)^{-1}\right)$$

$$= \sigma^2 \sum_{i=1}^{p-1} VIF_i .$$

Diese Maßzahl ist bei orthogonalen Regressoren gleich $(p-1)\sigma^2$. Große Werte der Varianzinflationsfaktoren führen danach offensichtlich auch zu großen Werten dieser Maßzahl.

Als Faustregel gilt, daß ein Wert $VIF_i > 10$ ein Kollinearitätsproblem anzeigt.

Ein anderes Maß basiert auf den Eigenwerten der Matrix $\mathbf{X}_s'\mathbf{X}_s$. Das Produkt der Eigenwerte ist gleich der Determinante. Der kleinste Eigenwert (und folglich die Determinante) wird Null, wenn eine lineare Abhängigkeit vorliegt. Folglich können kleine Eigenwerte als Indikatoren für ein Kollinearitätsproblem genommen werden. Das geeignet standardisierte Maß ist dann die *Konditionszahl*:

$$CN = \sqrt{\frac{\text{größter Eigenwert}}{\text{kleinster Eigenwert}}} \; ;$$

dabei wird von $\mathbf{X}_s'\mathbf{X}_s$ ausgegangen. Oft wird $CN > 30$ als Indikator dafür genommen, dass die Designmatrix fast singulär ist.

Beispiel 7.27 (Seekrankheit)
In einer Untersuchung zur Seekrankheit wurde auf 22 Überfahrten einer Fähre die durchschnittliche Schiffsbewegung sowie die Befindlichkeit der Passagiere ermittelt, vgl. Lawther & Griffin (1986). Letztere wurde einmal mittels einer so genannten Rating-Skala erhoben und dann wurde der Anteil der Passagiere festgehalten, die sich erbrechen mussten. Zudem wurde die Fahrtdauer notiert. Genauer wurden folgende Variablen erhoben:

X_1	=	Beschleunigung in Längsrichtung	X_6	=	Gieren (Schwanken)
X_2	=	Beschleunigung in Querrichtung	X_7	=	Anzahl der Passagiere
X_3	=	Beschleunigung in Höhenrichtung	X_8	=	Dauer
X_4	=	Rollen	X_9	=	Krankheitsrating
X_5	=	Stampfen	X_{10}	=	Erbrechen (%)

Die Ergebnisse sind in der folgenden Matrix zusammengefaßt.

X_1	X_2	X_3	X_4	X_5	X_6	X_7	X_8	X_9	X_{10}
0.024	0.121	0.061	0.0031	0.0020	0.0013	144	4	0.010	0.00
0.122	0.376	0.477	0.0091	0.0134	0.0051	110	4	0.525	14.00
0.027	0.145	0.092	0.0022	0.0027	0.0016	251	4	0.085	0.50

0.117	0.276	0.493	0.0067	0.0145	0.0043	229	4	0.687	13.90
0.107	0.223	0.308	0.0083	0.0114	0.0036	115	4	0.378	7.90
0.143	0.280	0.450	0.0090	0.0155	0.0044	112	4	0.332	5.80
0.226	0.356	0.689	0.0112	0.0236	0.0058	172	4	0.945	26.90
0.112	0.272	0.408	0.0080	0.0122	0.0044	70	4	0.420	3.30
0.287	0.448	0.751	0.0125	0.0296	0.0074	63	4	0.150	37.50
0.217	0.274	0.559	0.0091	0.0247	0.0057	120	4	0.977	24.20
0.058	0.341	0.331	0.0095	0.0068	0.0044	72	4	0.458	7.00
0.101	0.587	0.567	0.0144	0.0118	0.0061	49	4	0.482	6.50
0.102	0.359	0.503	0.0100	0.0119	0.0046	94	4	0.510	12.80
0.081	0.306	0.391	0.0081	0.0101	0.0042	89	4	0.563	7.60
0.045	0.190	0.223	0.0042	0.0053	0.0025	83	4	0.477	5.60
0.199	0.494	0.557	0.0126	0.0213	0.0080	46	6	1.199	37.10
0.058	0.269	0.302	0.0075	0.0080	0.0038	125	6	0.369	7.50
0.120	0.481	0.449	0.0111	0.0131	0.0054	132	6	0.789	19.70
0.109	0.309	0.515	0.0096	0.0161	0.0047	141	6	1.000	24.90
0.073	0.195	0.227	0.0067	0.0105	0.0032	171	6	0.586	15.30
0.070	0.250	0.366	0.0069	0.0114	0.0037	106	6	0.707	12.10
0.069	0.177	0.257	0.0040	0.0073	0.0024	143	6	0.485	8.25

Hier interessiert natürlich, wie stark die beiden Befindlichkeitsvariablen von den einzelnen Bewegungsvariablen und von der Fahrtdauer abhängen. Es wird nur die Variable X_{10} in Abhängigkeit der Bewegungsvariablen X_1 bis X_6 sowie der Anzahl der Passagiere und der Fahrdauer betrachtet.

Die Regression ergibt:

	$\hat{\beta}$	$\hat{\sigma}_{\hat{\beta}}$	t	P-Wert
(Intercept)	−21.75	8.5	-2.555	0.0239
X1	13.49	103.6	0.130	0.8984
X2	19.05	41.29	0.461	0.6521
X3	−14.86	24.81	-0.599	0.5597
X4	−1247	1255	-0.994	0.3384
X5	1175	1420	0.828	0.4228
X6	3108	3432	0.906	0.3815
X7	0.01465	0.027	0.547	0.5935
X8	3.002	1.414	2.123	0.0536

Die meisten Variablen können aus der Regression eliminiert werden. Aber welche? Die Werte VIF_i zeigen, dass eine hohe Multikollinearität vorliegt:

Variable i	X_1	X_2	X_3	X_4	X_5	X_6	X_7	X_8
VIF_i	50.88	25.01	19.711	16.07	102.26	34.15	2.07	1.90

R-Code 7.11 (Varianzinflationsfaktoren)

```
library(car)
dat<-read.table("c:/daten/seasick.dat")
names(dat)<-c("X1","X2","X3","X4","X5","X6","X7","X8","X9","Y")
attach(dat)
modell<-lm(Y ~ X1+X2+X3+X4+X5+X6+X7+X8)
vif(modell)
```

Eine Funktion zur Bestimmung der Varianzinflationsfaktoren enthält das Package

car. Das Argument von vif ist die Ausgabe
von lm.

3.3 Ridge-Regression

Ein Ansatz, der bei Multikollinearität sinnvolle Schätzungen erlaubt, ist die sogenannte Ridge-Regression, die auf Hoerl und Kennard (1970a,b) zurückgeht. Um
einen kleineren Wert für den gesamten mittleren quadratischen Fehler zu erhalten,
wird dabei die Matrix $\mathbf{X'X}$ dahingehend modifiziert, daß auf der Hauptdiagonalen
eine geeignete Konstante λ hinzuaddiert wird. Für einen gegebenen Wert $\lambda > 0$
lautet die Schätzfunktion der *Ridge-Regression*

$$\hat{\beta}(k) = (\mathbf{X'X} + \lambda\mathbf{I})^{-1}\mathbf{X'y} = (\mathbf{X'X} + \lambda\mathbf{I})^{-1}\mathbf{X'X}\hat{\beta}.$$

Als Erwartungswert für $\hat{\beta}(k)$ erhält man

$$E(\hat{\beta}(\lambda)) = (\mathbf{X'X} + \lambda\mathbf{I})^{-1}\mathbf{X'X}\beta,$$

und die Varianz-Kovarianzmatrix ist

$$\text{Var}(\hat{\beta}(\lambda)) = \sigma^2(\mathbf{X'X} + \lambda\mathbf{I})^{-1}\mathbf{X'X}(\mathbf{X'X} + \lambda\mathbf{I})^{-1}.$$

Für $\lambda > 0$ ist $\hat{\beta}(\lambda)$ verzerrt, und die Verzerrung wächst mit λ. Auf der anderen
Seite fällt die Gesamtvarianz als Funktion von λ. Die Idee bei der Ridge-Regression
besteht nun darin, für λ einen Wert so auszuwählen, daß die Reduktion in der
Gesamtvarianz von der zunehmenden Verzerrung nicht aufgezehrt wird. Es gibt
tatsächlich einen Wert $\lambda > 0$, für den der mittlere quadratische Fehler kleiner ist als
der der Ausgangsschätzung:

$$E((\hat{\beta}(\lambda) - \beta)'(\hat{\beta}(\lambda) - \beta)) < E((\hat{\beta} - \beta)'(\hat{\beta} - \beta)).$$

Das übliche Vorgehen besteht darin, λ auszuwählen, indem man sich die *Ridge-Trace*
anschaut. Dabei handelt es sich um eine graphische Darstellung aller Komponenten
von $\hat{\beta}(\lambda)$ in Abhängigkeit von λ, wobei für λ Werte aus dem Intervall von 0 bis
1 angenommen werden. Sofern Multikollinearität ein ernstzunehmendes Problem
ist, werden sich die Ridge-Schätzer für langsam von Null ansteigende Werte von λ

drastisch verändern. Dann wird sich $\hat{\beta}(\lambda)$ stabilisieren. Das Verhalten von $\hat{\beta}(\lambda)$ in Abhängigkeit von λ ist aus der Ridge-Trace deutlich erkennbar. Ausgewählt wird der kleinste Wert für λ, für den $\hat{\beta}(\lambda)$ den stabilen Wert erreicht hat. Außerdem sollte bei dem ausgewählten Wert von λ die Residuenquadratsumme in der Nähe ihres minimalen Wertes liegen, und die Varianz-Kovarianzmatrix von $\hat{\beta}(\lambda)$ sollte wie bei einem Orthogonalsystem aussehen.

Der Reiz der Ridge-Trace liegt darin, daß man an ihr graphisch erkennen kann, welche Konsequenzen Multikollinearität für die geschätzten Koeffizienten hat.

Beispiel 7.28 (Seekrankheit - Fortsetzung)
In der bereits betrachteten Untersuchung zur Seekrankheit ergaben sich hohe Werte des Varianz-Inflationsfaktors. Wie die Abbildung 7.9 zeigt, verändern sich die Koeffizientenschätzungen zum Teil beträchtlich, wenn der Rige-Parameter λ größer wird.

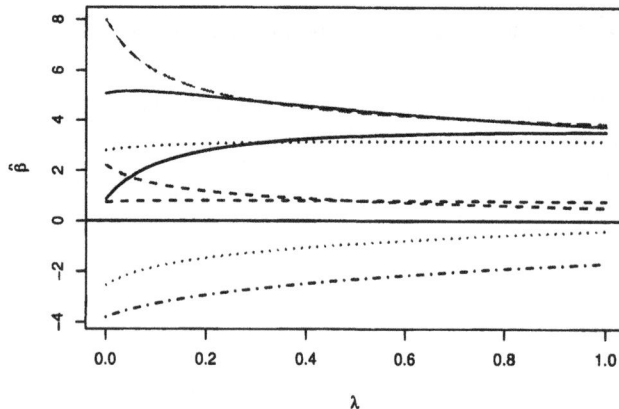

Abbildung 7.9: Ridge-Trace für die Seekrankheit

Die Wahl des Ridge-Parameters nach der Empfehlung von Hoerl-Kennard gibt $\lambda = 0.96$. Die Schätzungen dafür und für die KQ-Methode ($\lambda = 0$) sind:

	$\hat{\beta}_1$	$\hat{\beta}_2$	$\hat{\beta}_3$	$\hat{\beta}_4$	$\hat{\beta}_5$	$\hat{\beta}_6$	$\hat{\beta}_7$	$\hat{\beta}_8$
$\lambda = 0.96$	3.51	0.55	-0.43	-1.72	3.88	3.78	0.79	3.16
$\lambda = 0.0$	0.89	2.20	-2.54	-3.80	7.99	5.05	0.75	2.80

R-Code 7.12 (Ridge-Regression)

```
library(MASS)
dat<-read.table("c:/daten/saesick.dat")
names(dat)<-c("X1","X2","X3","X4","X5","X6","X7","X8","X9","Y")
attach(dat)
```

```
lam<-c(0:50)/50
modell<-lm.ridge(Y ~ X1+X2+X3+X4+X5+X6+X7+X8,lambda=lam )
matplot(lam,t(modell$coef),type="l",xlab=expression(lambda),
        ylab=expression(hat(beta)),lwd=2)
abline(h=0,lwd=2)
select(modell)
v$coef[,modell$lam==.96]
```

Funktionen zum Durchführen der Ridge-Regression befinden sich in dem standardmäßig mitinstallierten Package MASS. Mit lam werden die Werte von λ festgelegt, für die die Regressionen gerechnet werden. Neben der Angabe dieser Punkte geschieht der Aufruf von lm.ridge genauso wie der von lm.

Um den Ridge-Trace grafisch darzustellen, wird die Funktion matplot verwendet. Diese Funktion plottet die Spalten einer Matrix gegen den als erstes angegebenen Vektor der Werte von λ.

Mit select erhält man die (modifizierte) Wahl von λ nach unterschiedlichen Kriterien. Mit der letzten Zeile werden die gewünschten Koeffizienten ausgedruckt.

4 Aufgaben

Aufgabe 1

Die folgenden Daten von verschiedenen Automobilen stammen aus dem Jahr 1995, siehe Rossman & Barr von Oehsen (1997). Für 16 Modelle wurden das Gewicht (in pounds) und der effektive Benzinverbrauch (in miles per gallon) bei einer 150 Meilen langen Testfahrt gemessen.

Modell	Gewicht	Verbrauch	Modell	Gewicht	Verbrauch
BMW 3er Modelle	3250	28	Ford Probe	2900	28
BMW 5er Modelle	3675	23	Ford Taurus	3345	25
Cadillac Eldorado	3840	19	Ford Taurus SHO	3545	24
Cadillac Seville	3935	20	Honda Accord	3050	31
Ford Aspire	2140	43	Honda Civic	2540	34
Ford Crown Victoria	4010	22	Honda Civic del Sol	2410	36
Ford Escort	2565	34	Honda Prelude	2865	30
Ford Mustang	3450	22	Lincoln Mark VIII	3810	22

Eignen sich die Daten für eine lineare Regressionsanalyse? Begründen Sie Ihre Antwort und führen Sie ggf. eine adäquate und ausführliche Analyse durch. Entscheiden Sie, welche Variable sinnvoller Weise als erklärende und welche als zu erklärende zu wählen ist.

Aufgabe 2

Bei einer Untersuchung der Sterblichkeitsrate des Menschen durch Umwelteinflüsse in 61 großen englischen und waliser Städten wurden folgende Daten erfaßt. Die Angaben sind Hand (1994, Datensatz 7) entnommen:

Sterb: jährliche Sterberate pro 100.000 Männern (Durchschnitt der Jahre 1958-1964)
Cal: Calciumkonzentration im Trinkwasser (in Teilchen pro Million Liter)

Sterb	Cal	Sterb	Cal	Sterb	Cal	Sterb	Cal	Sterb	Cal	Sterb	Cal
1247	105	1755	12	1379	94	1702	44	1711	13	1640	57
1668	17	1307	78	1742	8	1309	59	1444	14	1709	71
1466	5	1254	96	1574	9	1259	133	1591	49	1625	20
1800	14	1491	20	1569	91	1427	27	1987	8	1527	60
1609	18	1555	39	1096	138	1724	6	1495	14	1627	53
1558	10	1428	39	1591	16	1175	107	1369	68	1486	122
1807	15	1318	122	1402	37	1486	5	1257	50	1485	81
1299	78	1260	21	1772	15	1456	90	1587	75	1378	71
1637	10	1723	44	1828	8	1696	6	1713	71	1519	21
1359	84	1704	26	1236	101	1557	13	1581	14	1625	13
1392	73										

Untersuchen Sie den Erklärungswert von Calcium für die Sterblichkeit. Ja höher die
Calciumkonzentration im Trinkwasser ist, desto härter ist das Wasser. Eine gewisse
Menge Calcium ist der Gesundheit des Menschen durchaus zuträglich.

Sind Beobachtungspaare als sehr einflussreich oder gar als Ausreißer identifizierbar?

Was ergibt sich bei Anwendung einer robusten Regression?

Aufgabe 3
Stellen Sie sich vor, sie lesen ein Statistikbuch, reißen eine Seite heraus und zer-
knüllen diese so fest Sie können. Das Resultat ist eine Papierkugel, die zu mehr
als 75% aus Luft besteht. Gleichwohl ist das Papierknäuel ein komplexes Gebilde,
das dem einwirkenden Druck einen überraschend großen Widerstand entgegensetzt.
Mit zunehmendem Druck bildet sich ein immer dichteres Netz von Ecken und Kan-
ten, die die aufgewendete Energie aufnehmen. Schließlich wird der Prozess so ener-
giezehrend, dass er zum Stillstand kommt und das Papierknäuel sich nicht weiter
zusammendrücken lässt.

Wieweit lässt sich solch ein Papierknäuel weiter zusammenpressen? Diese Frage haben sich auch vier amerikanische Physiker gestellt und dazu ein Experiment durchgeführt, siehe Matan et al. (2002). Sie zerknüllten eine mit Aluminium beschichtete
Polyesterfolie zu einer Kugel, steckten diese in einen durchsichtigen Plastikzylinder.
Mit einem Kolben, der mit einem Gewicht beschwert war, wurde die Folie weiter
zusammengedrückt. Auf einer Millimeterskala konnten die Forscher die Höhe des
Folienknäuels in dem Zylinder ablesen. Danach haben sie in unregelmäßigen Zeitab-
ständen die Höhe der Kugel gemessen. Selbst nach einigen Wochen gab die Folie
noch unter dem Druck des Kolbens nach!

In der Datenmatrix befinden sich die aus der Veröffentlichung rekonstruierten Daten,
die Messzeitpunkte (in Sekunden) und die gemessenen Höhen (cm). Es soll die Höhe
des Papierknäuels durch die Zeit erklärt werden, die der Druck auf das Knäuel
einwirkte. Ermitteln Sie dazu einen geeigneten Ansatz; sofern nötig, transformieren
Sie die erklärende Variable geeignet.

Nr.	Zeit	Höhe	Nr.	Zeit	Höhe	Nr.	Zeit	Höhe	Nr.	Zeit	Höhe
1	0.15	8.530	16	30	8.200	31	2400	7.970	46	86400	7.770
2	0.30	8.480	17	40	8.190	32	3000	7.960	47	172800	7.700
3	0.50	8.460	18	60	8.170	33	3600	7.950	48	259200	7.660
4	0.60	8.430	19	120	8.120	34	4800	7.930	49	345600	7.655
5	1.00	8.420	20	180	8.100	35	6000	7.910	50	518400	7.605
6	1.50	8.400	21	240	8.090	36	7200	7.900	51	691200	7.600
7	1.75	8.390	22	300	8.070	37	10800	7.860	52	864000	7.585
8	2.00	8.380	23	420	8.050	38	14400	7.820	53	1036800	7.585
9	3.00	8.330	24	600	8.050	39	21600	7.820	54	1296000	7.585
10	4.00	8.310	25	720	8.040	40	28800	7.810	55	1720000	7.585
11	5.00	8.310	26	840	8.030	41	36000	7.800	56	2160000	7.530
12	8.00	8.290	27	960	8.030	42	43200	7.790	57	2592000	7.530
13	10	8.280	28	1200	8.000	43	50400	7.790			
14	15	8.250	29	1500	7.990	44	57600	7.790			
15	20	8.230	30	1800	7.980	45	72000	7.780			

Aufgabe 4

Im November 2001 veröffentlichte DMEuro die in der folgenden Tabelle wiedergegebenen Ergebnisse aus einer europäischen Studie. Dabei sind:

Name: Firmenname
Land: Hauptsitz der Firma
Inter: Internationalität (gemessen als außereuropäischer Umsatzanteil in Prozent)
Finanz: Finanzkraft (gemessen in Eigenkapitalquote in Prozent)
Inno: Innovationsfähigkeit (gemessen in durchschnittlichen Patenten der vergangenen Jahre)
Marke: Markenstärke (Kennzahl gemäss Fortune-Ranking)
Gesamt: Gesamtbewertung in der Studie

- Wie gut lässt sich die Gesamtbewertung durch die einzelnen Bewertungsbestandteile linear erklären?
- Wie groß sind die Korrelationen der einzelnen Bewertungsbestandteile untereinander und welche Auswirkungen hat das ggf. auf die Regression?
- Sind Sie gehalten, Ihren Auswertungsansatz zu modifizieren?

Firma	Land	Inter	Finanz	Inno	Marke	Gesamt
Siemens	D	45	30.2	3678	6.23	100
BP	GB	64	51.0	90	7.63	96
Philips	NL	55	55.4	1048	5.85	95
Nestle	CH	67	44.1	121	7.64	93
Shell Holding	GB	54	49.2	228	7.70	91
Daimler-Chrysler	D	65	20.4	1239	6.48	83
BASF	D	44	33.8	926	6.96	80
Alcatel	F	36	36.5	563	6.94	72

TotalfinaElf	F	46	34.6	37	6.50	72
UnileverGroup	NL	58	14.6	320	6.82	69
ThyssenKrupp	D	40	24.5	182	5.72	61
Repsol	E	35	29.6	9	5.74	60
Volkswagen	D	31	13.5	750	6.40	58
BMW	D	42	13.1	540	5.62	57
Eni	I	23	36.7	55	5.45	57
Renault	F	33	18.8	234	5.23	52
RWE	D	22	14.8	11	5.66	44
Fiat	I	27	13.5	122	4.35	41
Peugeot	F	9	21.6	197	4.97	40
Eon	D	25	26.4	280	0.00	31

Aufgabe 5

Der Datensatz von Longley (1967) findet sich auch im Standardpaket von R. Es sind
Angaben zu verschiedenen Ländern. Die Variablen sind genauer:

GNP.deflator: Preis-Deflator (1954=100)
GNP : Bruttosozialprodukt
Unemployed : Anzahl der Arbeitslosen
Armed.Forces: Anzahl der Armeeangehörigen
Population : Bevölkerung von 14 Jahren und älter
Year : Jahr (Zeit).
Employed : Anzahl der Beschäftigten.

Untersuchen Sie die Regression mit der 'Anzahl der Beschäftigten' als Zielgröße in
Hinblick auf Kollinearität.

GNP.deflator	GNP	Unemployed	Armed.Forces	Population	Year	Employed
83.0	234.289	235.6	159.0	107.608	1947	60.323
88.5	259.426	232.5	145.6	108.632	1948	61.122
88.2	258.054	368.2	161.6	109.773	1949	60.171
89.5	284.599	335.1	165.0	110.929	1950	61.187
96.2	328.975	209.9	309.9	112.075	1951	63.221
98.1	346.999	193.2	359.4	113.270	1952	63.639
99.0	365.385	187.0	354.7	115.094	1953	64.989
100.0	363.112	357.8	335.0	116.219	1954	63.761
101.2	397.469	290.4	304.8	117.388	1955	66.019
104.6	419.180	282.2	285.7	118.734	1956	67.857
108.4	442.769	293.6	279.8	120.445	1957	68.169
110.8	444.546	468.1	263.7	121.950	1958	66.513
112.6	482.704	381.3	255.2	123.366	1959	68.655
114.2	502.601	393.1	251.4	125.368	1960	69.564
115.7	518.173	480.6	257.2	127.852	1961	69.331
116.9	554.894	400.7	282.7	130.081	1962	70.551

Kapitel 8

Kovarianzanalyse

Bei der Varianzanalyse werden nur Faktoren mit geringen Anzahlen von Stufen betrachtet, bei der Regressionsanalyse vorwiegend kontinuierliche Einflussfaktoren. Die Kovarianzanalyse verbindet beide Ansätze, indem hier diskrete und kontinuierliche Faktoren in das Modell einbezogen werden. Bei nur je einem diskreten Faktor A mit I Stufen und einem kontinuierlichen Faktor X lautet das Modell

$$Y_{iv} = \alpha_i + \beta_i x_{iv} + \varepsilon_{iv} \qquad (i = 1, \ldots, I, \ v = 1, \ldots, n_i), \tag{8.1}$$

wobei die ε_{iv} als unabhängig und identisch $\mathcal{N}(0, \sigma^2)$-verteilt angenommen werden.

Die Kovarianzanalyse kann als Verallgemeinerung der Blockbildung aufgefasst werden. In der praktischen Versuchsdurchführung besteht dennoch ein Unterschied zur Zweiweg-Varianzanalyse. Innerhalb der Kovariablen wird keine Randomisierung durchgeführt, sie ist eine zu messende Variable. Es muss sicher gestellt sein, dass die Behandlung (Versuchsdurchführung) keinerlei Einfluss auf die Kovariable ausübt. Das ist gegeben, wenn die Werte der Kovariablen für den Zeitraum der Untersuchung als fest angesehen werden können, wie etwa das Alter von Probanden. In anderen Fällen kann man dies z.B. dadurch erreichen, dass die Kovariable vor der Behandlung gemessen wird (sog. Vorwert).

Frühere, spezielle Methoden zur Analyse solcher Versuchspläne sind bei den heutigen Rechnerressourcen nicht mehr so relevant. Dass die Kovarianzanalyse in einem eigenen Kapitel behandelt wird, ist eher den spezifischen inhaltlichen Aspekten geschuldet. Dabei kennzeichnet der Begriff *Kovarianzanalyse* schon einen wesentlichen Aspekt: In der Regel interessiert der kontinuierliche Einflussfaktor X weniger; das Augenmerk ist auf den (oder die) diskreten Faktor(en) gerichtet. Der kontinuierliche Faktor wird wie bei einer Block-Anlage eher einbezogen, weil ohne seine Berücksichtigung der Vergleich der durch die Stufen des diskreten Faktors gegebenen Populationen weniger genau werden könnte.

Beispiel 8.1 (Gewichtzunahme)
Es wurden in einem Experiment Futtersorten miteinander verglichen. 30 Schweine wurden zufällig auf drei Behandlungen, drei verschiedene Futtersorten, verteilt. Die

Gewichtszunahme der Tiere nach drei Wochen hängt nicht nur vom Futtermittel, sondern auch vom Anfangsgewicht des jeweiligen Tieres ab. Diese Gewichtszunahme und das Anfangsgewicht wurden gemessen und beim Vergleich der Futtersorten herangezogen.

Futtermittel 1		Futtermittel 2		Futtermittel 3	
Anfangs-gewicht	Zuwachs nach 3 Wochen	Anfangs-gewicht	Zuwachs nach 3 Wochen	Anfangs-gewicht	Zuwachs nach 3 Wochen
48	19.9	48	20.0	48	19.5
38	19.0	39	17.0	48	18.2
32	18.9	32	18.5	28	17.3
35	16.4	38	19.9	37	17.0
35	18.6	41	18.7	33	15.3
41	18.6	46	18.9	42	17.8
48	21.1	46	19.4	50	20.7
46	21.9	40	17.7	42	19.0
32	17.6	37	19.3	42	19.0
43	20.8	40	18.4	40	17.5

Offensichtlich interessiert hier nur der Effekt der Futtermittel. Die Berücksichtigung des Anfangsgewichtes dient nur der Varianzreduktion.   ∎

Das folgende Beispiel macht deutlich, dass die Nicht-Berücksichtigung einer Kovariablen sogar zu fehlerhaften Interpretationen führen kann.

Beispiel 8.2 (Rauchen und Blutdruck)
In zwei unabhängigen Stichproben von je 50 Männern, bestehend aus Nichtrauchern bzw. Rauchern, wurde das folgende Ergebnis bzgl. des Rauchens und des Blutdrucks erzielt:

	Systolischer Blutdruck Y	
	Nichtraucher	Raucher
$\bar{y}$	145.0	195.0
s_Y	21.5	23.0
$\bar{x}$	35.0	45.0

In der Tabelle ist in der letzten Zeile auch noch das durchschnittliche Alter X in den beiden Gruppen angegeben. Bei einem unterstellten Zusammenhang zwischen Blutdruck und Alter der Form

$$Y_R = a_R + bX_R + \varepsilon_1$$
$$Y_{NR} = a_{NR} + bX_{NR} + \varepsilon_2$$

erhält man für den Effekt:

$$\bar{y}_R - \bar{y}_{NR} = \underbrace{(a_R - a_{NR})}_{Effekt} + \underbrace{b(\bar{x}_R - \bar{x}_{NR})}_{Bias}.$$

Konkret ergäbe sich hier bei $b = 3$, dass der Effekt nicht 50 betragen würde, wie die Differenz $\bar{y}_R - \bar{y}_{NR}$ suggeriert, sondern nur 20, nämlich $50 - 3 \cdot (\bar{x}_R - \bar{x}_{NR})$. Lässt man also den Alterseinfluss außer acht, so ergibt sich eine starke Überschätzung des Effektes des Rauchens auf den Blutdruck.   ∎

1 Allgemeine Achsenabschnitte

Im Modell (8.1) dürfen für alle Stufen des Faktors A Achsenabschnitte und Steigungskoeffizienten verschieden sein. Ungleiche Steigungen entsprechen den Wechselwirkungen in der Zweiweg-Varianzanalyse. In diesem Fall ist jedes unregelmäßige Überkreuzen der einzelnen Regressionsgeraden möglich, die Geraden können den Eindruck eines "Mikadospiels" nach einem Wurf erwecken. Wie die Mittelwerte der einzelnen Stufen des diskreten Faktors zueinander liegen, hängt im Allgemeinen davon ab, welches der betrachtete Wertebereich der unabhängigen Variablen X ist.

Normalerweise lautet die erste zu untersuchende Frage: "Sind die Steigungen gleich?" Im Fall $\beta_1 = \ldots = \beta_I$ ist die Familie der I Regressionsgeraden stark eingeschränkt, und die Vergleiche zwischen den Regressionsgeraden vereinfachen sich erheblich. Es verhält sich wie bei der Zweiweg-Varianzanalyse ohne Wechselwirkungen. Da X die Rolle einer Kovariablen hat, werden nämlich bei gleichen Steigungen die Unterschiede zwischen den Populationen allein durch die Unterschiede in den Achsenabschnitten $\alpha_1, \ldots, \alpha_I$ charakterisiert.

Eine grafische Darstellung der Daten erlaubt häufig zu entscheiden, ob die Annahme gleicher Steigungen überhaupt sinnvoll ist.

Beispiel 8.3 (Gewichtszunahme - Fortsetzung)
Für die Gewichtszunahme in Abhängigkeit vom Anfangsgewicht der Schweine ergeben sich für die drei Futtermittel die folgenden Linienzüge.

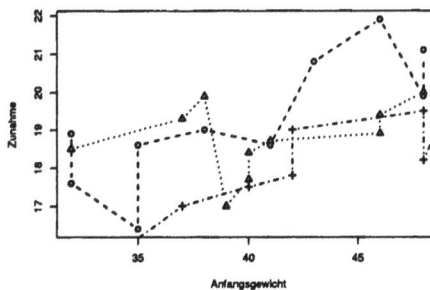

Abbildung 8.1: Gewichtszunahme bei drei Futtermitteln

Danach sind gleiche Steigungen durchaus möglich; das ist aber genauer zu untersuchen.   ∎

Ein formaler Test der Nullhypothese $H_0 : \beta_1 = \ldots = \beta_I$ hat das Problem, dass man im Regelfall wie beim Testen der Wechselwirkungen in der Zweiweg-Varianzanalyse die Nullhypothese nicht ablehnen möchte. Hier muss man sich die möglichen Testentscheidungen mit ihren Fehlerwahrscheinlichkeiten vor Augen halten. Beibehalten der Nullhypothese sagt nur, dass die Unterschiede nicht so stark sind, dass sie ins Gewicht fallen.

Für einen Test der Nullhypothese H_0 werden die ML-Schätzer des nicht-restringierten Modells benötigt. Es sind:

$$\hat{\beta}_i = \frac{\sum_{v=1}^{n_i}(x_{iv} - \bar{x}_{i\cdot})(y_{iv} - \bar{y}_{i\cdot})}{\sum_{v=1}^{n_i}(x_{iv} - \bar{x}_{i\cdot})^2}, \tag{8.2}$$

$$\hat{\alpha}_i = \bar{y}_{i\cdot} - \hat{\beta}_i\bar{x}_{i\cdot}. \tag{8.3}$$

mit $\bar{x}_{i\cdot} = (1/n_i)\sum_{v=1}^{n_i} x_{iv}$ u.s.w.

Die Varianzschätzung ergibt sich durch Poolen der einzelnen Fehlervarianzschätzer für die verschiedenen Stichproben mit den Freiheitsgraden $n_i - 2$, $i = 1, \ldots, I$:

$$\hat{\sigma}_i^2 = \frac{1}{n_i - 2}\sum_{v=1}^{n_i}(y_i - \hat{\alpha}_i - \hat{\beta}_i x_{iv})^2. \tag{8.4}$$

Der gepoolte Schätzer $\hat{\sigma}^2$ ist dann mit $N = \sum_{i=1}^{I} n_i$:

$$\hat{\sigma}^2 = \frac{1}{N - 2I}\sum_{i=1}^{I}\sum_{j=1}^{n_i}(y_{iv} - \hat{\alpha}_i - \hat{\beta}_i x_{iv})^2. \tag{8.5}$$

Die Schätzer für das durch die Nullhypothese einer gemeinsamer Steigung restringierte Modell sind

$$\hat{\beta} = \frac{\sum_{i=1}^{I}\sum_{v=1}^{n_i}(x_{iv} - \bar{x}_{i\cdot})(y_{iv} - \bar{y}_{i\cdot})}{\sum_{i=1}^{I}\sum_{v=1}^{n_i}(x_{iv} - \bar{x}_{i\cdot})^2}, \tag{8.6}$$

$$\hat{\hat{\alpha}}_i = \bar{y}_{i\cdot} - \hat{\hat{\beta}}\bar{x}_{i\cdot}. \quad (i = 1, \ldots, I). \tag{8.7}$$

Die ML-Schätzer für $\alpha_1, \ldots, \alpha_I$ unterscheiden sich von (8.3) durch die einheitliche Steigungsschätzung. Der Schätzer für σ^2 wird zu

$$\begin{aligned}
\hat{\hat{\sigma}}^2 &= \frac{1}{N - I - 1}\sum_{i=1}^{I}\sum_{v=1}^{n_i}(y_{iv} - \hat{\hat{\alpha}}_i - \hat{\hat{\beta}} x_{iv})^2 \\
&= \frac{1}{N - I - 1}\left[\sum_{i=1}^{I}\sum_{v=1}^{n_i} y_{iv}^2 - \sum_{i=1}^{I} n_i\bar{y}_{i\cdot}^2 - \hat{\hat{\beta}}\sum_{i=1}^{I}\sum_{v=1}^{n_i}(x_{iv} - \bar{x}_{i\cdot})^2\right].
\end{aligned} \tag{8.8}$$

Der Varianzschätzer $\hat{\hat{\sigma}}^2$ ist unabhängig von $(\hat{\hat{\alpha}}_1, \ldots, \hat{\hat{\alpha}}_I)$, und es gilt

$$\frac{(N - I - 1)\hat{\hat{\sigma}}^2}{\sigma^2} \sim \chi_{N-I-1}^2. \tag{8.9}$$

Ein Test der Nullhypothese H_0 basiert nun auf einem Vergleich von $\hat{\bar{\beta}}$ mit den einzelnen Steigungsschätzern $\hat{\beta}_i$. $\hat{\bar{\beta}}$ ist eine gewichtete Kombination dieser $\hat{\beta}_i$, $\hat{\bar{\beta}} = \sum_{i=1}^{I} w_i \hat{\beta}_i \big/ \sum_{i=1}^{I} w_i$ mit den Gewichten $w_i = \sum_{v=1}^{n_i} (x_{iv} - \bar{x}_{i\cdot})^2$. Daher liegt als Vergleichsgröße die Summe der gewichteten quadrierten Differenzen

$$\sum_{i=1}^{I} w_i (\hat{\beta}_i - \hat{\bar{\beta}})^2 \tag{8.10}$$

nahe. Dividiert durch σ^2 ist sie unter H_0 χ^2-verteilt mit $I - 1$ Freiheitsgraden. Zur eigentlichen Teststatistik gelangt man also dadurch, dass man (8.10) durch $I - 1$ und die gepoolte Schätzung $\hat{\sigma}^2$ dividiert:

$$F = \frac{\sum_{i=1}^{I} w_i (\hat{\beta}_i - \hat{\bar{\beta}})^2 / (I - 1)}{\hat{\sigma}^2}. \tag{8.11}$$

F hat unter H_0 eine F-Verteilung mit $I - 1$ und $\sum_{i=1}^{I} (n_i - 2)$ Freiheitsgraden.

Beispiel 8.4 (Gewichtszunahme - Fortsetzung)
Für die drei Behandlungen werden getrennte Regressionen berechnet. Dies ergibt:

i	$\bar{y}_i$	$\bar{x}_i$	$\hat{\alpha}_i$	$\hat{\beta}_i$	w_i	$\hat{\sigma}_i^2$
1	19.28	39.8	11.002	0.208	355.6	1.2192
2	18.78	40.7	16.00209	0.06825	210.1	0.8747
3	18.13	41.0	11.1828	0.1694	432.0	1.0097

Damit sind

$$\hat{\bar{\beta}} = 0.1619, \quad \text{und} \quad \hat{\sigma}^2 = 1.03453.$$

Somit lautet der Wert der Teststatistik $F = 1.268$. Bei 2 und 24 Freiheitsgraden beträgt der P-Wert 0.3; also kann von gleichen Steigungen ausgegangen werden. ∎

Es sei noch einmal darauf hingewiesen, dass man i.A. die Nullhypothese beibehalten möchte. Wenn der P-Wert für den beobachteten Quotienten so klein ist, dass er diese Entscheidung ausschließt, wird man aber auf den Komfort der einfacheren Interpretation verzichten.

Ein alternativer Test für $H_0 : \beta_1 = \ldots = \beta_I$ ist ein multipler Vergleich gemäß dem Verfahren von Tukey-Kramer, siehe Abschnitt 3.2. Dieser Test führt für große Werte von

$$T = \max_{i,i'} \left\{ \frac{|\hat{\beta}_i - \hat{\beta}_{i'}|}{\frac{\hat{\sigma}}{\sqrt{2}} \left[\frac{1}{\sum_{j=1}^{n_i} (x_{ij} - \bar{x}_{i\cdot})^2} + \frac{1}{\sum_{j=1}^{n_{i'}} (x_{i'j} - \bar{x}_{i'\cdot})^2} \right]^{1/2}} \right\} \tag{8.12}$$

zur Ablehnung von H_0. Unter H_0 ist die Verteilung von T näherungsweise die einer studentisierten Spannweite von I Variablen mit $N - 2I$ Freiheitsgraden für die Schätzung der Fehlervarianz.

Gelangt man zu der Entscheidung, dass die Steigungen als gleich anzusehen sind, dann fährt die Analyse auf der Basis des eingeschränkten Modells

$$y_{iv} = \alpha_i + \beta x_{iv} + e_{iv} \qquad (i = 1, \ldots, I, \; v = 1, \ldots, n_i) \qquad (8.13)$$

fort. Diese Situation sei nun unterstellt.

Häufig werden in der Situation des eingeschränkten Modells die Schätzungen der Erwartungswerte der Zielvariablen für die einzelnen Stufen an den zugehörigen Mittelwerten der Kovariablen,

$$\hat{\mu}_i = \hat{\alpha}_i + \hat{\beta} \cdot \bar{x}_{..} \qquad (i = 1, \ldots, I), \qquad (8.14)$$

als *adjustierte Mittelwerte* bezeichnet. Bisweilen wird der Name auch für die Achsenabschnitte $\hat{\alpha}_i$ benutzt. Dies entspricht den Größen $\tilde{\mu}_i = \hat{\alpha}_i + \hat{\beta} \cdot 0$. Um die Bezeichnung eindeutig benutzen zu können, sollte dem "adjustierten Mittelwert" der entsprechende x-Wert beigefügt werden.

Der Maximum-Likelihood-Schätzer für β ist durch (8.6) gegeben und die ML-Schätzer $(\hat{\alpha}_1, \ldots, \hat{\alpha}_I)$ der Achsenabschnitte oder *Effekte* durch (8.7). Letztere haben eine multivariate Normalverteilung mit Erwartungswerten $(\alpha_1, \ldots, \alpha_I)$ und Varianzen sowie Kovarianzen

$$
\begin{aligned}
\mathrm{Var}(\hat{\alpha}_i) &= \sigma^2 \left[\frac{1}{n_i} + \frac{\bar{x}_{i.}^2}{\sum_{i=1}^{I} \sum_{j=1}^{n_i} (x_{ij} - \bar{x}_{i.})^2} \right], \\
\mathrm{Cov}(\hat{\alpha}_i, \hat{\alpha}_{i'}) &= \sigma^2 \left[\frac{\bar{x}_{i.} \bar{x}_{i'.}}{\sum_{i=1}^{I} \sum_{j=1}^{n_i} (x_{ij} - \bar{x}_{i.})^2} \right].
\end{aligned}
\qquad (8.15)
$$

Es sind drei Formulierungen der globalen Nullhypothese bzgl. der Auswirkungen des Faktors A in Gebrauch. Die globale Nullhypothese gleicher Achsenabschnitte,

$$H_{01} : \alpha_1 = \alpha_2 = \cdots = \alpha_I, \qquad (8.16)$$

ist eine Hypothese über "adjustierte Mittelwerte" an der Stelle $X = 0$.
Die globale Nullhypothese

$$H_{02} : (\alpha_1 + \beta \cdot \bar{x}_{1.}) = (\alpha_2 + \beta \cdot \bar{x}_{2.}) = \cdots = (\alpha_I + \beta \cdot \bar{x}_{I.}) \qquad (8.17)$$

ist ebenfalls eine auf die Kovariable adjustierte Hypothese, nämlich an den Stellen $\bar{x}_{1.}, \ldots, \bar{x}_{I.}$. Schließlich ist

$$H_{03} : (\alpha_1 + \beta \cdot \bar{x}_{..}) = (\alpha_2 + \beta \cdot \bar{x}_{..}) = \cdots = (\alpha_I + \beta \cdot \bar{x}_{..}) \qquad (8.18)$$

eine adjustierte Hypothese bei $X = \bar{x}_{..}$. Diese Nullhypothese ist aber offensichtlich äquivalent zu H_{01}.

Der klassische ANOVA-Test für $H_{01} : \alpha_1 = \ldots = \alpha_I$ vergleicht die Residuenquadratsumme unter dem Modell (8.13) mit der entsprechenden Residuenquadratsumme unter H_{01}. Unter H_{01} verändert sich der ML-Schätzer (8.6) für β zu

$$\hat{\beta} = \frac{\sum_{i=1}^{I} \sum_{v=1}^{n_i} (x_{iv} - \bar{x}_{..})(y_{iv} - \bar{y}_{..})}{\sum_{i=1}^{I} \sum_{v=1}^{n_i} (x_{iv} - \bar{x}_{..})^2}, \qquad (8.19)$$

wobei $\bar{x}_{..} = \sum_{i=1}^{I} \sum_{j=1}^{n_i} x_{ij}/N$, etc. Der Unterschied zwischen den Residuenquadratsummen ist durch

$$SS_{A;H_{01}} = \sum_{i=1}^{I} n_i \bar{y}_{i.}^2 - N\bar{y}_{..}^2 + \hat{\beta}^2 \sum_{i=1}^{I} \sum_{v=1}^{n_i} (x_{iv} - \bar{x}_{i.})^2 - \hat{\beta}^2 \sum_{i=1}^{I} \sum_{v=1}^{n_i} (x_{iv} - \bar{x}_{..})^2 \quad (8.20)$$

gegeben. Unter H_{01} hat der Quotient

$$\frac{SS_{A;H_{01}}/(I-1)}{\hat{\hat{\sigma}}} \qquad (8.21)$$

eine F-Verteilung mit $I - 1$ und $N - I - 1$ Freiheitsgraden für Zähler bzw. Nenner.

Beispiel 8.5 (Gewichtszunahme - Fortsetzung)
Für die Gewichtszunahme, siehe Beispiel 8.1, soll der klassische ANOVA-Test für $H_{01} : \alpha_1 = \ldots = \alpha_I$ durchgeführt werden.

Man erhält $SS_{A;H_{01}} = 8.975$ und $\hat{\sigma}^2 = 1.056$. Folglich ist die Teststatistik $F = 8.975/(2 \cdot 1.056) = 4.250$. Der P-Wert beträgt 0.0253. Die Achsenabschnitte unterscheiden sich zumindest zum Niveau 0.05 signifikant. ∎

Zum Testen von $H_{01} : \alpha_1 = \cdots = \alpha_I$ gegen monotone Alternativen kann man einen geeigneten Kontrast $\sum_{i=1}^{I} c_i \hat{\alpha}_i$ verwenden, siehe Kapitel 5.4. Die Varianz von $\sum_{i=1}^{I} c_i \hat{\alpha}_i$ kann aus (8.15) gewonnen werden.

Die F-Statistik zur Überprüfung von H_{02} wird entsprechend der allgemeinen Vorgehensweise hergeleitet.

R-Code 8.1 (Kovarianzanalyse)

```
ancova1<-lm(Zunahme~Anfang*Behandlung)
anova(ancova1)
ancova2<-update(ancova1, ~.-Anfang:Behandlung)
anova(ancova2)
summary(ancova2)
```

Die Variablen mögen sich im Hauptspeicher befinden. Mit dem ersten Befehl wird das Kovarianzanalysemodell mit unterschiedlichen Steigungen und Achsenabschnitten berechnet. Das Produktzeichen steht ja als Abkürzung für Haupteffekte und Wechselwirkungen; letztere sind hier die unterschiedlichen Steigungen. In der Ausgabe der Varianzanalysetabelle lässt sich erkennen, dass die Steigungsunterschiede nicht signifikant sind. Daher werden die

Wechselwirkungen aus dem Modell herausgenommen. Dazu dient die Funktion update. Das Ergebnis zeigt, dass nun alle Effekte signifikant sind. Mit dem Befehl summary(ancova2) erhält man die Schätzungen der Koeffizienten. In der Standard-Kodierung ist der bei Intercept angegebene Koeffizient gleich $\hat{\alpha}_1$. Die anderen $\hat{\alpha}_i$ ergeben sich aus den für die Stufen angegebenen Koeffizienten durch Addition mit $\hat{\alpha}_1$.

Die Interpretation einer Kovarianzanalyse ist nicht ganz einfach, sie ist im Zusammenhang mit den Hypothesen H_{01} und H_{02} zu sehen. Wenn die Kovariable X zwischen den Behandlungsgruppen unterschiedliches Niveau hat, die $\bar{x}_{i\cdot}$ also stärker differieren, so können unterschiedliche Effekte auftreten. Dies ist in der Abbildung 8.2 illustriert.

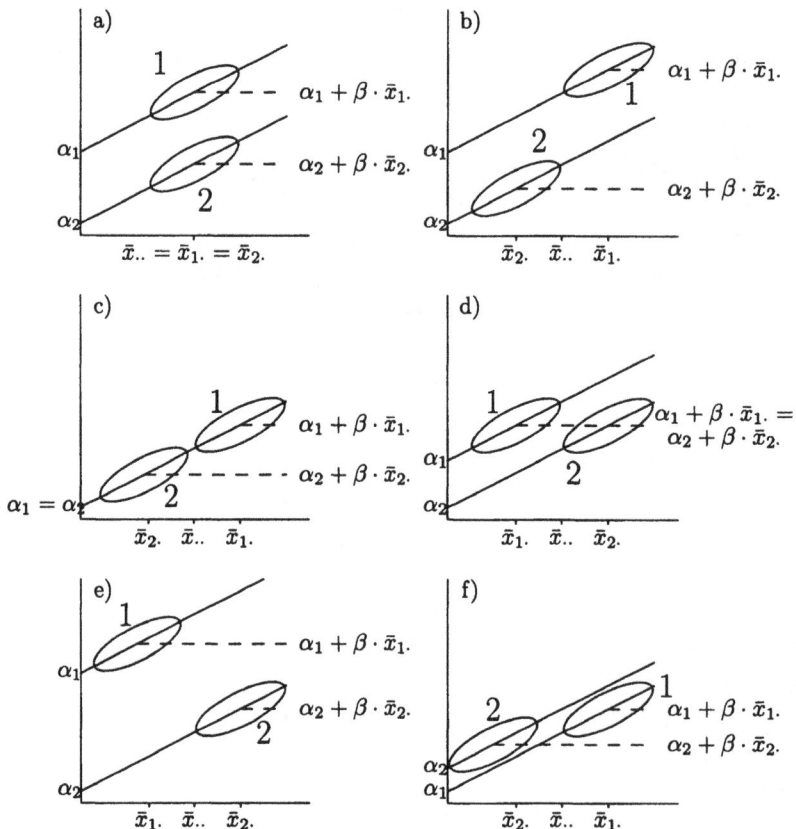

Abbildung 8.2: Einfluss der Kovariablen auf Behandlungsunterschiede

In der Situation a) ist der günstige Fall dargestellt, dass die Kovariable in den beiden Behandlungsgruppen im Mittel die gleichen Werte hat. Hier sind die Effekte eindeutig der Behandlung zuzuordnen. Für die folgenden Situationen sind die Mittelwerte $\bar{x}_1$. und $\bar{x}_2$. verschieden. Bei b) gibt es zwar Behandlungsunterschiede ($\alpha_1 > \alpha_2$), jedoch erscheinen sie bei einem Vergleich von $E(Y|X = 1)$ und $E(Y|X = 2)$ größer, als sie tatsächlich sind. Dies ist ganz extrem in c). Vergleicht man nur die bedingten Erwartungswerte von Y, so gibt es einen Unterschied zwischen den Gruppen. Diese wird jedoch nur durch die unterschiedlichen Werte der Kovariablen bewirkt. Die Behandlungseffekte sind gleich. Umgekehrt sieht man bei einem Vergleich der bedingten Erwartungswerte $E(Y|X = 1)$ und $E(Y|X = 2)$ in d) keinen Unterschied, obwohl die Behandlung einen Effekt hat. In e) ist die Situation illustriert, dass der Effekt größer ist, als die bedingten Erwartungswerte von Y erkennen lassen. Die Betrachtung dieser bedingten Erwartungswerte von Y kann sogar einen den tatsächlichen Effekten entgegengesetzten Eindruck hervorrufen. In f) gilt $\alpha_1 + \beta \cdot \bar{x}_1 > \alpha_2 + \beta \cdot \bar{x}_2$, jedoch ist $\alpha_1 < \alpha_2$.

2 Multiple Vergleiche

Häufig sind nicht die globalen Fragestellungen von Interesse, sondern wie in der Einwege-Varianzanalyse die multiplen Fragestellungen bezüglich der Stufen des Faktors. Die Konstruktion von simultanen Konfidenzintervallen beruht darauf, die Schätzer der adjustierten Mittelwerte $\alpha_i + \beta \cdot x$ und die entsprechende Varianz zu berechnen. Die Schätzer sind ja normalverteilt und erwartungstreu, so dass sich die Konfidenzintervalle auf die übliche Weise ergeben. Weiterhin muss man festlegen, an welchem Punkt x welche Linearkombinationen zu bilden sind. Für die Stellen wird vorzugsweise $x = 0$ von Interesse sein, aber auch $x = \bar{x}_i$. und $x = \bar{x}_{..}$ sind häufig bedeutsam.

Allgemein ist, wenn $\mu_{Y|i,X=x}$ den Erwartungswert von Y für die i-te Faktorstufe an der Stelle x der Kovariablen X bezeichnet:

$$\hat{\mu}_{Y|i,X=x} = \hat{\alpha}_i + \hat{\beta} \cdot x \,. \tag{8.22}$$

Die zugehörige Varianz lautet:

$$\mathrm{Var}(\hat{\mu}_{Y|i,X=x}) = \sigma^2 \left(\frac{1}{n_i} + \frac{(x - \bar{x}_{i.})^2}{SS(X)} \right) , \tag{8.23}$$

wobei $SS(X) = \sum_{i=1}^{I} \sum_{v=1}^{n_i} (x_{iv} - \bar{x}_{i.})^2$.

Für die angesprochenen Stellen x ergibt sich:

$$X = 0 : \qquad \mathrm{Var}(\hat{\mu}_{Y|i,X=0}) = \mathrm{Var}(\hat{\alpha}_i) = \sigma^2 \left(\frac{1}{n_i} + \frac{\bar{x}_{i.}^2}{SS(X)} \right) , \tag{8.24a}$$

$$X = \bar{x}_{i.} : \qquad \mathrm{Var}(\hat{\mu}_{Y|i,X=\bar{x}_{i.}}) = \sigma^2 \left(\frac{1}{n_i} \right) , \tag{8.24b}$$

$$X = \bar{x}_{..} : \qquad \mathrm{Var}(\hat{\mu}_{Y|i, X=\bar{x}_{..}}) = \sigma^2 \left(\frac{1}{n_i} + \frac{(\bar{x}_{..} - \bar{x}_{i.})^2}{SS(X)} \right). \tag{8.24c}$$

Mit der Varianzschätzung $\hat{\sigma}^2$, siehe (8.8), erhält man die entsprechenden Varianzschätzer.

Die Varianzen für die unterschiedlich adjustierten Mittelwerte unterscheiden sich auf Grund der unterschiedlichen Stichprobenumfänge n_i und der unterschiedlichen Mittelwerte der Kovariablen in den Gruppen. Die Anwendung der Dunnett- und der Tukey-Methode sind daher nicht ohne weiteres möglich.

Für den Vergleich der Achsenabschnitte kann man in vielen Fällen eine Näherung anwenden. Oft sind nämlich die Mittelwerte $\bar{x}_{i.}$, $i = 1, \ldots, I$, der unabhängigen Variablen ungefähr gleich und/oder die Quadrate dieser Mittelwerte sind relativ klein im Vergleich zu $\sum_{i=1}^{I} \sum_{v=1}^{n_i} (x_{iv} - \bar{x}_{i.})^2$. In beiden Fällen ist sichergestellt, dass

$$\begin{aligned}
\mathrm{Var}(\hat{\hat{\alpha}}_i - \hat{\hat{\alpha}}_{i'}) &\cong \sigma^2 \left(\frac{1}{n_i} + \frac{1}{n_{i'}} \right), & i \neq i', \\
\mathrm{Cov}(\hat{\hat{\alpha}}_i - \hat{\hat{\alpha}}_{i'}, \hat{\hat{\alpha}}_{i''} - \hat{\hat{\alpha}}_{i'}) &\cong \frac{\sigma^2}{n_{i'}}, & i \neq i',\, i''
\end{aligned} \tag{8.25}$$

gilt und die anderen Kovarianzen ungefähr null sind. Diese Kovarianzstruktur ist die gleiche wie die bei einer Einwegklassifikation mit ungleichen Stichprobenumfängen, so dass die Anwendung der Tukey-Kramer-Methode für multiple Vergleiche nahegelegt wird, vgl. Abschnitt 5.3.2. Mit einer Wahrscheinlichkeit von approximativ $1 - \gamma$ gilt

$$\alpha_i - \alpha_{i'} \in$$

$$\hat{\hat{\alpha}}_i - \hat{\hat{\alpha}}_{i'} \pm q_{I, N-I-1; 1-\gamma} \frac{\hat{\sigma}}{\sqrt{2}} \left[\frac{1}{n_i} + \frac{1}{n_{i'}} + \frac{(\bar{x}_{i.} - \bar{x}_{i'.})^2}{\sum_{i=1}^{I} \sum_{v=1}^{n_i} (x_{iv} - \bar{x}_{i.})^2} \right]^{1/2} \tag{8.26}$$

für alle $i \neq i'$, wobei $q_{I, N-I-1; 1-\gamma}$ das $(1-\gamma)$-Quantil der studentisierten Spannweite der I Variablen mit $N - I - 1$ Freiheitsgraden für die Schätzung der Fehlervarianz ist. Der letzte Term unter der Wurzel in (8.26) berücksichtigt die Kovariablenstruktur zwar, er sollte im Vergleich zu den beiden voranstehenden Ausdrücken klein sein, damit die Überdeckungswahrscheinlichkeit näherungsweise korrekt ist.

Für die allgemeine Situation wird dagegen die Scheffé-Methode vorgeschlagen; die Bonferroni- oder Bonferroni-Holm-Methode sind für multiple Fragestellungen jederzeit einsetzbar.

Dazu werden Kontraste $\sum_{i=1}^{I} c_i(\alpha_i + \beta \cdot x)$ zwischen den Faktorstufen betrachtet. Ein erwartungstreuer Schätzer ist

$$\sum_{i=1}^{I} c_i(\hat{\hat{\alpha}}_i + \hat{\beta} \cdot x); \tag{8.27}$$

er hat die Varianz

$$\text{Var}\left(\sum_{i=1}^{I} c_i(\hat{\alpha}_i + \hat{\beta} \cdot x)\right) = \sigma^2 \left(\sum_{i=1}^{I} \frac{c_i^2}{n_i} + \frac{\left(\sum_{i=1}^{I} c_i(x - \bar{x}_{i.})\right)^2}{SS(X)}\right). \qquad (8.28)$$

Zu gegebenem Konfidenzniveau $1 - \gamma$ erhält man dann die simultanen Scheffé-Intervalle für beliebige Kontraste:

$$\sum_{i=1}^{I} c_i(\alpha_i + \beta \cdot x) \in \sum_{i=1}^{I} c_i(\hat{\alpha}_i + \hat{\beta} \cdot x)$$

$$\pm \hat{\sigma}\sqrt{(I-1)F_{I-1,N-I-1;1-\gamma}\left(\sum_{i=1}^{I} \frac{c_i^2}{n_i} + \frac{\left(\sum_{i=1}^{I} c_i(x - \bar{x}_{i.})\right)^2}{SS(X)}\right)}. \qquad (8.29)$$

Die Spezialfälle $X = 0$, $X = \bar{x}_{i.}$ und $X = \bar{x}_{..}$ erhält man wieder durch Einsetzen in x.

Für die Bonferroni-Methode wird in (8.29) $F_{I-1,N-I-1;1-\gamma}$ durch $F_{1,N-I-1;1-\gamma/K}$ ersetzt. Dabei bezeichnet K die Anzahl der zu bestimmenden Konfidenzintervalle. Wenn nur die paarweisen Vergleiche zwischen den Behandlungen geplant sind, dann sind in fast allen Konstellationen die Bonferroni-Intervalle kürzer als die Scheffé-Intervalle.

3 Horizontale Abstände

Bisher wurden bei einem Vergleich zwischen Faktorstufen bei gemeinsamer Steigung immer die Achsenabschnitte oder vertikalen Abstände der Regressionsgeraden miteinander verglichen. In einigen Problemstellungen ist es sinnvoll, den horizontalen Abstand für den Vergleich zweier Geraden heranzuziehen. Dies gilt etwa beim *Bioassay*. Dies ist eine Methode zur Untersuchung der Wirksamkeit eines Präparates, etwa eines Giftes, Medikamentes oder Hormons. Dabei interessiert die Beziehung zwischen Dosis und Wirkung. Die Wirksamkeit kann absolut oder relativ zu einem Standardpräparat betrachtet werden. Als Untersuchungseinheiten dienen biologische Objekte wie z. B. Mikroorganismen, Gewebestücke oder Pflanzen, vgl. Rasch u.a. (1998, S. 581f).

Zur Vereinfachung wird im Folgenden die Diskussion nur für den Fall des Vergleichs zweier Faktorstufen geführt. Um bei mehr als zwei Stufen das Konfidenzniveau simultan für alle Intervalle zu gewährleisten, kann der Bonferroni-Ansatz herangezogen werden, siehe Abschnitt 5.3.2. Konkret ist dann einfach das Signifikanzniveau α in α/K zu ändern, wobei K die Anzahl der Abstände ist, die betrachtet werden.

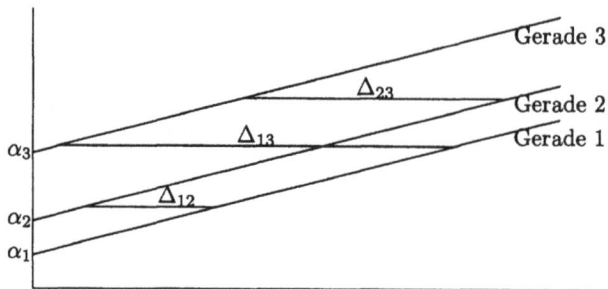

Abbildung 8.3: Horizontale Abstände paralleler Geraden

Den horizontalen Abstand zweier paralleler Geraden mit der Steigung β erhält man dadurch, dass β gerade der Steigungsquotient aus vertikalen zu horizontalem Abstand ist. Wird der vertikale Abstand zwischen den Geraden 1 und 2 mit Δ_{12} bezeichnet, so ist also

$$\Delta_{12} = \frac{\alpha_2 - \alpha_1}{\beta}. \tag{8.30}$$

Zu interpretieren ist Δ_{12} als der Wert, den man zu einem X-Wert in Population 1 addieren muss, um den gleichen Effekt wie bei einem X-Wert in Population 2 zu erzielen, d.h.

$$\mu_1(x + \Delta_{12}) = \mu_2(x), \tag{8.31}$$

wobei $\mu_i(x) = \alpha_i + \beta x$, $i = 1, 2$ ist.

Wenn bei medizinischen Anwendungen die Maßeinteilung der X-Werte der Logarithmus einer Medikamentendosierung ist, dann wird $\rho_{12} = \exp(\Delta_{12})$ die *relative Potenz* der beiden Medikamente genannt und ist der Faktor, mit dem ein Dosierungslevel von Medikament 1 multipliziert werden muss, um den gleichen Effekt wie die gleich große Menge des Medikamentes 2 zu erzielen, siehe Finney (1978, S. 79–80). Die relative Potenz ρ_{12} kann größer oder kleiner als eins sein, je nachdem, ob Δ_{12} positiv oder negativ ist.

Die Punkt- und Intervallschätzung für Δ_{12} basiert darauf, dass von den üblichen Größen ausgegangen wird und über eine entsprechende Analyse der Eigenschaften Verbesserungen angestrebt werden. Der am häufigsten verwendete Punktschätzer für Δ_{12} ist

$$\hat{\Delta}_{12} = \frac{\hat{\hat{\alpha}}_2 - \hat{\hat{\alpha}}_1}{\hat{\hat{\beta}}} \, ; \tag{8.32}$$

hierbei sind $\hat{\hat{\beta}}$ durch (8.6) und $\hat{\hat{\alpha}}_i$, $i = 1, 2$ durch (8.7) gegeben. Natürlich ist das nur sinnvoll, wenn $\hat{\hat{\beta}}$ von null verschieden ist. Wenn β nicht zuverlässig geschätzt werden kann, können die $\hat{\Delta}_{12}$ nicht unerhebliche Verfälschungen aufweisen, da $\hat{\hat{\beta}}$ im

Nenner steht. Dann bietet der bias-adjustierte Schätzer

$$\hat{\Delta}_{12} = (\bar{x}_{1\cdot} - \bar{x}_{2\cdot}) + \left[\frac{\bar{y}_{2\cdot} - \bar{y}_{1\cdot}}{\hat{\beta}}\right]\left[1 - \frac{\hat{\sigma}^2}{\hat{\beta}^2 \sum_{i=1}^{I}\sum_{j=1}^{n_i}(x_{ij} - \bar{x}_{i\cdot})^2}\right] \tag{8.33}$$

möglicherweise eine verbesserte Schätzung.

Ein Konfidenzintervall für den horizontalen Abstand $\Delta_{12} = (\alpha_2 - \alpha_1)/\beta$ ist ein Konfidenzintervall für einen Quotienten. Zähler und Nenner des Schätzers $\hat{\Delta}_{12}$ sind bei normalverteilten Fehlern gemeinsam normalverteilt mit den Erwartungswerten $\alpha_2 - \alpha_1$ und β. Gesucht ist also ein Konfidenzintervall für den Quotienten zweier Erwartungswerte einer bivariaten Normalverteilung. Diese Konfidenzintervalle wurden zuerst von Fieller (1940, 1954) angegeben. Konfidenzintervalle für horizontale Abstände werden dementsprechend als *Fieller-Intervalle* bezeichnet.

Exakte Fieller Intervalle sind, vgl. Linder (1969):

$$\bar{x}_{1\cdot} - \bar{x}_{2\cdot} + \frac{(\bar{y}_{2\cdot} - \bar{y}_{1\cdot})}{\hat{\beta}(1 - \epsilon')} \tag{8.34}$$

$$\pm \frac{(F_{1,N-I-1;1-\alpha})^{1/2}\hat{\sigma}\left[(\frac{1}{n_1} + \frac{1}{n_2})(1 - \epsilon') + \frac{(\bar{y}_{2\cdot} - \bar{y}_{1\cdot})^2}{\hat{\beta}^2 \sum_{i=1}^{I}\sum_{j=1}^{n_i}(x_{ij} - \bar{x}_{i\cdot})^2}\right]^{1/2}}{\hat{\beta}(1 - \epsilon')},$$

wobei

$$\epsilon' = \frac{F_{1,N-I-1;1-\alpha}\hat{\sigma}^2}{\hat{\beta}^2 \sum_{i=1}^{I}\sum_{j=1}^{n_i}(x_{ij} - \bar{x}_{i\cdot})^2}.$$

Es können hier unplausible Intervalle resultieren. So kann das Konfidenzintervall die ganze Zahlengerade sein (im Fall imaginärer Wurzeln) oder aus zwei einseitig unendlichen Intervallen bestehen (wenn Δ_{12} außerhalb der Wurzeln (8.34) liegt).

Sofern die Steigungsschätzung β zuverlässig ist, ist der Faktor ϵ' klein und die Intervalle

$$\Delta_{12} \in \hat{\Delta}_{12} \pm t_{N-I-1;1-\alpha/2}\frac{\hat{\sigma}}{|\hat{\beta}|}\left[\frac{1}{n_1} + \frac{1}{n_2} + \frac{(\bar{y}_{2\cdot} - \bar{y}_{1\cdot})^2}{\hat{\beta}^2 \sum_{i=1}^{I}\sum_{j=1}^{n_i}(x_{ij} - \bar{x}_{i\cdot})^2}\right]^{1/2} \tag{8.35}$$

bilden eine gute Näherung zu den exakten Fieller-Intervallen. Die Intervalle (8.35) sind immer wohldefiniert und intuitiv einsichtig. Dies braucht bei den exakten Intervallen nicht zu gelten.

Beispiel 8.6 (Blutzucker)

In einem 1940 berichteten Experiment wurden Hasen zwei Präparate von Insulin zur Senkung des Blutzuckers injiziert. (Hier wird nur ein Teil der Daten verwendet, vgl. Fieller (1954).) Die Reduktion Y wurde in Prozent angegeben. Der Anfangsgehalt des Blutzuckers dient als Kovariable X. Der Faktor A ist das Präparat.

A	1	1	1	1	1	1	1	2	2	2	2	2	2	2
X	116	128	104	121	100	117	123	135	122	135	138	131	134	132
Y	40	19	17	33	29	26	34	41	26	17	36	32	35	36

Aus den Daten erhält man $\hat{\Delta}_{12} = \dfrac{6.874 - 6.483}{0.189} = 2.069$.

Für $1 - \alpha = 0.95$ ergeben sich $F_{1,N-I-1;1-\alpha} = 4.844$, $\epsilon = \dfrac{4.844 \cdot 17.632}{0.189^2 \cdot 775.429} = 6.472$, und damit

$$(\frac{1}{n_1} + \frac{1}{n_2})(1 - \epsilon') + \frac{(\bar{y}_{2\cdot} - \bar{y}_{1\cdot})^2}{\hat{\beta}^2 \sum_{i=1}^{I} \sum_{j=1}^{n_i} (x_{ij} - \bar{x}_{i\cdot})^2}$$

$$= (\frac{1}{7} + \frac{1}{7})(1 - 6.472) + \frac{(31.857 - 28.286)^2}{0.189^2 \cdot 775.429} = -1.101157.$$

Der Radikant in (8.34) ist negativ, es resultiert die erwähnte Situation imaginärer Wurzeln. Tatsächlich ist hier ϵ' alles andere als klein; β wird nicht gut geschätzt. ■

4 Nichtparametrische Verfahren

Es gibt unterschiedliche Ansätze, das Modell der Kovarianzanalyse für nichtnormalverteilte Zufallsvariablen zu formulieren. Hier wird nur auf den von Bathke und Brunner (2003) eingegangen; dort finden sich auch Hinweise zu anderen Vorschlägen.

Es wird ein einfaktorielles Modell mit einem Faktor A mit den Stufen $i = 1, \dots, I$ und je n_i unabhängigen Wiederholungen unterstellt. Die Responsevariable ist Y; dazu gehören die Stichprobenvariablen Y_{iv}; die Kovariable X wird über die X_{iv} beobachtet. Für jede Stufe i haben die Y_{iv} und X_{iv} jeweils gleiche Verteilungen, die durch die Verteilungsfunktionen $F_i^{(0)}(y)$ bzw. $F_i^{(1)}(x)$ gegeben sind. Wie in der Zweiweg-Varianzanalyse werden die relativen Effekte definiert durch

$$p_i^{(0)} = \frac{1}{N} \sum_{j=1}^{I} n_j \left[\mathrm{P}(Y_{j1} < Y_{j1}) + \frac{1}{2}\mathrm{P}(Y_{j1} = Y_{j1}) \right] \quad (i = 1, \dots, I). \tag{8.36}$$

Analog sind die relativen Effekte $p_i^{(1)}$ der Kovariablen definiert.

Bathke und Brunner betrachten vor allem die Situation eines vollständig randomisierten Designs, in dem die Randverteilungen der Kovariablen über alle Stufen i als gleich angenommen werden können. Solche Versuchsanlagen sind häufig in klinischen Studien, wo man möglichst homogene Gruppen von Probanden haben möchte. In dieser Situation dient die Berücksichtigung des Zusammenhanges von Response- und Kovariablen zur reinen Varianzreduktion bei der Schätzung der Effekte. Interpretationsprobleme aufgrund unterschiedlicher Niveaus der Kovariablen in den Versuchsgruppen sind ausgeschlossen.

Die verbesserten Schätzer der Effekte sind bei einem vollständig randomisierten Design gegeben durch:

$$\hat{p}_i^* = \hat{p}_i^{(0)} - \hat{\gamma}\hat{q}_i^{(1)} \qquad (i = 1, \ldots, I) \tag{8.37}$$

mit

$$\hat{\gamma} = \frac{\sum_{i=1}^I \sum_{v=1}^{n_i}(S_{iv}^{(0)} - \bar{S}_{i\cdot}^{(0)})(S_{iv}^{(1)} - \bar{S}_{i\cdot}^{(1)})}{\sum_{i=1}^I \sum_{v=1}^{n_i}(S_{iv}^{(1)} - \bar{S}_{i\cdot}^{(1)})^2} . \tag{8.38}$$

Hier sind $S_{iv}^{(j)}$ modifizierte mittlere Ränge

$$S_{iv}^{(j)} = \frac{1}{N}\left(R_{iv}^{(j)} - \frac{1}{2}\right) ;$$

sie werden unter jeweils allen N Beobachtungen der Responsevariablen Y ($j = 0$) bzw. der Kovariablen X ($j = 1$) gebildet.

Bathke und Brunner stellen auch einen Test vom ANOVA-Typ für die Faktor-Effekte vor. Die auf den Schätzungen $\hat{p}_i^*$ basierende Teststatistik ist unter der Nullhypothese approximativ χ^2-verteilt. Die Freiheitsgrade müssen geschätzt werden. Auf die detaillierte Angabe des Tests wird wegen des formalen Aufwandes verzichtet.

In der Arbeit von Bathke und Brunner wird auch das allgemeinere Design ungleicher Randverteilungen der Kovariablen angesprochen. Insbesondere hängen die testbaren Hypothesen von den Stichprobenumfängen ab. Dieser Bereich scheint aber für die Praxis noch nicht hinreichend ausgearbeitet zu sein.

5 Aufgaben

Aufgabe 1
Je 10 Studierende wurden nach einer von drei unterschiedlichen Lehrmethoden unterrichtet. Der Erfolg wurde in Sprachpunkten (Y) gemessen. Um bei einer Beurteilung der Lehrmethoden korrekt vorzugehen, wurden vor Beginn des Unterrichtes die Intelligenzquotienten der Studierenden (X) festgestellt. Es ergaben sich folgende Werte, siehe Dunn & Clark (1974):

I		II		III	
X	Y	X	Y	X	Y
87	72	110	90	95	59
119	75	128	98	120	65
121	85	117	73	125	67
112	70	94	88	107	71
100	73	107	83	85	59
133	86	125	90	98	61
135	92	111	98	100	58
109	68	80	81	138	70
139	91	123	84	112	59
105	75	95	79	90	48

Unterscheiden sich die Lehrmethoden? ($\alpha = 0.05$)   ∎

Aufgabe 2
Bei einem Optiker werden vor dem Anpassen einer neuen Brille stets Augeninnen-
druckmessungen bei den Kunden durchgeführt. Die Messungen basieren auf je drei
Wiederholungen; der Mittelwert wird dann ausgedruckt. Das Ziel einer Untersuchung war es, festzustellen, ob es einen Unterschied zwischen Männern und Frauen
gibt. Bei den Messungen wurde auch das (geschätzte) Alter notiert, da davon auszugehen ist, dass der Augeninnendruck sich mit dem Alter ändert.

Die Daten wurden von Herrn Optiker G. Niemand erhoben und freundlicherweise
zur Verfügung gestellt. Die Variablen sind A = 'Alter' und L = 'Augeninnendruck
des linken Auges'.

	Frauen						Männer		
A	L	A	L	A	L	A	L	A	L
26	26.3	52	10.7	64	17.3	38	16.0	57	16.0
29	12.0	54	14.0	66	15.0	39	11.3	58	20.3
37	13.7	54	19.3	68	15.3	46	12.7	60	21.7
38	22.3	54	19.6	75	16.7	50	16.0	62	17.3
49	17.0	62	16.7			55	17.7	67	20.0

1. Führen Sie eine Kovarianzanalyse durch und interpretieren Sie das Ergebnis.

2. Stellen Sie die Daten in Form von zwei Streudiagrammen dar. (L in Abhängigkeit
von A, getrennt nach Geschlecht.) Identifizieren Sie bei den Frauen zwei Ausreißer,
entfernen Sie diese aus dem Datensatz und rechnen Sie erneut eine Kovarianzanalyse.

3. Vergleichen Sie die Ergebnisse aus 1. und 2.

Kapitel 9

Einführung in R

1 Erste Schritte

Besorgen und Installieren

Die freie Software R kann aus dem Internet von einem der CRAN- (Comprehensive R Archive Network-) Server herunter geladen werden. Die Hauptadresse ist:

http://cran.r-project.org/

Es gibt einige andere URLs, die dort durch Anklicken von 'Mirrors' in Erfahrung zu bringen sind.

Am einfachsten läd man sich eine der vorcompilierten binären Versionen herunter. Es gibt solche Distributionen für Linux, Macintosh und Windows. Im folgenden wird davon ausgegangen, dass unter Windows gearbeitet wird. Dann ist die Installation einfach. Die R-Version 1.9, die zur Zeit der Verfassung dieses Manuskriptes aktuell ist, besteht aus einer Datei `rw1090.exe`. Diese ist mit der Maus doppelzuklicken; dann hat man einfach den Anweisungen zu folgen, die auf dem Bildschirm erscheinen.

Starten und Beenden

Wird, wie hier vorausgesetzt, ein Windows-Betriebssystem verwendet, so wurde bei der Installation im Startmenü unter Programme ein Ordner mit der Bezeichnung R angelegt. Darüber kann R gestartet werden. Zudem wird auch im Startmenü ein Icon angelegt, über das R mittels Anklicken gestartet werden kann. Das sind letztlich verschiedene Wege, um die Datei 'rgui.exe' auszuführen.

Nach dem Starten des Programms öffnet sich ein Fenster, die R-Konsole. Hier sind in Blau einige englischsprachige Hinweise und in Rot ein Cursor nach dem Prompt-Zeichen (>) zu sehen.

Wie in den blau gefärbten Hinweisen angegeben, wird R verlassen, indem hinter dem Prompt-Zeichen q() eingegeben und durch Betätigen der Enter-Taste abgeschickt wird. Man kann auch auf der Menüleiste (am oberen Bildschirmrand) rechts in der Ecke das Kreuz zum Schließen des R-Fensters anklicken. In beiden Fällen erscheint in einem Dialogfenster die Frage, ob die in der Sitzung erzeugten Daten für ein weiteres Arbeiten in der nächsten Sitzung gespeichert werden sollen. Nur wenn 'yes' angeklickt wird, werden die Daten gespeichert.

Die R-Konsole

Nach dem Starten befindet man sich in der R-Konsole. Ist der Cursor hinter dem Promptzeichen zu sehen, so ist R bereit, Befehle entgegenzunehmen und zu verarbeiten. Ein möglicher Befehl wäre beispielsweise 1+1. Nach der Eingabe und dem anschließenden Abschicken (Betätigen der Enter-Taste) führt R diesen Befehl aus; das Ergebnis erhält man i.d.R. auf der Konsole angezeigt. Auf dem Bildschirm sieht die vollständige Einheit wie folgt aus:

```
>1+1
[1] 2
>
```

Wird versehentlich ein Befehl abgeschickt, bevor er vollständig ist, so fragt R mittels eines Plus-Zeichens nach der Vervollständigung:

```
>(1+1)*
+ 3
[1] 6
>
```

Es gibt einige Navigationsmöglichkeiten auf der Konsole. So holt man bereits abgeschickte Kommandos über die Taste 'nach oben' zurück. Einen Überblick über die Tastenkombinationen, mit denen man auf der Konsole arbeiten kann, erhält man im Menü 'Help' auf der oberen Bildschirmleiste unter 'Console'.

R kann als Taschenrechner verwendet werden; es lassen sich die gängigen Rechenoperationen durchführen. Die anzuwendenden Befehlskombinationen bedürfen in vielen Fällen keiner Erklärung:

```
1 + 2   Addiert 1 und 2
2 - 1   Subtrahiert 1 von 2
2 * 3   Multipliziert 2 und 3
2 / 3   Dividiert 2 durch 3
2 ^ 3   Berechnet 2 hoch 3
```

Weiterhin gibt es zahlreiche mathematische Funktionen; sie werden entsprechend der üblichen mathematischen Konvention aufgerufen. Beispiele sind:

```
sqrt(2)   Quadratwurzel von 2
exp(2)    Exponentialfunktion an der Stelle 2
log(2)    Natürlicher Logarithmus von 2
```

Arbeiten mit einem Editor

Wie aus dem letzten Abschnitt schon deutlich wurde, ist R ein konsolenbasiertes Programm. Befehle sind am Bildschirm einzugeben. Die errechneten Ergebnisse werden, wenn nicht anders verlangt, dort auch wieder ausgegeben. Dann stehen die Befehle nicht mehr unmittelbar zu Verfügung. Gerade wenn umfangreichere Auswertungen durchgeführt werden sollen, ist es aber günstig, einzelne Befehlssequenzen wiederholt ausführen zzu lassen. Dies organisiert man am besten, indem man mit einem Text-Editor arbeitet. Links zu verschiedene Editoren sind auf der CRAN-Seite angegeben. (Zu erreichen über 'Software Other'.) Für Windos sind vor allem 'R-WinEdt' und 'Ultra Edit' zu nennen. 'R-WinEdt' bietet weitergehende Möglichkeiten der Kommunikation mit R. 'Ultra Edit' verfügt zumindest über die Möglichkeit, R-Befehle farbig hervorzuheben.

Werden damit Dateien mit der Dateierweiterung r angelegt, so kann der gesamte Inhalt über den Menüpunkt 'File' durch Anklicken von 'Source R code' ausgeführt werden. Einzelne Teile lassen sich über 'Cut & Paste vom Text-Editor in die Konsole bringen. Mit 'R-WinEdt' geht es noch komfortabler. Die Details erfährt man aus der Datei Readme.txt, auf die man durch einen Doppelklick auf 'R-WinEdt' geführt wird.

Variablen

Will man das errechnete Ergebnis eines Befehls zur späteren Weiterverarbeitung im Direktzugriff zur Verfügung haben, kann der auszuführenden Operation ein Name zugewiesen werden. Mit anderen Worten: Es wird eine Variable erzeugt.

Variablen in Computeranwendungen sind von Variablen in der Statistik oder Mathematik zu unterscheiden. So ist eine Variable in R immer ein über den Variablennamen ansprechbarer Wert oder eine Anzahl von Werten, allgemeiner ein Objekt. Was unter einem Variablennamen zwischengespeichert ist, kann sich während der Laufzeit einer R-Sitzung ändern. R unterscheidet zwischen großen und kleinen Buchstaben, Variablennamen sind "case sensitive". Die Variablennamen können aus beliebig vielen Buchstaben und dem Punkt bestehen. Reservierte Namen wie NA, TRUE und FALSE dürfen nicht als Variablennamen verwendet werden.

Variablen werden in R durch ihre erste Wertzuweisung initialisiert. Die Zuweisung eines Wertes an eine Variable geschieht durch den Operator <- . (Das Kleiner-Zeichen und das Minus-Zeichen hintereinandergesetzt.) Dabei kann die Variable auch einen noch zu berechnenden Ausdruck zugewiesen bekommen. Nur im einfachsten Fall handelt es sich bei dem Ausdruck in der Zuweisung

```
Variable <- Ausdruck
```

um eine Konstante. Zwei Beispielzuordnungen sind:
```
A <- 4.5   A hat den Wert 4.5
B <- 1+1   B hat den Wert 2.
```

Hat man bereits mehrere Operationen in R durchgeführt und auch schon einigen davon Namen zugewiesen, möchte man sich oft einen Überblick über die vorhandenen Objekte verschaffen. Dies ist mit dem Befehl `ls()` möglich. Als Ergebnis erhält man eine Liste der vergebenen Namen in alphabetischer Reihenfolge.
Sind etwa die beiden letzten Beispielzuordnungen die einzigen in einer Sitzung gewesen, so ergibt der Befehl `ls()` die Ausgabe
```
[1] "A" "B"
```

Benötigt man eines der Objekte nicht mehr, kann man dieses löschen, indem man den Befehl `rm(name)` eingibt; `name` ist natürlich der Name des zu löschenden Objektes.

Hilfen

Die direkte Hilfe zu einer Funktion wird mit `help(befehl)` aufgerufen. Hierbei muss der in Klammern gesetzte Ausdruck `befehl` durch den Befehl ersetzt werden, über den eine Auskunft gewünscht wird. Alternativ zu `help(...)` kann auch das Kommando `?befehl` verwendet werden.

Es gibt zudem verschiedene menügesteuerte Hilfen. Sie können über den Menüpunkt Help (obere Bildschirmleiste) angefordert werden. In den ersten Punkten des Menüs gibt es einige Informationen zum Arbeiten mit der R-Konsole und zu R. 'R functions (text)...' bildet einen weiteren Zugang zur direkten Hilfe. Hier wird nach Aufruf in einem Dialogfenster nach dem Befehl gefragt, über den Informationen gewünscht sind. Eine alphabetische Liste der Funktionen steht als PDF-Datei unter 'Manuals', 'R Reference Manual' zur Verfügung. Um sie zu nutzen, muss der Acrobat Reader installiert sein. Er ist kostenfrei aus dem Internet herunterzuladen. Einen weiteren Zugang zum Befehlsvorrat von R bietet die Hilfe im html-Format, 'Html help'. Hierbei wird ein Browser geöffnet und eine lokale Datei angezeigt; man muss sich bei Verwendung dieser Hilfe also nicht im Internet anmelden. Dann kann über den Weg 'Packages' (unter Reference), 'base' auf eine alphabetisch geordnete Beschreibung aller verfügbaren Funktionen des Basispaketes zugegriffen werden. Es gibt zwei Vorteile dieser Hilfe. Einer besteht darin, dass man bei Hinweisen auf andere in diesem Zusammenhang wichtige Funktionen direkt durch Anklicken auf diese zugreifen kann, während die Standardhilfe für den "Folgebefehl" wieder neu aufgerufen werden muss. Der andere Vorteil besteht darin, dass bei einer Neuinstallation eines Paketes die Html-Hilfe automatisch aktualisiert wird. Zu den Paketen sei auf den Abschnitt 4 verwiesen.

2   Datentypen und Objekte

Datentypen

Die einfachen Datentypen in R sind

- Zahlen,

- Wahrheitswerte,

- Zeichenketten.

Zahlkonstanten bestehen aus einem optionalen Vorzeichen und beliebig vielen Ziffern, die durch einen Dezimalpunkt in Vor- und Nachkommastellen unterteilt werden. Der angelsächsischen Konvention gemäß wird ausschließlich der Dezimalpunkt anstelle des im deutschen Sprachraum gebräuchlichen Kommas verwendet! Zusätzlich wird von R auch die Exponentialschreibweise unterstützt.

Beispiele für Zahlkonstanten sind 1, 13.5674, .04, -45 , 34e-12, pi. Die Konstante pi ist dabei die bekannte Kreiszahl 3.1415926535897931 (usw.).

Zusätzlich kennt R die Werte +Inf und -Inf, also ±∞. Dies ergibt sich z.B. immer, wenn eine von null verschiedene Zahl durch null dividiert wird.

Zeichenketten sind beliebige Folgen von Ziffern, Buchstaben und Sonderzeichen. Konstante Zeichenketten erkennt man an den umschließenden doppelten Ausführungszeichen. Zeichenketten bilden neben den Zahlen die andere Form von Konstanten.

Beispiele sind etwa "Hallo" und "Dies ist ein Test."

Wahrheitswerte sind die Zustände wahr und falsch. Sie werden in R durch die Booleschen Konstanten TRUE und FALSE (kurz T bzw. F) repräsentiert. Auch numerische Konstanten tragen Wahrheitswerte, und zwar den Wert TRUE, wenn die Konstante von null verschieden ist und FALSE, wenn sie gleich null ist.

NA, "Not Available", ist eine Konstante, die keinem dieser Datentypen zugehört. NA wird immer dann verwendet, wenn in einem Datensatz ein Wert nicht verfügbar ist. Wenn eine mathematische Operation oder Funktion keinen sinnvollen Wert berechnen kann, wird NaN, "Not a Number" (keine Zahl), ausgegeben.

Vektoren

R-Vektoren sind die elementaren Datenobjekte in R. Ein R-Vektor ist eine Folge von gleichartigen Objekten. Vektoren können mit einem Buchstaben bzw. Namen angesprochen werden. Wesentlich für die Generierung von Vektoren ist die Funktion c, mit der eine (Objekt- bzw.) Werteliste zu einem Vektor zusammengefügt werden kann. Ein Vektor kann wie eine Zahl oder Zeichenkette einer Variablen zugewiesen werden:

```
> A <- c(1,2,3,4)
> A
[1] 1 2 3 4
>
```

In dieser Befehlssequenz hat A den Datentyp numerischer Vektor und den Inhalt

1,2,3,4. Die Ausgabe von A die typische Gestalt, dass so viele Elemente eines Vektors hintereinander geschrieben werden, wie es die Dimensionierung des Konsolenfensters zulässt, und jede Zeile mit der Angabe des Index des ersten Elementes beginnt. Auch wenn die Ausgabe als eine Zeile erscheint, ist A ein R-Vektor, der sich in vielen Umständen wie ein Spaltenvektor verhält.

Mit dem binären Sequenzoperator, der durch einen Doppelpunkt angegeben wird, kann ein Vektor von aufeinanderfolgenden Zahlen erzeugt werden. Die Zahlen haben den Abstand 1. Der erste Operand gibt den Startwert, der zweite die Obergrenze der Sequenz an. Falls der zweite Operand kleiner ist als der erste, wird eine absteigende Sequenz erzeugt. Wenn die Obergrenze sich nicht um eine ganze Zahl von der Untergrenze unterscheidet, ist die letzte Zahl der Sequenz kleiner als die Obergrenze:

```
> 1:6
[1] 1 2 3 4 5 6
> 6:-1
[1]  6  5  4  3  2  1  0 -1
> 1.2 : 3
[1] 1.2 2.2
```

Neben den numerischen Vektoren gibt es alphanumerische oder 'character'-Vektoren und logische Vektoren. Deren Komponenten sind jeweils vom entsprechenden Datentyp. Es ist nicht möglich, verschiedene Datentypen in einem Vektor zu mischen; wie man an der zweiten Ausgabe sieht, interpretiert R alle Komponenten als Zeichenketten:

```
> c(TRUE,TRUE,FALSE)
[1]  TRUE  TRUE FALSE
> c(TRUE,1,"regen")
[1] "TRUE"  "1"      "regen"
```

Matrizen und Datensätze

R-Vektoren sind wie erwähnt die grundlegenden Datenobjekte in R. *Matrizen* entstehen aus R-Vektoren, indem diesen das Attribut `dim` und eventuell das optionale Attribut `dimnames` angeheftet wird. Aus R-Vektoren können mit den folgenden Funktionen Matrizen erzeugt werden:

`matrix(x,z,s)`	Ordnet einem Vektor die Dimension (z,s) zu; m.a.Worten: `matrix` transformiert einen Vektor x in eine Matrix vom Typ (z,s).
`dim(x)<-c(z,s)`	Transformiert einen Vektor x in eine Matrix vom Typ (z,s).
`diag(x)`	Erzeugt eine Diagonalmatrix, bei der x auf der Diagonale steht.
`cbind(x,y)`	Setzt Vektoren (und Matrizen) nebeneinander zu einer Matrix zusammen.
`rbind(x,y)`	Setzt Vektoren (und Matrizen) untereinander zu einer Matrix zusammen.

structure(x,y) Gibt das eingegebene Objekt x mit den in y gesetzten Attributen zurück.

Nicht nur die Konvertierung eines R-Vektors in eine Matrix, sondern auch die Änderung der Dimension einer Matrix und die Abfrage der Dimension einer Matrix ist mit dim möglich:

```
> matrix(c(1,2,3,4,5,6),2,3)
     [,1] [,2] [,3]
[1,]   1    3    5
[2,]   2    4    6
> structure(1:6, dim = 2:3)
     [,1] [,2] [,3]
[1,]   1    3    5
[2,]   2    4    6
```

Einige weitere Beispiele:

```
> x <- 1:12 ; dim(x) <- c(3,4)
> x
     [,1] [,2] [,3] [,4]
[1,]   1    4    7   10
[2,]   2    5    8   11
[3,]   3    6    9   12
> dim(x)
[1] 3 4
> x<-1:3 ; y<-4:6 ; z<-cbind(x,y) ; z
     x y
[1,] 1 4
[2,] 2 5
[3,] 3 6
```

Mit is.matrix stellt man fest, ob ein Objekt eine Matrix ist. Bezogen auf das zuletzt erstellte Objekt z:

```
> is.matrix(z)
[1] TRUE
```

Es muss darauf hingewiesen werden, dass R-Vektoren keine Zeilen- oder Spaltenvektoren im herkömmlichen Sinne sind. Solche sind einfach Matrizen der Dimension (1,n) bzw. (n,1).

Datensätze bilden den Ausgangspunkt der meisten statistischen Aktivitäten. Sie bestehen aus einem rechteckigen Schema von Werten, so dass die Zeilen jeweils eine Beobachtungseinheit repräsentieren. In den Spalten sind jeweils die zu einer Variablen gehörigen Beobachtungen angeordnet. Die Variablen können fantasievolle Namen tragen wie etwa Ozon, Geschlecht oder Zigarette; sie können aber auch einfach mit V01, V02 usw. bezeichnet sein. Bei Datensätzen sind die Spalten mit den Variablenbezeichnungen verknüpft.

Besteht der Datensatz aus mehr als einer Spalte, also aus mehreren Variablen, so interessiert natürlich die Möglichkeit, die Variablen einzeln anzusprechen. Dies kann durch die Angabe der Variablen geschehen, die durch ein $-Zeichen mit dem Namen des Datensatzes verbunden ist, etwa `dat$var`. Alternativ dazu sind die Variablen des Datensatzes mittels `attach` als einfache Datenvektoren zur Verfügung zu stellen.

Beispiel 9.1
Im November 2001 veröffentlichte DMEuro folgende Ergebnisse aus einer europäischen Studie:

Land   : Hauptsitz der Firma
Inter   : Internationalität (gemessen als außereuropäischer Umsatzanteil in Prozent)
Finanz   : Finanzkraft (gemessen in Eigenkapitalquote in Prozent)
Inno   : Innovationsfähigkeit (gemessen in durchschnittlichen Patenten der vergangenen Jahre)
Marke   : Markenstärke (Kennzahl gemäss Fortune-Ranking)
Gesamt   : Gesamtbewertung in der Studie

Dieser Datensatz sei unter dem Namen `firmen` in der Konsole vorhanden. Beide folgende Befehlszeilen geben den Inhalt der Variablen Land aus:

```
> firmen$Land
> attach(firmen); Land
```

Faktoren

In vielen Fällen sind die statistischen Daten in Gruppen unterteilt. Beispiele sind Preiserhebungen nach Bundesländern, soziale Schichten, Gruppen von Probanden, bei denen jeweils die gleiche Therapie angewendet wurde. Diese Unterteilung wird typischer Weise durch eine Indikatorvariable gekennzeichnet. Numerische Indikatorvariablen sollten in R zu *Faktoren* gemacht werden. Dies ist für manche Auswertungen essentiell; ohne die Konvertierung zu einem Faktor kann das Ergebnis falsch werden. (Genauer: man führt dann gar nicht die gewünschte Analyse durch.)

Die Transformation eines numerischen Vektors in einen Faktor geschieht mit dem Befehl `factor`. Den Werten, oder wie man auch in der Varianzanalyse sagt, Stufen des Faktors, können Bezeichnungen oder Labels zugeordnet werden.

```
> gruppe <- c(1,1,1,1,1,2,2,2,3,3,3,3,3)
> fgruppe <- factor(gruppe,levels=1:3)
> levels(fgruppe) <- c("niedrig","mittel","hoch")
```

Zeitreihen

Zeitreihen sind Beobachtungen einer Größe, die in gleichabständigen Zeitpunkten vorgenommen werden. Die Zeitpunkte werden oft einfach mit 1, 2, 3,... durchnummeriert. Speziell in ökonomischen Anwendungen haben aber monatlich, vierteljährlich oder jährlich erhobene Werte eine besondere Bedeutung. Daher werden Zeitreihen in R durch den R-Vektor der Beobachtungswerte sowie durch das Attribut `Tsp` gekennzeichnet. In dem Attribut `Tsp` werden die Parameter Startpunkt, Endpunkt und die Anzahl von Beobachtungen pro Zeitintervall (=frequency) gespeichert.

Mit den folgenden Anweisungen wird beispielsweise eine Zeitreihe von Monatswerten erzeugt:

```
> y <- c(901, 689, 827, 677, 522, 406, 441, 393,
+   387, 582, 578, 666, 830, 752, 785, 664, 467, 438, 421, 412,
+   343, 440, 531, 771, 767, 1141, 896, 532, 447, 420, 376, 330,
+   357, 445, 546, 764, 862, 660, 663, 643, 502, 392, 411, 348,
+   387, 385, 411, 638, 796, 853, 737, 546, 530, 446, 431, 362,
+   387, 430, 425, 679, 821, 785, 727, 612, 478, 429, 405, 379,
+   393, 411, 487, 574)
> fdeaths <- ts(y,start =1974, frequency=12)
```

Die Logik dahinter ist die, dass ein Jahr als eine Zeiteinheit angesehen wird. Dieses Zeitintervall wird in 12 gleiche Teile zerlegt. Damit ist man bei Monatswerten.

Das Ausdrucken der Zeitreihe und das Abfragen ihrer Attribute mit `tsp( )` führt dann zu:

```
> fdeaths
        Jan  Feb  Mar  Apr  May  Jun  Jul  Aug  Sep  Oct  Nov  Dec
1974   901  689  827  677  522  406  441  393  387  582  578  666
1975   830  752  785  664  467  438  421  412  343  440  531  771
1976   767 1141  896  532  447  420  376  330  357  445  546  764
1977   862  660  663  643  502  392  411  348  387  385  411  638
1978   796  853  737  546  530  446  431  362  387  430  425  679
1979   821  785  727  612  478  429  405  379  393  411  487  574
> tsp(fdeaths)
[1] 1974.000 1979.917   12.000
```

Entsprechend der oben angegebenen Logik wird der Januar an den Beginn des ersten Teilintervalls gesetzt, also an die Stelle 1974+0. Der Februar steht an der Stelle 1974+1/12, dem Beginn des zweiten Teilabschnittes. Dies geht so weiter; beim Dezember ist man schließlich bei 1979.917= 1974+11/12.

3 Operatoren und Funktionen

In einer Kommandozeile der R-Konsole kann nur jeweils ein Befehl stehen. Will man mehr als einen Befehl unterbringen, so kann dies durch Einfügen eines Semikolons zwischen den Befehlen erreicht werden:

```
> 1+2; 3*21
[1] 3
[1] 63
```

Man kann auch eine Datei anlegen, die von R aus ausgeführt wird. In einer solchen Datei mit R-Befehlen dürfen mehrere Operatoren oder auch Funktionen und Zuweisungen stehen. Diese müssen durch einen Zeilenumbruch voneinander getrennt sein. Das Zeichen # beendet die weitere Abarbeitung der Zeile; es wird zur nächsten Zeile übergegangen. Alles, was nach # steht, wird als Kommentar angesehen.

Das ist der günstigere Weg, wenn man etwas komplexere oder aufwendigere Befehlsgruppen ausgeführt haben möchte. Man erstellt in einem Text-Editor die Befehle und speichert sie in einer Datei mit der Dateierweiterung r ab. Dann wird von der R-Konsole aus unter dem Menü 'File' der Punkt 'Source R-Code' angeklickt. Es öffnet sich ein Fenster, in dem die Datei ausgewählt werden kann. Hat man unter Windows die Eigenschaften des zugehörigen Icons so eingestellt, dass der Pfad der Ausführung ein spezielles Verzeichnis ist, so wird dieses in dem Fenster angezeigt.

Ist im Code etwas zu verbessern, so kann auf die übliche Windows-Art zwischen den beiden Anwendungen gewechselt werden. In R lässt sich mittels des Aufwärtspfeils der Befehl, die Datei auszuführen, zurückholen; so braucht man nur die zugehörige Zeile erneut abzuschicken.

Mathematische Operatoren

R unterstützt die folgenden binären mathematischen Operationen:

a + b   Addition
a - b   Subtraktion
a * b   Multiplikation
a / b   Division
a ^ b   Potenzierung
a %% b   Divisionsrest
a %/% b   Ganzzahlige Division (Division ohne Rest)

Über die genannten Operatoren können sowohl zwei Konstanten oder Variablen vom Datentyp Zahl, wie auch eine Zahl und ein Vektor sowie zwei Vektoren miteinander verknüpft werden. Sind beide Operanden Zahlen, so ist das Ergebnis wiederum eine Zahl, ist zumindest einer der beiden Operanden ein Vektor, so ist auch das Ergebnis ein Vektor.

Bei der Verknüpfung eines Vektors mit einer Zahl wird jedes Element des Vektors mit der Zahl verknüpft. Ist die Verknüpfung nicht möglich, so wird in den Resultatsvektor an dieser Stelle NaN eingefügt; das Ergebnis ist keine Zahl. Bei einer Division durch Null wird der Wert ±Inf ausgegeben:

```
> 1:4 + 2
[1] 3 4 5 6
> (2:-1)^0.5
[1] 1.414214 1.000000 0.000000      NaN

> c(-1:1) /0
[1] -Inf  NaN  Inf
```

Bei Durchführung einer mathematischen Operation auf zwei Vektoren x und y besteht der Ergebnisvektor aus dem Vektor der elementweisen Verknüpfungen. Der Ergebnisvektor ist so lang wie der längere der beiden Eingangsvektoren. Ist einer der Operanden kürzer als der andere, so wird er mehrfach hintereinander gesetzt:

```
> 1:4 + 1:4
[1] 2 4 6 8
> 1:4 * 1:4
[1]  1  4  9 16
> 1:4 + 1:8
[1]  2  4  6  8  6  8 10 12
> 1:4 + 1:5
[1] 2 4 6 8 6
```

Im letzten Fall wird eine Warnung ausgegeben, dass die Längen der Vektoren sich nicht um ein ganzzahliges Vielfaches unterscheiden:

```
Warning message:
longer object length
        is not a multiple of shorter object length in: 1:4 + 1:5
```

Vergleichsoperatoren

Neben den oben aufgeführten mathematischen Operationen kennt R eine Reihe von Vergleichsoperatoren, die jeweils einen booleschen Wert, bzw. einen Vektor von booleschen Werten zurückliefern. Für skalare Werte (Zahlen, boolesche Werte und Zeichenketten) sind diese Operatoren wie folgt definiert:

```
a < b     TRUE, wenn a kleiner als b ist.
a <= b    TRUE, wenn a kleiner oder gleich b ist.
a = = b   TRUE, wenn a gleich b ist.
a != b    TRUE, wenn a ungleich b ist
a >= b    TRUE, wenn a größer oder gleich b ist.
a > b     TRUE, wenn a größer als b ist.
```

Bei der Durchführung einer Vergleichsoperation auf einen Vektor und einen skalaren Wert wird jedes Element des Vektors mit diesem Wert verglichen und ein entsprechender Resultatsvektor zurückgeliefert:

```
> 1:8 < 4
[1]  TRUE  TRUE  TRUE FALSE FALSE FALSE FALSE FALSE
```

Der Vergleich zweier Vektoren führt wie bei den arithmetischen Operationen zu einem komponentenweisen Vergleich der Werte beider Vektoren.

Boolesche Operatoren

```
!a        Negation
a & b     Und
a | b     Oder
```

Der *Negationsoperator* ! negiert einen booleschen Wert, bzw. alle Werte eines Vektors von booleschen Werten:

```
> !(1:8 < 4)
[1] FALSE FALSE FALSE  TRUE  TRUE  TRUE  TRUE  TRUE
```

Die booleschen Operatoren & (und) und | (oder) führen eine boolesche Verknüpfung auf zwei Skalaren, bzw. einem Skalar und einem Vektor, bzw. zwei Vektoren durch. Hierbei werden die nicht-booleschen Datentypen wie folgt interpretiert:

0 hat den Wert FALSE, alle anderen Zahlen haben den Wert TRUE. Die leere Zeichenkette " " hat den Wert FALSE, alle anderen Zeichenketten haben den Wert TRUE. NA hat immer den Wert FALSE. Die Verknüpfung von Vektor und Skalar, bzw. von zwei Vektoren geschieht wie bei den arithmetischen Operatoren durch paarweise Verknüpfung:

```
> A <- 1:8; B <- (A < 6) & (A > 2); B
[1] FALSE FALSE  TRUE  TRUE  TRUE FALSE FALSE FALSE
```

Funktionen

Wie bei jeder anderen Programmiersprache wird auch der R-Sprachumfang durch eine Reihe von Funktionen ergänzt. Einige wurden schon in der bisherigen Beschreibung angegeben. Allgemein ist eine Funktion in R nach dem folgenden Schema aufgebaut:

```
funktionsname(argument1,argument2, .. weitere Argumente,
             option1 = wert, option2 = wert, . . weitere Optionen )
```

Die Reihenfolge der Argumente ist dabei wesentlich; sie ist in der Hilfe dokumentiert. Dies gilt nicht für die Argumente, die in der Form argument = wert bzw. option = wert angegeben werden. Wenn die optionalen Argumente nicht mit angeführt sind, werden Voreinstellungen verwendet. Auch diese sind in der Hilfe dokumentiert.

So sind mean(y) und mean(y, rm.na=TRUE) legitime Aufrufe der Funktion mean. rm.na ist dabei ein Wahrheitswert, der angibt, ob fehlende Werte entfernt werden sollen, bevor das arithmetische Mittel berechnet wird. Weitergehend gibt es noch die Option trim. Mit dem Befehl mean(y,trim=0.1,rm.na=TRUE) wird das getrimmte arithmetische Mittel der Werte aus y berechnet, wobei die 10% der kleinsten und 10% der größten Werte entfernt werden.

Indizierung

Man kann auf Teile oder einzelne Elemente eines Vektor oder einer Matrix zugreifen, um sie auszuwählen bzw. zu entfernen. Dies geschieht durch die *Indizierung*, die Angabe der Indizes innerhalb eckiger Klammern. Da in der mathematischen und statistischen Literatur die Indizes vornehmlich als Subskripte notiert werden, spricht man hier auch von *Subscription*. Bei Vektoren ergeben sich folgende Möglichkeiten:

Die Indizierung erfolgt gemäß `Vektor[a]`. Bei a kann es sich um einen Vektor mit positiven oder negativen Komponenten handeln, oder um einen Vektor von booleschen Werten.

Ist a ist eine positive Zahl, so wird bei einem Vektor das an der entsprechenden Stelle stehende Element ausgewählt. Das erste Element eines Vektors hat dabei den Index 1. Bei nicht ganzzahligen Indizes wird abgerundet. Ist a ein Vektor von positiven Werten, so werden diese als Liste von Indizes interpretiert und die entsprechenden Elemente werden ausgewählt.

Da das Komma für die Trennung der Dimensionen bei Matrizen dient, darf es nicht zur Trennung von Indizes eines Vektors verwendet werden. Ist der angegebene Index größer als die Länge des Vektors, so ist das Ergebnis der Operation NA:

```
> A <- 3:8
> A[2]
[1] 4
> A[9]
[1] NA
> A[2:4]
[1] 4 5 6
> A[1,3]
Error in A[1, 3] : incorrect number of dimensions
> A[c(2:4,9)]
[1]  4  5  6 NA
```

Wird ein negativer Index angegeben, so ist das Resultat ein Vektor, aus dem das an dieser Stelle befindliche Element entfernt wurde. Ist der Betrag des angegebenen negativen Index größer als die Länge des Vektors, so gibt R eine Fehlermeldung aus. Es gilt die Einschränkung, dass alle Indizes entweder positiv oder negativ sein müssen:

```
> A <- 3:8
> A[-2]
[1] 3 5 6 7 8
> A[-9]
Error: subscript out of bounds
> A[-2:-4]
[1] 3 7 8

> A[c(-1,-3)]
[1] 4 6 7 8
> A[c(-1,3)]
Error: only 0's may mix with negative subscripts
```

Anstelle von numerischen Indizes können auch Vektoren von booleschen Werten verwendet werden. Hierbei werden aus dem indizierten Vektor nur die Elemente ausgewählt, deren Pendant im Indexvektor den Wert TRUE hat. Ist der Indexvektor kürzer als der indizierte Vektor, so findet wie schon bei den arithmetischen Operatoren ein 'wrap around' statt:

```
> A <- 1:6
> A[c(T,F,F,T,F,T)]
[1] 1 4 6
> A[c(T,F)]
[1] 1 3 5
```

Weiterhin ist es erlaubt, als Index einen beliebigen Ausdruck zu verwenden, der in einem Vektor von booleschen Werten resultiert:

```
> A <- 1:6; B<-A<4; A[B]
[1] 1 2 3
```

Bei Matrizen gibt es eine Zeilen- und eine Spaltendimension. Es sind also zwei Angaben zu machen; diese werden durch ein Komma getrennt. Dann wird auf die jeweiligen Zeilen bzw. Spalten zugegriffen. Das Komma muss angeführt werden. Werden nur Indizes vor dem Komma spezifiziert, so betrifft die Auswahl die ganze(n) vor dem Komma spezifizierte(n) Zeile(n). Entsprechendes gilt für die Angabe von Indizes nach dem Komma bzgl. der Auswahl die ganze(n) nach dem Komma spezifizierte(n) Spalte(n).

Matrix[a,], Matrix[,b], Matrix[a,b]

Bei a und b kann es sich um einen Vektor mit positiven oder negativen Komponenten oder um einen Vektor von booleschen Werten handeln. Auch hier dürfen innerhalb eines Vektors von Indizes positive und negative Werte nicht gemischt werden. Ansonsten gelten die für Vektoren angegebenen Regeln.

Matrix-Operationen

Matrizen können wie üblich mittels * mit Skalaren multipliziert werden. Das eigentliche Matrizenprodukt ist `%*%`. Die Transponierung einer Matrix A wird durch t(A) geleistet. Die Inverse einer regulären Matrix erhält man mit solve:

```
> A<-matrix(c(1:6),2,3); B<-t(A); B
      [,1] [,2]
[1,]    1    2
[2,]    3    4
[3,]    5    6
> B %*% A
      [,1] [,2] [,3]
[1,]    5   11   17
[2,]   11   25   39
[3,]   17   39   61
> solve(diag(c(1,1,1))+ (B %*% A))
            [,1]        [,2]        [,3]
[1,]   0.7844828 -0.1637931 -0.1120690
[2,]  -0.1637931  0.7155172 -0.4051724
[3,]  -0.1120690 -0.4051724  0.3017241
```

Mittels `apply` lässt sich eine Funktion, die eigentlich für Vektoren gedacht ist, auf allen Zeilen oder Spalten einer Matrix simultan anwenden:

```
> A<-matrix(c(1:6),2,3)
> apply(A,1,sum)
[1]  9 12
> apply(A,2,sum)
[1]  3  7 11
```

`apply(A,1,sum)` ergibt also die Summe über die Zeilen, `apply(A,2,sum)` die über die Spalten.

Dass Matrizenoperationen zur Verfügung stehen, führt dazu, dass man möglichst viele der bei einer Berechnung auszuführenden Operationen als Matrix-Operationen schreibt.

Beispiel 9.2
Die folgenden Befehle erzeugen eine Matrix X, bestimmen die Randsummen und den Wert der χ^2-Teststatistik für den Test auf Unabhängigkeit:

```
> X<-1:24 ;  dim(X)<-c(4,6) ; X
     [,1] [,2] [,3] [,4] [,5] [,6]
[1,]    1    5    9   13   17   21
[2,]    2    6   10   14   18   22
[3,]    3    7   11   15   19   23
[4,]    4    8   12   16   20   24
> r<-apply(X,1,sum) ; u<-apply(X,2,sum)
> E<-r %*% t(u)/sum(X)
> XE<-(X-E)^2
> XE<-scale(XE,center=FALSE,scale=u)
> XE<-scale(t(XE),center=FALSE,scale=r)
> sum(XE)*sum(X)
[1] 1.705138
```

Die Funktion `scale` skaliert dabei eine Matrix spaltenweise. Wird die Option `center` auf FALSE gesetzt, so wird sie nicht zentriert. Die Option `scale=u` verlangt, dass die Matrix spaltenweise durch das entsprechende Element des Vektors u dividiert wird.

Zu dem gleichen Ergebnis gelangt man auch folgendermaßen; dabei werden die ersten beiden Zeilen des letzten Code-Blocks vorausgesetzt:

```
> D1<-solve(diag(u)) # (6,6)-Diagonalmatrix mit den Elementen
                      # 1/Zeilensumme
> D2<-solve(diag(r)) # (4,4)-Diagonalmatrix mit den Elementen
                      # 1/Spaltensumme
> X1<-((X-E)^2)%*%D1  # Die Abweichungsquadrate werden durch die
                      # Zeilensummen dividiert.
> X2<-D2%*%X1         # Zusätzlich werden sie durch die Spalten-
                      # summen dividiert.
> sum(X2)*sum(X)      # Aufaddieren aller Matrixelemente und
```

```
                              # Multiplikation mit dem Stichprobenumfang.
    [1] 1.705138
```
                                                                                                ∎

Speziell ist die Verknüpfung von numerischen R-Vektoren mit Matrizen. Wird ein
R-Vektor x mittels * mit einer Matrix a multipliziert, so geschieht das elementweise,
und zwar so, dass die erste Zeile der Matrix mit dem ersten Element des R-Vektors
durchmultipliziert wird, die zweite Zeile mit dem zweiten Element usw. Das geht
nicht, wenn x ein 'normaler' Vektor ist, also eine einzeilige oder einspaltige Matrix:

```
    > A<-matrix(c(1:6),2,3)
    > c(4,5)*A
         [,1] [,2] [,3]
    [1,]    4   12   20
    [2,]   10   20   30
```

Will man diese Operation mit einer einspaltigen oder einzeiligen Matrix durchführen,
so ist sie zuerst in einen R-Vektor zu verwandeln. Das geschieht mit as.vector:

```
    > A<-matrix(c(1:6),2,3); x<-as.vector(A[,1]); x*A
         [,1] [,2] [,3]
    [1,]    1    3    5
    [2,]    4    8   12
```

Für etliche Anwendungen ist es günstig, dass das äußere Produkt %o% zur Verfügung steht. Bei zwei Vektoren wird dadurch eine Matrix der komponentenweisen
Produkte erzeugt:

```
> x<-c(1:3)
> y<-c(1,3,5,7)
> x%o%y
     [,1] [,2] [,3] [,4]
[1,]    1    3    5    7
[2,]    2    6   10   14
[3,]    3    9   15   21
```

Beispiel 9.3

Mit StudZuf liegt ein Datensatz mit zwei kategorialen Variablen Zufr und Stud
vor. Die erste kennzeichnet die Zufriedenheit mit der eigenen Situation aufgrund
der zur Verfügung stehenden finanziellen Mittel, die zweite, ob es sich um Vollzeit-,
Teilzeit-oder Nebenherstudenten handelt. Um die beiden Variablen auf Unabhängigkeit zu testen, wird mit table eine Kontingenztafel erstellt. Dann werden ebenfalls
mit table die univariaten Randverteilungen bestimmt. Das äußere Produkt ergibt
alle Produkte der Randhäufigkeiten in der Struktur, die der ursprünglichen Kontin-
genztabelle entspricht. Damit ist die Bestimmung der Summanden der χ^2-Statistik
leicht:

```
 t<-table(StudZuf)
 f1<-table(Zufr)
 f2<-table(Stud)
```

```
e<-f1%o%f2/sum(t)
x2<-sum((t-e)^2/e)
paste("Wert der Teststatistik: ",x2)
paste("P-Wert : ",1-pchisq(x2,8))
```

4 Bibliotheken und Programmierung

Bibliotheken

Es gibt neben den Funktionen in dem Basispaket viele zusätzliche Funktionen in weiteren Paketen. Mit dem Aufruf `library()` erhält man einen Überblick über die aktuell implementierten Pakete.

Zugriff auf die Funktionen in einem Paket bekommt man mit dem Befehl `library(Paket)`; für Paket ist natürlich das spezielle gewünschte Paket anzugeben, also etwa `library(stepfun)`. In der Html-Hilfe sind für die installierten Packages Listen der jeweils implementierten Funktionen mit Erklärungen zu Aufruf und zu den Ergebnissen zu finden.

Der einfachste Weg, um zusätzlich zu den bei der Installation von R mitinstallierten Paketen weitere zu installieren, besteht in dem Öffnen des Menüpunktes 'Packages' von der R-Konsole aus. Hier kann eine der beiden Möglichkeiten 'Install Package(s) from CRAN...' oder 'Install Package(s) from local zip files...'. ausgewählt werden. Hat man z.B. das interessierende Paket, etwa `leaps.zip` auf der Festplatte im Verzeichnis c:TEMP gespeichert, so ist dies in dem Fenster, das sich beim Anklicken geöffnet hat, auszuwählen. Dann geschieht bei den entsprechend vorbereiteten Paketen alles automatisch. Auch die HTML-Hilfe wird aktualisiert. Die Bibliothek muss nur noch mit `library(leaps)` geladen werden, um mit den dort enthaltenen Funktionen arbeiten zu können.

Für die andere Variante muss eine Internetverbindung bestehen. Ansonsten sei auf die Hilfe verwiesen, die mit `help(install.packages)` anzufordern ist. Vorab sollte man die diesbezüglichen Ausführungen in der Datei rw-FAQ lesen. Die Datei befindet sich im Wurzelverzeichnis der R-Installation.

Will man für eine Weile stets mit einer oder mehreren Bibliotheken arbeiten, so kann in der Datei `Rprofile` im Verzeichnis `../rw1090/etc/` ein entsprechender Eintrag vorgenommen werden. Dort können auch Optionen ausgewählt bzw. gesetzt werden.

Kontroll-Strukturen

Das Schreiben von eigenen Funktionen macht vor allem Sinn, wenn man häufiger die gleiche Anweisungsfolge bei eventuell unterschiedlichen Parameterkonstellationen ausführen will. Dann benötigt man Kontroll-Strukturen, die den Fluss eines

Programms regeln. R kennt zwei Arten von *Kontroll-Strukturen*, nämlich bedingte Anweisungen und Schleifen.

Bedingte Anweisungen werden über die if-Anweisung realisiert:

if (Bedingung) { Anweisungen }

Die in den geschweiften Klammern enthaltenen Anweisungen werden nur ausgeführt, falls die angegebene Bedingung wahr ist, d.h. den Wert TRUE besitzt. Optional kann die if-Anweisung auch einen else-Zweig enthalten, der ausgeführt wird, wenn die Bedingung falsch ist:

if (Bedingung) { Anweisungen } else { Anweisungen }

Ein einfaches Beispiel für eine solche if-Anweisung ist etwa:

```
> if (x==10) { k <- x+1 } else { k <- x-1 }
```

Die einfachste Form der *Schleife* in R ist die while-Anweisung. Auch hier folgt in einer in runde Klammern gesetzten Bedingung die auszuführende(n) Operation(en) in geschweiften Klammern. Diese in den geschweiften Klammern angegebene Anweisung (oder Menge von Anweisungen) wird solange ausgeführt, wie die Bedingung wahr ist.

while (Bedingung) { Anweisungen }

Die folgende Sequenz verdeutlicht dies beispielhaft:

```
> i <- 1; while (i < 4) { i <- i + 1; print(i) }
[1] 2
[1] 3
[1] 4
```

Diese Schleife wird also genau dreimal durchlaufen. Im letzten Durchlauf bekommt i den Wert 4; daher wird die weitere Bearbeitung gestoppt.

Eine weitere Form der Schleife in R ist die for-*Schleife*. Die Syntax der for-Anweisung ist sehr elegant:

for (Variable in Vektor) { Anweisungen }

Die Laufvariable Variable nimmt nacheinander die Werte von Vektor an, d.h. beim ersten Schleifendurchlauf hat sie den Wert des ersten Vektorelements, beim zweiten den Wert des zweiten und so weiter:

```
> for(i in 1:5)  print(1:i)
[1] 1
[1] 1 2
[1] 1 2 3
[1] 1 2 3 4
[1] 1 2 3 4 5
```

Besteht die Anweisung nur aus einem einzigen Befehl, so kann wie in diesem Beispiel auf die geschweiften Klammern verzichtet werden.

Die Anweisung break führt zum unmittelbaren Verlassen einer Schleife, Die Anweisung next zum Beenden des aktuellen Schleifendurchlaufs.

Eigene Funktionen

Um eine Funktion zu schreiben, sind die Befehle mit einem einfachen Editor als Text (ohne jede Formatierung) zu schreiben. Hierfür gibt es die Möglichkeit, von R aus einen Editor zu starten. Dies geschieht mit der Funktion **edit** oder mit **fix**:

fix(Funktionsname)

Über eine Option kann ein beliebiger Text-Editor ausgewählt werden. In dem Editor wird dann die Funktion geschrieben und als 'Source-Code' in einer externen Datei mit der Dateierweiterung r abgespeichert. Die externe Datei kann auch mehrere selbstdefinierte Funktionen enthalten.

Eine Funktion wird nun mittels

MeineFunktion <- function(Argumente) { Anweisungen }

definiert. Diese Funktion steht nicht automatisch zur Verfügung. Sie muss vielmehr erst mit dem Befehl

```
> source("c:/myr/myfunc.r")
```

initialisiert werden. Hierbei ist angenommen, dass die Funktion MeineFunktion in der Datei `myfunc.r` abgespeichert wurde.

Beispiel 9.4 (Standardfehler des Median)

Eine Funktion zur Bestimmung des Standardfehlers des Median mittels Bootstrap kann folgendermaßen aussehen:

```
sdmedian <- function(x,B)
  {
  n <- length(x)
  m <- rep(0,B)
  for(b in 1:B)
    {
    x1 <- sample(x,n,replace=TRUE)
    m[b] <- median(x1)
    }
  sd(m)
  }
```

Diese Funktion kann nun in der Datei `sdmed.r` abgespeichert werden. Mit

```
> source("c:/d/myr/sdmed.r")
```

steht sie dann für die aktuelle Sitzung zur Verfügung.

Es wird nun mittels y<-rnorm(49) ein Vektor von 49 standardnormalverteilten Zufallszahlen erzeugt und die Funktion auf diesen Vektor angewendet:

```
> source("c:/myr/sdmed.r")
> y <- rnorm(49)
> sdmedian(y,1000)
[1] 0.1521678
```

Für den Standardfehler des arithmetischen Mittels erhält man bei diesem Stichprobenumfang übrigens mit $\mathrm{Var}(\bar{Y}) = \sigma^2/n$ den Wert 1/7=0.143.   ■

5   Einlesen und Exportieren von Daten

Datensätze liegen in den unterschiedlichsten Formaten vor. Viele externe Formate können in R eingelesen werden; das ist allerdings nicht für alle Formate möglich. Hier sollen die wichtigsten Möglichkeiten beschrieben werden. Eine detaillierte Beschreibung findet man in dem R-Hilfe-Menü unter 'Manuals', 'R-Data Import/Export'.

Will man an der Konsole einen kleinen Datensatz eingeben, so ist es am einfachsten, eine Matrix von Nullen zu erzeugen und diese aufzufüllen. Mit dem Aufruf von data.entry(mat) wird dann ein Datenblatt geöffnet, in das die gewünschten Werte eingetragen werden können:

```
A<-matrix(0,4,6)
data.entry(A)
```

Das geöffnete Datenblatt hat dann die in der Abbildung wiedergegebene Gestalt.

Aus einer externen ASCII-Datei können Daten mit scan in einen Vektor eingelesen werden:

```
> scan("c:\\daten\\koerpertemp.txt")
Read 65 items
 [1] 35.72 35.94 36.06 36.11 36.17 36.17 36.17 36.22 36.28 36.33
[11] 36.33 36.33 36.33 36.39 36.39 36.44 36.44 36.44 36.50 36.56
[21] 36.56 36.56 36.56 36.61 36.61 36.67 36.67 36.67 36.67 36.67
[31] 36.67 36.72 36.72 36.78 36.78 36.78 36.78 36.83 36.83 36.89

[41] 36.89 36.89 36.89 36.94 36.94 37.00 37.00 37.00 37.00 37.00
[51] 37.00 37.06 37.06 37.11 37.11 37.11 37.17 37.22 37.22 37.22
[61] 37.28 37.33 37.39 37.44 37.50
```

Zu beachten ist, dass die Backslashes innerhalb von Anführungsstrichen doppelt eingegeben werden müssen. Auch unter Windows kann die Pfadangabe mit einem einfachen 'Slash' anstelle eines doppelten Backslashes erfolgen. Somit ist

```
> scan("c:/daten/koerpertemp.txt")
```

zu dem obigen Aufruf äquivalent. Da dies einfacher ist, wird im Folgenden diese Möglichkeit verwendet.

Mit scan werden die Werte hintereinander in einen Vektor geschrieben. Sind in einer ASCII-Datei Daten verschiedener Variablen gespeichert, so können sie gleich in der

Form eines Datensatz eingelesen werden, wenn die ASCII-Datei schon die Struktur hat, die der Datensatz dann bekommen soll. Das bedeutet speziell, dass die zu einer Variablen gehörigen Werte jeweils spaltenweise angeordnet sind; die Werte einer Zeile gehören zu einer Beobachtungseinheit. Die Angaben sind durch Leerzeichen voneinander getrennt. In der ersten Zeile dieser Datei seien die Variablennamen eingetragen (durch Leerzeichen separiert). Dann erfolgt das Einlesen mittels der Funktion read.table:

```
> firmen <- read.table("c:/daten/firmen2001.dat",header=TRUE)
```

Sind in der ersten Zeile der Datei die Namen der Variablen nicht angegeben, so lautet die Option header=FALSE.

Es gibt zahlreiche Datensätze, die als Beispielmaterial schon in dem Basismodul mitgeliefert werden; weitere sind in fast allen Packages enthalten. Diese können mit dem Befehl data eingelesen werden:

```
> data(cars)
> summary(cars)
     speed            dist
 Min.   : 4.0    Min.   :  2.00
 1st Qu.:12.0    1st Qu.: 26.00
 Median :15.0    Median : 36.00
 Mean   :15.4    Mean   : 42.98
 3rd Qu.:19.0    3rd Qu.: 56.00
 Max.   :25.0    Max.   :120.00
> attach(cars)
> summary(speed)
   Min. 1st Qu.  Median    Mean 3rd Qu.    Max.
    4.0    12.0    15.0    15.4    19.0    25.0
```

Externe Repräsentationen von R-Objekten werden mit **save** abgespeichert. Mit der Option ascii = TRUE wird ein Datensatz in eine ASCII-Datei geschrieben. Die Voreinstellung ist ascii = FALSE; dies ergibt eine kompaktere Form der Speicherung. Solche Dateien können mit dem Befehl load wieder geladen werden.

In dem folgenden Beispiel wird zwischendurch der Datensatz Y mittels rm(Y) aus dem aktiven Arbeitsbereich entfernt; rm ist günstig, wenn man zwischendurch etwas aufräumen will.

```
> y<-rnorm(20)
> y<-matrix(y,4,5)
> y<-data.frame(y)
> y
          X1          X2          X3          X4          X5
1 -1.0331633   0.9611738  -1.1029188   0.3391295  -0.7100169
2 -0.2150846   0.9401090   0.1533617  -0.3523658   0.1325400
3  1.3525974  -1.1968621   1.0002396  -2.1669665   0.4348876
4  0.3616053   1.3718655  -1.7790348   1.3811907   1.4269337
```

```
> save(y,file="c:/d/myr/y.RData" )
> rm(y)
> y
Error: Object "y" not found
> load("c:/d/myr/y.RData")
> y
          X1          X2          X3          X4          X5
1 -1.0331633   0.9611738  -1.1029188   0.3391295  -0.7100169
2 -0.2150846   0.9401090   0.1533617  -0.3523658   0.1325400
3  1.3525974  -1.1968621   1.0002396  -2.1669665   0.4348876
4  0.3616053   1.3718655  -1.7790348   1.3811907   1.4269337
```

6   Grafik

Es gibt etliche Typen von Grafiken, die auf einfache Weise Datensätze bzw. Vektoren oder Matrizen darstellen. Die Grafikfunktionen produzieren dabei Grafik-Typen, die von dem jeweiligen Objekt-Typ der Eingabe abhängen. Diese Grafikfunktionen gehören zu den sogenannten High-Level-Grafikfunktionen. Der Aufruf einer dieser Funktionen führt dazu, dass eine bereits vorhandene Grafik durch eine neue ersetzt wird. Um in einem Grafik-Fenster mehr als eine Grafik unterzubringen, kann der Befehl par eingesetzt werden. So wird durch par(mfrow=c(1,2)) die Grafik senkrecht geteilt.

Univariate Daten

Es stehen die im folgenden aufgeführten Grafik-Typen zur Darstellung univariater Daten bzw. Vektoren zur Verfügung.

High-Level-Grafikfunktionen für univariate Daten

barplot	Säulendiagramm.
boxplot	Box-Plot.
dotchart	Erzeugt ein Cleveland-Dot-Chart.
hist	Histogramm unter Verwendung von barplot.
pie	Kreisdiagramm.
plot	Je nach Argument ein Indexplot, ein Stabdiagramm oder eine empirische Verteilungsfunktion.
qqnorm	Quantildiagramm für die Normalverteilung.
qqplot	Quantil-Quantil-Diagramm.
stripchart	Eindimensionales Streudiagramm

Das *Säulendiagramm* `barplot` verlangt als Eingabe einen Vektor von Anteilen oder Anzahlen. Die Säulen werden bei der Voreinstellung vertikal gezeichnet und unterschiedlich eingefärbt. Bezeichnungen muss man mittels eines Vektors `names.arg` selber hinzufügen:

```
> barplot(c(5,3,7),names.arg=c("A","B","C"))
```

Die Funktion `boxplot` zur Erstellung eines *Box-and-Whisker-Plots* erwartet als Eingabe einen Datensatz oder eine Liste von Variablen bzw. Vektoren. Bei einer Matrix werden alle Elemente der Matrix in einem einzigen Boxplot dargestellt. Variablennamen erscheinen beim Boxplot automatisch als Labels unterhalb der x-Achse. Gibt es keine explizite Angabe von Variablennamen, etwa weil X eine zum Datensatz konvertierte Matrix ist, so bekommen die Variablen die voreingestellten Werte V1, V2, ...

Sei zum Beispiel `dat` ein Datensatz mit zwei Variablen V1 und V2. Dann erzeugen die beiden folgenden Aufrufe die gleiche Grafik:

```
> boxplot(dat)
> boxplot(V1,V2)
```

Für einen *Cleveland-Dot-Chart* ist die Eingabe x ein Vektor numerischer Werte (NAs sind zugelassen). Es können auch Labels definiert werden. Sie erscheinen dann am linken Rand des Dot-Charts:

```
> dotchart(c(1:5),labels=c("A","B","C","D","E"))
```

`hist` bietet ein einfaches *Histogramm*. Hier wird neben dem Datenvektor die Angabe der Anzahl der Klassen erwartet. Erst durch Setzen von `include.lowest=` TRUE werden Werte berücksichtigt, die mit der untersten Klassengrenze übereinstimmen. Es kann auch ein Vektor von Klassengrenzen angegeben werden. Dann ist allerdings der gesamte Wertebereich abzudecken; die unterste Klassengrenze muss kleiner oder gleich dem kleinsten Wert in x sein und die oberste größer oder gleich dem größten x-Wert. Beispiele sind:

```
> hist(runif(500), breaks=10)
> hist(runif(500), breaks=10, include.lowest=TRUE)
> hist(runif(500), breaks=c(0,0.1,0.25,0.5,0.75,1))
```

`pie` stellt einen Eingabevektor in einem *Kreis-* oder *Tortendiagramm* dar. Dazu werden die Werte in Anteile der Gesamtsumme aller Werte transformiert und bekommen einen entsprechendes Segment des Kreises zugeordnet. Negative Werte sind folglich nicht zugelassen. Für die Darstellung werden die Kreissegmente der Reihe nach durchnummeriert. Mittels des zusätzlichen Arguments `labels` können die Segmente auch mit Namen etc. versehen werden. Zusätzlich können die Kreissegmente mit `col` eingefärbt werden.

```
> pie(c(1:3),labels=c("A","B","C"),col=c("red","blue","green"))
```

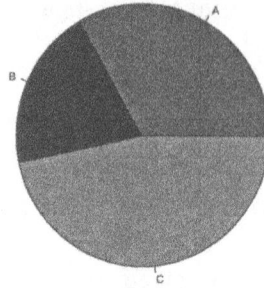

Die Funktion plot ist sehr mächtig. Im folgenden Abschnitt wird weiter darauf eingegangen. Wird als Argument einfach ein Variablenname eingegeben, so produziert plot einen *Indexplot*. Dabei werden die einzelnen Werte einfach hintereinander als Punkte dargestellt. Mit plot lässt sich auch leicht ein *Stabdiagramm* darstellen. Dazu produziert man mit der Funktion table aus den Werten der Variablen eine einfache Häufigkeitstabelle und lässt sich diese mit plot darstellen.

```
> Var1<-c(0,2,3,4,1,2,3,3,3,2,3,6); ta<-table(Var1); plot(ta)
```

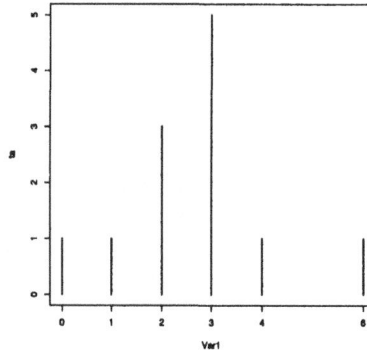

Weiter dient plot zur Darstellung der empirischen Verteilungsfunktion. Ein Weg dazu geht über das R-Package 'stepfun'. Ist dieses geladen (vgl. den Abschnitt 4), so wird mit der dort existierenden Funktion ecdf die empirische Verteilungsfunktion entsprechend folgender Befehle angefordert:

```
> a <- c(1,2.2,3.5,4)
> e <- ecdf(a)
> plot(e, do.points=FALSE, verticals=TRUE)
```

qqplot bietet ein empirisches *QQ-Diagramm*. Auch diese Funktion ist einfach aufzurufen. Als Argumente werden zwei Vektoren angegeben. Sie müssen nicht gleich lang sein. Es werden die durch den kürzeren Vektor bestimmten Anteile als p-Werte für die Quantile genommen. Zu beachten ist hier, dass in R Quantile stets über lineare Interpolation ermittelt werden:

```
> x <- rnorm(10,mean=0,sd=1); y <- rnorm(15,mean=0.5,sd=1)
> qqplot(x,y)
```

Mit `stripchart` kann man *eindimensionale Streudiagramme* erstellen. Dabei können auch mehrere Variablen in einen Chart eingezeichnet werden. Das stellt eine gute Alternative zu Boxplots dar, wenn die Umfänge der Datensätze kleiner sind. So ergibt die Befehlszeile

```
> stripchart(firmen$Finanz)
```

die folgende Grafik:

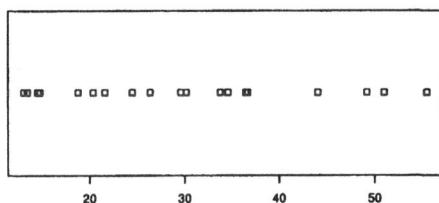

Bivariate und höherdimensionale Daten

Für die Darstellung bivariater und höherdimensionaler Daten gibt es in R die folgenden Funktionen:

**High-Level-Grafikfunktionen
für bivariate und höherdimensionale Daten**

contour	Contourdiagramm.
coplot	Diese Funktion erzeugt zwei Varianten von bedingten Streudiagrammen.
image	High density image plot functions.
matplot	Darstellung der Spalten einer Matrix gegen die Spalten einer anderen.
pairs	Streudiagramm-Matrix.
persp	Dreidimensionale perspektivische Darstellung.
plot	Streudiagramm, Linienzüge etc.
stars	Sternendiagramm multivariater Daten.

Hier soll nur auf die wichtigsten dieser High-Level-Grafikfunktionen eingegangen werden.

`plot` ist die Universalfunktion zur Darstellung bivariater Daten als *Streudiagramm* und für *Linienzüge*. Der Aufruf ist denkbar einfach: Sind x und y gleichlange Vektoren, so wird mit

```
> plot(x,y,type="p")
```

ein Streudiagramm der (x,y)-Werte erstellt. Die Angabe von `type="p"` verlangt dabei die Darstellung als Punkte. Möchte man einen Linienzug haben, so ist `type="l"` anzugeben.

Konkret wird der Datensatz `firmen` betracht, vgl. Kapitel 1. Für die Variablen Finanzkraft und Internationalität wird ein *Streudiagramm* erstellt:

```
> firmen<-read.table("c:/daten/firmen.dat",header=T)
> attach(firmen)
> plot(Finanz,Inter,type="p")
```

Das Ergebnis ist in der folgenden Grafik wiedergegeben.

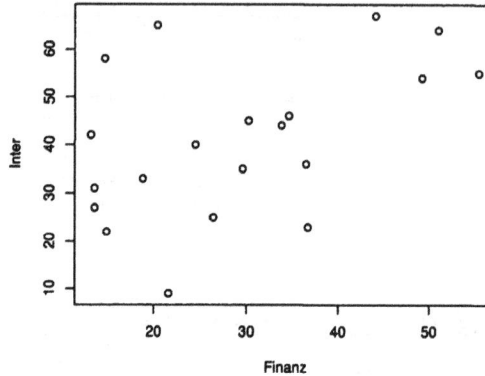

Ein wichtiger Aspekt ist die Achsenbezeichnung. Automatisch werden die Variablennamen gewählt, die für die Platzhalter x und y eingesetzt werden. Möchte man das ändern, so ist `xlab` als Parameter für die x-Achse zu definieren; entsprechend steht `ylab` für die y-Achse.

Die vollen Möglichkeiten von `plot` sind ausufernd. Einige Optionen, die analog zu `type` angegeben werden können, sind:

Parameter	Effekt	Beispiel
col	Farbe	col="red"
lwd	Strichstärke	lwd=2
main	Gesamttitel	main="Gesamttitel"
xlab	Titel für die x-Achse	xlab="X"
ylab	Titel für die y-Achse	ylab="Y"
pch	Symbol für Punkte	pch="o"
cex	Symbolgröße	cex=2

Alternativ zur direkten Angabe der Optionen können diese auch mittels eines vorangestellten `par`-Befehls gesetzt werden. `par` wurde bereits zum Beginn des Abschnittes zur Unterteilung des Grafik-Objektes erwähnt. Eine *Streudiagramm-Matrix* eines multivariaten Datensatzes wird mittels `pairs` erzeugt. Als Argument ist ein Datensatz oder eine Matrix anzugeben. Dann ist die einfache Form des Aufrufes: `pairs(x)`. Auch diese Grafik lässt sich mit den oben angegebenen Parametern weiter verschönern.

Ergänzen und Verschönern von Grafiken

Ist eine der oben angegebenen Grafiken erstellt, so können Linien, Punkte und Bezeichnungen hinzugefügt werden. Dies geschieht mit den sogenannten Low-Level-Grafikfunktionen. Ihr Aufruf erzeugt keine neue Grafik, sondern verändert eine bereits vorhandene.

Low-Level-Grafikfunktionen	
abline	Fügt Linien zu dem aktuellen Plot hinzu. Anzugeben sind Achsenabschnitt und Steigung, welche die Gerade bestimmen
arrows	Hinzufügen von Pfeilen zwischen Punktepaaren.
legend	Fügt eine Legende zu dem aktuellen Plot hinzu.
lines	Hinzufügen von Linien zu dem aktuellen Plot.
par	Setzen und Abfragen von Grafikparametern.
points	Hinzufügen von Punkten zu dem aktuellen Plot.
polygon	Hinzufügen eines Polygonzuges, auch ausgefüllt.
rug	Hinzufügen eines Rug ('ergänzendes Stabdiagramm') zu einer Grafik.
segments	Hinzufügen von Linien-Segmenten zwischen Punktepaaren.
text	Hinzufügen von Textsymbolen zum aktiven Plot.
title	Hinzufügen eines Titels zum aktiven Plot.

Die Funktion abline ist vor allem günstig, um Regressionslinien zu Streudiagrammen oder QQ-Diagrammen hinzuzufügen. Verlangt werden als Argumente der Achsenabschnitt a und die Steigung b. Mit weiteren Argumenten können die Farbe der ab-Geraden sowie die Strichstärke eingestellt werden. Für ein Beispiel sei auf den folgenden Abschnitt verwiesen.

Linienzüge werden durch die Funktion lines mittels der Angabe von Punkten erzeugt. Im Aufruf lines(x,y) sind x und y zwei gleichlange Vektoren. Sollen mehr als ein Linienzug einem Plot hinzugefügt werden, so ist lines mehrmals aufzurufen.

Im oben angegebenen Streudiagramm der Finanzkraft und Internationalität von Firmen soll die Regressionsgerade des Regressionsansatzes

$$Inter = \beta_0 + \beta_1 Finanz + \varepsilon$$

eingefügt werden. Dazu werden zunächst die Regressionskoeffizienten berechnet. Dann brauchen jeweils nur Vektoren mit den Anfangs- und Endkoordinaten angegeben zu werden:

```
> r <-lm(Inter~Finanz)
> beta<-coefficients(r)
> lines(c(10,60),c(beta[1]+beta[2]*10,beta[1]+beta[2]*60))
```

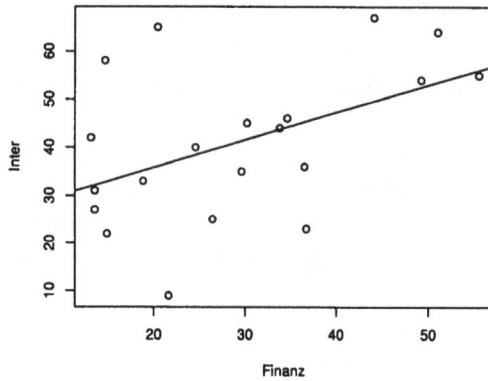

Das Hinzufügen von Punkten mittels `points` erfolgt gemäß der gleichen Logik.

Unter einem *Rug* wird ein am Rande angebrachtes Stabdiagramm verstanden. Das ist z.B. sinnvoll, wenn man eine übersichtliche Darstellung mittels eines Histogramms haben und dennoch nicht auf eine detailliertere Angabe verzichten möchte, wo die Werte tatsächlich liegen. Beispielsweise führt die Befehlssequenz

```
x <- runif(100);  hist(x);  rug(x)
```

zu der folgenden Grafik.

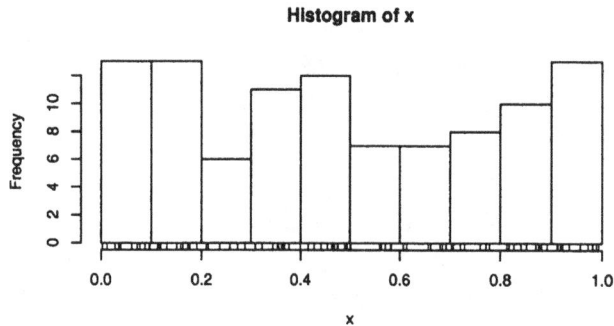

Histogram of x

Als Titel kann der Grafik nun 'Hübsches Bild' gegeben werden. Der Text ist dabei in Anführungszeichen zu setzen: `title("Hübsches Bild")`.

Weiterer Text wird mit `text` in die Grafik eingefügt: `text(1,5,"Beginn")` Der angegebene Punkt ist dann das Zentrum des Textfeldes.

Mit der Anweisung `postscript(file="myfile.ps")` wird die anschließend erzeugte Grafik als Postskript-Datei in der Datei myfile.ps gespeichert. Mit `dev.off()` wird das Abspeichern beendet. Alternativ kann auch einfach ein Rechtsklick auf das Grafikfenster vorgenommen werden und dort die Auswahl zwischen Bitmap und Postskript getroffen werden.

7 Statistische Modelle in R

R stellt eine miteinander verzahnte Suite von Möglichkeiten bereit, mit denen die Anpassung statistischer Modelle sehr vereinfacht wird. Der Output ist zunächst minimal; um Details zu bekommen, müssen im Anschluss Extractor-Funktionen eingesetzt werden.

Den Prototypen eines statistischen Modells bildet das lineare Regressionsmodell mit unabhängigen, homoskedastischen Fehlern

$$Y_v = \sum_{i=0}^{p-1} \beta_i x_{iv} + \varepsilon_v, \quad v = 1, \ldots, n,$$

wobei die Fehler ε_v normalverteilt sind, $\varepsilon_v \sim \mathcal{N}(0, \sigma^2)$. Häufig ist x_{0v} konstant eins; dadurch wird dann der Achsenabschnitt (intercept) festgelegt.

In R wird die Struktur eines Modells gemäß einer Formel wie der folgenden spezifiziert:

$$\texttt{Responsevariable ~ erklärende Variablen,}$$

wobei der Operator " ~ " interpretiert wird als 'wird modelliert als Funktion von'.

Ein paar Beispiele zeigen, wie die Formulierung im Prinzip lautet:

Formel	Modell
y~x	Ein einfaches lineares Regressionsmodell der Form $\mathbf{y} = \mathbf{X}\boldsymbol{\beta} + \boldsymbol{\varepsilon}$, wobei der Term für den Achsenabschnitt aufgrund der Voreinstellung implizit enthalten ist.
y~-1+x	Ein einfaches lineares Regressionsmodell ohne Achsenabschnitt; m.a.W. eine Regression durch den Ursprung.
y~poly(x,2)	Polynomiale Regression des Grades 2 von $\mathbf{y}$ auf $\mathbf{x}$.
y~A	Einwegsvarianzanalyse von $\mathbf{y}$, bei der die Faktorstufen durch A bestimmt sind.
y~A+B+B:A	Zweifaktormodell mit Wechselwirkungen.

Arithmetische Symbole, die auf der rechten Seite der Modellformulierungen auftauchen, haben hier eine modellspezifische Interpretation:

+ Einbeziehung der Variablen in das Modell;

- Ausschluss der Variablen aus dem Modell;

* Einschluss der Variablen sowie ihrer Interaktion der Variablen in das Modell;

: Einschluss der Interaktion der Variablen in das Modell;

/ Verlangt, dass die Variable als hierarchisch untergeordnete berücksichtigt wird;

| Zeigt eine Bedingung an. (So ist y ~ x|z zu lesen als 'y als Funktion von x gegeben z'.)

Die grundlegende Funktion zur Anpassung normaler multipler linearer Modelle ist lm(); eine von allen Optionen befreite Version des Aufrufs hat die einfache Struktur:

```
fitted.model <- lm(formula)
```

Um Informationen über das angepasste Modell zu extrahieren, stehen die folgenden generischen Funktionen zur Verfügung:

```
add1     coef        effects    kappa    predict   residuals
alias    deviance    family     labels   print     step
anova    drop1       formula    plot     proj      summary
```

Auch wenn die Varianzanalyse unter die linearen Modelle subsumiert werden kann, gibt es wegen der großen Bedeutung eine eigenständige Funktion:

```
fitted.model <- aov(formula, data=data.frame)
```

Die meisten der oben angegebenen Funktionen zur Extraktion von Informationen über das angepasste Modell sind auch hier anwendbar.

Die Funktion update() bringt eine Vereinfachung, wenn ein neues Modell angepasst werden soll, das sich von alten nur geringfügig unterscheidet. Ihr Aufruf lautet

```
new.model <- update(old.model, new.formula)
```

In dieser Funktion kann der Punkt verwendet werden, um zu spezifizieren, 'was bereits im Modell enthalten ist'. Ist also das Ausgangsmodell

```
model1 <- lm(y~x*z),
```

so wird durch den folgenden Aufruf die Interaktion entfernt und nur die beiden Variablen x und z werden berücksichtigt:

```
model2 <- update(model1, ~.-x:z).
```

Beispiele sind unter den R-Codes im Text zu finden.

8 Tabellarische Überblicke über wichtige Funktionen

Die wichtigsten Funktionen sind nach inhaltlichen Gesichtspunkten in Tabellen zusammengefasst. Diese sind mathematische Funktionen, statistische Funktionen, Funktionen zur Erzeugung und Bearbeitung von Vektoren und Matrizen sowie eine Tabelle mit Verteilungen. Als letzte Übersicht sind diese und noch einige weitere Funktionen alphabetisch zusammengefasst. Diese Aufstellungen sind nicht vollständig. Es werden auch nicht alle optionalen Argumente der Funktionen angegeben. Für weitere Funktionen und zum genauen Gebrauch der angegebenen ist die R-Hilfe zu konsultieren.

Tabelle 9.5: Mathematische Funktionen

Funktionsname	Funktionsbeschreibung
abs(x)	Beträge der Elemente von x.
ceiling(x)	Aufrunden der Werte in x (auf ganze Zahlen).
choose(n,x)	Binomialkoeffizient n über x.
cos(x)	Kosinus von x (x in Bogenmaß).
exp(x)	Exponentialfunktion für die in x enthaltenen Werte.
floor(x)	Abrunden der Werte in x (auf ganze Zahlen).
log(x)	Logarithmus zur Basis e (=2.718282.........).
log10(x)	Logarithmus zur Basis 10.
round(x)	Rundet die in x enthaltenen Werte. Über das optionale Argument digits = d kann die Nachkommastelle bestimmt werden, bei der gerundet werden soll.
sign(x)	Bestimmt die Vorzeichen der Elemente von x.
sin(x)	Sinus von x (x in Bogenmaß).
sqrt(x)	Quadratwurzel der Elemente von x.
tan(x)	Tangens von x (x in Bogenmaß).
trunc(x)	Abrunden der Werte von x (auf ganze Zahlen).

Tabelle 9.6: Statistische Funktionen

Funktionsname	Funktionsbeschreibung
cor(x,y)	Korrelationskoeffizient der Vektoren x und y. Wenn x eine Matrix ist und y weggelassen wird, werden die Korrelationen der Spalten von x berechnet. Wird zusätzlich y angegeben, so werden die Korrelationen der Spalten von x mit denen von y bestimmt.
cut(x,breaks)	Teilt den Wertebereich von x in Intervalle mit den in breaks angegebenen Intervallgrenzen auf und kodiert die Werte von x entsprechend der Klasse, in die sie fallen. Die Klasse mit den kleinsten Werten korrespondiert mit dem Wert 1 usw.
length(x)	Länge des Vektors x bzw. Anzahl der Elemente der Matrix x.
lm(y~x)	Führt eine Regression mit der abhängigen Variablen y und der unabhängigen Variablen x durch. Dabei wird ein konstantes Glied berücksichtigt.
mad(x)	Median der absoluten Abweichungen der Elemente von x vom Median von x.
max(x)	Maximum der Elemente von x.
mean(x)	Arithmetisches Mittel der Elemente von x.
median(x)	Median der Elemente von x.
min(x)	Minimum der Elemente von x.
quantile(x,probs=p)	Bestimmt die empirischen Quantile von x zu den in p angegebenen Anteilen. Dabei wird linear interpoliert.

`range(x)`	Gibt den Vektor zurück, der aus dem kleinsten und dem größten der in x enthaltenen Werte besteht.
`rank(x)`	Gibt die Rangwerte eines numerischen Vektors x wieder. Bei Bindungen oder Ties werden mittlere Ränge berechnet.
`rle(x)`	Bestimmung der Runs, der aufeinander folgenden gleichen Werte in x.
`scale(x,..)`	Zentriert und/oder skaliert die numerische Matrix x spaltenweise. Die Auswahl nur einer der Operationen geschieht, indem bei `center=TRUE, scale=TRUE` einer der beiden `TRUE` auf `FALSE` gesetzt wird. Es können auch Vektoren angegeben werden, die zur Zentrierung bzw. Skalierung verwendet werden.
`sd(x)`	Standardabweichung der in x enthaltenen Daten.
`stem(x)`	Stem-and-Leaf-Diagramm des Datenvektors x.
`sum(x)`	Summe aller in dem Vektor oder der Matrix x enthaltenen Elemente.
`summary(x)`	Je nach Art der Eingabe gibt diese Funktion eine Übersicht über die wesentlichen statistischen Charakteristika von x aus: univariater Datensatz, Vektor: 5-Zahlen-Zusammenfassung, ohne Umfang der Daten, aber mit arithmetischem Mittel. Ergebnis der Funktion `lm`: Übersicht über das Regressionsergebnis
`table(x,..)`	Häufigkeits- oder Kontingenztafel der Variable x bzw. zweier Variablen x und y.
`tapply(x,y,fun)`	Berechnung der durch `fun` spezifizierten Funktion für eine Maßzahl für Untergruppen; die Gruppenzugehörigkeit ist durch Gruppenindikatoren in y spezifiziert.
`var(x,..)`	Varianz oder Kovarianz der Variablen x bzw. der Variablen x und y.

Tabelle 9.7: Erzeugung und Bearbeitung von Matrizen und Vektoren

Funktionsname	Funktionsbeschreibung
`append(x, v, a)`	Anfügen von Werten v an einen Vektor x nach der durch a bestimmten Stelle, etwa `a=length(x)`
`apply(x,[i],function)`	Zeilen- (i=1) oder spaltenweises (i=2) Anwenden der Funktion `function` auf die Matrix x.
`c(x1,x2,..)`	Werte x1,x2,.. zu einem Vektor zusammenfassen. Die Angabe kann auch gemäß `xu:xo` erfolgen; dann wird xu wiederholt um 1 erhöht, solange xo nicht überschritten wird.
`cbind(x,y)`	Setzt Vektoren (und Matrizen) nebeneinander zu einer Matrix zusammen.

`cumsum(y)`	Gibt einen Vektor zurück, dessen Elemente die kumulierten Summen der Elemente des Vektors y sind.
`diag(d)`	Macht aus dem Vektor d eine Diagonalmatrix.
`rbind(x,y)`	Setzt Vektoren (und Matrizen) untereinander zu einer Matrix zusammen.
`rep(x,times)`	Wiederholtes Aneinanderfügen des Vektors x entsprechend der in **times** angegebenen Anzahl.
`replace(x,list,val)`	Ersetzt die Werte in x mit den Indizes, die in **list** aufgeführt sind, durch die in val angegebenen Werte.
`seq(from, to)`	Erzeugt eine jeweils um 1 wachsende Folge, bei der der mit **to** angegebene Wert nicht überschritten wird. Die Schrittweite kann mittels des optionalen Arguments **by=i** verändert werden. Mit dem optionalen Argument **length=k** werden k-2 äquidistante Zwischenwerte bestimmt und zusammen mit **from** und **to** ausgegeben.
`sort(x)`	Sortiert den numerischen Vektor x (partiell) aufsteigend (oder absteigend).
`t(x)`	Bestimmt die Transponierte der Matrix x.

Tabelle 9.8: Wahrscheinlichkeitsverteilungen

Verteilung	R-Name	Argumente
Binomial	binom	size, prob
Cauchy	cauchy	location, scale
Chiquadrat	chisq	df, ncp
Exponential	exp	rate
F	f	df1, df1, ncp
Gamma	gamma	shape, scale
Geometrische	geom	prob
Gleich	unif	min, max
Hypergeometrische	hyper	m, n, k
Lognormal	lnorm	meanlog, sdlog
Logistische	logis	location, scale
Negative Binomial	nbinom	size, prob
Normal	norm	mean, sd
Poisson	pois	lambda
Student's t	t	df, ncp
Weibull	weibull	shape, scale
Wilcoxon	wilcox	m, n

Bei den Verteilungen ist den in der mittleren Spalte angegebenen Namen ein Buchstabe voranzustellen, und zwar einer der Buchstaben d, p, q oder r. Dabei bedeuten:

d	Dichte- oder Wahrscheinlichkeitsfunktion	p	Verteilungsfunktion
q	Inverse der Verteilungsfunktion	r	Zufallszahlen

Die angegebenen Argumente ergeben sich als Parameter der Verteilungen. Dafür gibt es Voreinstellungen, die wirksam werden, wenn diese Parameter nicht aufgeführt werden. Obligatorisch an erster Stelle muss jeweils eines der Argumente stehen:

Bei d, p: Vektor von Werten;
Bei q: Vektor von Anteilen;
Bei r: Anzahl der zu erzeugenden Zufallszahlen .

Somit wird durch pnormal(c(-2,3.1)) der Vektor der Werte der Verteilungsfunktion der Normalverteilung mit $\mu = 0$ und $\sigma = 1$ an den beiden Stellen -2 und 3.1 bestimmt. qnormal(0.2,mean=2,sd=3) gibt das 0.2-Quantil der Normalverteilung mit $\mu = 2$ und $\sigma = 3$ zurück.

Tabelle 9.9: Alphabetische Liste der wichtigsten Funktionen

Funktionsname	Funktionsbeschreibung
abs(x)	Beträge der Elemente von x
acos(x)	Arcuscosinus der Elemente von x; diese müssen zwischen -1 und +1 liegen. Für andere Werte wird ein fehlender Wert (NA) ausgegeben.
all(x)	Überprüfen, ob alle Elemente von x TRUE sind.
any(x)	Überprüfen, ob eines der Elemente von x TRUE ist.
append(x, v, a)	Anfügen von Werten v an einen Vektor x nach der durch a bestimmten Stelle, etwa a=length(x).
apply(x,i,function)	Zeilen- (i=1) oder spaltenweises (i=2) oder zeilen- und spaltenweises (i=c(1,2)) Anwenden der Funktion function auf die Matrix x.
asin(x)	Arcussinus der Elemente von x; diese müssen zwischen -1 und +1 liegen. Für andere Werte wird ein fehlender Wert (NA) ausgegeben.
assign("x",...)	Zuweisen von Werten zu der Variablen x; die Punkte stehen für einen einzelnen Wert oder eine Folge von Werten.
atan(x)	Arcustangens der Elemente von x.
c(x1,x2,..)	Werte x1,x2,.. zu einem Vektor zusammenfassen. Die Angabe kann auch gemäß xu:xo erfolgen; dann wird xu wiederholt um 1 erhöht, solange xo nicht überschritten wird.
cbind(x,y)	Setzt Vektoren (und Matrizen) nebeneinander zu einer Matrix zusammen.
ceiling(x)	Aufrunden der Werte in x (auf ganze Zahlen).
choose(n,x)	Binomialkoeffizient n über x.

`cor(x,y)`	Korrelationskoeffizient der Vektoren x und y. Wenn x eine Matrix ist und y weggelassen wird, werden die Korrelationen der Spalten von x berechnet. Wird zusätzlich y angegeben, so werden die Korrelationen der Spalten von x mit denen von y bestimmt.
`cos(x)`	Cosinus der Elemente von x.
`cumprod(y)`	Gibt einen Vektor zurück, dessen Elemente die kumulativen Produkte der Elemente des Vektors y sind.
`cumsum(y)`	Gibt einen Vektor zurück, dessen Elemente die kumulierten Summen der Elemente des Vektors y sind.
`cut(x,breaks)`	Teilt den Wertebereich von x in Intervalle mit dem in breaks angegebenen Intervallgrenzen auf und kodiert die Werte von x entsprechend der Klasse, in die sie fallen. Die Klasse mit den kleinsten Werten korrespondiert mit den Wert 1 usw.
`diag(d)`	Macht aus dem Vektor d eine Diagonalmatrix.
`dim(x)`	Bestimmt die Dimension einer Matrix. Für weitere Funktionalitäten siehe Seite 297.
`exp(x)`	Exponentialfunktion für die in x enthaltenen Werte.
`floor(x)`	Abrunden der Werte in x (auf ganze Zahlen).
`identical(x, y)`	Test, ob zwei Vektoren bzw. Matrizen exakt gleich sind. Die Ausgabe ist TRUE, wenn dies gilt und FALSE in jedem anderen Fall.
`inverse.rle(r)`	Rekonstruiert einen Datenvektor aus der Tabelle der Runs r, der Angaben wie oft das jeweilige Element von dieser Stelle an hintereinander vorkommt, bis es durch ein anderes abgelöst wird.
`is.na(x)`	Überprüfen auf fehlende Werte in x. An jeder Stelle, an der ein Wert vorhanden ist, wird FALSE ausgegeben, sonst TRUE.
`length(x)`	Länge des Vektors x bzw. Anzahl der Elemente der Matrix x.
`lm(y~x)`	Führt eine Regression mit der abhängigen Variablen y und der unabhängigen Variablen x durch. Dabei wird ein konstantes Glied berücksichtigt.
`log(x)`	Logarithmus zur Basis e (=2.718282.........).
`log10(x)`	Logarithmus zur Basis 10.
`log2(x)`	Logarithmus zur Basis 2.
`mad(x)`	Median der absoluten Abweichungen der Elemente von x vom Median von x.
`match(x, table)`	Gibt die Positionen in table an, in denen die in x enthaltenen Werte vorkommen.
`max(x)`	Maximum der Elemente von x.
`mean(x)`	Arithmetisches Mittel der Elemente von x.

`median(x)`	Median der Elemente von x.
`min(x)`	Minimum der Elemente von x.
`objects()`	Namen aller Variablen der aktuellen R-Sitzung
`order(x,...)`	Sortiert den Vektor x mit der Möglichkeit, nur Teile zu sortieren und zwischen auf- und absteigener Sortierung zu wählen.
`prod(x)`	Gibt das Produkt aller Werte wider, die in dem Vektor x enthalten sind.
`quantile(x,probs=p)`	Bestimmt die empirischen Quantile des Vektors x zu den in p angegebenen Anteilen. Dabei wird linear interpoliert.
`quit()`, `q()`	Beenden der R-Sitzung.
`range(x)`	Gibt den Vektor zurück, der aus dem kleinsten und dem größten der in x enthaltenen Werte besteht.
`rank(x)`	Gibt die Rangwerte eines numerischen Vektors wieder. Bei Bindungen oder Ties werden mittlere Ränge berechnet.
`rbind(x,y)`	Setzt Vektoren (und Matrizen) untereinander zu einer Matrix zusammen.
`rep(x,times)`	Wiederholtes Aneinanderfügen des Vektors x entsprechend der in `times` angegebenen Anzahl.
`replace(x,list,val)`	Ersetzt die Werte in x mit den Indizes, die in `list` aufgeführt sind, durch die in val angegebenen Werte.
`rev(x)`	Dreht den Vektor x um, so dass das erste Element das letzte wird usw.
`rle(x)`	Tabelle der runs von x, d.h. der Angaben wie oft das jeweilige Element in x hintereinander vorkommt, bis es durch ein anderes abgelöst wird.
`rm(x,y,...,list=c)`	Löschen der Variablen x und y (und von weiteren, in ... angeführten), oder die in dem Charaktervektor `list` enthalten sind. Auch eine Kombination von beiden Angaben ist möglich.
`round(x)`	Rundet die in x enthaltenen Werte. Über das optionale Argument `digits = d` kann die Nachkommastelle bestimmt werden, bei der gerundet werden soll.
`scale(x,..)`	Zentriert und/oder skaliert die numerische Matrix x spaltenweise. Die Auswahl nur einer der Operationen geschieht, indem bei `center=TRUE` , `scale=TRUE` einer der beiden `TRUE` auf `FALSE` gesetzt wird. Es können auch Vektoren angegeben werden, die zur Zentrierung bzw. Skalierung verwendet werden.
`scan("datei")`	Einlesen von Daten aus einer externen Datei. `datei` kann eine vollständig spezifizierte Pfadangabe enthalten. (Mit doppelten Backslashes!)

`seq(from, to)`	Erzeugt eine jeweils um 1 wachsende Folge, bei der der mit `to` angegebene Wert nicht überschritten wird. Die Schrittweite i kann mittels des optionalen Arguments `by=i` verändert werden. Mit dem optionalen Argument `length=k` werden k-2 äquidistante Zwischenwerte bestimmt und zusammen mit `from` und `to` ausgegeben.
`sign(x)`	Bestimmt die Vorzeichen der Elemente von `x`.
`sin(x)`	Sinus der Elemente von `x`.
`solve(x)`	Inverse der regulären Matrix `x`.
`sort(x)`	Sortiert den numerischen Vektor `x` (partiell) aufsteigend (oder absteigend).
`source(x)`	Einbinden von R-Code, der in der in `x` angegebenen Datei steht.
`sqrt(x)`	Quadratwurzel der Elemente von `x`.
`sd(x)`	Standardabweichung der in `x` enthaltenen Daten.
`stem(x)`	Erstellen eines Stem-and Leaf-Diagramms für einen Datenvektor `x`.
`substring(x,...)`	Extrahiert oder ersetzt einen Teil der Zeichenkette `x`.
`sum(x)`	Summe aller in dem Vektor oder der Matrix `x` enthaltenen Elemente.
`summary(x)`	Je nach Art der Eingabe gibt diese Funktion eine Übersicht über die wesentlichen statistischen Charakteristika von `x` aus: univariater Datensatz, Vektor: 5-Zahlenzusammenfassung, ohne Umfang der Daten, aber mit arithmetischem Mittel. Ergebnis der Funktion `lm`: Übersicht über das Regressionsergebnis.
`t(x)`	Bestimmt die Transponierte der Matrix `x`.
`table(x,..)`	Häufigkeits- oder Kontingenztafel der Variable `x` bzw. zweier Variablen `x` und `y`.
`tan(x)`	Tangens der Werte von `x`.
`tapply(x,y,fun)`	Berechnung der durch `fun` spezifizierten Maßzahl für Untergruppen; die Gruppenzugehörigkeit ist durch Gruppenindikatoren in `y` spezifiziert.
`trunc(x)`	Abrunden der Werte von `x` (auf ganze Zahlen).
`var(x,..)`	Varianz oder Kovarianz der Variablen `x` bzw. zweier Variablen `x` und `y`.

R-Code im Text

Empirische und theoretische Verteilungen

Einlesen, Anzeigen und Speichern von Daten 3
Verschiedene Diagramme 6
Kerndichteschätzung 7
Box-Plot und empirische Verteilungsfunktion 9
Maßzahlen 10
Streudiagramm mit konvexen Hüllen 12
Bivariate Maßzahlen 15
Normalverteilung 17
Bivariate Normalverteilungsdichte 31

Inferenzprobleme

Stichproben aus endlichen Grundgesamtheiten 40

Eine Stichprobe

Maßzahlen aus Häufigkeitstabellen 64
t-Test 69
Fehler 2. Art beim t-Test 70
Quantile der nichtzentralen t-Verteilung 72
Überprüfen der Normalverteilung 78
Symmetriediagramm 82
Wilcoxon-Vorzeichen-Rangtest 88
Wilcoxon-Vorzeichen-Rangtest-KI für den Median 91
Bootstrap des Standardfehlers des Median 93
Bootstrap-Konfidenzintervalle für σ 96
M-Schätzung mit Hubers Psi-Funktion 101

Zwei Stichproben

Einlesen von Daten zum Vergleich zweier Stichproben 106
t-Test und Konfidenzintervall für gepaarte Stichproben 107
t-Test bei gleichen Varianzen 109
Varianz-Quotienten-Test 110
Empirisches QQ-Diagramm 112
Welch-*t*-Test 115
Wilcoxon-Rangsummentest 124
Asymptotischer Wilcoxon-Rangsummentest 125
Rangtest für das Behrens-Fisher-Problem 127

Einweg-Varianzanalyse

Schätzen der Parameter in der Einwegsvarianzanalyse 141
Optionen für die Reparametrisierung 142
Einweg-Varianzanalyse 145
Verteilung der studentisierten Spannweite 157
Tukey-Intervalle 160
Paarweise *t*-Tests mit α-Adjustierung 163
Nichtparametrische Einweg-Varianzanalyse 175
Zufällige Effekte 180

Zweiweg-Varianzanalyse

Interaktionsplot 190
Zweiwegvarianzanalyse - balanciert 200
Additivitätstest von Tukey 203
Zweiwegvarianzanalyse (unbalanciert) 205
Gemischte Effekte 220

Lineare Regression

Schätzung der Regressionskoeffizienten 230
Regressionsschätzung - Gesamtergebnis 236
Added Variable Plot 240
Alle Teilregressionen 242
Modellselektion 247
Diagnostische Größen der Regression 251
Gewichtete KQ-Schätzung 257
Influenzmaße 260
Robuste Regression 263

Durbin-Watson-Test 264
Varianzinflationsfaktoren 269
Ridge-Regression 270

Kovarianzanalyse

Kovarianzanalyse 281

Literatur

Abelson, R. P. and Tukey, J. W. (1963), Efficient utilization of nonnumerical information in quantitative analysis: general theory and the case of simple order; *Annals of Mathematical Statistics* **34**, 1347–1369.

Ahner, C. and Passing, H. (1983), Evaluation of the multivariate *t*-distribution and simultaneous comparisons with control if the group sizes are not identical; *EDV in Medizin und Biologie* **14**, 113–120.

Allison, D., Heshka, S., Sepulveda, D., and Heymsfield, S. (1993), Counting Calories - Caveat Emptor; *JAMA* **270**, 1454–1456.

Arnold, S. F. (1981), *The theory of linear models and multivariate analysis*. Wiley, New York.

Ballanda, K.P. and MacGillivray, H.L. (1988), Kurtosis: A Critical Review; *The American Statistician* **42**, 111–119.

Bathke, A. and Brunner, E. (2003), A Nonparametric Alternative to Analysis of Covariance. In *Recent Advances and Trends in Nonparametric Statistics* (Eds. M.G. Akritas and D.N. Politis). Elsevier, Amsterdam, pp. 109–120.

Belsley, D.A., Kuh, E. and Welsch, R.E. (1980), *Regression Diagnostics*. New York, Wiley.

Berry, D.A. (1987), Logarithmic transformations in ANOVA; *Biometrics* **43**, 439–456.

Box, G. E. P. and Cox, D. R. (1964), An analysis of transformations. *Journal of the Royal Statistical Society, Series B* **26**, 211–243.

Box, G. E. P. and Cox, D. R. (1982), An analysis of transformations revisited, rebutted; *Journal of the American Statistical Association* **77**, 209–210.

Brodsky, W. (2002): The effects of music tempo on simulated driving performance and vehicular control; *Transportation Research Part F* **4** , 219–241.

Brunner, E., Dette, H. and Munk, M. (1997). Box-type approximations in nonparametric: factorial designs; *Journal of the American Statistical Association* 92, 1494–1502.

Brunner, E. und F. Langer (1999), *Nichtparametrische Analyse longitudinaler Daten*. Oldenbourg, München.

Brunner, E. und Munzel, U. (2002), *Nichtparametrische Datenanalyse*. Springer, Berlin.

Büning, H. und Trenkler, G. (1994), *Nichtparametrische statistische Methoden*. de Gruyter, Berlin.

Büning, H. , Haedrich, G. , Kleinert, H. Kuß, A. und Streitberg, B. J. H. (1981), *Operationale Verfahren in der Markt- und Sozialforschung*. de Gruyter: Berlin.

Chambers, J.M., Cleveland, W.S., Kleiner, B. and Tukey, P.A. (1983), *Graphical Methods for Data Analysis*. Duxbury Press, Boston.

Chambers, J.M. and Hastie, T.J. (1992), *Statistical Models in S*. Wadsworth & Brooks/Cole, Pacific Grove.

Cunnane, C. (1978). Unbiased plotting positions - a review; *Journal of Hydrology* **37**, 205–222.

D'Agostino, R.B. and Stephens, A. (1986), *Goodness-of-Fit-Techniques*. Marcel Dekker, Basel.

Dalgaard, P. (2002), *Introductory Statistics with R*; Springer Verlag, Berlin.

Davison, A.C. and Hinkley, D.V. (1997), *Bootstrap methods and their application*. Cambridge University Press, Cambridge.

Dixon, W.J. (1953), Power functions of the sign test and power efficiency for normal alternatives; *Annals of Mathematical Statistics* **24**, 467.

Donoho, D.L. and Huber, P.J. (1983), The notion of breakdown point. In *A Festschrift for Erich L.Lehmann*, (Bickel, P.J., Doksum, K.A. and Hodges Jr., J.L. eds.). Wadsworth, Belmont, Calif. pp. 157–184.

Dunn and Clark (1974), *Applied Statistics, Analysis of Variance and Regression*. Wiley, New York.

Eden, T. and Fisher, R. A. (1929), Studies in Crop Variation. VI. Experiments on the Response of the Potato to Potash and Nitrogen; *Journal of Agricultural Science* **19**, 201–213.

Feyerabend, A., Kuhn, W., Naegler, H. und Schlittgen, R. (1983), Aspekte der Leistungsfähigkeit und der Wirtschaftlichkeit einer Kleinförderanlage; *Fachzeitschrift "das Krankenhaus"* **3/1983**, 91–99.

Fieller, E.C. (1949), The biological standardization of insulin; *Royal Statistical Society, Supplement* (superseded by *Series B*) **7**, 1–64.

Fieller, E.C. (1954), Some problems in interval estimation; *Journal of the Royal Statistical Society, Series B* **16**, 175–185.

Finney, D.J. (1978), *Statistical Method in Biological Assay*, Griffin, London.

Fisher, R.A. (1935), *The Design of Experiments*. Oliver and Boyd, Edinbourgh.

Gayen, A.K. (1949), The distribution of "Student's" *t* in random samples of any size drawn from non-normal universes; *Biometrika* **36**, 353–369.

Gayen, A.K. (1950b), Significance of difference between the means of two non-normal samples; *Biometrika* **37**, 399–408.

Geary, R.C. (1947), Testing for normality; *Biometrika* **34**, 209–242.

Gebhard, J. and Schmitz , N. (1998a), Permutation tests - revival?! I. Optimum properties; *Statistical Papers* **39**, 75–85.

Gebhard, J. and N. Schmitz (1998a), Permutation tests - revival?! II. An efficient algorithm for computing the critical region; *Statistical Papers* **39**, 87–96.

Genton, M.G. and Lucas, A. (2003), Comprehensive definition of breakdown points for independent and dependent observations; *Journal of the Royal Statistical Society, B* **65**, 81–94.

Gibbons, J. D. (1971), *Nonparametric Statistical Inference*. Marcel Dekker, New York.

Good, P. (2000), *Permutation Tests*. Springer, Berlin.

Greenberg, D.H. and Kosters, M. (1970), Income Guarantees and the Working Poor, *The Rand Corporation* (R-579-OEO).

Grübel, R. (1988), The length of the shorth; *The Annalys of Statistics* **16**, 619–628.

Hampel, F.R. (1974), The influence curve and its role in robust estimation; *Journal of the American Statistical Association* **69**, 383–393.

Hampel, F.R., Ronchetti, E.M., Rousseeuw, P.J., and Stahel, W.A. (1986), *Robust Statistics*. Wiley, New York.

Hand, D.J., Daly, F., Lunn, A.D., McConway, K.J. and Ostrowski, E. (1984). *A Handbook of Small Data Sets*. Chapman & Hall, London.

Haslegrave, C.M. (1986), Characterizing the anthropometric extremes of the population; *Ergonomics* **29**, 281–301.

Hayter, A.J. (1984). A proof of the conjecture that the Tukey-Kramer multiple comparisons procedure is conservative. *Annals of Statistics* **12**, 61–75.

Heiler, S. und Michels, P. (1994). *Deskriptive und Explorative Datenanalyse*. Oldenbourg Verlag, München.

Hocking, R.R. (1996), *Methods and Applications of Linear Models*. Wiley, New York.

Hoerl, A.L., and Kennard, R.W. (1970a), Ridge regression: Biased estimation for non-orthogonal problems; *Technometrics* **12**, 55–67.

Hoerl, A.E., and Kennard, R.W. (1970b), Ridge regression: Applications to non-orthogonal problems; *Technometrics* **12**, 69–82.

Holm, S. (1979), A simple sequentially rejective multiple test procedure; *Scandinavian Journal of Statistics* **6**, 65–70.

Huber, P.J. (1981), *Robust Statistics*. Wiley, New York.

IZHD (Interdisziplinäres Zentrum für Hochschuldidaktik an der Universität Bielefeld) (1998), *Lernen und Lehren an der Hochschule. Werkstattseminar an der Technischen Universität Chemnitz, 8.–10.1.1998*. Chemnitz.

IZHD (Interdisziplinäres Zentrum für Hochschuldidaktik an der Universität Bielefeld) (1999), *Planung und Durchführung von Lehrveranstaltungen. Werkstattseminar an der Technischen Universität Chemnitz, 2.–4.3.1999*. Chemnitz.

Jobson, J.D. (1992), *Applied Multivariate Data Analysis, Volume II*. Springer, Berlin.

Johnson, N.L., Kotz, S. and Balakrishnan, N. (1994), *Continuous Univariate Distributions, Volume 2, 2nd ed.*. New York, Wiley.

Klüppelberg, C. und Villasenor, J.A. (1993), Estimation of distribution tails - a semiparametric approach; *Bl. Dtsch. Ges. Versicherungsmath.* **21**, 213–235.

Koopmans, (1987), *Intoduction to Contemporary Statistical Methods 2nd ed.*. Duxbury Press, Boston.

Kramer, C.Y. (1956), Extension of multiple range tests to group means with unequal numbers of replications; *Biometrics* **12**, 307–310.

Krause, C. et al. (1996), *Umwelt-Survey 1990/92, Band Ia, Studienbeschreibung und Human-Biomonitoring*. Umweltbundesamt, Berlin.

Krauth, J. and Lienert, G. (1974), Ein lokalisationsinsensitiver Dispersionstest für zwei unabhängige Stichproben; *Biometrische Zeitschrift* **16**, 83–90.

Kutner, M.H. (1974), Hypothesis Testing in Linear Models (Eisenhart Model I); *The American Statistician* **28**, 98–100.

Läuter, H. und Pincus, R. (1989), *Mathematisch-statistische Datenanalyse.* München, Oldenbourg.

Lawther, A. and Griffin, M.J. (1986), The motion of a ship at sea and the consequent motion sickness amongst passengers; *Ergonomics* **29**, 535–552.

Lehmann, E.L. (1975), *Nonparametrics: Statistical Methods based on Ranks.* Holden Day, San Francisco.

Linde, L. (1995), Mental effects in fatigued and non-fatigued female and male subjects; *Ergonomics* **38**, 864-885.

Linder, A. (1969), *Planen und Auswerten von Versuchen.* Basel, Birkhäuser.

Longley, J.W. (1967), An appraisal of least-squares programs from the point of view of the user. *Journal of the American Statistical Association* **62**, 819–841.

Loven, F. (1981), *A Study of the Interlist Equivalency of the CID W-22 Word List Presented in Quiet and in Noise.* Unpublished MS Thesis, University of Iowa.

Mackowiak, Wasserman, and Levine (1992), A Critical Appraisal of 98.6 Degrees F, the Upper Limit of the Normal Body Temperature, and Other Legacies of Carl Reinhold August Wunderlich, *Journal of the American Medical Association.*

Mann, H. B. and Whitney, D. R. (1947), On a test of whether one of two random variables is stochastically larger than the other; *Annals of Mathematical Statistics* **18**, 50–60.

Matan, K., Williams, R.B. Witten, T.A., and Nagel, S.R. (2002), Crumbling a thin sheet; *Physical Review Letters*, **88, No. 076101**, 1–4.

Miller, A.J. (1990), *Subset Selection in Regression.* London, Chapman & Hall.

Miller, R.G.Jr. (1996), *Grundlagen der Angewandten Statistik.* München, Oldenbourg.

Moore, D. S. and McCabe, G.P. (1989), *Introduction to the Practice of Statistics.*

Mosteller, F. and Tukey, J.W. (1977), *Data Analysis and Regression.* Addison-Wesley, Reading, MA.

Pinheiro, J.C. and Bates, D.M. (2000), *Mixed-Effects Models in S and S-Plus.* Springer, Berlin.

Rankin, N.O. (1974), The harmonic mean method for one-way and two-way analyses of variance; *Biometrika* **81**, 117–122.

Rao, C.R. (1973), *Lineare Statistische Methoden und ihre Anwendungen.* Akademie Verlag, Berlin.

Rasch, D. (1995), *Mathematische Statistik.* Johann Ambrosius Barth Verlag, Heidelberg.

Rasch, D., Herrendörfer, G., Bock, J., Victor, N. und Guiard, V. (Hrsg.) (1998), *Verfahrensbibliothek Band II.* Oldenbourg, München.

Rossman, A.J. and Barr von Oehsen, J. (1997), *Workshop Statistics.* Springer, New York.

Satterthwaite, F.E. (1946). An approximate distribution of estimates of variance components; *Biometrics Bulletin* (superseded by *Biometrics*) **2**, 110–114.

Scanlon, T.J., Luben, R.N., Scanlon, F.L., and Singleton, N. (1993), Is Friday the 13th Bad For Your Health?; *BMJ* **307**, 1584–1586.

Scheffé, H. (1959), *The Analysis of Variance.* John Wiley and Sons, New York.

Schlittgen, R. (1998), *Einführung in die Statistik.* Oldenbourg, München.

Schlittgen, R. und Schwabe, R. (2001), An Alternative Definition of the Influence Function; *Probability and Statistical Letters* **51**, 143-153.

Schlittgen, R. und Streitberg, B.J.H. (2001), *Zeitreihenanalyse, 9te Auflage.* Oldenbourg, München.

Searle, S.R. (1971), *Linear Models.* Wiley, New York.

Searle, S.R., Casella, G. and McCullock, C.E. (1992), *Variance Components.* Wiley, New York.

Sen, P.K. and Singer, J.M. (1993), *Large Sample Methods in Statistics.* Chapman & Hall, London.

Shao, J. and Tu, J. (1995), *The Jackknife and Bootstrap.* Springer, Berlin.

Shapiro, S.S. and Francia, R.S. (1972), Approximate analysis of variance test for normality; *J. Amer. Statist. Assoc.* **67**, 215–216.

Shapiro, S.S. and Wilk, M.B. (1965), An analysis of variance test for normality (complete samples); *Biometrika* **52**, 591–611.

Shapiro, S.S., Wilk, M.B. and Chen, H.J. (1968), A comparative study of various tests for normality; *Journal of the American Statistical Association* **63**, 1343–1372.

Shoemaker, A.L. (1996), What's Normal? – Temperature, Gender, and Heart Rate; *Journal of Statistics Education*, **4**.

Shoemaker, L.H. (2003), Fixing the F-Test for Equal Variances; *The American Statistician*, **57**, 105–114.

Silverman, B.W. (1986), *Density Estimation for Statistical and Data Analysis.* Chapman & Hall, London.

Shuptrine, F.K. and McVicker, D.D. (1981), Readability Levels of Magazine Ads; *Journal of Advertising Research* **21**, 47.

Stahel, W.A. (2000), *Statistische Datenanalyse, 3te Aufl..* Vieweg Verlag, Braunschweig.

Staudte, R.G. and Sheather, S.J. (1990), *Robust Estimating and Testing.* Wiley, New York.

Stephens, M.A. (1974). EDF statistics for goodness-of-fit and some comparisons; *J. Amer. Statist. Assoc.* **69**, 730–737.

Stjernberg, L. and Berglund, J. (2001), Garlic as a Tick Repellent; *The Journal of the American Medical Association,* **285**, 41–42.

Street, E. and Carroll, M.G. (1972), Preliminary Evaluation of a Food Product, in *Statistics: A Guide to the Unknown (Judith M. Tanur, Ed.)* Holden-Day, San Francisco, 220–238.

Strutz, C. und Hümmer, E. (2002), Der Brustumfang als Ersatzwaage beim Rind; http://www.geocities.com/CapeCanaveral/4310/mathe/brust/brust.htm

Süsselbeck, B. (1993), *S und S-Plus, Eine Einführung in Programmierung und Anwendung.* Gustav Fischer Verlag, Stuttgart.

Teasdale, Bard, LaRue, and Fleury. (1993), Experimental Aging Research. http://lib.stat.cmu.edu/DASL/Datafiles/Balance.html

Thadewald, T. (1998), *Uni- und bivariate Dichteschätzung*; Wirtschaftswissenschaftliche Dissertation an der FU Berlin.

Tukey, J.W. (1949), One degree of freedom for nonadditivity; *Biometrics* **5**, 232–242.

Tukey, J.W. (1953), *The problem of multiple comparisons.* Unpublished manuscript. (Angabe nach Miller 1996).

Umweltbundesamt (1989), *Lärmbekämpfung '88, Tendenzen – Probleme – Lösungen.* Erich SChmidt Verlag, Berlin.

Venables, W.N. (2000), *S-Programming.* Springer Verlag, Berlin.

Venables, W.N. and Ripley, B.D. (1994), *Modern Applied Statistics with S-Plus.* Springer Verlag, Berlin.

Wegscheider, K. (1994), Signifikanz versus Relevanz; *Z. Allg. Med.* **70**, 190–194.

Weisberg, S. (1985), *Regression Analysis.* Wiley, New York.

Werner, J. (1997), *Lineare Statistik.* Psychologie Verlags Union: Weinheim

Westfall, P.H. and Young, S.S. (1993), *Resampling based multiple testing.* Wiley, New York.

Wetherill, G.B. (1986), *Regression Analysis with Applications.* Chapman & Hall, London.

Index

α-Adjustierung, 162

Abhängigkeit, serielle, 263
Ablehnbereich, 53
Added Variable Plot, 238
Adjustierung, von P-Werten, 162
Alternativhypothese, 53
AMSC, 49
Annahmebereich, 53
ANOVA, 135
Anweisung, bedingte, 308
Atkinson, Methode von, 254
Ausreißer, 9
Autokorrelation, 79

Balancierung, 117
Behrens-Fisher-Problem, 113, 121
Beobachtung, einflussreiche, 259
Bereich, kritischer, 53
Bestimmtheitsmaß, 235
Bias, 42
Bindung, 83
Bindungslänge, 87
Bioassay, 285
Biweight, 99
Block-Anlage, 185
Bonferroni-Intervalle, 156, 211, 219
Bonferroni-Ungleichung, 155
Bootstrap, 91
    nichtparametrisches, 92
Bootstrap-Verfahren, 100
Box-and-Whisker-Plot, 8, 313
Box-Cox-Transformation, 80
Bruchpunkt, 10, 49

C_p-Statistik von Mallows, 241
Chiquadratverteilung, 64
Cleveland-Dot-Chart, 313

Cochran, Satz von, 167
Cook-Abstand, 259

Dach-Matrix, 234
Datensatz, 1, 297
De Morganschen Regel, 156
Designmatrix, 136
DFFITS, 259
Dichtefunktion, 16
    multivariate, 20
Dunnett-Intervalle, 160

Effekt
    gemischte -e, 215
    relativer, 118
    zufälliger, 178
Effizienz, 47
    relative, 84
Erwartungstreue, 42
Erwartungswert, 19
Experiment
    balanciertes, 148
Exponentialverteilung, 42
Exzess, 24

Faktor, 135, 298
Fehler
    -Arten bei Tests, 54
    -Arten bei multiplen Vergleichen,
        150
    2. Art beim t-Test, 69
    mittlerer quadratischer, 42
Fieller-Intervall, 287
Fisher-Information, 47
Folgeneffekt, 78
Freiheitsgrad, 65
Friedman-Test, 214

Fundamentallemma von Neyman und
    Pearson, 56

Gamma-Funktion, 65
Gauß-Markoff-Theorem, 231
Gaußsche Klammer, 8
Gegenhypothese, 53
Gestaltparameter, 19
Glivenko-Cantelli, Satz von, 41
Grenzwertsatz, zentraler, 27
Gruppenfehlerrate, 150
Gütefunktion, 55

Hauptsatz der Statistik, 41
Hebelwirkung, 259
Heteroskedastizität, 255
Histogramm, 4, 313
Holm-Verbesserung, 162
Homoskedastizität, 176
Hypothese, 53
    allgemeine lineare, 237
    Lage-, 121
    Ordnungs-, 121
    Tendenz-, 121
Hypothesenmatrix, 237
Hälfte, kürzeste, 10
Hülle, konvexe, 11

Indexplot, 314
Inferenz, 41
Interaktionsplot, 189, 198

Kern, 6
Kerndichteschätzung, 6
Kleinste-Quadrate
    -Schätzfunktion, 231
    generalisierter -Schätzer, 256
Kleinste-Quadrate-Methode, 231
    gewichtete, 256
Kodierung
    Effekt-, 137, 191
    Zellenmittel-, 136
Konditionszahl, 267
Konfidenzband, 240
Konfidenzintervall, 50
    für Quantile, 70

realisiertes, 51
Konfidenzintervalle
    multiple Bonferroni-t-, 156
    multiple Dunnett-, 160
    multiple Tukey-, 157
    multiple Tukey-Kramer-, 159
    multiple von Scheffé, 154
Konfidenzniveau, 51
Konsistenz, 42
    von Tests, 60
Kontrast, linearer, 151
Kontroll-Struktur, 308
Konturlinie, 30
Konvergenz
    in Verteilung, 28
    in Wahrscheinlichkeit, 41
Korrelationskoeffizient
    empirischer, 13
    multipler, 235
    theoretischer, 25
Kovariable, 107
Kovarianz
    empirische, 13
    theoretische, 25
Kovarianzanalyse, 275
Kovarianzmatrix
    empirische, 13
    theoretische, 26
Kreisdiagramm, 313
kritischer Wert, 54

Label, 2
Landausches Symbol, 74
Laplace-Verteilung, 98
Likelihood-Gleichungen, 45
Likelihood-Quotiententest, 57
Likelihoodfunktion, 44
Loglikelihoodfunktion, 44
Lognormalverteilung, 82
Länge, kürzeste, 10

M-Schätzer, 98, 100
Macht, 55
MAD, 9
Maximum-Likelihood-Schätzer, 44

eingeschränkter, 179
Maßzahl, 9
Median, 8
Medianpunkt, 13
Mittel
    arithmetisches, 9
    geometrisches, 83, 254
    getrimmtes, 9, 98
    harmonisches, 206
Mittelwert, adjustierter, 280
Modell
    restringiertes lineares, 169
    saturiertes, 188
Modellbildung, 208
Moment, 19, 74
    zentrales, 21
Momentenmethode, 178
Monte-Carlo-Test, 131
MSE, 42
Multikollinearität, 265

Nichtzentralitätsparameter, 67
Normalgleichungen, 226
Normalverteilung, 17
    kontaminierte, 212
    multivariate, 30
Nullhypothese, 53
    Typen bei der Varianzanalyse, 194

P-Wert, 59
Parallelisierung, 105
Permutationstest, 130
Perzentil-Methode, 95
Pivot-Methode, 52
Plot-Position, 75
Potenz, relative, 286
Profilkurve, 189
Psi-Funktion, 98
Punktschätzung, 41

QQ-Diagramm, 75, 314
    empirisches, 111
Quadratische Form, 166
Quantil, 8
Quartil, 8

Quartilsabstand, 9

Randomisierung, 107
Randverteilung, 20
Rang, 14
    interner, 126
Rangkorrelationskoeffizient, 14
Rangstatistik
    lineare, 122
Rao-Cramér-Schranke, 47
Regressand, 225
Regressionsdiagnose, 248
Regressionskoeffizient
    standardisierter, 230
Regressionskonstante, 122
Regressor, 225
Relative Effizienz, 43
REML-Methode, 179, 217, 220
Reparametrisierungsbedingung, 137, 192
Residuen, 226, 248
    standardisierte, 250
    studentisierte, 250
Resistenz, 9
Ridge-Trace, 269
Robustheit, 9, 48, 97
Rug, 318
Rückwärtselimination, 244

Satterthwaite, 111
Scheffé-Intervalle, 154, 211
Schiefe, 23
Schleife, 308
Schwerpunkt, 13
Schätzer, 42
    restringierter Maximum-Likelihood-, 143
    vom Maximum-Likelihood-Typ, 98
Schätzfunktion, 42
    Kleinste-Quadrate-, 231
Score, 122
Sensitivitätskurve, 49
Signal & Rauschen-Modell, 29
Skalenkontamination, 212
Spannweite, studentisierte, 157
Spannweitenvariable, studentisierte, 157

Spur, 267
Stabdiagramm, 4, 314
Standardabweichung, 9, 21
Standardfehler, 47, 63
Standardisierung, 25, 230
Standardnormalverteilung, 18
Statistik, 42
    geordnete, 75
Stem-and-Leaf-Diagramm, 4
Stichprobe, verbundene -n, 105
Stichprobenfunktion, 42
Stichprobenvariable, 39
Streudiagramm, 11, 316
    eindimensionales, 315
Streudiagramm-Matrix, 316
Stufe, eines Faktors, 135
Sums of Squares, 168
Symmetrieplot, 81
Säulendiagramm, 313

t-Verteilung, 65
Tafel der Varianzanalyse, 144, 197
Tendenz, stochastische, 118
Test, 53
    t-, 66
    Anderson-Darling-, 77
    Durbin-Watson-, 263
    F- für ANOVA, 144
    Friedman-, 214
    Gauß-, 55
    gleichmäßig bester, 58
    gleichmäßig bester unverfälschter,
        58
    konsistenter, 60
    Kruskal-Wallis-, 175
    Levene-, 176
    Likelihood-Quotienten-, 57, 68
    Mann-Whitney-, 121
    Median-, 122
    Monte-Carlo-, 131
    Permutations-, 130
    Shapiro-Francia-, 76
    Shapiro-Wilk-, 77
    Tukeys Additivitäts-, 202
    unverfälschter, 126

    Varianz-Quotienten-, 109
    von Bartlett, 148
    von-Neumann-Ratio-, 80
    Welch-t-, 113
    Wilcoxon-Mann-Whitney-, 122
    Wilcoxon-Rangsummen-, 122
        asymptotischer, 124
        korrigierter, 123
    Wilcoxon-Vorzeichen-Rang-, 85
    WMW, 122
    Zeichen-, 83
Teststatistik, 53
Tortendiagramm, 313
Transformation
    Box-Cox-, 115
    varianzstabilisierende, 115
Tschebyscheff
    Ungleichung von, 22
Tukey-Intervalle, 156, 157, 210
Tukey-Kramer-Intervalle, 159

UMP, 58
UMPU, 58
unabhängige Stichproben, 107
Unverfälschtheit, 58
Unverzerrtheit, 42

Variable
    R-, 293
    diskrete, 4
    erklärende, 225
    stetige, 4
    zu erklärende, 225
Varianz, 9, 21
    -zerlegung, 144
    orthogonale Zerlegung, 196
Varianzinflationsfaktor, 266
Varianzkomponente, 178
Vektor
    R-, 295
    Zufalls-, 20
Vergleiche
    multiple, 219
Vergleiche, multiple, 149
Versuchsanlage, 186

Verteilung
    F-, 110
    Chiquadrat-, 64
    doppelt nichtzentrale F-, 201
    Dunnett-, 160
    Exponential-, 42
    Laplace-, 98
    linkssschiefe, 23
    Lognormal-, 82
    nichtzentrale χ^2-, 146
    nichtzentrale F-, 146, 198
    nichtzentrale t-, 67
    Pareto-, 16
    Poisson-, 19
    rechtsschiefe, 23
    Standardnormal-, 18
    symmetrische, 23
    t-, 65
Verteilungsfunktion
    empirische, 7
    theoretische, 15
Verzerrung, 42
Vorwärtsselektion, 243

Wahrheitswert, 295
Wahrscheinlichkeitsfunktion, 15
    multivariate, 20
Wahrscheinlichkeitsintegraltransforma-
        tion, 18
Wechselwirkung, 190
Wölbung, 23

Zahlkonstante, 295
Zeichenkette, 295
Zeitreihe, 298
Zellenmittel-Kodierung, 136
Zufallsstichprobe, 39
Zufallszahl, 18

www.ingramcontent.com/pod-product-compliance
Lightning Source LLC
Chambersburg PA
CBHW081528190326
41458CB00015B/5484